加藤周一自傳

羊之歌

羊の歌——わが回想

KATO SHUICHI

加藤周一

翁家慧——譯

目錄

導讀　邱振瑞／5

羊之歌

外祖父的家／13
泥土的香味／25
澀谷金王町／35
多病之身／47
櫻橫町／57
優等生／67
空白五年／77
美竹町的家／87
叛逆的兆頭／97
「二二六」事件／107
駒　場／119
諷刺畫／127
高原牧歌／139
縮　影／149
回憶美好往事／163
那是一個晴天／171
法文研究室／179
青　春／191
內科教室／203
八月十五日／213

續 羊之歌

信　條／225
廣　島／235
一九四六年／245
京都的庭園／259
第二次出發／267
詩人的家／277
法國南部／291
中世紀／301
故國飛鴻／311
兩個女人／321
冬之旅／333
音　樂／343
海峽對岸／353
偽　善／365
別　離／377
外部所見的日本／387
格物致知／397
亞非作家會議／407
永　別／419
審議未了／429

導讀

日本文學翻譯家、作家　邱振瑞

在日本左派知識人之中，加藤周一（一九一九─二〇〇八）占有重要的位置，這不僅因其博學與雄健筆鋒而聞名，更因長期以來鮮明的反戰立場，嚴厲批判日本軍國主義及其權力構造的論述，成為日本戰後左翼史觀的代表作家。特別是，他於一九八一年共同參與發起「九條會」，主要成員有井上廈、梅原猛、大江健三郎、奧平康宏、小田實、澤地久枝、三木睦子和小森陽一等文化人士，旨在反對日本右派團體修改憲法第九條的企圖，以維護現今日本憲法和平主義的精神，後來放棄醫生一職，致力於文化研究和思想評論以及文學創作。其主要著作收錄在《加藤周一自選集》（十卷、岩波書店）《加藤周一著作集》（二十四卷、平凡社）並參與對談和編書多冊，可謂著述甚豐的作家。

加藤周一的經歷頗為奇特，他出生於醫生家庭，很早即顯露出文學才華，高中時期開始寫作，喜愛閱讀日本古典詩歌，欣賞古文中的音樂性。一九四二年，太平洋戰爭方興未艾，他與中村真一郎、福永武彥、窪田啟作、原篠秋子等，創辦《matinee poetique》雜誌，發表日語定型押韻詩，其詩作〈櫻花小巷〉頗受好評，中田喜直、別宮貞雄和神戶孝夫等作曲家予以譜曲。事實上，加藤周一就讀東京帝國大學醫學部期間，選修法文科的課程，師事渡邊一夫和中島健藏二位法國文學專家。他尤其對歌舞伎、能劇和狂言很感興趣，閱讀大量外國文學，特別鍾愛法國文學，如紀德、普魯斯特和梵樂希等人的作品。

二戰結束後，加藤周一發揮醫生專長作為「美日原子彈爆炸影響共同調查員」成員，前往廣島實際調查原爆受害者。順便一提，在這段時間裡，他擔任以小說《起風了》享譽文壇的作家堀辰雄的主治醫生。一九四六年五月三十日，他踏入了第一段婚姻。

其後，一九四七年他與中村真一郎和福永武彥等作家共同發表著名評論文章《一九四六——文學的考察》，開始受到日本文壇關注，同年，成為文藝雜誌《近代文學》一員，推開新的文學活動。兩年後，其辛勤筆耕獲得回報，出版《文學與現實》（中央公論社）、《論現代法國文學》（銀杏書房）、小說．戲劇《滑稽演員的早晨之歌》（河出書房，一九五〇）、《某個晴朗的日子》（月曜書房，一九五〇）《何謂文學》（角川書店，一九五〇）。翌年，他取得法國政府公費留學生資格，前往巴黎大學研究血液學，並為日本的新聞雜誌發表文化評論，成果斐然，出版《抵抗時期的法國文學》（岩波新書，一九五一）《美麗的日本》（角川書店，一九五一）、《論現代詩人》（弘文堂，一九五一）、《戰後的法蘭西》（未來社，一九五二）和《一個旅行者的思索——西洋見聞始末》（角川新書，一九五五）。

一九五五年，他自法國返回日本，發表〈日本文化的雜交特性〉評論文章，旨在從歐洲文化場域對日本文化的再思考，但看得出來，在其行裡間依然有歐洲文明中心論的色彩，他批判過度美化的日本文化如同「純種」般體質虛弱，現代日本文化中充滿保守性與落後，需要與歐洲文明進行「雜交＝融合」，方能得出強大的文化生命力。他甚至把矛頭指向二戰期間日本軍部打出「鬼畜米英」的政治口號，於敗戰後被美軍占領，就是對日本帝國自身的最大諷刺。翌年，他以其西方體驗加以若干虛構出版長篇小說《命運》（講談社，一九五六），《雜種文化——日本一個微小的希望》（講談社，一九五七）和《不為人知的日本——町與庭園與精神》（社會思想研究會出版部，一九五七）。有趣的是，正如他自述所言，他熱衷於文學創作與文化評批的副業多於醫生這個主業，一九五八年，他正式宣布棄醫從文專事評論。正如前述，他先後參與荒正人等作家創辦的《近代文學》和花田清輝主編的《綜合文化》，以及中野重治等日共作家的《新日本文學》刊物上，發表文化評論與政治觀點，關注法國抵抗時期的文學，再次展現對於文學與政治的堅持。同年，他出席了第二屆亞非作家會議，與同行作家交流，評論範疇更為多元。其後，他陸續出版了《政治與文學》（平凡社）、《讚美西洋》（社會思想社）、小說《神幸祭》（講談社）、《現代歐洲之精神》（岩波書店）、《烏茲別克、克羅埃西亞、喀拉拉邦紀行》（岩波新書）、《東京日記——致外國友人》（朝日新聞社）、《在兩極之間》（弘文堂）等文字成果。

眾所周知，加藤周一在安保鬥爭（指反對簽訂《美日安保條約》）上，採取強烈的反對立場，積極撰文批判。首次安保抗爭中，《條約》被國會強行採決，引發群眾抗議和社會騷亂，岸信介內閣因而引咎總辭，當時美國總統艾森豪亦取消訪日計畫。不過，對整個日本左翼陣容而言，這次抗爭算是一次短暫的勝利。同年十月，加藤周一獲加拿大不列顛哥倫比亞大學的邀請，為該校開設日本古典講座長達十年。兩年後，他擔任柏林自由大學的教授，並於一九七一年參加日中文化交流協會訪問中國，翌年出版《往返中國》一書，表達他作為馬克思主義追隨者和親中政治立場。一九七五年至一九八〇年，他全力投注在《日本文學史序說》（上‧下，八百頁）的寫作上，這部文學史很有特色，內容紮實富有新意，不同於傳統日本文學史寫法，受到文學界重視與肯定，同年獲得《大佛次郎獎》。此外，他於一九八四年版《大百科事典》、一九八八年版《世界大百科事典》（平凡社）擔任總編輯，並執筆「富岡鐵齋」、「日本」、「日本文學」、「林達夫」；「批評」等條目。隨著時間的推移，其聲名日盛，一九八八年至一九九六年，擔任東京都立中央圖書館館長。

加藤周一在文化批判與政治論述上，展現出左翼作家思想的激越，隨筆散文也寫得極佳，《羊之歌》（著作集第十四卷）即是知性與感性的融合。這些文章曾在《朝日晚報》連載，文字優美洗練，情景細膩生動，有評論家大膽指出，它已經超出隨筆的範圍，喚醒讀者找回戰前日本的鄉村之美，也可作為哲學、思想、文學和歷史來讀。譬如，在〈外祖父的家〉一文中，有風景如詩的描寫：「……稻荷神就供在那較為低矮的樹蔭底下，從檐廊這頭無法看到。但若順著樹叢間的石階往前走，會先看到一座朱紅色小鳥居，然後是一個齊肩高石台，石台上面是一座神龕，神龕兩邊各放著一尊石雕的狐狸大仙，精雕細琢，一看便知出自名家之手。神龕總是收拾得很乾淨，前面還放著供品。／樹籬種在斜坡較低的地方，下面還有一道石頭砌成的矮牆，石牆外面是一條小路，正對著一間間出租房的大門。」在〈泥土的香味〉中，他這樣回想故鄉：「火車駛過荒川鐵橋時，在前方迎接我的是另一個世界。車輪滾過鐵橋的節奏響聲驟然變大，在那一刻，我覺得自己從日常生活的時間表中被徹底地解放。車窗外一排排的房子和人影消失不見，荒川的河水在寬廣的天空和河灘之間，閃閃發光。一個與我平時住慣了的城市截然不同的空間。／我不去想旅途的終點，在確認禁煙燈熄滅後，點燃香菸。我開始思考自己的人生，與他人無關，只關乎自身，思考自己現在為什麼在這裡。脫離了所有社會關係的那一刻，我開始品味我自己。」進一步地說，從〈美竹町的家〉中，即是他對於文學與愛情以及性的觀點：「《金色夜叉》中的戀情絕對不會發生在現實生活中。小說家們是為了使故事有趣，贏得女讀者的歡心，讓作品大賣才編出這種故事。若非如此，就是為了掩飾自身野合的惡習，才搬出崇高的戀愛情感來愚弄讀者。戀愛的基礎是性慾，它跟食慾一樣，是動物共有的一種本能，哪裡談得上崇高？／父親的話對我沒有決定性的影響，我只是採用了他的理論。這是完全不同的兩件事。我往返於美竹町極度禁慾主義的家庭和軍國主義精英式教育的模範學校之間，雖然感覺極度無聊，但也無法自力開創其他生活。」

繼《羊之歌》之後，加藤周一的《續 羊之歌》，同樣反映其重大的人生轉折。在這部隨筆集裡，他以此生活經驗為出發點，回憶在西方結識的朋友和情人，用抒情的筆調勾勒令他難以忘懷的人與事，並透過對西方文化的觀察和思考，重新審視日本文化的定義。至於，前述二書為何以「羊之歌」為題，他在後記中表示，一方面是因為他出生在羊年，另一方面則是因為跟羊的溫馴性格有不少相通之處。不過，對多數讀者來說，他們必須通讀加藤周一「在語言和知識上，一半日式，混合一半西式的和洋折衷體」，才能確定溫馴與激揚之間的文化界線，進行辨識來自左眼或全方位的座標。

羊之歌

外祖父的家

十九世紀末，佐賀縣一名資本家的獨子當上了明治新政府陸軍騎兵將校。甲午戰爭爆發後，這位公子隨軍出征上了戰場。他之前過的可是揮金如土的生活：家中畜有良駒二匹，馬夫隨行；攜名妓萬龍[1]在新橋花天酒地；遊學義大利時，又是米蘭斯卡拉歌劇院（La Scala）的座上賓，聽那卡魯索[2]在台上唱著威爾第（Giuseppe Verdi）和普契尼（Giacomo Puccini）。這位公子便是我的外祖父。聽說外祖父當時對洋派的錦衣玉食如數家珍，擅長男女交往。甲午戰爭期間，他升職為陸軍大佐，遠赴澳大利亞為帝國陸軍置辦戰馬。戰爭結束後，他離開部隊，開始做生意，當中間商，並在「一戰」中大賺了一筆，但在之後的經濟大蕭條中又失去了大部分的資產，所以晚年

1 萬龍（1894-1973），明治末年的日本名妓，被譽為「日本第一美人」。此處恐作者記憶有誤，因萬龍生於甲午年，不可能與其外祖父在甲午戰爭前有交往。

2 卡魯索（Enrico Caruso, 1873-1921），義大利著名歌唱家，被譽為「有史以來最偉大的男高音」，以善於演唱威爾第、普契尼、梅耶貝爾（Giacomo Meyerbeer）等人的歌劇著稱。

生活過得並不寬裕。

外祖父少時便與佐賀縣縣令家庶出的千金成婚，有一兒三女。長子從帝國大學醫學部畢業後不久便英年早逝。三個女兒中，大女兒上的是學習院大學[3]，後來嫁給了佐賀縣資本家的大兒子，大女婿在政友會當議員。二女兒和小女兒上的都是天主教教會背景的雙葉高等女校，外祖父讓她們受洗禮，但她們最終所嫁之人卻並非基督徒。二女兒的丈夫，也就是我的父親，是埼玉縣大地主家的二公子，一名醫生。小女兒的丈夫，出身於大阪的商賈之家，供職於某公司。外祖父家的資產日漸稀薄之後，家業頹敗之勢也愈發明顯，女兒們結婚對象的資產也來愈少。聽說還在民政黨內閣執政的時候，當議員的大女婿曾有過一段無所事事的「浪人」經歷，帶著手下在自己家裡喝悶酒。政友會一上台，他便當選了縣知事，眼看著就飛黃騰達起來。可惜還沒來得及平步青雲，就在一次助選演講突然中風，倒地不起。當醫生的二女婿倒是開了家診所，但生性不求聞達，蟄居澀谷一隅，難入成功人士之列。當職員的三女婿胸懷大志，誓要出人頭地，在大阪四處走動，然壯志未酬身先死，患上肺結核一命嗚呼。當外祖父的家業已如大廈之將傾，三名女婿無人能擔負力輓狂瀾的重任。

二十世紀初，「一戰」剛結束，嫁為人婦的三名女兒各自誕下了子嗣，外祖父有了外孫。大女兒生了個兒子，後來成了一名外交官。二女兒育有一男一女，就是我和妹妹。小女兒也生下一兒一女，後來分別當了大學教授和公司職員。

我的兒時記憶最遠只能追溯到關東大地震。大概是一九二〇年代後半期，我記得從澀谷站出來，前往青山七丁目的路上，沿著宮益坂上坡，莫約一半路的左邊就是外祖父家。從宮益坂步道稍往後退幾步就是他家左右對開的大鐵門，門前立著根御影石柱子。進門後是兩側植有樹叢的碎石路筆直延伸，道路盡頭便是玄關。外祖父家的玄關和幾個西式房間的設計，皆模仿英國維多利亞時代建築風格，這也是明治大正時期日本的流行樣式。房間都是高屋頂、小開窗，椅子的扶手都包上了厚厚的皮革。相框裡裱著幾張馬的照片，除了它們在講述著外祖父的故事之外，其他所有物件，包括牆上掛著的鹿角、地上鋪著的虎皮、雕花玻璃做的古典風格燈具、埃及的駱駝刺繡、巴黎的桌布，全是去西方旅遊的遊客帶回國來的常見紀念品。這些物件就像是舊家具店門口的陳設品一樣，擺放在外祖父家的房間裡，而這些房間似乎也沒有其他用途。在這些西式房間後面，是數不清的和式房間，在其中的幾間房裡，住著外祖父和外祖母、一名做雜務的書生[4]和三名女傭。

在小孩子的眼裡，外祖父家發生的一切就像是神奇的宗教儀式。外祖父坐在客廳的大桌子前面，抬起下巴，發號施令，外祖母和兩個女傭忙不迭地遞煙、倒茶、送上裝信的袋子，簡直是一

3　因其以皇族和貴族子弟為對象而被視為貴族大學，在日本享有很高知名度。「二戰」結束後，日本廢除了「華族制度」，學習院從宮內廳管轄轉變為文部省管轄，平民子弟可以和皇族子弟平等入學。

4　日本明治初期由於學制改革，有部分從地方城市來東京的大學生沒有宿舍和單身公寓可住，就寄宿在樂善好施的慈善家或資本家的家裡，生活拮据者便以家務和雜役來抵餐費和住宿費。這些特殊人群被叫作「書生」。到了明治後期，隨著各大學住宿條件的改善，「書生」就逐漸消失了。

呼百應。另外一個負責做飯的女傭和那個書生幾乎不在客廳出現。餐桌上擺滿佳餚，但外祖父只用筷子夾起來嚐一口便推到一邊，並非所有美食都能得到其臨幸。聽說他曾怒喝一聲「這是人吃的玩意兒嗎」，就把盤子扔到院子裡。好在我每次都是跟母親一起去，還不曾目睹過此番光景。只要母親在場，外祖父總是格外開心，就算是不開心，他也會控制住自己的壞心情，不讓別人看出來。我曾目睹過的場面是：外祖母加上兩個女傭，一共三個女人圍在一個主角身邊，小心伺候，不敢有絲毫懈怠，而我的母親卻可以和這個不怒自威、旁人難以近身的主角談笑風生、應答自如。她身上這種無邊的法力，讓我景仰不已，儘管幼時的我對這種法力的性質還一無所知。

外祖父要出門辦事的時候，這套神奇的儀式就進入了高潮階段。人高馬大的外祖父站起身來，身材嬌小的外祖母跟在邊上伺候。她把兩個女傭遞過來的內衣、西服，一件件地幫他穿戴好，把一塊疊好的白色亞麻手帕插進他西服胸前口袋。外祖父面前放著一面大鏡子，他一邊照鏡子，一邊梳著他稀疏的頭髮，手裡拿著一大瓶進口香水，不時地按幾下瓶口的金屬噴嘴。母親看到這番光景，便打趣道：「父親，您又要去哪玩兒啊？」外祖父一邊不停地噴著香水，一邊跟母親說笑。外祖母這廂卻是忙得雞飛狗跳，不停地給女傭下命令：「鞋子都準備好了嗎？今天不是穿這雙！快點換一雙啊……」為什麼一個男人出門要這麼多人跟著伺候呢？幼時的我，對於這個問題真是百思不得其解。外祖父不在玄關穿鞋，而是要走到檐廊前的踏石[5]上，去那兒穿好鞋再出門——因為從那兒更方便他到院子。院子一角供著稻荷神，外祖父走到神前，擊掌合十——這也是那套神奇儀式不可或缺的一個重要環節。他把兩個女兒都送去天主教女校上學，請神官來家裡辦紅白喜事，但要問有什麼宗教信仰，最有可能就是他家院子裡的稻荷神。

稻荷神就供在那較為低矮的樹蔭底下，從檐廊這頭無法看到。但若順著樹叢間的石階往前走，會先看到一座朱紅色小鳥居，然後是一個齊肩高石台，石台上面是一座神龕，神龕兩邊各放著一尊石雕的狐狸大仙，精雕細琢，一看便知出自名家之手。神龕總是收拾得很乾淨，前面還放著供品。除了外祖父，家裡壓根就沒人信這個。但不管是父親這個徹底的無神論者，還是我這個小孩子，我們每個人都很清楚：外祖父對稻荷神，那是一種發自內心深處的信仰。尤其到了晚年，每天早上或是每次出門的時候，他都會在稻荷神前祈禱生意興隆、家人安泰，可能還有他愛的那些女人們的平安。

外祖父有很多女朋友，其中還有個洋人。即使我們在他家，他也會站在電話旁，用法語和那位女士講話。家裡的人都聽不懂法文，外祖父解釋說那就是生意上的電話。不過，母親早就洞悉一切，她說：「您是欺負外婆聽不懂啊，當著人家面前這樣，太過分了吧？」可是，對這個「外婆」，母親也是一肚子怨氣。母親覺得「外婆」就這麼眼睜睜看著丈夫當著自己面跟別的女人講電話而無動於衷，不光是因為她聽不懂，更主要的原因是她從一開始就不想懂。因為「外婆」是「從小妾肚子裡出來的」，認為「花心也是男人的工作」，又認定自己看到的這種電話就是在談生意。我沒有親眼見過外祖父這名洋人女朋友，我倒是見過一名他的女性朋友。

5　放在日式房屋門口用來脫鞋、放鞋子的石頭。

當時，外祖父在西銀座開了一家小小的義大利餐廳。一樓是酒吧，二樓是餐廳，中間是一條又窄又陡的樓梯。外祖父曾帶著孫輩去店裡，他一邊說著：「今天帶家裡人來吃飯。」一邊向酒吧裡的夥計打招呼，跟那些有點面熟的男人們互開玩笑。他們說的不知是義大利語，還是法語。那抑揚頓挫的語調，還伴著誇張的肢體動作，我感覺外祖父完全變了一個人，在家裡讓外祖母和女傭們鞍前馬後地伺候著的、跟母親還有我們一起說著話的外祖父不見了。我彷彿是在看戲一般，卻不知這齣戲演的是什麼。戲裡的外祖父跟孩子們之間沒有任何關係。站在樓梯口，我心裡知道，戲裡的主角轉眼間就忘記了我們的存在，我們的作用不過是為這齣戲增加觀眾而已。

餐廳女老闆站在二樓，等著外祖父。她尖起嗓門說：「哎喲，真是稀客啊，歡迎歡迎。」

「什麼稀客？你說是什麼客套話。」

「您都多久沒來了，可不是稀客嗎？……」

「我這不是生意忙嘛。」

「您都忙什麼生意呢？」女老闆打趣道。

「瞧你說的，我昨天才從大阪出差回來。」外祖父的口氣一下子變得正經起來。

「您這邊一切可都安好？」

「還不是老樣子……」

「您每次都這麼說。」她一邊說著，一邊用難以言說的妖媚眼神盯著外祖父看——至少在我眼裡如此。外祖父和女老闆的這一幕，與他和喝酒的那幫漢子之間的交往，自然是兩個世界的風景。這齣戲裡包含著心照不宣的接頭暗號，前半句說的還是正經話，後半句就變得親密無間，逗弄得這顆心忽上忽下，波瀾起伏。我瞬間領悟到外祖父和這位女士之間的關係有一種特殊的親密感，一種不同於他跟外祖母或是母親之間的關係。我還意識到，那種親密感就像是一件物品，確實無疑地存在著，而且沒有任何外力可以進入其中。在外祖父和女老闆看來，我和妹妹，還有一個表哥，我們三個隨時都能被拉進他們的話題中，成為改變話題的理由。

女老闆說：「瞧您家這公子，相貌堂堂！」

「開什麼玩笑呢，這可是我外孫！」

「誰看了都說是您的公子。」

——只要有人誇他年輕，外祖父就特別高興，這一點我實在是無法理解。他明知道女老闆是拍他馬屁，卻還是打心底喜歡聽她的奉承話——愈認識到這一點，我就愈發覺受到他的親切。外祖父對著稻荷神擊掌合十；跟義大利人談笑風生；外祖母明明沒做錯什麼，他卻劈頭蓋臉一頓罵——他的這些言行舉止在我眼裡完全是不可理喻的。但當時的我意識到，這個無法理解的人物身上也有我能理解的一面。而且，我所理解的那一面，只有他跟他那個女性朋友在一起的時候才會表現出來。

父親不喜歡外祖父的為人處世，指責他行為「放蕩」。在父親眼裡，跟妻子之外的女性交往，那可是十惡不赦的行為。母親在天主教教會學校裡長大，她同意父親「放蕩」即罪惡的觀點。不過，她的態度與其說是指責，不如說是試圖為外祖父解釋。她說，要是外祖父寄予厚望的大哥還活著，他就不會有後來的「放蕩」生活，要是外祖母不是事事不合外祖父心意，他也不會一天到晚不在家——惡其罪不惡其人。但那能算罪惡嗎？很長一段時間裡，我覺得沒法把自己認識的外祖父和「十惡不赦」聯繫在一起。然後，我又意識到了自己的無奈。為了消除這個無奈，我也就沒再追問自己，究竟何時何地才能判定他的「放蕩」就是罪惡。我還是個孩子，一方面接受父母灌輸給我的罪惡的觀念，另一方面，對於外祖父在外面有女性朋友的事實，雖然不能理解，卻有種自己可能理解的莫名預感。直到後來，當我自己在某位女性的眼裡看到了一切，意識到全世界加起來都不如那一刻來得珍貴的時候，我的預感應驗了。這一刻的體驗讓這個世界上所有的善惡判斷都變得毫無意義……每次我想起外祖父，都會忍不住想，憑什麼說他不懂呢？「放蕩」一詞隨意地加諸於人，並不能解釋這個人的一切。其內涵因人而異，就好像品行端正的好人家兒女的生活內容，亦是因人而異。但是，要了解外祖父的生活內容——假設能做到的話——我的年齡實在是太小了。也許外祖父的「放蕩」就是無聊之舉，也許不是。我現在覺得也沒什麼特別的理由，一定要把外祖父想像成「放蕩」之人。我自問，身體中是否流淌著外祖父的這股血液呢？可除了某些遺傳性體質的說法之外，我根本就不信血統之說。也許真有此事，就算它有吧，但要是沒法確認的話，就只能從思想上排除這種可能性。對於身邊這個號稱「放蕩者」的人物，年幼的我即便能想像到他的各種失敗，也難以想像他做出哪些「壞事」。我覺得這一點肯定意味著什麼。

外祖父對孩子很寬容，出手闊綽，雖然有點隨心所欲，但其中也包含了某種誠意。答應孩子的事情，他從來都說話算數。有一次，他跟往常一樣，對我說「你要什麼我都買給你」，然後我回答想要一匹真馬。他嚇了一跳，向我說明商店裡沒有賣真馬；即使能買到，小孩子也照顧不來；說我什麼都買給你的意思是指商店裡有賣的，就什麼都買給你。他十分認真地解釋，努力地說服我，沒有絲毫不耐煩。他想盡辦法盡力地想要說服我，哪怕我只是個小孩子——這種人格魅力比一匹真馬更讓我感動。而因為想要真馬的那股執念，讓我的這份感動也變得更加堅定。

義大利菜的味道棒極了。不知什麼時候，那家餐廳就不是外祖父的了，後來也是什麼都沒留下。大概是由於我年幼時只知道那個味道，如今吃遍東京所謂的西洋料理，卻覺得再也沒嚐到過那麼好吃的。外祖父什麼都講究一流，從這個意思上看，他對小孩子也是一視同仁。吃義大利料理的時候，他像給大人點菜般為小孩子點菜，並教我們餐桌禮儀。不管我們聽不聽得懂，他跟我們說話的時候，也像跟大人說話一樣。比如，他帶我們去電影院，看完電影出來便問我們，你覺得這個電影怎麼樣？當時的我應該已經是小學生，但要問我有什麼看法也答不上來。我連電影的情節都還沒看懂。妹妹被電影裡的大場面嚇哭，我不停地告訴自己，那不是真的只是銀幕上的表演，在昏暗的電影院裡竭力對抗著電影帶給我的衝擊。外祖父跟我聊電影的時候，他哪裡知道我內心的萬丈波瀾。他要求我們能夠互相理解，但對我們的內心，他卻一無所知，所以說，他的這個要求多少還是有點不合理。我覺得外祖父有點不拘小節的同時，也覺得那正是他的一種人格魅力。如果是長大後的我約莫就能理解到，某些女人迷上外祖父是件多麼自然而然的事情。

對於孩提時代的我而言，那家義大利餐廳有著「西洋」風味，不是因為酒吧裡的那些男人，也不是外祖父說的外國話，而是一種非常微妙的東西，是我自認為的義大利料理的味道，是外祖父心情好時所哼著的義大利歌劇中某段詠嘆調。那義大利菜的味道，跟我在家吃到的所有菜的味道都不一樣。那義大利的詠嘆調，跟我在家聽到的古琴和尺八[6]的旋律都不一樣，跟我在小學音樂課上唱的歌也差得不止十萬八千里。那種感覺是建立在其他秩序之下。二十年後，當我第首次親眼看到地中海蔚藍的海水和大理石建築的城市，我才再一次清晰地感受到了跟二十年前程度相當的那種感覺。那時，在英國倫敦城的舊事務所裡，我看到了放在外祖父「西式房間」中的真皮座椅；在羅馬街頭，我聽到了外祖父那家酒吧裡男人們說話時抑揚頓挫的語調，看到了他們誇張的肢體動作；在薩爾斯堡[7]的歌劇院，客串表演的義大利歌手的旋律讓我回憶起外祖父曾經哼過的幾段詠嘆調。在初次邂逅的歐洲，我和我的童年世界卻似久別重逢。西歐給我的第一印象，不是跋涉千里終於抵達的異域，而是悠長假期之後重新返回的地方。然而，這也不過是第一印象而已。後來我在巴黎生活，學會了法語，說得大概要比外祖父還流暢自如。我逐漸明白，自己小時候知道的「西洋」在真實「西洋」中占著什麼樣的位置，知道了對於真實的「西洋」來說，是多麼渺小的一部分。我開始了解自己源頭的源頭。

我跟母親經常去外祖父家做客，有時候還會帶父親一起去。外祖父家離得並不很遠，我的其他親戚家的小孩，幾乎也都是在那裡。婚喪嫁娶、迎來送往，隨便一件事情都能成為外祖父把親戚們聚到家中的理由。我老盼著有這樣的機會，這樣我就能去他家裡玩。外祖父家的庭院很大，不缺讓孩子們玩的地方，我和親戚家的小孩在樹籬的這一邊盡情地追逐奔跑。樹籬種在斜坡較低的地方，下面還有一道石頭砌成的矮牆，石牆外面是一條小路，正對著一間間出租房的大門。女人坐在門口逗弄小嬰兒，跟我們年齡相仿的小孩在小路上踢石子玩，生活在那裡的人們，和我們就像住在不同的世界，近在咫尺卻從不交流。話說回來，我壓根也沒想過要跟他們交流，且從未覺得這有什麼值得大驚小怪。因此當我得知整排出租房全都是外祖父的產業，連沿著宮益坂往上直到他家大門口，並排在馬路左側排的小商店，也都是外祖父的產業時，我感受到了前所未有的劇烈衝擊。那些住在出租房裡的人，原來他們跟我們之間並不是沒有任何關係，外祖父每月派收租人去催收房租時，他們和我們之間產生了直接的關係。我只是不清楚這種關係的內幕，不了解它的意義而已。這種關係，以及這些毫不相干的人們的存在，都是我無力解釋的。總之，那就像是留在我清澈明亮天空上的一個巨大黑點。不知不覺中我養成了一個習慣，每次去外祖父家的時候，我都盡可能不去看那些住在出租屋裡的人。

6 日本的民族樂器。類似笛子。

7 薩爾斯堡（Salzburg），位於奧地利西部，阿爾卑斯山北麓，靠近德國邊境，是奧地利第四大城市，巴洛克古建築勝地，自然風光與人文景觀渾然一體，被譽為全世界美麗的城市之一。

泥土的香味

我沒在農村生活過，但和農村也並非全無聯繫。

父親老家在關東平原上離熊谷不遠的村莊裡，是德川時代允許佩刀的名主之家。一九二〇年代，村裡大部分的森林和耕地都是他們家的，不光自己務農，底下還有大群佃農交租，生活相當富足。不過，家裡的老人，也就是我的爺爺奶奶，隨著年齡增長，愈來愈擔心繼承人的事。家裡共有三個孩子，最年長的女兒早早離家，嫁給鄰村富農。次子，也就是我父親，考上浦和的中學後就離開農村，在東京開診所當醫生，自然不會回村繼承家業。長子從高等商業學校畢業後就啥也不做，除了婚喪嫁娶等不得不出席的場合外，從不回老家。非要他回去的時候，他就派老婆回去，自己不去。眼看著老人都上了年紀需要照顧，家裡的農活也得有人來接手時，他的老婆便帶著一群孩子住到了農村，偶爾才回東京看他。我的這位大伯就一個人待在東京動也不動，請了位女傭幫忙家務，從來不出門，也幾乎不跟人打交道，大清早起便穿著居家棉袍開始喝酒。

我到現在都還記得這個奇人。聽說他年輕時對攝影很著迷，在當時那可是個稀奇玩意兒，有段時間他還曾教過攝影技術。除此之外，從學校畢業到去世的這四十多年裡，他從來沒有出去工作過。他對書畫、陶器、美食之類的毫無興趣，除了老婆大概也沒有其他女人，可能連個好朋友都沒有。母親曾說過他：「還真是討厭，一個身體健康的大男人，竟然無所事事……」我倒沒覺得這個「人物」有什麼可「討厭」的地方。他絕對不會來拜訪我們，但當我們偶爾去看他時，他總會非常高興地說：「歡迎你們來！」從他說話的語調中我感受到了一陣暖意，但也沒有因此繼續發展出更進一步的感情和互相理解。待在大伯家十分無聊，每次一離開他家，就能再次強烈地感受到身畔東京舊城區的活力。大伯應該也沒有什麼可冠上「厭人症」一詞的生活哲學，也不像有什麼「諸行無常」的大徹大悟，使他徹底拋開了煙酒之外的所有一切。總之，他就算遊手好閒也能樂享人生，所以就在遊手好閒中度過了一生。正因為如此，他從不卑躬屈膝，不像那位想出人頭地卻沒有成功的大阪商人之子，沒有鄙陋粗俗之處；也不像他那勤快又懂事的老婆，沒有那種在人背後耍小動作的機靈；不像東京帝國大學才俊出身的那位國家公務員，張口就是指點江山的氣勢；更不像那位有一群手下跟著的議員，會豪氣沖天地高聲大笑。總而言之，他身上沒有一點讓幼年的我感到「討厭」的地方。當時的我壓根沒有考慮過，大伯他在社會上就是一個無用之人，也無法想像，他的無用和不惹人討厭的人品之間，應該有著某種密切關聯。不過，在我幼小的內心裡已非常清晰的預感到，將來我們和大伯的生活軌跡肯定是兩條平行線。對於我們一生中有可能去了解的人，實際上卻是無法完全了解。或許，那時我已從大伯身上逐漸開始明白這個道理。

父親不常帶我們回老家，有可能是因為他自己開業行醫走不開，也有可能是我們開始上小學比較忙。當時信越本線車次比較少，我們從澀谷家裡出發，要先到上野，再去熊谷，若是當天往返，時間就非常緊湊。再加上下火車後得再叫車進村，在村中還要走上好一陣子才能到家，這段路也相當花時間。所以，每次我們去農村老家，都會住上兩三宿。小時候，我老盼望回農村老家，這趟小小的旅行對我來說就是人生最大的快樂。這種快樂，跟我多年後飛越太平洋、飛越印度洋時的旅行所帶來的快樂相比，也許沒有太大的差別。火車駛過荒川鐵橋時，在前方迎接我的是另一個世界。車輪滾過鐵橋的節奏響聲驟然變大，在那一刻，我覺得自己從日常生活的時間表中被徹底地解放。車窗外一排排的房子和人影消失不見，荒川的河水在寬廣的天空和河灘之間，閃閃發光。一個與我平時住慣了的城市截然不同的空間，在那裡擴展開來。火車行駛在鐵橋上，意味著我已經完全離開了東京，卻還沒有到達農村，我已徹底地脫離了一種日常生活，但還沒銜接上另外一種。火車的汽笛聲不僅喚起對終點的期待，更喚起脫離了所有日常生活之後的自由的感覺。荒川，還有它的河灘，和太平洋相比是如此狹小，但當時的火車，開得慢，當時的我，還是個小孩。

如今我在剛起飛的客機中所體驗的感受，與小時候在荒川鐵橋上的感覺一模一樣。腳下的街道消失在無邊雲海的那一端，瞬間遠去。引擎規律的轟鳴聲宣告地面的時間秩序已經結束。我不去想旅途的終點，在確認禁煙燈熄滅後，點燃香菸。我開始思考自己的人生，與他人無關，只關乎自身，思考自己現在為什麼在這裡。脫離了所有社會關係的那一刻，我開始品味我自己。

當年，我在信越本線的小站下了火車，等了很長時間的汽車，坐在車裡又晃了好一陣子後，終於踏上了麥田間雲雀鳴唱的小路。年幼時的感受，與今日降落在外國大城市機場時的感受，卻是完全不同。除了那些VIP所指示的特例之外，機場裡每個人都是異鄉人，每個人都是無名氏，誰也不用在意誰。好比免稅店這樣的空間，因為它不屬於任何人，所以它就屬於所有人。但是，在一個村莊中，有些人是絕對屬於這裡，而有些人則不是。村裡的小路在田地之間蜿蜒，中斷在盡頭的竹林處，穿過茂密的樹林，沿著農家的土牆向前，轉眼又拐過一個小小的十字路口。麥田裡有雲雀在叫，竹林中有樹鶯在唱。風吹過金黃色的田地，掛在稻草人身上的鈴鐺發出空洞的聲響。小青蛙彈跳在剛下過雨的泥濘小路上。在炎熱夏日的地平線上，可以看到巨大積雨雲發出炫目光芒。這裡總有一股不變的香氣——大概是一種混合了稻草和肥料，獨特的泥土香氣。這才是日本農家的氣味，即便到了現在，不論我現在身處何地，這個氣味都能立刻喚起在我心中鄉下一詞的所有含義。年幼的我胸中吸滿這個氣味，在桑樹田間盡情奔跑，直到岔路口，便停下等著落在後方的父母親，兩腳原地踏步，準備接下來朝左或是右跑。除了小學操場，那時在東京能讓小孩子盡情奔跑的空間，已經愈來愈少。

然而，我也不能獨占村莊這些小路。村裡的小孩不知道從哪裡跑出來，聚集在我們經過的道路兩旁，等待「東京人」經過。裡面也有背著嬰孩，負責照料小孩的大孩子，但大部分都是小小孩，穿著像是下田時穿的衣服，腳踩草鞋，髒兮兮的手腳上都沾著泥，臉蛋被太陽曬得通紅。他們不跟我們說話，彼此間也沒有說話或交頭接耳，只是默默地看著我們經過。這並非是歡迎或是示好，更沒有敵意或者反感，只有他們掩飾不住的好奇心。村裡的孩子們站在那裡就是為了看我們，只是為了看我們一眼而已。他們的視線把我變成了一名「東京人」。小時候，我沒有在父親老家了解農村，而是發現自己原來是個「東京人」。農村不屬於我，屬於那群在那裡成長的孩子。他們目不轉睛地目送我們經過後，很少有跟過來的，他們會一下子跑開，轉眼間三三兩兩不知道消失去了哪裡。接下來的一段時間，只剩我們被留在田間的小路上。但繼續向前走一段，彎過被竹林和樹林遮蔽的小路時，搶先抄近道過來的他們，已經在前方等待。村裡的孩子們看著我們逐漸靠近，觀察我們從眼前通過，過去後不久便再次散開，跑到前方埋伏，如此反覆。他們像是神出鬼沒的伏兵，對這裡的一草一木都瞭如指掌，知道每一條我所不知的近路。過去在村裡長大的父親說不定也知道那些小道。但我只能跟著父親選定的路繼續往前走，根本不知道前面該在哪裡往哪轉。村裡的小孩什麼都知道，而我卻一無所知。這個世界是他們的，不是我的。所以，不是我在觀察他們，而是他們觀察我。我只是他們世界裡的一部分，然而，我卻沒有一個世界，能讓他們成為其中的一部分。一個願望在內心深處悄悄萌生，我多麼希望自己也是他們中的一分子，但同時也無可奈何地清楚認識到，這個願望終究是無法實現。

當時的我也無法想像，村裡孩子其實也可能想成為一個「東京人」。直到後來我才知道，原來日本所有村鎮在給某地命名的時候都愛冠以「銀座」二字，村裡姑娘都憧憬大城市的時尚，還有，村裡青年對「老東京」的羨慕與嫉恨，也就是懷有難以消除的好奇。當時的我對村裡孩子的生活有種自己都不願承認的嚮往與憧憬，這種感情蒙蔽了我觀察、想像其心理和理解他們的眼睛。而我的雙親，大概跟世上所有的父母一樣，都以自家孩子為榮，從村裡孩子的眼光中，他們只看到了對自家孩子的讚羨。所以他們也是無法想像自家孩子內心的波瀾起伏。父母一點都不在意村裡伏兵出沒，只提醒跑在前面的自家孩子，小心不要掉進田裡。

爺爺的家背對著村裡最高的杉樹林，宅子中心是一棟兩層樓高的主屋，院子很大，四周圍著高高的土牆。在土牆內側，沿牆依次蓋了倉庫、農具專用房、馬廄和雞舍，四面外牆刷得雪白的庫房，立在與杉樹林的交界處。主屋二樓是蠶房，登上又黑又陡的樓梯，到了養蠶季節，就能聽到蠶寶寶吃桑葉的聲音，好像是陣雨落在雜樹林裡。家裡人都住在一樓，隔著寬廣的土間，一側是廚房和浴室，另一頭是六間八疊或十疊[1]的房間。其中面朝南側庭院的三間屋子採光良好，朝北的那三間連大白天都黑漆漆的。當時還沒通電，晚上照明就用油燈和蠟燭。帶著玻璃罩的油燈古色古香，只有兩盞，一盞在土間，一盞在客廳，因此上廁所得拿著燭台，得一邊用單手擋著風以免蠟燭被吹熄，一邊穿過長長的走廊。灶房沒有煙囪，燒柴產生的煙都從窗口排出，屋內已經熏得烏漆墨黑，靠著一根蠟燭的光去洗澡，基本上就只能靠手摸著牆才能找到地方。在那片昏暗中眺望著映在牆上的幽幽燭光，把全身浸到熱騰騰的洗澡水裡，撲鼻而來的熱氣中混雜著木柴燒盡後的氣味和木浴盆的杉木香。所有這一切，在昏暗中營造出一種難以言喻的感官歡愉。

小時候我也怕黑，但還不至於不敢拿著蠟燭一個人去廁所或浴室。「你敢一個人去啊，真了不起！」每次帶著蠟燭上廁所，奶奶都會表揚我。「你都不怕會有妖怪跑出來。」可是我根本就不相信有「妖怪」這玩意兒。我受到的教育告訴我，從沒有人見過的「妖怪」不存在。這比起那些可能有「妖怪」的說法，確實更有說服力。我受的教育或許讓我變成了一個很「狂妄」的小孩，但我也因此對黑暗、墓地、魂魄和幽靈沒有絲毫的害怕和恐懼。我到現在都不喜歡談什麼怪力亂神。

每次我們回老家，爺爺都會親自去雞舍抓一隻雞，宰殺後拔毛割肉，準備好豐盛的晚餐來招待我們。我雖然不怕「妖怪」，但對殺雞的過程還是覺得恐怖，怎麼也無法直視。爺爺不知道我內心的恐懼，先將那隻雞從脖子根部斬斷，放光血，抽出裡面某條筋做成機關，一拉那根筋，雞頭就會跟著動。他做這個是為了逗我開心，示範一遍後，便讓我用一隻手抓住雞脖子，一隻手拉動那根筋。剛斷氣的雞腦袋像是還活生生的，眼睛炯炯有神。我光是看著就覺得胃裡翻騰，渾身難受，哪裡還有什麼心情扯雞脖子玩。我之所以饒有興致地看爺爺示範，並不是因為好玩，而是被動物死亡後，它腦袋會動這件事，激起難以克制的好奇。好奇心和厭惡感在我的內心展開了激烈的對抗，大概讓我的表情看來像是等不及地要自己試試看。爺爺無法理解為什麼我遲遲不願伸手。這位拚命想要取悅孫子的老人，他對我的理解完全是另一個世界的標準，而我在還沒掌握好技巧，既能禮貌地回絕這位老人又保護好自己。不知如何是好的孩子，只能放聲大哭。趕緊過來的母親溫柔地安慰我：「嚇壞了吧？」是啊，我的確是被嚇壞了，但這只是其中一部分而已。然而對當時的我而言，最重要和最難得的，不是母親有多正確，而是她聲音中的那種溫柔。

主屋的右側是一條迴廊，通向另一棟被叫做「新客廳」的屋子。「新客廳」是平房，兩間帶

1　日本計算室內面積的單位，以一張榻榻米大小來計算，一疊面積大約是一．六二平方米。

有壁龕的十疊大房間，周圍是寬敞的檐廊，只有那裡安裝了都市風的玻璃窗。防雨板每天早上打開，到晚上再關好，然而平日似乎從來也沒人用過這兩間「新客廳」。靜悄悄的「新客廳」，前修築了有泉水和綠植的庭院，跟進出頻繁的主屋前方中庭也是隔開的。在彷彿能聞到新鋪裝榻榻米香味的房間裡，夏天的午後，知了聲如雨般落下。上了小學能夠閱讀的我，曾在那間二十疊大的新客廳裡——兩個十疊大房間之間的拉門，一直都是敞開著的——獨自看了很久的書。即使大老遠跑來農村，比起在杉樹林裡找蘑菇，去竹林裡面挖筍，去田間捉青蛙，我在書本中似乎找到更加有趣的世界。不過，不用說，「新客廳」並不是為我看書而蓋的。

農村也有紅白喜事，尤其是在奶奶去世後，還要辦好幾次法事。這個時候，主屋也好，「新客廳」也好，全都擠滿了陌生人。裡面幾乎沒有小孩子，都是一些臉龐黝黑、指節粗大的男人，他們盤腿坐在屋子裡喝酒，那些身著喪服的女人們負責倒酒。從熊谷外賣餐廳送來的便當堆成小山，男人們拿到便當後，解開繩子，夾起一點已經變涼的燉魚，繼續喝酒。中間有人離開，馬上又有別人坐進來。不停地有人把雙手放在榻榻米上，恭恭敬敬地行禮。每當有人要走，女人們就會把他吃剩便當重新包好，添上放著兩個大得離譜饅頭的紙盒，當作「回禮」交給他。那些醉到走不動的，有的不久後清醒過來，在半夜時分離開。還有好幾個人就這樣在「新客廳」裡過夜。住在近郊農村的那些親戚們，要讓他們走夜路回去就太遠了。不論是法事，還是結婚，這類宴會的順序大同小異。換句話說，不管和尚還是神官，所發揮的作用小到可以直接無視。宴會從上午開始，一直持續到深夜，整個過程根本不會把追憶逝者或是體諒新婚夫婦的不便放在第一位。

喝醉的人們嗓門變大，變熱鬧了，顯出一種活力。不管是辦葬禮，還是做法事，他們只管喝酒吃飯，流汗生小孩，生活已經被自己的事給占滿。不過男人們不跳舞，也幾乎不唱歌，他們不會糾纏倒酒的女人，更不會胡來。大概因為這是大地主家辦酒，佃戶們不能拋開拘束。這裡的情景跟彼得．布勒哲爾[2]《農民的婚禮》中所描繪的完全不同。布勒哲爾畫裡的那些西方農夫，又是喝酒，又是唱歌，男的女的混在一起盡情舞蹈，就好像光憑他們自己就能製造出無窮的歡樂似的。

對我來說，不論法事還是婚禮，這樣的宴會跟我沒有絲毫關係，我就坐在一邊靜靜地觀察。男人們忙著聊天，女人們要端茶倒酒，忙得更是團團轉。這種時候根本沒人會去管小孩子，這也就成為我當一名純粹旁觀者的最好機會。而且，沒有任何一刻的觀察對象，對我而言如此不具備任何意義。年幼的我並不討厭農村宴會的氣氛，只是對於小孩而言，唯一能做的就是觀察，而觀察對象又超越了孩子所能理解的範圍。這會發生在農村，大概也不過是偶然，除此之外，年幼的我沒有其他機會能親眼見證大人的宴會。但是，我不得不事先就留意到自己跟農村之間的關係，一邊是被農村孩子當成我觀察對象，另一邊是我在宴會上觀察來客。在觀察對方的同時，也是對方的觀察對象，這種關係從一開始就不存在。我是一個局外人，也許會永遠過著局外人的生活。但這也並不意味著我和農村之間的關係是淡薄的。

2　彼得．布勒哲爾（Pieter Bruegel the Elder，約 1525-1569），法蘭德爾畫家。因擅長畫農民風俗，被稱為「農夫布勒哲爾」，又稱為「老布勒哲爾」，代表作包括《農民的婚禮》（*Peasant wedding*）等。

這種宴會的習俗不僅限於農村。我在後來參加的類似宴會中，大多已經不再是一名被動的觀察者，而是自己主動地成為一名觀察者。然而跟小時候一樣，我通常無法從觀察對象上發現特別有趣的地方。有一次在墨西哥城，我在朋友的朋友家裡被「牽連」進宴會，他們那兒叫「FESTA」。當時的場景用「牽連」來形容真的是再合適不過了。人們高興地吃喝，瘋狂地舞蹈，大笑大鬧，高聲喧嘩，為自己的興奮而興奮不已。常言道入境隨俗，我也跟著邊喝酒邊聊天，插科打諢，用四國語言說些場面話。然後，突然地，沒有任何動機，也沒有特別的緣由，我的腦海裡浮現出一個異樣清晰，不容否定的想法：這一切都毫無意義。屋裡所有的人，他們興奮的表情、他們說的話、他們的大聲喧鬧，都像潮水般迅速退向無垠的彼岸，變得跟我沒有絲毫關係。我立刻離開人群，獨自走到昏暗的院子，夜晚的涼風帶著若有若無的花香吹拂著微醺的臉頰上，十分舒暢。夜風裡沒有我老家村莊那股特有的味道，但它讓我想起幾十年前宴會的夜裡，年幼的我在父親老家庭院中體會到的那種夜涼如水的觸感。同時，我在農村時的所有記憶都被喚醒，我甚至聽到了晚夏時節「新客廳」那落雨般的蟬鳴。剎那間，我似乎穿過數十年的時光隧道，跨越迢迢千里的太平洋，回到了那個永遠不變的「我自己」。「回到自己」[3]——對我而言就是從「我自己」抽身而出——我意識到，在所有的宴會上，我自己永遠都不過是個局外人。這種看法並不代表後悔、遺憾，或是悲傷，它只是逼著你做出決斷。

3 原文為「我にかえる」，意思是「甦醒」、「回過神來」，字面上可翻譯為「回到自己」。

澀谷金王町

承前文所敘，埼玉縣地主家的次子，很早就離家前往浦和就讀中學。後來，他上了第一高等學校[1]，住在學校宿舍，記住幾首《啊，玉杯盛鮮花》[2]之類的歌，又學會閱讀德文後進入東京帝國大學的醫學部，在本鄉[3]度過四年大學生活，之後到東大附屬醫院內科工作。在他大學時代的同窗好友中，有來自山形縣[4]，說話帶著點方言口音的齋藤茂吉、還有後來在富士見[5]建療養所，

1　日本戰前的一所舊體制高中，簡稱「一高」，包括現在的東京大學的教養學部、千葉大學醫學部和藥學部前身。戰後學制改革後，於一九五〇年廢止。
2　舊制第一高等學校的宿舍舍歌。
3　位於東京都，東京大學的主校區。
4　齋藤茂吉（1882-1953），日本著名和歌歌人、醫生，師從伊藤左千夫，後為《阿羅羅木》雜誌同人，著有和歌集《赤光》以及《齋藤茂吉全集》（全三十六卷）。
5　富士見市，位於日本埼玉縣南部武藏野高地東部。

亦不忘舞文弄墨的正木不如丘[6]。他自己雖也寫和歌，但在這方面大多與《明星》[7]派歌人交往，和齋藤茂吉、正木不如丘之間的往來反倒不涉及詩歌寫作，其中最主要的原因，大概是他對這些東西的興趣還只停留在閒情逸致的範圍。

他在大學醫院內科教研室當上了醫局長之後，正好碰上主任教授去世，在繼任教授候選人的推薦上，醫局人員與跟大學方面產生重大分歧。最後大學方面獲勝，繼任教授決定時，他身為代表醫局意見的醫局長，離開了大學自行開業。他在辭職前已經成家，年輕的妻子對他的辭職沒有任何怨言，非常支持他這種清高的行為。因為老家資產足夠，無須擔憂開診所的資金。農村的父親，為了身為全村驕傲的次子，在澀谷金王町求購土地，買下某個掛牌出售的名門宅邸，解體後運到那塊地上重建。醫局長原本計畫在大學醫院裡長期工作，所以沒有急著取得學位，也就是說，他當時還不是醫學博士。不過，在他看來，臨床診斷以及醫療能力，和為了取得學位而進行的基礎醫學研究，根本就是兩回事。他大概沒有想過，診所開業要成功，不光只靠診斷以及治療的能力，還要有學位支撐；更不用說還需要時不時地仰賴在診斷及治療上含糊其詞、待人接物的技巧，以及不辭辛勞的專心工作。這些都是他做夢也想不到的。

澀谷金王町的這棟房子，既是診所又是住宅，整體結構非常奇特。屋外圍繞著高高的木板牆，路上行人雖然能透過牆內樹蔭看到二樓的一部分，但防雨板在大白天裡依然緊閉，幸虧大門還沒關上，一進門就就是玄關，但玄關北側的拉門卻關得嚴密不透風，看起來便讓來問詢的人猶豫要不要在這裡看病。診所沒有招牌，若沒有注意到釘在門柱上寫著「內科醫院」的陶瓷標示，誰都會以為這是某位退休官員的宅子。每天上門就診的患者也就一到兩名左右，周圍靜悄悄的沒有一點聲響。這也不能說是一個人診所不幸經營失敗的故事，應該說是一個年紀輕輕就具備隱者風範的男子，聽從內心的呼喚，勇敢地開業行醫的傳奇。當時，還沒有醫藥分離這種說法，在城鎮中開業的醫生通常不收診療費，以細緻體貼的服務吸引更多患者，向他們推銷藥物來維持自家生計。習慣這類醫生的患者，看到他冷冰冰地說：「您的病目前只需要靜養，不必服用任何藥物。」當然會感到非常地驚訝。這算不上是士族經商失敗[8]。這位地主家的兒子本來可能成為一名學者，他眼裡根本就沒有所謂的「社會」和慣例，他的氣派正是由此而來的一種奢侈品。

第一次世界大戰結束後，我在這個家裡出生並長大。小時候我常聽父說「醫生不是賣藥的。」也聽他說過「最困難的是診斷，只能夠確診，治療方法不都已經寫在書上。」

「那也得考慮一下患者的心情啊……」母親說道，父親回答她：「醫生又不是馬屁精。」

我聽到他和患者之間的對話是這樣的。

「身體感覺如何呢？有好好吃藥嗎？」

6　正木不如丘（1887-1962），日本作家、醫生。本名俊二，俳號不如丘，著有《正木不如丘作品集》（全七卷）。

7　日本明治三十年代著名詩歌雜誌，一九〇〇年創刊，一九〇八年停刊，以與謝野鐵幹、與謝野晶子為中心，具有明顯的浪漫主義風格。

8　指明治年間日本士族階層解體，為求生計轉向經商，但由於不熟悉經營待客之道，常以失敗收場，成為通俗表演中的揶揄對象。

被這麼一問，患者回答：「沒有呢，這藥太苦了。」

「不管是甜還是苦，想治好病就是得吃藥。」

「大夫，藥實在太苦了，可不可以偶爾少吃兩三次……」

「這怎麼行呢？您要是不遵從醫囑，我可不負這個責。」

患者：「我錯啦，大夫……」

後來有名患者親口跟我說：「那說話的口氣簡直就是在訓人。」

我印象中幾乎沒有父親去診療室，為上門患者看診的畫面。事實上當然是有的，只不過對孩子來說，這個畫面出現得不夠頻繁，以至於沒有留下深刻印象。不過，我倒是記得父親出門去病患家中看診的事情。電話鈴響，先是母親接起，把患者姓名告訴父親後，父親接過電話詢問患者的病情，然後說一句，那我就去一趟吧。他叫好相熟的人力車，把聽診器、額鏡和注射器等裝進黑色的皮革手提包，從那幾乎不打開的玄關出門。

在請他出診的那些患者中，聽說還真有幾位比較獨特的，對這名沒好臉色又不懂「做生意」的醫生抱持著信任。其中一位患者，就是設計東京車站，在明治建築史上留下獨特功績的辰野金吾。辰野金吾的長子，是在東京帝國大學創立法文學科的辰野隆教授。父親是辰野家兩代人的「御用」醫生。我曾聽父親驕傲地說起建築家辰野金吾的事跡。「不管是東京，還是橫濱，磚造樓房在大地震的時候全都被震塌了。只有辰野先生蓋的建築絕對不會倒。被大火燒盡的碎石亂瓦上，就只有辰野先生蓋的紅磚房子頑強地立在那裡。真是了不起！」

我沒有機會親眼見到那位「辰野先生」，但後來跟法文科的辰野教授有了知遇之緣，不僅曾聽他講授「十九世紀文藝思潮」，在教室外與這位談笑風生的豪爽男士聊過天。「你父親是位名醫。」他用東京腔對我說：「他是青山（胤通）[9]的直傳弟子，在他離開大學後，就沒再有人能繼承青山了。多痛快！你父親的醫術確實好，就是不夠親切。」我當時想著，原來是這樣啊，並從他說的話中，揣摩出一種微妙的，對不被社會所接納人物的體恤。雖然這段話裡帶著體恤之情，卻又有著不會讓人感覺到被人體恤的用心，能達到如此完美的，也就只此一例。

父親會定期出診的患者中，還有一戶是大財閥的本家[10]。他們家有三輛型號不同的美國車，各自配了一名司機，我記得總是由其中一輛來接父親出診。沒有汽車的時候，他們會派車夫駕著兩匹馬拉的馬車過來。我小時候對馬車特別感興趣，有時候會趁機跟父親一起坐馬車到患者家，等待父親看診結束後，再乘汽車回家。馬車駛出家門後緩慢地行進，爬上宮益坂，越過坡頂，然後在青山通上飛快奔馳。馬蹄踏在路上發出清脆聲響，車廂搖晃，我一手抓緊父親，像是生平頭一回見到般，一邊熱切地盯著並排在青山通上的房屋從窗外掠過：榮太郎本店、七丁目車庫和青山學院、明治神宮表參道的燈籠，還有馬路兩邊沒有盡頭的排成一排的低矮的房屋。

父親從我上初中時開始為財閥之家看診，並持續了很長一段時間，對患者不多的父親來說，

9　青山胤通（1859-1917），醫生、學者，東京大學教授。創建日本癌症研究會，擔任首任會長。多病之身。

10　指嫡派、嫡系，指一門或一族的中心家系。

這大概是主要的收入來源。我不認識本家的人，但第二代的次男還是三男在分家後，曾邀請我們前往做客。主人明顯比父親年輕許多，聽說是畫畫的，與在我看來年輕美貌的妻子住在宮殿般的家中。

「最近身體怎麼樣？」

「大夫，我最近又覺得有點不舒服……」

我在旁邊聽他們說話。

父親說：「如果不能暫時在家休養，很難好轉。」

「我每天晚上都出門，才會這樣。」

「您的工作這麼忙嗎？」

「不，我是玩得很忙。」

我當時剛上小學，第一次聽說有種生活是「玩得很忙」，甚至到了要堅持每晚冒病出遊的程度，這讓我大開眼界。

在那天回家的路上，父親說：「對本家的主人來說，與其讓兒子插手家裡的生意，還不如讓他搞點音樂美術什麼的來玩玩好。什麼都不用做錢就能生錢，玩樂上花得出去的金額都是有限的……」然而在「二戰」戰敗和美軍占領日本後，他們家的日子也不比從前。不過，早在那此之前，在本家的主人過世後，子輩們對父親這名御用醫師毫無興趣，父親自然也不再前往財閥家看診。

在我出生後不久，妹妹也出生在金王町的家中。父母工作不忙，社交活動也不多，便將熱忱放在兩個孩子的教育上。為了不讓其中任何一個受委屈，他們對男孩和女孩一視同仁、平等對待，吵架時會先認真聽取雙方的理由後再做裁判。至於懲罰方式視犯錯內容而定，嚴格但不會打小孩，卻會在晚上把孩子關在門外，不給飯吃，或是關進壁櫥中。他們不會毫無來由地懲罰小孩，會先說明理由，直到孩子完全接受，但決不會任由孩子耍脾氣，或是承諾什麼來哄孩子高興，孩子必須無條件地服從父母，絕對不可以撒謊。我現在都還能回想起在金王町家壁櫥的黑暗裡、被關在防雨板外漸濃夜色中所感到的心慌，但卻不記得父母曾因心情不好隨意懲罰我們，也不記得他們曾以「你要這麼做的話，警察叔叔就會來抓你」、或是「會下地獄受閻王懲罰」，借用其他權威來嚇唬我們。對小時候的我來說，家就是一個封閉且獨立的世界。這個世界有著能讓我完全接受的賞罰原則，只要不犯錯，就不用擔心有任何不幸降臨，要是犯了錯，則無法逃避懲罰。我就一直生活在這個合理的、可以理解的小小世界裡。而這個世界的外面，有著我無法理解的事物。

偶爾有親戚或是父親的同學帶著家人，來金王町的家中拜訪。小孩不停哭鬧要糖吃，他們的母親看到我和妹妹，說：「這兩個孩子家教真好。」雙親聽到這種話自然是一臉滿足的表情。我自己則是像是看到珍稀動物般，望著跟自己年齡差不多的小孩哭鬧。還發生過這樣的事。有一次，不知道是為了什麼，親戚們聚集在宮益坂的外祖父家。我在院子裡跟年齡相仿的表弟妹們一起玩，和其中一個小孩吵起來，還打了對方。小姨丈便從屋裡跑出來，袒護自己的兒子，不給我辯解的機會。對完全不習慣這種事的我而言，小姨丈的作為，是成年男性對著連小學都還沒上的孩子，利用自己絕對力量優勢所貫徹的不正當行為。我憎恨這種不正當。打架的原因我很快就忘記了，但當時內心的憎惡感，卻十年都沒忘，直到小姨丈因結核病去世，我對他也沒有產生過一絲好感。小姨丈在毫無所知的狀況下，挑戰了我的世界秩序。年幼的我只要接觸社會，必定會不斷地、隨時隨地遇到這樣的挑戰。但在上小學之前，我幾乎就沒有這樣的機會。我在雙親保護下成長，比同齡小孩更不知世事，對於惡意也好，計謀也好，毫無抵抗的能力，但卻十分敏感，眼睛裡容不得一粒沙。

對於我們的教育，父母兩人都很熱心，但他們的教育方針並非總是一致。母親擔心我們老待在家裡，太少接觸其他小孩，就想到了一個主意，便想說服父親，讓我們去她自己小時候也曾上過，在那裡還有不少熟人的天主教女校附屬幼稚園。但父親是名頑固的無神論者，並不樂意讓小孩的教育和基督教聯繫在一起，對幼兒園本身的作用也抱持相當的懷疑態度。他們兩人之間的意見不合，要深究起來，或許可說是反映了這樣一個事實：一名並不浮誇，但也懂得享受社交活動的城市女性，和一名雖出身在大地主之家，卻受到農村質樸家風熏陶，煙酒不沾、以在家看書為樂的男性，對彼此所存在的不滿。總之，兩人最後達成一致意見，姑且不論年幼的妹妹，先讓長子去那家幼稚園上學看看。然而作為當事人的我，卻難以輕鬆適應幼稚園的環境。一直以來，我都在父母二人無微不至的照顧下成長，幼稚園裡還有眾多其他孩童，洋人修女們不可能像雙親那樣照顧我。若是小孩不主動去理解大人——這小孩可真是難搞啊！——修女們又無法成功了解小孩的話，結果，雙方就無法建立起有效溝通。學校為幼稚園的小孩們在校園一角挖了沙坑、搭起紫藤架，年幼的我站在那裡，望著身穿校服的女孩們在下課時間的校園裡奔來跑去，從頭到腳一身全黑的修女們沿著縫隙穿梭其間，傾聽著教堂的鐘在青空下發出不可思議的聲響。

母親來接我放學時，一名修女用帶著口音的日語跟她說：「他都不跟其他小孩一起玩。」母親說：「他還有點怕生。聖安妮，他很快就會適應的。」我聽她們說話，心裡想著，我明明覺得這樣沒什麼不好，為什麼非得去適應其他小孩，跟他們做朋友呢？結果，沒過多久我就不去上幼稚園了，在那裡，我也沒有在其他小孩身上發現他們之間有什麼複雜世事。可以說，幼稚園給我留下了一些不同尋常、感覺強烈的印象，那是一身黑衣的洋人、教堂的鐘聲，還有專著制服，轉眼間充滿校園的女孩們。

然而，上小學之前只跟家裡人在一起生活的小孩，他們的世界也不完全只按照著合理的秩序運行。我小時候經常咽喉腫痛發燒，每次高燒都會做噩夢。夢裡境裡沒有顏色，沒有聲音，連形狀都無法清晰分辨。一個宛如巨大車輪之物朝我輾來，我也不清楚那到底是不是車輪，但它就悄無聲息地、慢慢地，卻一步步地逼近。我很清晰地意識到，自己一旦被它輾過就會消失不見，我的整個世界也會永遠消失，但不管我如何想逃，都無處可逃。這個車輪狀的物體巨大無比，遮天蔽日，宛如整片灰色的天空化為沉重實體，衝著我傾倒下來，不斷逼近。那種恐怖的感覺無法用語言形容，當我再也支撐不住而精疲力竭時，就醒了過來。我滿身冷汗，沒有半點力氣，但夢裡的一切卻清楚地留在我的腦海裡。因為每次發燒都會做同樣的噩夢，我甚至在似睡非睡之間提前感覺到噩夢即將來臨。有時候，我不是被車輪狀的物體輾壓，而是被捲進漩渦的深處。整個宇宙變成了漩渦，分不清那是氣體、液態，還是其他什麼狀態，就是不斷旋轉著將我吸入無限深處。我也不知道漩渦的底部有什麼。恐怕那裡什麼都沒有，我不停地往下掉，不停地遠離我的世界——遠離那個我能理解的世界。那種恐怖的感覺，和我快要被車輪班的巨大物體壓碎時的感覺完全相同。

我也做過其他的夢，但在我記憶所及，那都是日常生活中的瑣事，以不準確的形式反覆出現而已。有不開心的夢，也有開心的夢，但沒有特別天馬行空的，也沒讓我情緒激昂的夢。前述所說的那兩種，姑且算是可歸為「類型」的夢吧，在很長一段時間裡，那噩夢中出現的恐懼，是不管在現實生活還是在夢境中，唯一讓我感到害怕的東西。噩夢中的我，到底為什麼如此恐懼呢？是恐懼死亡嗎？還是恐懼家庭之外無限延伸的人類社會？或者是恐懼未知的事物，一般意義上無法理解的東西？不管怎麼說，恐懼和所有破滅相關的預感緊密相連，難分難捨。這也許意味著是有著合理秩序，可以理解的世界的破滅。如果是這樣的話，不得不說那隱藏在合理秩序下的陰暗的、不透明的、激烈的、不合理的現實深淵，早已在我幼年時代張開了大口，哪怕只限於我高燒被噩夢魘住的時候。但在現實當中，我窺見深淵卻是很久以後的事。每次從噩夢中驚醒，母親都會邊幫我擦去冷汗，邊安慰我：「又做噩夢了吧。不用擔心，那只是一個夢而已……」她那溫柔的聲音把我從恐怖世界中拯救出來，帶我來到了上午陽光靜謐照耀，平穩無事的日常世界中。平穩無事——這就是我小時候的感覺。父母並沒有溺愛我，但是非常小心地替我擋住了外部世界的風霜雨雪、家庭內部的各種問題，甚至是來自我自己本身的問題。現實與我遠隔萬里。這就是「良家子弟」這個詞所具有的唯一含義。雖然我經常做噩夢，但魔王終究還是無法從父母緊抱的懷裡奪走他們的孩子。我長大了，我長成了一個體弱多病，家教良好，對他人的感情敏感，充滿了奇特的正義感，完全不知如何與他人相處，自尊心很強，大概一點也不可愛的小孩。我已經準備好要出發。

多病之身

我害怕發高燒和噩夢，我覺得父親給我的苦藥和蓖麻油簡直就是酷刑，但我很享受退燒後那幾天的生活。身為醫師的父親怕我病情反覆，為此十分慎重，哪怕情況已經好轉，很長一段時間也都不允許我出門。然而我能在這段時間裡獨享母親無微不至的照顧，這是最大的快樂。而且康復期間，可以吃到我喜歡的食物。

位於金王町家中最西側，只有六疊大的小房間，就是我的病房。打開拉門，就有陽光透過檐廊的玻璃窗照進來。父親每天都會來為我看診一次。但母親會頻繁地過來，送吃的給我，或是餵我吃藥，有時就坐在枕邊讀童話書給我聽。我就是在那時候聽到了《猿蟹大戰》、《浦島太郎》的故事，還有《小紅帽》、《睡美人》和《小公子》（*Little Lord Fauntleroy*）。母親離開病房後，四周顯得非常安靜，我躺在病床上想像著聽到一半的故事的後續，一邊望著玻璃窗外小院裡太陽升起又落下，樹叢前面石燈籠的影子短了又變長，一天就這樣無所事事地在眺望中度過。有時候，我還會聽母親在遠處房間彈古琴的聲音。家裡有一台小型的礦石收音機，必須要調到特別的位置才能聽到些什麼，更別提要收聽音樂。資深「西洋迷」的外祖父有一組帶著大喇叭的手搖留聲機，當時大多數家庭裡都還沒有。我跟音樂之間的緣分。最早應該是從母親的琴聲開始的。琴聲裡沒有令人心潮澎湃的東西，但我還是非常喜歡古琴的音色，至今依然如此。父親吹尺八，但我心裡卻沒有哪種喜悅或哀傷，能與尺八產生共鳴。音樂在我身上喚起感情上的共鳴，是在上了小學接觸到所謂的「歌謠曲」[1]之後。《酒是眼淚還是嘆息》、《枯萎的芒草》這些歌深深打動了我。大概從那時候開始，山田耕筰[2]也將在我的世界中登場。不過，那是稍晚的事情了。

我躺在金王町家中聽到的不只是古琴的聲音。若借用現在西方人的說法，應該說我是從一種「la musique concrète」（具象音樂）[3]中開始了音樂生活。臥床養病期間，我聽母親念童話，想像著聽到一半的故事，無數次望著相同庭院中的樹叢，觀察天花板上木紋的所有細節，然而，還有那麼多時間，我豎起耳朵，傾聽從六疊大房間外的世界傳來的所有聲音。就算沒有生活在音樂中，我至少也住進了聲音的世界裡。走廊傳來母親的腳步聲帶著我所有的期待，遠處廚房裡的動靜喚起我對食物的所有想像。玄關的開門聲告訴我那是父親出門看診，或是外出歸來。還有，每天都能聽到從外面傳來納豆的叫賣聲，和賣豆腐的喇叭響。賣蜆子的、賣竹竿的，甚至還有賣麵包的，各自帶著獨特節奏地叫賣著，經過我家牆外。這些商販的叫賣聲，把男性勞動者們各式各樣的氣息鮮明地傳遞到了被高高木板牆包圍，寂靜無聲的屋子中那間六疊大的房間裡。如今，打開在東京郊區住家的窗戶，只能聽到汽車疾馳而過發出的機械聲，然而在當時，東京仍是人聲四溢。寒冷的冬夜，拉麵攤的笛聲愈來愈近，叫賣的調子清晰可聞，又逐漸消失在遠方。那悲愴淒涼的調子喚醒了我的記憶：結冰的道路、行人雙手揣在懷中趕路，腳下木屐發出的聲響、附近澡堂看似溫暖的採光窗、高掛在電線桿上宛如鐮刀的清亮新月，這所有的一切在剎那間湧入腦海。還有北風吹打擋雨板的呼嘯聲，遠方貨運火車經過澀谷站時的汽笛聲……母親的琴聲只是我聲響世界裡的一部分，大概跟魏爾倫[4]所吟誦的「街道的喧囂」在本質上並無差異。那還不是音樂，只是為我走入音樂世界而做的準備。

不常在外頭玩耍的小孩子，很快就能學會識字。自從我識字之後，康復期的意義變得完全不同，就算連續臥床好幾天也不會無聊。聽說買書給我的雙親，擔心的不是我不愛看書，而是讀得太多。母親說：「別再讀了，你的病還沒好呢。」但等母親一走，我又繼續看起書來。這個習慣成了我的自然，現在我還得提醒自己：「再看下去就沒空寫書了。」當然，當年幼的我身體健康能自由活動時，閱讀並非是我唯一的樂趣。臥病在床時，除了讀書，就再沒有其他好玩的事可做。要不是因為我這多病之身，大概也不會跟鉛字如此的親近，後來也不會想到要提筆寫書。

1　日本以演歌為中心的一種獨特的通俗歌曲。

2　山田耕筰（1886-1965），日本作曲家，作品多具有融入傳統要素的浪漫主義風格，為日本的交響樂和歌劇的確立做出貢獻。代表作品有歌劇《黑船》和歌曲《枸橘花》。

3　具象音樂（la mustique concrète），最早由法國音樂先驅謝佛（Pierre Schaeffer）和他的夥伴皮耶．亨利（Pierre Henry）在一九五〇提出並概念化，用於與當時的傳統記譜音樂相區分，但他們非此類音樂的最早嘗試者。

4　魏爾倫（Paul Verlaine, 1844-1896），法國詩人。象徵主義的代表人物。

當時我姑姑的長子住在金王町的家中，他的房間在二樓。這位表哥離開農村，到早稻田大學求學，身材高大，孔武有力，是大學劍道部的主將。他在我父親面前似乎相當侷促，但卻與我母親無話不談，若早早從大學回來，便邊喝茶邊跟母親長聊，遲遲不回自己的房間。大表哥很喜歡小孩，每次出門散步，他都會用小手指頭把我和妹妹從地上拎起來走，逗我們開心。母親見了制止，「快停下來，別把哥哥累壞了。」表哥說「沒關係，這點小事不會累。」既然他都說沒事，我和妹妹便反覆央求他把我們拎起來，他也陪著直到我們累得玩不動為止。表哥真心喜歡小孩。不過，他或許更加喜歡我的母親。我很崇拜大表哥。他的力氣比所有我認識的人都要大，對母親又溫柔，是小孩子最好的玩伴。那個時候，我們經常在晚飯後去澀谷鬧區的道玄坂買東西或是散步。有一次，大概是父親出診還沒回家，母親帶著我們三個出門，在道玄坂的路上被一名醉漢糾纏。母親沒有理會那名醉漢。表哥跟平時一樣，兩手拉著我們，表面上不太在意，但已在一旁仔細觀察，眼看醉漢的糾纏愈來愈不像話，他突然鬆開我們，上前擋在醉漢跟母親之間，喝著「住手！」推開了那名醉漢。醉漢還有兩名中年男子的同伴，其中一名不知道大聲嚷著什麼，伸手想推按住表哥的肩膀，說時遲那時快，表哥一把擒住他的手臂反轉，讓他動彈不得。另一名男子早已一溜煙跑掉了。表哥把放掉慣用手被擒住的男人，對母親說「我們走吧。」到家後，母親將事情經過告訴父親，說：「好危險，要是對方帶著小刀怎麼辦？真是嚇死我了。」表哥笑著說，「危險的是他們！都敢衝著人出手了，本來想好好教訓一頓的，後來還是算了。」表哥平時總是說自己劍道雖有四段，柔道方面卻很普通，但他力大無比，應該能輕鬆撂倒兩三個沒練過的男人。若是不小心打到要害，被摞倒的人就不知道下場會是如何了。表哥畢業後就回到農村，結婚成家，繼承家業務農。後來我們很少見面了，偶爾去看他的時候，儼然是一副地主家老爺的氣派，一邊管理著農業協會過著忙碌又充實的生活。

「還說呢，回到下鄉老聽他們把『少爺有學問』掛在嘴邊，原來是說我能讀能寫，他們都比不了。我在早大的時候光顧著揮劍，姨父還斥責過我呢……」父親可能斥責過表哥，但決不是因為討厭，我們全家都很喜歡他。「二戰」期間，東京被炸成一片廢墟，我們最先投靠的就是他家。當時父親老家那邊爺爺奶奶都已經去世，正打仗的時候沒法去投靠。在表哥和他妻子的照顧下，妹妹和陪伴她的母親沒感受到半點辛苦。妹妹在他家生下了第二個小孩。小時候，表哥以他的力量在需要時保護了我和妹妹，長大後，在我們有困難的時候，他仍是最可靠的大哥。

我很崇拜這位表哥，但因為容易生病，力氣跟同齡孩子比起來也沒有特別大，我從沒想過也要成為像他那樣孔武有力的男人。大表哥的力氣之大簡直天下無敵，可以說讓我跟其他孩子間的臂力差距小到根本不值一提。這也成了我給自己找的一個藉口，這麼一想的話，我就感覺釋然了。

除了臂力，再說說權力，我父親他是一位沒有任何權力的人。我的大姨丈是名議員，自從他當上了縣知事，無數的官員都拜服在他面前，而我對此卻是目瞪口呆。有著某某課長頭銜的男人們，他們在我阿姨面前也十分恭順，甚至會蹲在地上，替他們家那沒比我大幾歲的兒子繫鞋帶。雖然我的外祖父在家中有如「皇帝」，對外祖母和女傭們頤指氣使，但這兩個場景在本質上並不相同。大姨丈一家人，是隨心所欲地對縣廳整個組織發號施令。我雖然從中感受到大姨丈擁有深不可測的權力，但只把它看成是與己無關的怪事，毫無羨慕之情。對於社會上那些「男人味」的東西，不管是腕力，還是權力，能用來強迫他人強大力量，或是所謂豪放磊落的習氣，從一開始便被我放棄，在成長過程中，我也未曾感覺到它們有什麼特別的魅力。相比之下，我更喜愛溫柔而微妙的，大概是會被歸類為「女人味」的所有事物吧。關於這些，我會在後面細說。

小時候躺在病床上時我都看了哪些書呢？我現在只記得其中兩位作家，一位是原田三夫[5]，另一位是兼常清佐[6]。原田三夫從事自然科學方面的解說工作，為孩子們寫了很多書。拜此所賜，我剛上小學時已經知道人的身體是由細胞組成、很多疾病是由細菌引起、人類和猿有著相同的祖先。我認識的第一個英雄不是日本武尊[7]，也不是齊格飛（Siegfried）[8]，而是名為查爾斯·達爾文（Charles Darwin）的英國人。我記住的第一個拉丁語詞彙是「pithecanthropus eréctus」（直立猿人）。原田三夫的解說包羅萬象，從銀河系宇宙的構造到原子模型，從阿基米德實驗到邁克生—莫雷實驗[9]，當時的我充滿了好奇心，再加上跟周遭世界沒有任何交流，所以，在我眼中，世界的存在不是為了被改變，而是為了被解釋。而我閱讀的原田三夫大概給了這個世界最正確的解釋，至少在當時給了我看似正確的錯覺。那是如同詩般的感動的體驗，是任何物語故事都無法輕易超越的體驗。有關人類的起源，那些相信《聖經》的人們需要很長的時間才能接受進化論的解釋。而起點是進化論的我，恐怕我也需要很長的時間才能在神話中找到它的意義。

我所讀的書都與自然科學有關，而非心理學、歷史或是社會的學問，這純粹是個偶然。如果社會科學方面也有一名像原田三夫這樣的作者，我相信非洲黑人的部落結構，也會像銀河系宇宙結構一樣引起我的好奇心。那麼，說不定我記住的第一個外文，不會是聽起來像咒語、帶有某種神祕氣氛的直立猿人拉丁文，而是現代外語詞彙，比如「gemeinschaft」[10]，意思是「共同社會」。但這也沒什麼。通過書本，年幼的我並不是學到了自然科學知識，而是體驗到了解釋世界的樂趣。之後很長一段時間我都深信不疑：世界是可以解釋的，世界的構造是有秩序的。

雖然我至今都還記得原田三夫所寫的書籍內容，但對他的文章風格卻已沒什麼印象。兼常清

5　原田三夫（1890-1977），日本科普評論家。參與了《科學畫報》、《孩子的科學》等科普刊物的創刊，代表作包括啟蒙性叢書「孩子們想聽的故事」等。

6　兼常清佐（1885-1957），日本音樂家、音樂評論家。因發表「鋼琴家無用論」而知名，代表作包括《日本的音樂》、《日本的語言和歌曲的構造》等。

7　日本武尊，日本神話人物，《古事記》和《風土記》中均有記載，本名小碓尊，景行天皇之子。傳說其力大無比，足智多謀，在景行天皇期間東徵西討，屢立戰功。

8　德國敘事詩《尼伯龍根之歌》（*Nibelungenlied*）中的屠龍英雄。

9　邁克生—莫雷實驗（Michelson–Morley experiment），一八八七年邁克生（Albert Michelson）和莫雷（Edward Morley）在德國以邁克生干涉儀測量兩垂直光的光速差值的一項著名的物理實驗。但結果證明光速在不同慣性系和不同方向上都是相同的，由此確定了光速不變原理，從而動搖了經典物理學基礎，成為近代物理學的一個發端，在物理學發展史上占有十分重要的地位。

10　gemeinschaft，德語，人類自然形成的共同社會。

佐則正好相反，我幾乎忘光他在書裡講了什麼，但那與眾不同的敘事風格，在初次接觸時所留下的深刻印象，至今我仍記憶猶新。當時那些寫給兒童看的書，基本都是以「大家好」開頭，「為了讓大家都能看懂，我就用簡單易懂的話來做說明吧」。這種口氣就好像是無所不知、無所不曉的大人，從高處降臨到孩童的水平上，輕聲細語地誘哄著。在這種文章中看不到作者自身的問題和思考過程，以及真正的快樂和失望，因此也看不出每位作者的性格差異。不過兼常清佐不用「大家好」，他寫「各位同學」。「各位同學應該都在學校裡上過小學唱歌[11]，但要是以為那就是音樂，可就大錯特錯了。總之，請先聽聽看《冬之旅》……」——這種風格絕非是以輕聲細語敘述些人盡皆知的無害事實，而是站在人盡皆知的真理不存在的立場上，來訴說自身所抱持的觀點。我幾乎完全看不懂他在講什麼，但我明白他想要訴說，書中有他自己的感動、思考、戲謔、嘲諷、攻擊和防衛，我明白他就活在自己的書裡。我在兼常清佐的文章發現了文學，甚至可以說，正因為我無法理解內容，才能專注挖掘出其中的文學性。兼常清佐後來因「鋼琴家無用論」聞名於世。我再多說一句，兼常氏本人在當時並沒有主張「鋼琴家無用論」。他曾表示「不論是由井口（基成）[12]彈奏，還是貓走在上面，同一個鋼琴琴鍵發出的聲音終歸是一樣的。」還曾經說過，「我希望日本音樂家不要老彈西洋作曲家的鋼琴曲，要像蕭邦（Frederic Chopin）那樣，把自己的愛情寫進曲子，用音樂來表現日本年輕人的愛情。」我和他沒有正式見過面，但有過幾次偶遇。那是「二戰」剛開始的時候，在信越本線的信濃追分站附近。當時他可能已疏散到農村，也可能是去那邊避暑。老先生亂髮如雪，身材瘦小，和服便裝以繩子代替腰帶繫著，拄著一根細竹手杖走路。淺間那日天晴，芒草長長的花穗在風中搖擺，紅蜻蜓在藍天下飛舞。風裡帶著秋天將近的氣息，有位老者翩翩行走於其間——那時的兼常清佐看起來真像是禪林畫裡的寒山拾得[13]。

看書的時候，我記住了很多新詞彙，也產生了更多的疑問。為解答這些疑問，身邊能和我討論的對象，也只有父親。我經常跟父親交談，思考方式自然地、也是必然地會受到他的強烈影響。父親身邊也沒有幾個談得來的，他自然也很喜歡跟自己年幼的兒子交流。母親擔心地說：「你什麼都跟孩子說，是不是不太好呢？」但當時的我已經陷入了一種惡性循環。剛上小學我就發現，我跟父親討論的話題，其他小孩根本就不感興趣。當我發現他們根本沒有發現問題的能力後，便愈加享受與父親之間的交談。可是，當我和父親之間的交流機會愈多，就愈無法滿足於和同齡孩子之間的交流。不僅如此，一名曾有機會成為學者的人，往往會把那實際當上學者的人只在研究室裡應用的實證主義觀點，擴展到日常生活中。比如，幽靈和妖怪只不過是錯覺，外祖父對稻荷神的信仰只不過是令人同情的迷信，母親認為靈魂不滅的看法則屬無稽之談，即使這些東

11 專指日本文部省為小學生挑選的歌謠。

12 井口基成（1908-1983），日本鋼琴家、鋼琴教育領域的先驅者，曾擔任日本演奏聯盟理事長。代表作包括《我的鋼琴、我的人生》、《世界音樂全集》等。

13 指寒山和拾得是兩位唐代天台山國清寺的著名禪僧，情同手足，清代雍正年間分別被雍正皇帝封為「和聖」與「合聖」，因此也被叫作「和合二仙」。二僧因言語怪誕、獨立特行而知名，後世的禪畫等文藝作品有不少以二人為題材。

西存在，也由於無法驗證，所以思考太多也沒用。為了讓劇情更有趣，傳說或故事中的英雄豪傑都是被誇大的，很久以前的事情根本難以釐清；小說中的戀愛與現實相差十萬八千里，只有缺乏人生經驗的少男少女會信以為真。人類的戰鬥本能已經過剩，那是被集體心理誇大的結果，因此小學特地把孩子們分成兩隊進行紅白對戰賽，這簡直愚蠢透頂——我就是聽著這種言論長大的，其實我根本不懂這些話的涵義。我不是早熟，只是在成為大人前先記住了大人的說話方法。毫無疑問，為了要合理地解釋世界，大人的語言顯然是比孩子的語言更為有力的武器。雖然兒童的說話方式能向成人靠近，但反過來卻不是那麼容易。大人們各有各的幻滅，但多數人的工作已經忙到讓他們能對此視若無睹。我父親的工作並不忙碌，因此他對幻滅並非視而不見，而是試圖將之理論化。在父親巨大的影響下，我的人生順序和常人不同，並非由懷抱著夢想開始再逐漸幻滅，而是帶著幻滅開始，再逐漸塑造夢想。對我而言，沒什麼比幼時的我更覺得小孩子所作所為愚蠢且「如同兒戲」的。在幼稚園中無法與其他孩童打成一片的我「怕生」。上小學的時候，我也不想加入校園裡的遊玩行列，對兒戲的愚蠢閉口不談。然而，小孩子能演好的，就只有小孩子這個角色。於是，那些愚蠢的批評最終都不得不朝向我自己。再向前一步，我就要踏入自我厭惡的泥沼。唯一理解我當時處境的，當然不是我自己，大概也不是父親，而是我的母親。

櫻橫町

我家親戚裡面幾乎沒人把孩子送到公立小學的。男孩就送去曉星、幼稚舍和青山師範附屬小學，女孩就上雙葉、聖心這類「特殊」的學校。這些學校大多與基督教關係匪淺，但此非其「特殊」之處。這些學校的「特殊」，在於其中聚集了許多中產階級子弟。東京的親戚大多認為，和庶民的孩子交朋友不符合「良家子弟」的身分。但我父親卻不這麼想。在他看來，跟市井小民的孩子交朋友是最重要的事，哪會不符合「良家子弟」身分，毫不猶豫地把唯一的兒子送進了公立小學。「不該用金錢有無來決定人的價值」——父親這個看法應該不是從地主家的長子，而是站在不能繼承遺產的次子立場上出發。父親身上有一種來源不明，且已被合理化的平等主義觀念，對母親來說，這個觀念與她信仰的天主教並無牴觸，而能接受。夫妻倆小心翼翼地對待兒子帶回家的同學，竭盡全力不讓他們覺察到自己的家庭有多麼貧困。然而雙親對孩子的這份格外小心，就會讓那些貧困家庭的孩子不由自主地意識到兩個家庭間的差距。

我早已發現，平時在校園裡平等地一起遊戲、吵架的同班同學，一到我家門口態度就會發生微妙的變化。我飛快地跑進自家大門，但剛剛還在身邊的朋友卻沒有跟進來。我驚訝地走回去，他們有的想逃回家，有的在原地猶豫著要不要進屋。當時的我怎麼也無法理解，為什麼他們進教室時都爭先恐後，到了我家門口卻非得要跟在我後面才肯進去。「你家好大啊！」他們說。但我從不覺得自己家很大。當時我知道的別人家，比如宮益坂的外祖父家，還有父親在農村的老家，都要比金王町的家還要大。雖然我知道城裡也有小房子，但覺得住在那裡的都是些和我毫無關係的人。小學的同伴對回家後母親會準備點心這件事感到吃驚，這也讓我很驚訝。有一次，其中一位同學充滿感慨地對我說，「你媽好好喔。」——但這對我而言不過是理所當然。那些不說理由轉頭就跑的孩子，我幾乎無法與他們相處，在學校遊玩時像變了個人般見外的同伴，很快地讓我感覺厭煩。我跟同學們在校外見面的機會逐漸變少。

當然也有例外。我始終記得一名男生，他在教室裡的表現總是很差，經常挨老師的罵。這名男生的腦袋大得出奇，骨架大卻很瘦，動作有點遲緩，因為人好，大家都願意親近他。我有次在意想不到的地方碰到了他。

那是一個夏天的傍晚，我穿著輕便和服，和父母一起去道玄坂散步。當時的道玄坂有個很大的夜市，狹窄的馬路上充滿了電土燈的氣味，人多到可以用「摩肩接踵」來形容。我們在賣金魚的攤位前駐足片刻，去賣風鈴和牽牛花盆栽的店裡逛，然後又去叫賣香蕉和下五子棋的攤位參觀。賣香蕉的把香蕉堆在一個簡陋的台子上，頭巾在額頭前打了個結，手裡揮著根鐵棒子，嘴裡滔滔不絕地叫賣著：「快來看！快來買！這堆香蕉只賣這個價啦！」他左手比了個數字，「走過路過不要錯過！現在不買損失就大啦！」接著用鐵棒敲了敲木板，「算啦！算啦！太麻煩啦！就給您這個價啦！」邊說邊又用手比畫個數字，「大出血！虧本賣啦！賠錢賣啦！賣完就破產啦！……」說著又把價格降了一半。那堆香蕉有時會被人買走，有時無人問津，但這攤位總是熱鬧而充滿活力。擺攤下五子棋的是一中名年男子，他安靜地等在擺放著黑色和白色棋子的棋盤後，偶爾像是想起來般的出聲招呼，「黑棋走兩步，四三勝。」他說，「那位先生，四三勝，只要兩步，您看出來了吧？黑棋兩步四三勝，要是您能解出來就不收錢，怎麼樣？這位學生……」可是那位先生也好，這位學生也罷，手伸到一半又縮了回來，直盯著棋盤也沒有離開的意思。父親催我，「走吧！」但我卻不想走，我想等著看誰能解開這個棋局，證明我心中那步棋是對還是錯。聽說棋局的機關乍看簡單，其實是相當複雜的。

道玄坂不光有夜市，馬路兩側還有燈火通明的商店，來購物的人進進出出，熱鬧非凡。此外還有很多餐飲店，無數男女在裡面擠成一團。我一直希望有機會能進餐飲店看一看。大概是那個夏天的傍晚氣溫太高，讓人口乾舌燥。於是我們走進某家冷飲店，想來碗雪山一樣的刨冰。沒想到來點餐的不是別人，正是那位大頭同學。他先認出我來，飛快地穿過人群，高興地笑著走過來，但其實我們在學校天天見面。在學校總是慢半拍的他，不僅身手敏捷得叫人刮目相看。而且，和被父母帶進店裡，只會東張西望的我相比，他卻在擁擠的冷飲店中穿梭自如，熟練地招呼著好幾位客人，點完餐後快速地送來刨冰，幾乎就是個成熟的大人。「我現在有點忙，稍後再聊。」他親切地跟我說——現在有點忙！從出生到現在我從來沒有忙過一次。父親付了刨冰的錢，他收下了。這個世界實際上靠著父親和大頭之間的交易運轉，我只是名單純的旁觀者。對我來說，這次不僅是對大頭的重新認識，也是對我自己所處位置和作用的重新發現。如此突然的大發現，我還不知道該如何面對。刨冰加了紅黃綠等鮮艷色彩，看起來特別美味，但實際放進嘴裡後卻不太有滋味。

我們班的學生，男女生加起來共有五十名，其中一名是木匠的兒子，成績在班上名列前茅。下課時他也老是在「用功」，跟其他同學並不親近。他是我在班上的競爭對手，也是我的好朋友。有次在放學的回家路上，他邀我去他家玩。他家離學校很近，面對一條很寬的馬路，木料、做到一半的擋雨板和桌子等都幾乎要堆到路面上。土間到處都是刨屑，連落腳的地方都沒有。到了門口，我這位競爭對手突然彬彬有禮地說：「請在這裡先稍等一下。」獨自跑進家裡。他們家沒有其他出入口，進出都得穿過木匠鋪。但他沒有把我領進家裡。不久後他從屋裡出來，帶我坐在路上的一塊方木料上，「這裡不錯。」那大概是秋天，柔和的陽光灑落在沒什麼人的路上，附近的老闆娘、國學院大學穿著和服短褂和裙褲的學生們經過，木屐發出清脆的響聲。我已經不記得那時我們說了什麼、做了什麼。最讓我吃驚的是，沒過多久有人高聲呼喚同學的名字。是女性的聲音，從他家的方向傳過來，我想應該是他的母親。他不慌不忙地緩緩站起來，對這似乎早就見怪不怪。「我得幫忙帶小孩。你還不必回去，能再待一會兒吧。我去把小嬰孩抱過來，馬上就回來哦。」但他用繩子交叉打結揹在背上的嬰兒卻哭個不停，我們根本沒辦法說話。他有些落寞地說：「我一回家就沒辦法讀書了。」我這才明白我跟他在學校的競爭是多麼不公平，我們倆人在條件上並無不同，我不禁無比內疚。

國學院大學與小學距離有些遠，但隔壁就是實踐女校，從二樓走廊窗戶可以清楚地看見女學生們在室內體育場練習長刀。很長一段時間，我以為女學生就是束著和服袖子，一邊尖聲喊著「哈——」，一邊揮舞長刀的人。隔了一條馬路的隔壁是李王家[1]，那裡總是靜悄悄的，靜到無法判斷裡面有沒有住人。沿著李王家前的路再往前走，是片不知為誰所有的寬廣空地，周圍種了圈高高的枸橘樹。有個衣衫襤褸的瘋子經常去那，一有孩子們靠近他就會拉起嘴角，敞開衣服給他們看，惹得小孩們一陣哄笑，我卻只感到不快。小時候讓我懂得欣賞枸橘花之美的不是這塊空地，而是北原白秋[2]和山田耕筰。學校附近還有座八幡神社，很多學生都在神社裡面玩，有的模仿打棒球，有的玩相撲，有的抽陀螺，有的打尪仔標，有的放風箏。我上學和放學都會經過那裡，但從來不跟他們一起玩。他們知道很多詞，都是我在家或教室裡沒有聽到過的。他們很會玩，知道怎麼鬥帶著鐵環的陀螺，知道怎麼把尪仔標拍到地面，根本不會理會我這樣的小孩。一個臂力過人的小孩當他們的老大，在裡面呼風喚雨，其他孩子宛如小弟，對他俯首帖耳。我沒想過要加入他們，既是因為這些孩子不會跟我玩，也是因為我知道自己在他們的世界裡無足輕重。

1 一九一〇年日本吞併朝鮮時，立朝鮮末代國王純宗為李王，建立李王家，享受日本皇族待遇。

2 北原白秋（1885-1942），本著名詩人、和歌歌人，本名隆吉。與謝野鐵幹的門人，創作風格傾向於浪漫主義，代表作包括詩集《邪宗門》、《回憶》，和歌集《桐花》，童謠集《蜻蜓的眼球》等。

在教室中，大家尊重能輕鬆閱讀國定教科書的孩子，擅長尪仔標的小孩沒有存在感。在八幡宮裡，會打尪仔標的小孩能發號施令，閱讀國定教科書的能力一文不值。我只能選擇其中一邊——實際上我從一開始就已做出選擇。然而，我沒搞清楚的是，我所選的社會及其價值體系，與孩子社會裡的這一套完全不是一回事。

我上了公立小學，卻始終沒有跟市井的孩子們打成一片。我不想主動接近他們，他們當然更不會想接近我。身為醫生家的公子，我的穿著打扮就不同。打開便當盒，裡面不光有醃梅子和芝麻鹽，配菜還有雞蛋和肉，住家有氣派大門，上學前就已經認字。但我對熱門電影一無所知，對父母晚上睡覺時做些什麼一無所知，甚至對尪仔標怎麼打也一無所知。我總是在請假，對此老師們別說發怒，反而對我小心翼翼。總之，我是被錯誤給捲入的局外人，是無法當成同伴的存在。

幸好學校裡還有其他中產階級的孩子，我也有小學時代的朋友。日本郵船船長的女兒與我同年，我們上同一間小學。船長一年裡大部分都在船上不在家，妻子把小學生的女兒當成傾訴對象，這位女孩知道許多我從沒聽說過的事。「笨蛋，你連這個都不知道？」是她的口頭禪。接著，她就會一個接著一個地跟講個不停，像是「那位老師休假是因為懷孕了。」或是「聽說校長就要出國，但因為今年要選舉，也真辛苦。」我當然不知道「選舉」這個詞，更無法想像區議會議員的選舉跟小學校長有什麼關聯。她若無其事地說：「笨蛋，你連這個都不知道嗎？雖然我也不清楚。」她論人也很辛辣，「看那孩子說得頭頭是道，其實他也什麼都不懂，反正就是個小孩。」，又如「你爸人還不錯，可是怎麼老沉著臉不說話。不過，要是喝了酒變得太吵，也很煩人。」

這位女孩的性格開朗，愛說話，辛辣卻不帶半點惡意，毫不多愁善感，我與她維持了很長一段時間的交情。進入中學後不久，我從她那裡認識了芥川龍之介。「笨蛋，你連芥川龍之介都不知道？」她借給我一大本芥川選集。我讀完那本書後仍不滿足，存了一年的零用錢買下全集。她後來跟我妹妹成為好友，倆人在婚後仍保持聯繫。她跟我幾乎沒什麼見面的機會，但一見面她還是那樣，性格開朗，嘴不饒人。我去歐洲待了幾年，回國後在妹妹家，我久違地從她那裡聽到東京熟人的消息。她說我，「笨蛋，哎，真不好意思。不過，你可能就是人家說的留洋留到呆了。」妹妹說，「可不是嘛，他都出國了三年。」

八幡宮到學校的路上兩側都種了櫻花。那些櫻花都是老樹，春天時花開滿樹。這條路被稱為櫻橫町，在住家之間有幾家商店，孩子們會去那買鉛筆和筆記本，學校早早放學時，則會去玩耍消磨時間。不像那片種著枸橘的空地，櫻橫町離城不遠，也不像八幡宮境內，是只屬於男孩的遊樂場，在櫻橫町裡有男孩、女孩、文具店的老闆娘、騎著自行車經過的年輕拉麵店夥計，還有郵差。跟道玄坂等處不同，它離學校近，半像是校園的延伸，但又跟校園不同，與市井生活接壤。在那裡兩個世界交織，小孩和大人共存，未知為周遭帶來適當的刺激，我喜歡在這樣櫻橫町裡的片刻時光。

走過櫻橫町，穿越八幡宮，我沿著長井邸的鐵絲網走到金王町的家門附近。長井邸占地廣大，裡邊建起好幾棟木造洋房，一九二〇年代末時出租給洋人家庭。透過鐵絲網往裡望去，能看到洋房之間精心修照料的草坪和花壇，異國的小孩們在那裡遊玩。有時候會出現一條大得誇張的狗，有時是老婦人推著嬰兒車走過來；有時會有輛巨型敞篷車開到獨棟房屋門口，在幾名男女下車後又匆忙離開。那裡人們打招呼的方式、穿著打扮、動作表情，都跟外面的世界完全不同。我們聽不見他們說的話，感覺就像在看一齣神奇的默劇。在每天上下學的途中，我從鐵絲網外觀察他們，然而他們毫不在意幾個小孩兒扒在鐵絲網上偷看，從來不朝這邊看。鐵絲網並不高，若要翻過去並非不可能。之所以沒人去翻，是因為那不僅是存在於物理上，也是心理上的一道鐵絲網。他們從來不看我們，對他們來說我們不存在。長井邸的鐵絲網是我們和洋人之間不可能交流的象徵。住在宮益坂的外祖父確實與義大利人談笑風生，但外祖父並非是我。我一直有個無法動搖的印象，那就是長井邸的草坪和櫻橫町泥濘的馬路之間沒有任何關係，不僅如此，它們本來就是兩條不會相交的平行線。

櫻橫町裡有戶人家，這家的女兒跟我上同一間小學。她身材頎長，長相甜美，在我看來簡直美得不可方物，但我從來沒有跟她說過話。她有如女王，身邊總是圍著一群崇拜者，我從遠處注視著她，心裡默默地做著美夢：要是能跟她獨處的話，該說些什麼好呢？但要是真能與她獨處，我應該也沒話好說吧。我覺得她根本不可能喜歡我。船長的女兒辛辣地說：「笨蛋，她到底哪裡好啊？你別看她模樣威風，腦袋可差了！」她說的大概沒錯，我當時也有這種想法。但這絲毫沒有降低我對櫻橫町女王的興趣。女王帶著她的追隨者們，喧鬧著走到一半，她登上家門口的石階在上面舉手揮舞。若沒在放學路上看到這一幕，我就會感到有些失落，我對此也無能為力。

後來，戰事激烈的時候，我有好幾次都想起了櫻橫町。當時我正努力嘗試在日文詩裡押韻，於是就借用了十六世紀法國流行的十四行詩的韻，寫了一首有關櫻橫町的詩歌。在這首詩歌裡，「櫻橫町」、「戀之懵懂」、「何日再相逢」算是押韻了。但那算是「戀」嗎？這恐怕要看如何定義「戀」這個字，而每個人都會根據自己的經驗下定義。根據我到目前為止的經驗，那還不算是「戀」。但正是這個經驗能夠充分說明那時的我，甚至是後來大部分的我。我總是膽小得不敢主動靠近想要的東西，而我想要的東西，卻總是存在於其他我無論如何都無法加入的世界。在公立小學裡我並沒有了解社會，而是了解自己在社會中的位置。

優等生

小學的功課並沒有太多地方需要我在智力上下功夫。我早已經習慣閱讀，雖然要背誦的新東西很多，但理解上並無困難。可我協調能力差，動手能力也不行，體操不用說，畫好一幅畫、唱好一首歌之類的目標，我早就已經放棄了。我用黏土捏出來頭怎麼看都不像人類的。

「你在捏什麼？這是誰的頭，好像跟誰都不像呢……」老師說，教室裡發出笑聲。老師貌似很滿意這樣的效果，又了問一次「你在捏什麼？」

我不知該怎麼回答，隨口道：「這是尼安德塔人（Neanderthals）。」

「什麼，再說一次。」

「尼安德塔人。」

「那個尼安德什麼的……是什麼？」

「那是從直立猿人進化來的人類祖先。」

老師已經不太高興地嘟囔：「是嗎？總之，你要做一個人類的腦袋。」

——對老師而言，大概沒有多少孩子教起來比我更不費力、但也沒有多少孩子比我更自以為是了吧。

小學老師一個人必須負責教許多種科目，但有其各自擅長的領域。對我而言，我實在無法親近那些喜歡體操課的老師、或是把重點放在美術和書法上的老師。不過，當班上導師對理科特別熱心的時候，我就覺得非常幸福。松本老師有舊制中學的生物學教師證，他就像魔術師一樣在我們面前表演，讓細鐵絲在充滿氧氣的玻璃瓶裡像煙火般燃燒，將一小塊鈉放進水中讓它宛如魚兒般游動，取出青蛙心臟放入林格氏液中讓它繼續跳動。我被這些實驗徹底迷住。松本老師對孩子們的任何問題都會耐心解答，因此當其他同學跑去操場玩時，我仍留在教室中，聽老師說化學反應、分子的結合、滲透壓等問題。有一次，松本先生一邊為我畫心臟結構圖，一邊說：「這方面你父親知道的比較多……」他白皙而瘦削，態度總是從容，說話不快，從不大聲呵斥學生。他身上似乎帶著些落寞，但我喜歡他的性格也敬重他的知識。他的口頭禪是「必須好好認清事實。」我終於明白，從原田三夫科普書裡獲得的淺薄知識，完全不足以闡明眼前的事實，不管那事實看起來有麼多簡單。松本老師會說：「這種說法並不正確。正確地說起來要稍微要難一點，不過……」很多事實的解釋對我而言都太過困難。不過，我非常熱衷於理解，松本老師應該也了解這點。我們經常在沒人的教室裡一直討論到日落西山。

我知道青蛙心臟的實驗裝置沒有激起同學們特別的好奇，其他老師大概也不太關心這種事，我也感覺到他們對松本老師的課表現出一種近乎放棄似的冷淡。我在松本老師身上感受到的那種親近，大概也包含了某種意識，那就是我覺得自己跟老師之間共有一種在興趣方面的認知方式，跟周圍人都不一樣。我很清楚自己是導師的「愛徒」，用洋人的話說，就是「protégé」。這在孩子的世界裡是一種惹人厭的事情，但我還不清楚「惹人厭」的真面目。

有次發生了一個小事件。當時在學校門口的文具店旁，有家小小的麵包店。沒帶便當的同學被允許在午休時間去那裡買麵包，但嚴禁學生在其他時間走出校門。我們以為只要趁老師不注意，快速衝出校門買好麵包再跑回來就不會被發現，這個想法裡面也包含了對班主任老師的一個揣測，覺得他應該不會粗暴地呵斥我們。沒想到事跡敗露後，松本老師一眼看穿我們的盤算，態度變得異常嚴厲。

「出校門的人自己站出來。」同班的男生大部分都站了出來。松本老師一個一個地開始問，「是誰出的主意？」「為什麼跟著去？」雖然也人能有保持鎮定，但大部分同學都已嚇得臉色發白，我的腿也抖個不停。我想不出任何藉口，也不知道會受到怎樣的懲罰。

「是誰出的主意？」

「不知道是誰出的主意。我看大家都往外跑，就跟跑出去了。」我回答道。

「你不知道學校的規定嗎？」

「我知道。」

「你為什麼不阻止大家跑出去呢？」

「……」

「你想阻止但阻止不了，對嗎？」

「……」

「你是不是想阻止他們，才跑到外面去的？」

——當時我突然領悟，這個審問看似嚴厲，其實是為了解救我而設計的誘導。若我回答「是的，就是如此」，就能馬上得救。然而事實並非如此。若我回答「沒有，我沒想過要阻止。」又不知道自己會受到怎樣的懲罰。不僅如此，這麼回答的話，要麼等於承認了我的愚蠢，居然沒有聽出老師的審問裡面帶著誘導的成分；要麼就是我聽出了誘導的意思，但卻頑固地拒絕了。我既不想承認自己愚蠢，也不想承認自己在做頑固的抵抗。我混亂，猶豫，一瞬間後小聲說：「是的，沒錯。」

「好，你可以走了。」——我當時幾乎沒有聽到老師的這句話。當我轉身離開的時候，只感到背後站成一排和我同罪的同學們投來輕蔑的眼光。那看不見的眼光，不是在指責我的謊言，而是在蔑視我的背叛。同時，我也蔑視我自己，強烈地憎恨我自己。當時，老師代表權力。站成一排的那些同學，不管他們受罰的原因是什麼，不管我們之間交情是深是淺，在權力面前，我們全都是沒有反抗之力的同類。後來我多次回想起這件事。比如一九六〇年，在本鄉通遇見學生們高舉著「反對安保」標語，從大學正門出來時，我想起那天跑出校門去買麵包的孩子，想起自己跟老師勾結，辯解說我是去阻止他們，想起我對自己的那種憎惡感。

一九二〇年代末，除了環狀線和市營鐵路之外，還有玉川線和東京橫濱急行鐵路等新建成的地下鐵終點站都集中在澀谷站。東京開始向環狀線外擴張，澀谷也逐漸變成東京周邊的一個繁華街區。我就讀的學校，是為因應澀谷區增長的人口，所新建學校中的一所，校舍是當時小學罕見的鋼筋水泥。新上任的校長是名政治家，據說擅長爭取預算。他後來辭去校長職務，成為區議會議員。學校將我們這些到達就學年齡的小孩招收為一年級，二年級到六年級學生都是由澀谷區內其他超過負荷的小學過來的，就這麼開始辦學了。校長非常能幹，據說他計畫提高除了轉學生外的第一屆畢業生成績，以提升學校評價。在四年級升五年級的時候，我自然地明白了提升學校評價到底意味著什麼。

四年級學期末的時候，我們被分成了初中升學組和不升學組。有些家長因為經濟因素不希望孩子升學，因而分組不光以學生在校成績為依據。不升學的學生，男女生合併為一班；升學組則將男女生分開為兩班，尤其是男生那班，最後兩年還配了一名新來的年輕教師。校長把這個班的學生交給了年輕有為的專家，希望通過兩年徹底的訓練，把其中幾名學生送進有名的中學。年輕教師剛以優異的成績從師範學校畢業，充滿了自信和野心，全身心地投入教學，努力完成校長交給他的任務，很快便成為升學考試競賽的優秀訓練師。升上五年級後，根據升學考試難度的不同，各中學按照等級整齊地排列在我們眼前。七年制高中的初中部和東京府立第一中學是第一級；陸軍幼年學校及其他是第二級；三級以下不值一提。另外，小學亦分等級，如本鄉的誠之小學和青山師範附屬小學，每年都有大量畢業生考上第一級中學，是第一級小學。我們的目標是要追上並超越誠之小學和附屬小學的成績。為此升上六年級才準備升學考試，那已經太遲了。我們的訓練師宣告升學衝刺從今日此刻開始，如有必要，連暑假也要上課。體操和美術課經常被換成為升學考試需要的科目，放學後我們仍繼續上課，直到夕陽西下。眼看著天色暗下來，空曠的校園裡早就沒有了孩子們的身影，偌大的學校就只剩下我們和值班的勤雜工。不過教室裡仍然充滿活力，朝向同樣的目標——儘管目標是如此特殊，全力奮鬥的大家幾乎都被一種連帶感所支配。然而這種連帶感只存在於服從訓練師指示、拚命奔跑的孩子們之間。半數學生或許已對奔跑感到疲憊、失去了興趣，可能對目標本身也產生了懷疑。然而，冷酷卻又充滿激情的老師，不會理睬被斷定在初中升學考試競賽中無法發揮作用的學生，既不會詢問，也不會開口斥責。看不懂題目的學生不會挨罵，只有答案錯誤的我們才會被老師責備。他們不過是影子，我們才是真正的存在。對此我們亦是心知肚明。有次訓練師說：「今天的補習——這是指課表上面沒列出來的課——時間很長。想回家的同學可以先回去。」宛如落難時的亨利五世（Henry V），騎在馬上對他的士兵說：「不想打仗的，可自行退去。」

補習結束的回家路上，離開學校經過櫻橫町時聞到空氣中瀰漫著晚飯的香味。好幾戶人家的窗戶亮了起來。街上已經看不到孩子們的身影，取而代之的是下班回家的人們、吹著笛子經過的豆腐小販、匆匆趕去附近澡堂的女孩們，與我擦肩而過。樹葉落盡的櫻樹枝，在落日的餘暉中勾畫出細細的網眼。（當時我發現的這個枯枝與殘陽勾畫出的美妙世界，二十年後，在異國城市的瓦爾米街（Quai de Valmy）河畔又再次出現在我的眼前。）補習沒有給我什麼寶貴的收穫。但至少我記得，當櫻橫町燈光亮起時，內心湧出的無限熱愛。

在八幡宮境內，那些棒球和尪仔標玩得起勁的市井孩童，直到天黑看不見為止才會起身回家。我從他們身邊匆匆經過時，已對那些遊戲毫無興趣。但在廟會的日子裡，八幡宮境內從點燈時分起，便瀰漫著一股特別的活力。擺攤的商人裡有些已完成擺設，賣起了五顏六色的糖果、關東煮或是串燒；有些從箱子裡拿出便宜首飾和紙工藝品，調整電土燈亮度，忙著為夜晚做好準備。驚奇屋外貼著轆轤首、侏儒和暹羅姐妹的俗麗圖片，但熱鬧的吆喝尚未開始。不過，掛著紅白幕布的高台上早已架好太鼓，扎著纏頭巾的男人們從白天開始就輪流不斷地打著。有變戲法的小屋，也有表演雜技的帳篷。好幾輛雜技團的馬車停在那裡，幾名男子在帳篷周圍拉繩打木樁。日落後會將神社境內擠得水泄不通的人潮尚未出現，我像是從一個即將開始的熱鬧廟會預感中穿了過去，那個預感比實際的廟會盛況更讓我感到滿足。結束「補習」的我，覺得自己已經完成超過了平均量，所以，對自己非常滿意，對於這個不屬於自己的廟會的世界，我也沒有感到任何的壓迫感。準備初中考試才是我的正業，廟會、太鼓、八幡宮，對我來說，這些都是無關緊要的事情。我要把精力都放到我的正業上去。

許多孩子在運動會中感受到的樂趣，我在升學考試競爭中感受到了。對於體弱多病、協調能力差的小孩來說，不管跟哪種運動會相比，考試無疑是最為有利的一種競爭形式。但我上五年級時，對學校有如考試預備校般的處理方式感到很不滿。比如木匠的兒子，他一直都是我在班上難以抗衡的競爭對手，卻被劃分到不升學的那組，我認為這樣並不正確。在父親朋友們聚會上，我在家中說了出自己想法。其中有位喜歡辯論的軍醫。

「這也沒辦法。」軍醫說。

「但他的成績比我好，不讓他升學不是很奇怪嗎？」

「不，並非是學校不讓他升學，學校對平等地對所有人敞開大門。」

「那是誰不讓他升學呢？」

「應該是他父親，上初中是要花錢的啊。」

「這是家長貧困的不好嗎？」

「沒有什麼不好。要知道社會上總是有人生活窮困，但只要努力工作，就能擺脫貧窮。我也是在貧窮中刻苦學習，窮人是因為不努力擺脫貧窮，才會窮困的。」

分到不同班級後，我跟這位朋友的交流逐漸減少。偶爾在回家途中遇到他時開口邀約，他回答「我跟你們不一樣，還得回家幫忙做事。」亦有意疏遠。而與松本老師分開也幾乎讓我感到痛苦。升上五年級時我暗自祈禱，希望松本老師能擔任五、六年級升學班的導師，但他卻去教了男女生混合的非升學班。船長女兒說，「松本老師真是令人同情。」但松本老師如既往般從容淡然，繼續做著自己的實驗，若我詢問，便會開心地跟講解他手上的工作。「準備升學考試很忙吧？」老師曾微笑著說，「教男女混合班也很有意思，不必一天到晚地忙著你追我趕。」然而沒過多久，由於某些意想不到的原因，我再次成為松本老師的學生。

小學五年級的課程上到一半時，父親突發奇想，想讓我參加跳級考試。當時小學原則上是六年制，但在唸完五年後，若能通過資格考試便能直接升初中。為什麼非要省下這一年的時間？我父親大概也沒有什麼特別明確的理由，總之就是想讓兒子試試看。但要通過資格考試，必須一邊在學校上五年級的課，同時在家學習六年級的課程。這光靠孩子自己無法達成，父親便請松本老師擔任我的個人家教。母親表示「有必要這樣嗎？」然而我絲毫不覺得這是受苦。若能讓父親和松本老師高興，我想嘗試看看。我把歷代天皇的名字全部記下，背給松本老師聽，把他嚇了一大跳。或許日後我再也不曾如此不求回報，又不帶目的地專注享受知識的樂趣。我對人生一無所知。大部分世人稱作兒童的遊戲的東西都不能引起我的長久興趣。這樣的我，有什麼理由不專心於升學考試呢？父親和母親為協助兒子竭盡全力，父親甚至親自教我初級代數。在學校教室中，我用從他那裡學到的解題技巧立刻解開了算術難題，十分開心。

我的小學生涯提前一年結束時，松本老師完成了身為家庭教師的任務，父母和我看到他滿臉喜悅。但我自己卻因為要離開熟悉的學校，要和同學、櫻橫町以及松本老師分離而傷心不已。我雖對自己順利通過跳級考試感到滿足，但這種滿足感中沒有任何實質的內容。我已為初中入學考試做好充分的準備，卻沒有為初中教育做好充分的準備。

空白五年

一九三〇年代初期，東京府立第一中學剛從日比谷的舊校舍搬進平河町的新校舍裡。但是，新的校舍裡有不僅原本的初中部，還有新創立的、連校舍都還沒建的七年制府立高中。另外，五年制的初中還附設了被稱為「補習科」的預備校，共有兩個年級。新校舍教室嚴重不足，連室內體育館都擠滿了高中生和初中生。下課的校園裡，大批穿著黑色立領制服的學生湧現，從年近二十歲青年到剛從小學畢業的小孩鬧哄哄地推擠成一團，老師們有事要通過都非常困難。我們這些新入學的自然被擠到角落，毫無存在感可言。沒人理會我們，在高年級生眼中我們只會礙事。

上小學時，全校以我所屬的年級為中心轉動，加上我個人的家庭也是以孩子為中心運轉，我的世界觀是天動說。但中學和中學的校園，強制我發生了「哥白尼革命」。太陽已不再圍繞著我轉動。在當時，府立一中早因能把大部分畢業生送進第一高等學校而聞名。新設公立小學裡的升學狂熱，根本無法與它作為升高中預備學校的性質相提並論。若說我們準備升初中考試的方法是種工匠技藝，那麼這邊就是工業化技術和組織。教師裡有好幾名熟練專家來訓練前段班，普通班的學生則由新來的老師和那些沒有成為「升學衝刺」專家的、有點與眾不同的老師負責。我們的課堂上沒有一點活力，內容萬分無聊，下課休息時連玩的地方都沒有。我們這些新生不得不感受到自己的存在，就是一種在相當程度被忽視的「必要惡」[1]。

在這樣的環境裡，我看到同學們身上出現了兩種不同類型的反應。有人把精力投入運動和競技中，不把學校的課業當成一回事。在這類型的學生裡，升級後有人取得劍道或柔道初段，也有人活躍於籃球比賽。還有人熱衷圍棋，拿著棋書在走廊上邊走邊看，連上課也把棋譜藏在桌子下忘我地研究。若被老師點名，便一臉茫然地站起來。「唸出下面一段並翻譯。」但他根本不知道下一段是從哪開始，唸不出來，自然更無法翻譯。當時還有不少「軟派」少年。他們沉迷於寶塚少女歌劇團，嘴裡不停地哼著少女歌劇團的主題歌，舉止陰柔，聊的話題都是女性。雖然我當時一次都沒看過寶塚少女歌劇團的演出，多虧他們，我知道了幾名演員的名字，還記住了幾首歌的旋律和歌詞的片段。「媽媽哪裡大？媽媽屁股大！爸爸哪裡大？襪子破洞大。」——我回家跟父親說起這段歌詞，還沒說完就被父親打斷，「太無聊了！」總之，對我來說，這些「軟派」少年既有過於成人的部分，但同時又顯得極為幼稚。由於我還沒成熟到能夠欣賞女扮男裝、男人模仿女人的那種性倒錯滋味，因此我很佩服那些能欣賞的同學。但另一方面，看到他們在教室中面對簡單的問題卻束手無策，便覺得幼稚得無法來往。我跟他們有一定程度的交情，但卻無法在其中找到知己。

當然也有很多學生把老師的話奉為圭臬。他們完全認同學校「目標一高和東大」的方針，勤奮學習，適度玩樂，其中有名學生在所有科目上都拿到了最好成績，堪稱全能。我們學校每個年級有五班，每個班約有五十名學生，學校根據每個年級的綜合成績進行排名。這名「全能學生」初中五年裡始終維持著第一名的成績。我不知道他現在怎樣，唯一還記得的，是這名「全能學生」成為升上高年級，在軍訓時指揮分列進行的樣子。他極其嚴肅地站在扛著步槍列隊的我們面前，身體繃得緊緊的，一邊舉起手裡的劍，一邊對著我們發號施令，在我眼中真是滑稽透頂。不過，也有頭腦聰明，按自己的興趣學習和玩樂，學習能力超群的同學，比如跟我同年級的矢內原伊作[2]。但當時我直接認識的並不是後來成為好友的他，而是一位新教徒家庭出身的同學，大家都叫他「大猩猩」。這個外號來自他健碩的體格，然而他不光四肢發達，頭腦也不簡單，而且還有一種禁慾的、非常凜然的正義感。他對於那些老哼著寶塚少女歌劇團歌曲的學生抱持批判態度，也不喜歡那些歌曲。我不討厭那些人和他們哼的歌，更談不上對他們有什麼怒氣。我很尊敬「大猩猩」，但最終也沒有跟他成為推心置腹的朋友。他比我早一年進入高中，聽說很快就在那裡嶄露頭角。然而儘管體格健碩，卻在一個無人知曉的夜裡突發急病去世了。

我在府立第一中學認識許多同學，也透過他們學到很多，但卻沒有找到一個好朋友。我們的

1 必要惡是源自近代自由主義政治理論，代表言論有英籍奧地利裔哲學家、政治思想家卡爾・波普爾（Karl Popper）提出的觀點，他認為「國家是一種必要的罪惡」。

2 矢內原伊作（1918-1989），日本哲學家、評論家。代表作包括《和藝術家的對話》等。

交流只限於學校，不，應該說是只有下課休息的短短幾分鐘，沒有任何同伴意識。我生活的這個世界，幾乎沒有機會和他人建立性情之交，無論是跟同學，還是跟老師。我對自己說：「人生如戲，大家都戴著面具在此登台表演的。」我當時的「人生」即是東京府立第一中學。如果人生有空白期的話，那麼，在澀谷的家和平河町之間往返的五年，就是我人生的空白期。百無聊賴。在我回憶所及，迄今為止人生中最讓我感到百無聊賴的就是這個時期。

府立第一中學校歌裡有句歌詞是「仰望議事堂的高塔」，其意是要學生們胸懷大志，但實際上卻充滿諷刺意味。我入學那年，正好是大日本帝國開始入侵中國東北那年，若學生真有胸懷大志的，學校就算沒教他們去無視議會，但也沒教他們去成為一名議員。忠君愛國之類的東西倒是沒少教，卻連「基本人權」這個詞也沒提過。課堂上講的都是西鄉隆盛[3]和東鄉平八郎[4]元帥，從來不講自由民權運動或是普選運動的歷史。確實，校長在講堂集合學生演講時，喜歡引用格萊斯頓[5]的話：「英國首相格萊斯頓說過……」但他引用的並不是英國婦孺皆知，首相代表著英國人民使維多利亞女王妥協的故事，而是「聽從自己的內心採取行動」之類的處世哲學。這種話無論出自於誰的口中，都跟議會政治沒有半點關係。就算它跟英國議會政治有某種聯繫，顯然也與平河町中學教室窗口所看到的國會議事堂沒有任何關係。

我曾因太過無聊，在教室中眺望著「議事堂的高塔」。窗外秋日碧空如洗，校園裡的落葉樹已經變成了漂亮的黃色。「啊，秋天又來了。」我心中重複著毫無意義的話，突然，老師的怒喝從天而降：「你為什麼一直看外面？」

我嚇得趕緊回到現實，卻又不知道是哪根筋接錯，竟有種豁出去破罐破摔的衝動，脫口而出：「老師說要提前預習查字典，我都已經查好了。」接著又說：「這些內容我都已經懂了，再聽也沒什麼意義。」

「你真的都全都會了？」

「那我來翻譯一下吧。」我說，開始翻譯英語教科書上的內容。

「你的翻譯沒有錯，但是，上課時間看外面是不對的，」年輕的英語老師帶著同情的口吻溫和地跟我說，「你也要考慮一下其他同學。」

這位老師剛從東京帝國大學英語系畢業，非常仰慕市河三喜[6]教授。他在課堂上講解自己早

---

3 西鄉隆盛（1828-1877），日本江戶末期薩摩藩武士、軍人、政治家，「明治維新三傑」之一，一八六八年與大久保利通等人發動王政復古政變，推翻德川幕府，建立明治新政府。晚年發動反政府的西南戰爭，兵敗後死於鹿兒島。

4 東鄉平八郎（1848-1934），日本海軍大將、元帥、侯爵，薩摩藩出身。日俄戰爭期間，作為聯合艦隊司令官指揮日本海海戰，打敗了俄國海軍，成為近代史上東方黃種人打敗西方白種人的先例，獲得了「東方納爾遜」之譽。

5 格萊斯頓（William Edward Gladstone, 1809-1898），英國政治家，曾作為自由黨人四次出任英國首相。曾多次倡導改革，如一八八一年提出「愛爾蘭土地法案」，使愛爾蘭農民得到好處，一八八四年提出農村選區的選舉人數增加一倍的改革法案。被學者列入最偉大的英國首相之一。

6 市河三喜（1886-1970），英語學者，東京大學教授，日本英語教學的創始者。代表作包括《英語語法研究》、《英語學研究與文獻》等。

已熟悉的關係代名詞用法，看上去也很無聊。原屬「明星」派，會作和歌也會寫詩的江南文三[7]也在我們學校教英文，他有一個防止上課無聊的獨門方法，就是帶牛奶糖到課堂上發給學生，以牛奶糖相關的例句來講解簡單的英文文法。我們學校還有一位滿頭白髮的漢文老師更加直接，他說著「接下來我們要讀《論語》」，卻又宣告「這本書你們是看不懂的。」而且每讀一行，他都要自言自語似的嘮叨著讓我們滿頭霧水的感想：「關於這個字，簡野[8]是這樣解釋的，但這個簡野什麼都不懂！」——連簡野道明都不懂的事，我們更不可能理解。圍棋研究也是在漢文課上進行得最為熱烈。老先生確信孩子們什麼都不懂，只要不在課堂上聊天，學生想做什麼都可以。

在初中老師幾乎都被取了綽號，無一例外。有些綽號簡單又直接，比如禿頭的駐校將校綽號叫「光頭」，鼻頭通紅的美術老師是「大蔥」。有些綽號的來由較難解釋，但非常準確地描述了當事人的形象特徵。舉例來說，當時訓導主任的綽號是「溝鼠」，意思就是陰溝裡的老鼠，「鼠」用的還是老鼠的英語單詞的頭一個字母[9]。那位訓導主任還的有點「溝鼠」的感覺。這樣的綽號就像是民間傳說，不是一兩個人就能隨便想出來的。每次新老師來，就會馬上被取綽號，很多綽號也就當時當地叫一下，過陣子便再也沒人提起。那些長期流傳的綽號，可以說集中體現了中學生們對語言的敏感度。就像民間傳說裡能自然反映出民族集團性的精神世界，這是靠作家個人之力的創作中所缺乏的。「溝鼠」是一個身材瘦小的中年男子，總戴著一副深色眼鏡，聲音宛如女子輕柔，開口便能看到金牙的閃光。誰要是惹怒他，就會受到毫不留情的嚴懲，可能留級或遭到退學處分，學生們都不敢惹他。他教英文，卻幾乎不怎麼上課，只讓一到五年級的學生用他自己編的五卷讀本學習。讀本從最簡單的「這是鋼筆」開始，最高級的到維多利亞時期的散文精選，但他選的都是無利無弊的道德講義類的散文，沒有愛情故事，也沒有名言警句，更沒有諷刺、悖論，連最有名的英式幽默都沒有。誰都沒見過「溝鼠」笑的樣子。他總是躲在陰暗處，兩眼發光，不停地監視我們，只要發現有任何的行為不端，就立刻抓現行。他有尖牙利爪，且行動敏捷，平時總是鬼鬼祟祟的，一臉陰險的表情，沒人知道他在想什麼。

還有一名跟「溝鼠」不同的英語老師，他心情好的時候十分親切，不好時會氣得耳根通紅，抓住反抗的學生粗暴地拖到教室外。大家都討厭「溝鼠」，但喜歡親近這位老師，也很尊敬他。受到尊敬的理由是，在走廊碰到聘請的外國教師時只有他能「用英語說話」。在我們看來，「用英語說話」就是一種常人完全無法期望擁有的神祕能力，與在教室閱讀英文書之間沒有任何關係。

學生們對老師裡誰有什麼能耐是非常敏感的，也能立即發現老師的弱點。不過，說起綽號「大蔥」的高木老師，他身上被我們視為「弱點」的東西，實際上也算不上什麼真正的弱點。教美術教師在學校裡確實沒什麼影響力，但這絕不是他對我們平易近人的理由。

7　江南文三（1887-1946），詩人、歌人，《昴星》編者。代表作包括《日語法華經》等。
8　簡野道明（1865-1938），日本的漢學家、語言學家、教育家。
9　溝鼠的日文是ドブネズミ，訓導主任的綽號是ドブラ，結合ドブ（溝）和老鼠英文rat化為片假名後第一個字母ラ。

「我不會把各位學當成小孩，我希望能把你們當成有責任感的人來對待，」高木老師說，「所以，這次考試我就不監考了。請大家不要作弊。即使在沒有人看的時候，也請保持行為端正。教育的目的不是為了防止作弊，而是希望能培養出在想作弊又能做到的時候，仍能抗拒誘惑的人。我不知道這跟考試成績比起來，哪個更重要……」

然而學生們還不習慣沒人監考的考試，也沒有建立起充分的連帶意識，能共同完成一件尚未習慣的事業。結果考試有人作弊。我至今都還記得滿頭白髮的高木老師拿著一捆考卷走進教室的樣子。「真是太遺憾了，你們辜負了我的信任。」他低沉的聲音迴響在教室，其中沒有絲毫憤怒或是要懲罰我們的恐嚇，卻有種東西讓教室鴉雀無聲。

「必須有人監考的教育，不是教育。你們之間有幾位同學，不僅辜負了我的信任，也辜負了其他誠實作答的同伴。我不能讓誠實接受考試的同學吃虧，所以下次只能監考。今天我不上課。」高木老師說完就離開了教室。過了一會兒，操場上傳來高年級同學喊著「大蔥！大蔥！」的聲音。教室裡面卻沒有一個人站起來，也沒有人說話。

一九三〇年代初期的初中，為了軍事訓練都會派駐一名預備役的下級將校，教學生如何操作步槍和隊列進行。「光頭」便是位駐校將校，由於長期駐校，他與其說是軍人，反倒更像某種教育專家。他熟悉學生心理，絕不會提出超過我們能力範圍的要求。那些不停扭動身體、模仿女聲且樂此不疲的寶塚少女歌劇團男粉絲裡，有幾名步槍操作得笨手笨腳，惹來「光頭」怒吼：「不行！重來！」重來後也還是沒什麼改善。其他圍觀的學生們笑了起來，挨罵的也一臉苦笑地看著

「光頭」。「笑什麼笑！重來！」

——但最終堅持不下去的還是「光頭」。他從來不打學生，不管對什麼樣的學生，我覺得他身上還保留著一種可稱為溫情的體諒。為此，我們對他也懷有一種親近感。

當時，師團司令部每年都會派真正的軍人來中學視查學生的軍訓狀況，稱之為「檢閱」。隨著「檢閱」日的逼近，我們能明顯感受到「光頭」的情緒也變得愈來愈高昂。他「這樣不行！無法通過『檢閱』！」我們對他所教的那些繁瑣且毫無意義的儀式性動作感到厭煩，覺得空閒時間被如此消磨實在愚蠢。但是，只有在「檢閱」當天，為了維護「光頭」的名譽，我們認真地使盡全力奔跑、行進。來視察的軍人對訓練結果大加讚賞而歸。暮色漸濃，「光頭」把全副武裝的我們集合在操場上，「大家辛苦了！」，他發自內心地說。「老實說啊，」——這句是他的口頭禪——「我之前看你們操練可真是擔心啊，『有志者事竟成』，不愧是一中的學生，老實說啊，我還真沒想到能得到這麼高的評價……」這時「光頭」感動得眼淚都快掉下來。我們完全不在乎職業軍人給了什麼評價，但看到「光頭」如此開心，我們也覺得心滿意足。

我在平河町的中學遇到了很多老師，其中大部分是有能力的專家，也有幾位令人喜歡的人物。但是——大概除了那一刻的高木老師之外——沒有一位老師在興趣上、人格上，或者說得誇張點，在世界觀上對我產生任何影響。我也跟其他人一樣和同學有所來往，但最終也沒遇到能夠秉燭夜談的好友。小學畢業時，還有些依依不捨之情，中學的學業結束時，我幾乎只感到自由和解放。不過，要說解放，顯然還為時過早。

美竹町的家

在我進入中學時，我們全家從宮益坂坡的右側搬到了左側。金王町的老房子是將豪邸的一部分移築而成，住起來很不方便，也不適合父親開診所。於是，我們跟美竹町的外祖父借了一塊地蓋新家。那塊地在比外祖父家宅子要高上一截的山崖上，另一側是冰川神社的圍牆，原本是私人網球場。小時候，我就在那裡騎著外祖父買的自行車轉來轉去，跟父親學習打軟式網球。網球場拆除後，新建的白色木造二層房屋取而代之。住家部分面積比金王町老家的小，但住起來很方便。此外，為了開業，父親的內科診所在設計上與住家完全分開，除了診療室以外還設有器材消毒室、候診室和一個小藥房。然而患者並沒有因此大幅增加。家中經濟在搬家後發生很大變化，並非由於診所生意興盛，而是在父親行醫的收入之外，增加了出租金王町房屋的房租。但我們的日常生活卻比以前還要拮据，父親跟財閥家患者的關係不如從前，加之物價上漲，小孩成長後教育費用也增加不少。那時候我們幾乎不出門旅遊，也不去看戲看電影，我也沒有在餐廳享用美食的記憶。父親甘於這樣樸質的生活，他不抽煙、不喝酒，除了在院子種薔薇外沒有其他嗜好。可能因為感受不到花錢的必要，也就沒有賺錢的熱情。對此父親以「剛健質樸」一詞來表現。

米和味噌都是從父親農村老家送來，過年時還會有多到吃不完的年糕。年糕在正月初一到初七拿來煮年糕湯，吃剩的一部分泡水儲存在酒樽裡，一部分曬乾留待日後食用。因此不管家裡多麼拮据都不缺食物，就是要盡量減少購物上的現金開銷。母親對我，以及當時已就讀雙葉高等女校上學的妹妹清楚說明家中預算。我們十分明白，要買這個就得放棄那個，所以從來不曾向父母耍賴，央求要買什麼。當時，美竹町的家裡也會有乞討者或推銷員上門。母親以各種理由拒絕推銷人員，用最少的錢打發乞討者。大部分人會被母親說服而離開，但也有人直接把錢摔在地上。我曾親耳聽過這樣的憤怒咒罵，「怎麼這麼少？我咒你生兒子沒屁眼！給我記住了！」這名要飯的男人大概也沒想到，門面堂皇的醫生家裡，日子卻過得如此拮据。

搬到美竹町的新家後，我們跟外祖父家距離更近，互相走動更勤下，知道了更多他們家的大小事。大阪的姨丈因肺結核去世後，小阿姨就帶著女兒回到娘家。由於姨丈是養子，小阿姨仍舊使用娘家的姓。家中二子的長男跟我同齡，自幼住在外祖父家，就讀東京師範附小，但比我妹妹小一歲的女兒在轉學時碰到不少困難。小阿姨和外祖父母為了兒子的學校大費周章，但面對女兒時，卻都覺得只要能上，轉去哪間女校都無所謂。

受到經濟大蕭條打擊，外祖父的生意在一九三〇年代始終未見起色，只好將眾多的出租房屋出售一部分還債。但外祖父這個人，即使把住家宅邸拿去抵押，也不會輕易改變自己的生活方式。他出門時依舊精心打扮，毫不吝嗇地噴灑進口香水，與女友們的往來反而更加密切。因此外祖母有時會宛如瘋狂發作般，撕裂和服，將碗盤摔在庭園的石頭上。與他們同住的小阿姨個性老實，膽小又懦弱，每次眼看場面即將失控，便跑來崖上的家中找母親幫忙。

「父親他不聽我的……」小姨說。

確實如此，外祖父即使在對外祖母和小阿姨怒吼的時候，對我母親的態度仍然溫和，甚至像是想要博得同情。

父親經常對母親說：「你父親只聽你的。」

但我和妹妹都不喜歡母親為了祖父家的爭執獨自出門。看著小阿姨激動的模樣，還有母親不尋常的表情，都讓我們對母親的安危感到擔憂。有時等待半天，母親終於到家中，卻獨自流淚不止。我們都很想做些什麼好安慰母親，卻沒有任何辦法，反而是母親安慰我們：「別擔心，我沒事的。」妹妹問：「那媽媽在哭什麼呢？為什麼會哭？」母親反覆地說：「沒事的，小孩子別管……」父親沒有來安慰哭泣的母親，我們不由得思索其中緣由。讓母親落淚的，恐怕不只是山下外祖父家中發生的事，應該還有父親對這些事的態度。

聽到外祖母摔碗盤，「這沒什麼。」父親說，「歇斯底里症患者是不會傷害自己的。摔壞的碗盤也不是最貴的。」

遇上有事的時候不用說，平日父親對外祖父的批評亦是從不間斷。他反覆批判的不外乎這幾項：第一，要是真的缺錢到必須抵押家宅的程度，何以不節衣縮食？第二，已婚男士本就不應與其他女性交往，這豈非生活放蕩？

母親替外祖父辯解：「我父親他也在想辦法省錢，他們已經辭退了好幾個女傭，也不再讓書生住家裡了……」

「這都是必須的，哪算得上節儉」

「但也不能省到你這種程度，畢竟每個人生活方式不同。」

「他現在是說這話的時候嗎？」

——「剛健質樸」之於父親，不過是種符合性格生活方式，絕非被迫接受。而對外祖父來說並非如此。

「都這把年紀了，還說什麼為誰著迷為誰失眠？」父親說。

可是，從來沒有女人迷戀上我父親，他好像也從來沒有迷上過誰。與其說他認為跟女人廝混是不對的，所以從不出去跟女人廝混，倒不如說是因為他從不出去跟女人廝混，所以才認為跟女人廝混是不對的。母親偷偷地跟我們解釋外祖父的行為，「外公之所以會這樣，你們的外婆也有責任。外婆她老做些明知道會惹外公生氣的事，笨手笨腳的。外公也是個人，這樣的家怎麼待得下去……」母親尊重「人性」，父親則強調「道德」。

「同時愛著兩個女人，其實就是哪個都不愛，這不過是和女人鬼混而已。」父親說。

「是嗎？那信徒愛上帝，不也同時愛自己的丈夫嗎？」母親反駁。

「真的嗎？信徒要是真心愛上帝，對丈夫的愛就會變少。」

「付出再多都不會減少的才能稱為愛」

「這不過是說說而已。」

「能對一個女人付出真情的人，也可以對其他女人付出真心的……」

這種沒有結果的辯論，每次都是由父親開始。至於我的看法，鑒於我對女人一無所知，為了能讓這樣的自己正當化，還是採用父親的觀點比較穩妥。

除了中產階級家庭間「門當戶對」的婚姻和夫妻關係之外，所有男女關係都會遭到父親嚴厲抨擊，甚至包括青少年的戀愛。他說，那些滿臉青春痘的中學生——也就是我的同學們——沒有比他們整天追在女生屁股後面跑更滑稽的事。那根本就不是戀愛，不過是模仿戀愛的行為而已。要是將小說裡的戀愛故事當真，那就是愚蠢到家。《金色夜叉》中的戀情絕對不會發生在現實生活中。小說家們是為了使故事有趣，贏得女讀者的歡心，讓作品大賣才編出這種故事。若非如此，就是為了掩飾自身野合的惡習，才搬出崇高的戀愛情感來愚弄讀者。戀愛的基礎是性慾，它跟食慾一樣，是動物共有的一種本能，哪裡談得上崇高？它甚至不是人類獨有。——假如父親具備十八世紀法國人的機智，他或許會說：「戀愛，始於兩個人類之間靈魂的接觸，終於他們黏膜的接觸。」就像是在沉醉夢想之前就知道了夢醒時的幻滅，我在戀愛之前，就從父親那裡聽到對戀愛的批判。我在看戲劇《忠臣藏》之前，先讀了芥川龍之介的〈大石內藏助的一天〉；在知道西方中世紀騎士小說之前，先知道了嚴厲批判騎士小說的《堂吉訶德》（*Don Quixote*）。從騎士小說到《堂吉訶德》的道路是暢通的，但從《堂吉訶德》回到騎士小說，卻須得走上一段漫長迂迴的道路。

中學的我既非芥川龍之介，亦非塞萬提斯（Miguel de Cervantes Saavedra）。在智力方面，我似乎多少在模仿他們，但在感情方面，我卻跟他們相反，依舊幼稚且毫無經驗。也許在第三者眼裡，像我如此缺乏魅力的少年也是少有。母親曾含蓄地提醒我，她說著：「你那麼愛講道理，也不太好。」擔心父親帶給我的影響。但母親並沒有完全了解狀況，實際上我早已不是小學生，父親的話對我沒有決定性的影響，我只是採用了他的理論。這是完全不同的兩件事。我往返於美竹町極度禁慾主義的家庭和軍國主義精英式教育的模範學校之間，雖然感覺極度無聊，但也無法自力開創其他生活。我雖然憧憬外祖父的生活方式，但也很清楚其與自身間的距離近乎無窮遠。我只能去尋找一個理由，讓我能夠完全接受自己現在的生活。我採納了父親的理論，但同時也意識到這些理論與自己之間的差異。

山崖下的家經濟狀況愈來愈差。外祖父想要挽回頹勢，不斷抵押家裡能夠抵押的財產投資新生意，親手加快了沒落的速度。母親說：「父親真是可憐，明明如此拚命，真希望他能成功一次。」每次生意有點起色，看到發展希望的時候，外祖父便快速地回覆活力，變得年輕有朝氣。可惜，這樣的時候也愈來愈少，即便在外觀打扮上一絲不苟，但也擋不住疲憊與衰老的影子愈來愈清晰地映在他身上。生意失敗的結果最終也反映到日常生活上，他們家的出租房屋幾乎全沒了，最後只剩下自家宅邸和我們家蓋新房的那塊地。不知何時家中女傭只剩下一名，外祖母和小阿姨為了貼補家用，有時會叫來舊貨商收購家中物品。

「看著自己從小看慣的東西被賣掉，感覺真是不好受，」母親說，「其實也賣不了多少錢，那都是我們的回憶啊。」

後來我看東山千榮子[1]和千田是也[2]演出的《櫻桃園》[3]，聽著最後一幕櫻桃樹被砍的聲音，想起貨運行從外祖父家搬運舊物的馬車聲。舊貨商來的日子，外祖父總閉門不出，恐怕亦是不忍目睹。

當外祖父家一步步走向下坡時，外祖母家的親戚在事業上飛黃騰達。外祖母的兄長當時在實業界獲得成功，成為某大壟斷型燃料公司的副社長；其弟在海軍晉升為少將，不久又升為中將。一九三〇年代後半，從中國東北開始的戰火持續向外擴散，大燃料公司的生意愈加興旺，海軍高級將校的聲勢正要開始大漲。副社長十分關照家族親戚，幾乎全家族都在那間公司裡就職。然而他沒有幫助日漸衰敗的妹妹，也就是外祖父家，即便曾經想過，大概也無能為力。他是從技術人員爬上副社長的位置，並非公司的大股東。他有名女兒，女婿後來也成為這家公司的副社長。這位女婿性格開朗，從不勢利待人，就連見到我父親也能聊個不停——會這麼說，是因為親戚裡沒

---

1 東山千榮子（1890-1980），日本女演員，本名河野千。活躍於築地小劇場河俳優座，因出演《櫻桃園》獲得好評。代表作包括小津安二郎導演的電影《麥秋》、《東京物語》等。

2 千田是也（1904-1994），日本演員，本名伊藤國夫。一九三四年，在築地小劇場首次登台演出，一九四四年組建俳優座。積極推動布萊希特（Bertolt Brecht）話劇作品的翻譯和演出，在戰後日本新劇運動中發揮了領導作用。

3 《櫻桃園》（*The Cherry Orchard*），契訶夫（Anton Pavlovich Chekhov）作於一九〇三年的劇本。以破產地主的櫻桃園的衰落，象徵古老俄國的沒落和新生命的胎動。

有幾個人能毫無拘束地和這位難以相處的醫生說話。中學時我與他們家幾乎沒有來往。沒想到太平洋戰爭結束後，當我在巴黎過著窮日子時，卻和這位女婿，也就是繼任的副社長一起度過了一個晚上。那時我在住宿處突然收到他的來信，上面簡單寫著將於某日前往巴黎，請多關照。到機場一看，他帶著兩個提著公事包的職員出現，招呼道：「好久不見，最近好嗎？」爽朗的音調喚起我戰前的記憶，頓時忘記他大公司副社長的頭銜。

海軍少將年輕時曾前往英國留學，在倫敦軍備縮減會議期間，還擔任過大使館的武官，十分尊敬英國文化。即使在親戚聚會上，他也常談論英國人的風俗習慣和歷史。在三〇年代後半的日本，海軍將校很少有機會與外國人來往，亦不知其英語口語水平如何。不過他經常閱讀英文書籍。介紹我們家玩橋牌（Auction Bridge）的當然也是他。他曾是巡洋艦艦長，也曾是揚子江艦隊司令官，亦曾經是艦政本部長。我記得年幼時被邀請參觀巡洋艦的事。這次參觀所帶給我的印象，與在成為縣知事的大姨丈身上首次見識到的權力，完全不同。縣知事手下是一幫阿諛奉承的官吏，縣廳的官員都是一臉卑微的表情，叫人看著就覺得淒慘。然而巡洋艦的水兵毫不卑微。他們不說客套話，除了最低限度的必要外幾乎不開口。但他們身手敏捷、正確、有效率，對待艦長的客人完美而周到。在這裡人類組織如機械般運作，幾乎帶著一種美感。或許是由於這樣的印象太過深刻，我把其他的一切都忘得一乾二淨。我忘記巡洋艦有多大，忘記那天一同被招待的有誰，甚至忘記了晴空下大海的顏色、飛舞的海鷗，還有在風中飄揚的軍旗。我們有時候喊這位海軍將校「舅公」，有時候稱呼他「提督」。提督在太平洋戰爭前後始終堅持著一個看法，從未動搖。他認為，狂信的極端國家主義注定將帶領國家走向滅亡。

提督之後仍與我們家維持來往，具體細節將於後文再敘。提督有兒女各二名，長女在我妹妹所就讀女校中唸高年級；次女比我妹妹低一個或兩個年級。兩名女兒都很漂亮，令我心生愛慕之情。不過，大女兒把我當成年紀比她小的青梅竹馬，而次女和我沒說過幾次話。後來她們一位與建築師結婚住在本鄉，另一位嫁給那家有很多親戚在裡面工作的燃料公司職員，住在名古屋。這些以提督和副社長一家為中心的親戚，他們活力旺盛，氣息華貴，更襯托出外祖父家的逐漸沒落。

爬上美竹町家中診所的二樓，西南角的房間是父親的書房。父親白天很少用書房，放學回家後，到吃晚餐的這段時間裡我常常待在書房。朝南的窗戶外頭是一棵巨大的松樹，枝繁葉茂，夏天油蟬叫得人心煩。朝西的窗戶正對著落日，即使放下遮陽板，盛夏時房間依舊暑熱難耐。但透過這扇隔著狹小空地面向高崖的二樓窗戶望去，越過澀谷站附近的山谷，可以遠遠看見道玄坂的斜坡延伸到地平線。高層建築——雖然這麼說，也不過是四層樓高的建築，只在山谷中，延伸到地平線的斜坡上覆蓋著連成一片的低矮黑瓦屋頂，暮色中屋簷下的點點黃色燈光亮起。天氣晴朗的日子，道玄坂上會清晰地浮現富士山的身影，當富士山頂變白，我便知曉秋色將晚。三月的暖風吹來，代代木練兵場塵土飛揚時，富士山頂的雪尚未融化。富士山腳下連著淡紫色地平線的就是箱根。細長的澡堂煙囪從剪影般的地平線指向天空，煙囪口的黑煙被風吹得四散。有時傍晚霞光將雲朵染成夢幻般的薔薇色；有時則染成血跡似的暗紅色，彷彿某種不祥的預兆；還有的時候，它為雲朵鑲上金邊，整個天空就是色彩的豪華盛宴，但轉瞬間又褪去了顏色，變成冰冷的灰色。無雲的傍晚，呈現出歌川廣重[4]畫上夕景天空的所有色調，在顏色還沒有完全褪去時，金星閃閃發亮。除了雨天，眺望西邊的晚霞成為我在這五年間幾乎從不缺席的日課。這五年間我所感受到的林林總總，其中最美的，也是滋養我最深的，大概就是道玄坂上那片西方的天空。那時，我還沒見過波納爾[5]的薔薇色，沒見過丁托列托[6]充滿戲劇性的紅色，我還不知道什麼是油畫。

五年的空白，不只包括平河町的那段中學生活。然而在這極度空白裡，一些意想不到的地方隱藏著一些未曾想過的東西。

4　歌川廣重（1797-1858），日本著名浮世繪畫家，代表作有《東海道五十三次》、《東都名勝》等。

5　波納爾（Pierre Bonnard, 1867-1947），法國「納比派」著名畫家，深受高更和日本浮世繪的影響，繪畫手法獨特，追求色彩的裝飾效果。代表作包括《穿黑絲襪的女孩》等。

6　丁托列托（Tintoretto, 1518-1594），義大利畫家。威尼斯派最後一位重要畫家。以充滿魅惑的色彩和激烈的動感創作宏大的畫面。代表作品有《聖馬可的奇跡》和《最後的晚餐》等。

叛逆的兆頭

我的雙親嚴格禁止孩子獨自去看電影，但他們自己對這類演出節目不感興趣，幾乎沒帶我和妹妹看過表演。我能進電影院，還是託了住在澀谷的外祖父的福。帶著我們看電影，之後再去有名的西餐廳用餐，似乎是外祖父的一種樂趣。但他從來不帶我們看日本拍的電影，每次看的都是「西洋電影」，我至今也想不出其中緣由。外祖父大概是在電影裡尋找某種異國風情，回想年輕時在海外體驗到的快樂：香水的香氣、葡萄酒的滋味、女人頭髮的觸感、那一刻的表情和說聲調……在東京的他身邊不如意的事情愈多，愈讓這一切顯得珍貴難忘，就連黑暗中令人目眩的光影，都會帶給他別樣的意義。我們被電影劇情所吸引，屏住呼吸緊盯著銀幕。外祖父卻經常看到一半就站起身來說：「差不多了吧。」劇情的發展對他來說似乎無關緊要。

當時的電影還是默片，澀谷的電影院配了一個小樂隊，根據電影畫面變化演奏不同的音樂。騎兵策馬奔馳時配上羅西尼[1]歌劇的序曲；喧鬧騷動的場面，就用以法國康康舞曲（Cancan）聞

1　羅西尼（Gioacchino Rossini, 1792-1868），義大利作曲家，創作有多部歌劇、宗教音樂和室內樂。代表作包括《塞維利亞的理髮師》、《奧賽羅》、《威廉泰爾》等。

名天下的奧芬巴哈[2]的熱鬧音樂；男女主人公互相愛慕、深情對視的時候，就會配上小提琴演奏的《夢幻曲》[3]。配樂用的曲目有限，聽熟後即使沒有說明也能看懂銀幕上在演什麼，甚至還能把接下來的劇情猜得八九不離十。能劇、歌舞伎的音樂，是以更加洗練的形式延續自從前——雖然小學生的我並不知道這點——澀谷電影院的樂隊用略為蕪雜的形式，將音樂演繹成時下的流行風格。為了讓不熟悉西方風俗的觀眾能順利地看懂電影，電影院還特地細心安排了稱為「活弁」的解說員。這與現在電視台播放歌劇時，會將管弦樂的部分消音來說明劇情的做法非常相似。不過，過去的「活弁」將解說轉化成非常巧妙的形式，在獨創性上，現在的電視台根本無法與之相比。如同狂言的登場人物經常被歸納成主人、太郎冠者和次郎冠者三人，「活弁」將西洋動作片的登場角色各自取了不同的代稱，女主人公一律叫「瑪麗」，男性人物裡的正派都叫「喬治」，反派都叫「傑克」。在「惡霸傑克眼看就要追上瑪麗」的情況下，解說員講道：「瑪麗哭喊著喬治的名字，但門被緊緊地鎖住了，瑪麗聲嘶力竭地叫喊著，喬治，救命！——啊，這可憐的瑪麗！她的命運究竟如何呢？」就在此時，銀幕上畫面一轉，趕去救人的喬治在荒野上策馬狂奔。大部分好萊塢電影一直以來都是這麼製作的，讓這三個人正好夠用。我很喜歡看這類電影，但在倫理上或是世界觀上，都沒有受到這種正反派二元論的影響。我很少會為了接受影響去澀谷的電影院，到後來大量觀賞西部片的時候，又已明顯超過了那個年齡。有關正義、有關人道，我的觀點並非來自電影。然而在不久之後，我跟外祖父一起看的電影發揮了更大的作用，讓我發現了跟正義和人道無關的世界。在當時東和商事會社引進的電影裡，貧窮的戀人在七月十四日的晚上相遇又別離；俄羅斯大公在古都參加國際會議，深夜用馬車拉著小鎮裡的姑娘飛奔而去，而歐洲中部的麥田中，尚未成名的大作曲家與漂亮的女孩調情；濃霧深鎖的英國首都，瞞天過海、神出鬼沒的怪盜遭到妓女的背叛，在窮人都不能互相幫助、這世道也走到了盡頭的感嘆中，被警察抓住帶走。這樣的劇情，當然跟任何歐洲城市、任何社會現實都毫無關聯。不過，對中學生的我來說歐洲遙不可及，我根本就不在乎真相如何。黑白影像不過是實物的剪影。但我聽到古都石板路上響起馬車的聲音，感受到中歐遼闊麥田上的藍天和太陽。手風琴的旋律、從小巷窗戶向外探頭的女孩臉龐、舞女們翻動著的轉成弧形的裙擺，對我來說這些都是真實存在的。年幼時原田三夫的通俗科學滋養了我；到中學，我又從東和商事的童話故事裡獲得了滋養。

童話世界中包羅萬象。有戀愛、有野心、有背叛、有宿命般的相遇和註定的別離。然而，每天搭乘電車往返於澀谷美竹町的家和平河町的中學之間，我的現實世界卻是一片空白。沒有邂逅，自然無法陷入熱戀，也就體會不到分手的痛苦。戰火已在中國點燃，但不會波及到我。革命只是遙遠的神話。我只知道學校，對學校和自己都感到無比厭倦。電影院教會我在黑暗中遁入想像的世界。

2 奧芬巴哈（Jacques Offenbach, 1819-1880），德籍法國作曲家。法國輕歌劇的奠基人和傑出代表。作品有《地獄中的奧菲歐》和《霍夫曼的故事》。

3 《夢幻曲》（*Traumerei*），德國作曲家舒曼（Robert Alexander Schumann）作於一八三八年創作的鋼琴曲，為十三曲的小品集《兒時情景》中的第七曲。是浪漫派鋼琴曲的代表作。

然而，想要獨自在想像世界中遊玩，電影並非唯一的途徑。放學回家爬上二樓的父親書房後，我沒有打開課本來看，而是尋找詩歌文藝類的書籍。書架上堆滿了大部頭的德文醫學書，少有文學書籍，只有幾本跟和歌有關的書被擠到角落，而且半數以上都是《萬葉集》的舊注釋本。我對日本文學的閱讀始於《萬葉集》，這並非是由自身見識所造成的。中學生的我需要一個想像的世界，但又不能一直看電影，於是不得不靠近文藝的世界。幸運的是——對當時的我而言是不幸——除了《萬葉集》之外，我身邊幾乎沒有其他文學書籍可讀。不過，這無奈之選的《萬葉集》卻為我打開了一扇想像世界的大門——儘管在這點上柿本人麻呂[4]和山上憶良[5]遠不如克萊爾[6]和帕布斯特[7]——同時更讓我領悟了由語言建構而成的天地之美。《萬葉集》的語言跟我閱讀過的日語相當不同，若沒有對照注釋，時常無法想像其含意。我初次見到脫離了意義的語言，意識到語言可能具有意義之外的性質，以及這種性質所暗示的可能性。「近江之海，傍晚時分，千鳥飛過，汝若不在……」我在《萬葉集》裡尋覓到可稱為音樂的東西，發現了詩歌類文學的奧妙之處及其難以言喻的魅力。我在當時背誦了幾首《萬葉集》短歌，它們成為我的一部分。同一時期，我還閱讀了島崎藤村[8]和土井晚翠[9]的詩集，但他們的語言，與日常生活慣用的語言太過接近；而母親手上的約翰·濟慈（John Kates）詩集，又離我所知的日語太過遙遠，兩者都沒有在詩歌語言上帶來決定性的體驗。當我思索詩為何物時，不會考慮藤村和晚翠，也不會考慮其他任何的外國詩人，我首先想到的就是《萬葉集》裡的歌人們。「詩」之所以對我產生意義，是因為在美竹町家裡的二樓，我跟《萬葉集》一起度過了無數個日暮時分。然而，《萬葉集》的世界跟克萊爾和帕布斯特的世界相同，我那沉悶到難以忍受的現實生活跟它們之間的距離接近無限遠。雖然無法闡明那種沉悶、煎熬，還有我對自己的束手無策的原因和意義，但最初帶給我相關提示的文學家，是芥川龍之介。

我未曾考慮過自殺，卻為芥川龍之介的文字感動。小學時便成為好友的那位女孩，此時已經上了女校。讀過非常多的小說。「笨蛋！你連過芥川龍之介都沒看過？」她說，「我借你看吧，但不一定符合你的口味。」我也佩服芥川的短篇小說，但更讓我驚訝的是〈侏儒的話〉。「軍人

4　柿本人麻呂（約660-720），日本飛鳥時代的歌人，《萬葉集》代表性歌人，生平不詳。一般認為其生活在七世紀後半葉，是持統天皇和文武天皇時期的一個官位較低的宮廷歌人。他的歌風端莊凝重，被後世尊為歌聖。代表作有《高市皇子城上殯宮歌》、《過近江荒都歌》等。

5　山上憶良（約660-733），日本飛鳥、奈良時代的歌人。《萬葉集》代表性歌人，遣唐使，漢文學修養很高，和歌題材多涉及人生與社會。代表作包括《貧窮問答歌》、《思子歌》等。

6　克萊爾（René Clair, 1898-1981），法國電影導演。第一個入選法蘭西學院院士的電影藝術家。

7　帕布斯特（Georg Wilhelm Pabst, 1885-1967），德國電影導演。生於奧地利。執導有《三毛錢歌劇》、《珍妮的愛情》等影片。

8　島崎藤村（1872-1943），日本明治時代浪漫主義詩人、自然主義文學先驅、小說家，代表作包括詩集《嫩菜集》、《落梅集》；小說《破戒》、《家》、《新生》等。

9　土井晚翠（1871-1952），日本明治時代的著名詩人、英國文學研究者。代表作包括《天地有情》、《曉鐘》、《晚翠詩抄》等。

猶如小兒……」芥川在一九二〇年代寫下這句話，但我將它當成三〇年代中期，也就是同時代人所說的話在讀。不管是學校、家庭，還是社會，一直以來被神聖化的所有價值，不堪芥川龍之介的一擊在我眼前瞬間坍塌。英雄變成了普通人，愛國心變成了利己主義，絕對服從變成了不負責任，美德變成了怯懦或無知。能對同樣的社會現象做出與報紙、學校和整個社會所給與的看法完全相反的解釋，我為這個可能性的存在而驚訝不已，興奮得手舞足蹈。我終於在澀谷的舊書店買到十卷本的《芥川全集》，勤讀不倦，甚至幾乎把其中所引的無數個文學家姓名都背了下來。就這樣，升上初中四年級的我，把那位喜愛小說的女孩能借給我的書都看完了，除了美竹町自家，還熱衷閱讀外祖父家中找得到的國內外小說。高中入學考試愈來愈接近，我卻毫不在意，只留出最低限度的時間來準備。

父親不高興兒子沉迷於「無聊的小說」中。他跟我講道理說，文藝本來就是對社會沒什麼貢獻的無用之事，在文人之道，除了漱石先生[10]以外都不入流；高中入學考試即將來臨，卻還把時間花在小說上，豈非愚蠢。——然而面對父親的理論，我不為所動。母親為兒子辯護，即使在社會上發揮不了什麼作用，詩文仍有其美好，父親自己不也熱衷於《萬葉集》、創作和歌嗎？她還說，就算讀小說，只要高中入學考試能通過就沒問題，旁邊的人還是別說太多比較好。我自己的想法則是，既然已經把六年制小學縮短成五年，現在沒有道理再將五年制中學縮短成四年。但同時也有些輕敵，覺得若是不用付出特別的努力也能通過入學考試，那就再好也不過。然而事與願違。落榜後我才意識到，自己一直沒放在心上的入學考試競爭竟然如此激烈。母親曾為我閱讀小說之事向父親辯護，我覺得對不起她，想到以後還有第五年級一整年非得待在中學裡不可，便從心底感到厭煩。在五年級尾聲再次參加入學考試時，不管運氣好壞我都必須考上。初中五年級不教任何新知識，就只是重複一到四年級的內容，課業算不上困難。我一面準備考試，仍會抽空閱讀手邊的文學書籍。我向父親說明，通過入學考試所需要的備考時間沒有他預期的那麼多。

「但是你上次就是因為看小說才沒考過。」

「那是運氣不好。」我說。

我跟父親之間逐漸產生的隔閡，原因並不在於入學考試，而是他眼看著就要落空的期望。父親希望兒子將來能成為一名科學家，他歡迎沉迷於通俗科學的小學生，不歡迎沾染了文藝、小說不良嗜好的中學生。閱讀著《萬葉集》並嘗試創作和歌，無神論者且貫徹實證主義思考方式的父親，對「文學青年」不僅是輕蔑，更是視其如蛇蠍般的厭惡。而我當時還沒見過所謂的「文學青年」。

初次見到活生生會動的「文學青年」，是在初中最後一個夏天前往信濃追分的時候。當時我和妹妹一起，第一次離開雙親到信州的高原避暑。父母沒有跟我們同行大概也是出於經濟方面的考量。我們在中仙道南邊的脇本陣油屋[11]訂了房間。江戶時期的油屋建築充分保留了信越本線開

10　指明治時期的大文豪夏目漱石。

11　油屋，溫泉旅館，澡堂。

通前，驛站的繁華舊貌。正對著中仙道的寬廣正面上，二樓的房子向外突出，窗戶都安有格子窗。格子窗的背後，是否曾有西鶴[12]筆下的宿場女郎等待南來北往的旅人？那些結構相同、同樣建於江戶時期的民居，如今在追分的街道上也只剩兩三家。不過，我去的那個時候還稱得上是鱗次櫛比，其中規模最大的就是油屋。經歷漫長歲月的洗禮粗大的柱子和地板變得又黑又亮，紙拉門關上後與牆柱間還露著縫隙。雖說已有電力，但走廊還沒安電燈，夜裡去廁所時得拿蠟燭來照明。旅館人手有限，一日三餐，客人都要到大廳集合用餐。這裡除了淺間山外沒有其他名勝，來此住宿的客人基本都集中在夏季的兩個月中，而且大部分是準備高等文官考試的大學生，或是面臨大學入學測驗的高中生。不見全家出遊的客人，也沒有在這裡設宴辦席的當地農民。即便當地人要辦酒席，應該也會去小諸的餐廳。油屋的學生們有時候會結伴遠足，有時候會步行半小時去火車站那邊打網球，但平時在短暫的散步後就各自回房間，閉關「用功」到深夜。紙拉門相隔的房間可以清晰地聽到隔壁的說話聲，但幾乎沒有人在房間裡聊天太久。我的父母不知道從哪裡聽到油屋的這種氛圍，覺得這個地方非常適合讓兒子好好「用功」。實際上除了「用功」之外，那裡確實也沒有什麼其他辦法能消磨時間。不過，在同一家旅館住了一個月以上，自然會認識一些點頭之交。我也認識了幾名大學生，從他們那裡聽說了有關詩人立原道造[13]和「文學少年」的一些傳聞。立原道造也住這家旅館，而「文學少年」是法學部學生為某位少年取的外號，略帶點諷刺的意味。立原道造是建築系的學生，寫詩，受到堀辰雄[14]的認可；「文學少年」則讀《捨斯托夫[15]全集》，看不起堀辰雄以外的大多數文人。——聽著這些八卦，我對自己在文學方面認識感到不足，連大學生的聊天都跟不太上。我還未讀過堀辰雄，連捨斯托夫的名字都沒聽過。這名尚未謀面的「文學少年」讓我有種自卑感，但我很快便有機會見到本尊。他臉色蒼白，身材瘦小，像老人一樣駝著背，有時在街上邊走邊咳嗽。看到他迎面走來，跟我一起的法學部學生說：「傻子沒什麼精神啊！太苦心鑽研寫詩對身體不好。」少年猛然抬頭，朝著大學生用低得幾乎聽不到的聲音說了句什麼，但對我連看都沒看一眼。我想，這就是所謂的「旁若無人」。不過，我當時並沒有理解父親口中所說的「文學青年」。真正理解其含義，是在目睹這位會視對象「旁若無人」的少年，在堀辰雄面前卑躬屈膝時；目睹他得知我認識堀辰雄後，態度發生大轉變時。又或者是在我看到他死於肺結核前所寫的那首詩的時候。這首詩中語言含混不清，糖果般甜膩的「上帝」、「天使」之類詞彙大量出現。這與捨夫斯基扯不上任何關係，跟基督教更是八竿子打不

---

12 井原西鶴（1642-1693），日本江戶時期著名俳人、淨琉璃作家、浮世草子作家，本名平山藤五，別號鶴永、二萬翁等。尤其以浮世草子作品聞名於世，代表作包括《好色一代男》、《好色五人女》、《日本永代藏》等。

13 立原道造（1914-1939），日本著名詩人、建築家。擅長寫作十四行詩，詩歌風格清新，具有音樂性。代表作包括《獻給死去的美人》、《寄萱草》等。

14 堀辰雄（1904-1953），日本小說家，師從芥川龍之介。作品帶有明顯的心理主義特徵，代表作包括《菜穗子》、《聖家族》、《起風了》等。

15 捨斯托夫（Lev Shestov, 1866-1938），俄國思想家、哲學家。俄國十月革命爆發後，流亡法國。代表作包括《在約伯的天平上》、《雅典與耶路撒冷》、《鑰匙的統治》等。

著。這位「文學少年」在追分旅館中看不起法學部的學生，絕非由於他思考的問題比高等文官考試還重要，而是其智商甚至不足以參加高等文官考試，因而產生糖果比民法更為高等的錯覺。這毫無疑問的就是父親口中那種「文學青年」。

那年夏天，我跟詩人立原道造有過一次對話。有天下午，我沿著中仙道朝著沓掛[16]方向散步，有名瘦高的青年也朝著同樣的方向。不知是誰先開的口，在並排行走間那位青年說：「我叫立原。」他邊走，邊折了根芒草拿在手裡玩。我說自己打算走到輕井澤的堀辰雄先生家，他問我高中是打算讀文科還是讀理科。之後我們又聊了建築，聊了詩。我還說，我不知道自己將來該怎麼辦？當時我還沒有讀過立原道造的詩，也尚未為其魅力所擄獲，但我很佩服他清晰的思緒，同時也覺得他的性格帶著未經粉飾的魅力。入秋天後返回東京的我，聽到油屋失火的消息。火災發生時立原道造獨自住在二樓，差點被燒死，消防員鋸開格子窗將他救了出來。我聽到這個傳聞時，腦海裡再次浮現出他的身影。戴著草帽，在中仙道夏日午後的陽光下玩弄著芒花的青年，以及平靜卻不停講述著的話語片段，還有那雙讓人深刻印象的大眼睛。那雙眼睛並非充滿力量，也沒有熊熊燃燒的野心，他睜大的雙眼裡沒有不安的神色，是近乎病態的敏感讓他睜大了雙眼，那副神情宛如受到驚嚇。翌年夏天我再次造訪追分村時，立原已經不在了。

16　長野縣輕井澤町中輕井澤的舊稱。

「二二六」事件[1]

一九三一年「九一八」事變，我剛上初中，一九三六年「二二六」事件，我初中畢業。這段期間我每天都看報紙聽廣播，卻完全不知道日本將要何去何從。中學——至少中學生的社會，跟大臣、財閥理事長和青年將校沒有任何關聯。就算他們其中一派暗殺了另一派，也不過是穿插在期末考試、運動會、放暑假這些頭等大事間的小事件。陸軍大臣荒木貞夫[2]的兒子跟我同年級，他也不過是名不起眼的學生，誰也不會給他特殊待遇。所有的事件都是偶然，在某天突然發生，

---

1 日本陸軍軍部皇道派青年軍官帶領部分士兵於一九三六年二月二十六日在東京發動兵變，二十九日被鎮壓，參加兵變的大部分軍官被判處死刑。

2 荒木貞夫（1877-1966），日本陸軍皇道派的領袖人物。曾在近衛文磨、平沼內閣擔任文部大臣，鼓吹國家思想，直接領導發動了「九一八」事變。

我們只在那瞬間被嚇住，隨即又把它拋在腦後。財政大臣井上准之助[3]、團琢磨[4]和首相犬養毅[5]遭到暗殺，滿洲國受到承認，日滿議定書簽訂，日本退出國際聯盟……然而，這些事情並沒有對我們生活帶來任何影響，我們不曾去思考它們將為我們的生活帶來多麼翻天覆地的變化。

父親每天早上都會認真讀報，一旦有什麼事件發生，就會在晚飯上發表自己的相關意見。除了家人外，沒有任何外人來聽，完全不必在乎審查或是社會壓力，所以這些意見確實是他的自由表達。然而那些意見的原料，卻是報紙和廣播經過「審查」和「自我審查」，在沒有新聞報導**自由**的地方被挑選提供的情報。恐怕我父親跟大部分日本人一樣，在自由地談論對攻陷南京的時，完全沒有自由獲知南京大屠殺的事實。「提燈遊行挺好的，但這以後可不好辦哪。」——要是他知道「皇軍」為了「東洋永久和平」、「善鄰友好」在南京虐殺包括婦孺在內的數萬中國人民，「提燈遊行挺好的」恐怕就不會說出口了吧。那些自稱「沒人告訴我們」的國民，在相信自己享有絕對自由的時候，恰好是最不自由的。就像那些「沒人告訴我們」猶太人集中營存在的諸多德國人。那些「沒人告訴我們」為了轟炸「僅限於軍事目標」，實際卻將越南城市夷為廢墟的諸多美國人。

以英國李頓伯爵（V. A. G. R. Bulwer-Lytton, 2nd Earl of Lytton）為團長的國聯調查團在中國和「滿洲國」，以及日本進行調查之後，於一九三二年秋公布了一份態度妥協的報告書[6]。父親認為這份報告書曲解了大日本帝國的意圖，是不正當迫害日本。次年國聯大會上，松岡[7]代表反對《對日勸告案》通過而退席，受到國際社會的孤立，在父親看來卻是痛快無比。然而，批判陸軍在國內的政治影響力日趨增強，齋藤隆夫[8]在議會上發表著名的「肅軍演說」，父親對此卻極為讚賞。另外，父親雖然是無神論者，但稱呼天皇時，經常帶著敬畏稱其為「陛下」。他對天皇的感情強烈到了執著的地步，閱兵式那天，他到代代木練兵場，不顧風吹日曬，在那裡等了很長時間，就為了從遠處遙望一眼他的「陛下」。不過當貴族院攻擊美濃部[9]博士的「天皇機關說」

3 井上准之助（1869-1932），日本銀行家、政治家。曾擔任日本銀行總裁、財務大臣。一九三二年，被血盟團成員小昭正暗殺。

4 團琢磨（1858-1932），日本實業家。曾擔任三井財團最高領導，在「二二六」事件中被血盟團成員暗殺。

5 犬養毅（1855-1932），日本政治家，參與組建立憲改進黨。一九二九年任政友會會長，一九三一年組閣並出任首相，在次年爆發的「五一五」事件中遭暗殺身亡。

6 即《國聯調查團報告書》，一九三一年李頓調查團受國際聯盟委託到中國等地進行日本侵略中國東北的調查，一九三二年在東京、南京和日內瓦同時發佈了《國聯調查團報告書》。報告書承認日本侵略中國的事實。

7 松岡洋右（1880-1946），日本外交家、政治家。日本山口縣人。一九三〇年當選為政友會議員。一九三三年作為全權代表出席日內瓦召開的國聯會議，並因大會通過對日勸告案而宣布退出國聯。一九三七年重返南滿鐵道會社，任總裁，在中國東北從事經濟掠奪。一九四〇年任第二次近衛內閣外相，積極推行日本軍國主義的侵略政策，擴大對中國和南太平洋的侵略戰爭，並參與締結日德意三國同盟。德蘇開戰後，主張對蘇作戰並反對日美會談。日本投降後，被列為甲級戰犯，審判期間，因患肺病死於獄中。

8 齋藤隆夫（1870-1949），日本政治家，憲政會、民政黨成員。「二二六」事件之後發表演講批判軍隊，被開除出議會。「二戰」結束後，參與進步黨的成立，出任第一次吉田、片山內閣的國務相。

9 美濃部達吉（1873-1948），日本東京帝國大學法學教授、日本憲法學權威、日本國會貴族院議員。一九三五年提出了著名的「天皇機關說」，反對天皇有神權和至高無上的權力，認為日本的統治權屬於作為「法人」的國家，而不屬於天皇。日本的立憲君主政體是天皇和代表國民的帝國議會（眾議院）共同進行統治的君民共治的政體。天皇和帝國議會都是國家的直接機關，因而天皇的權力應受到憲法的制約，而不是絕對無限的。

時，相對於博士理論的條理分明，攻擊他的議員們卻是支離破碎，父親則貶斥後者愚蠢至極。「在孩子面前還是不要說這些了吧。」母親說。「不，我要讓他們知道，這些低能的口頭愛國者和貴族院有可能是在誤國、誤陛下！他們得提前知道這些才行！」

父親一有機會就發表的那些觀點，卻沒有對我造成什麼影響。他針對每個事件所提出的觀點和看法，有些在我看來是不言自明的，有些不過是與我生長年代不同者的奇特情緒反應。從父親的話中，幾乎聽不到各個事件之間的關聯性。在他的世界裡，所有事件皆與過去事件沒有密切關聯，都是不得已地突然發生。那個世界反派眾多，而正派卻少得可憐，雙方激烈交鋒，然而反派來無蹤去無影，根本無法推測他們到底會在何時何地幹些什麼壞事。不知道明天會如何——正是父親所在世界的本質。

據說大多數交戰國的國民，會隨時隨地讓自己的立場和本國政府立場維持一致。父親在對外問題上支持日本退出國聯正好印證了這一點。不過，這或許是因為父親在國內問題上不僅對當時的政權，還對整體局勢抱持著強烈不滿，因此支持政府的心理需求便在對外問題上顯得愈加強烈。在我就讀中學期間，父親幾乎已經與母校大學醫學部毫無關係，跟當地醫師協會也沒什麼來往。當時還沒有「鄰組」[10]這種組織，除了外祖父家，與親戚的來往也相當有限。我們一家人生活在自願選擇的孤島上，沒有建立任何的社會關係。診所並不成功，父親在工作中沒有得到任何的快樂和滿足。他為人正直，責任感強烈，然而對待他人卻不太寬容。周圍所有人都遭受過他辛辣的批評，這些批評意見往往是非常尖銳的，又往往是非常片面的。

母親抱怨說：「別把所有人都說得跟壞人似的……」

「我又不是說只有自己最厲害，」父親說，「我厲不厲害都對事實不造成影響。事實就是那些反對美濃部博士的傢伙，他們就是一群低能兒。」

——這話沒錯。

「靠著給病人打些沒用的針來賺錢的傢伙，根本不配當醫生。病人根本沒有缺乏維生素的症狀，還要為他注射維生素，這是一種詐騙。」

——這話也沒錯。

若非世上有如此之多的低能之人，如若不是他們如此好騙，那這場戰爭如何打得起來？為了短短五到十年間便能完全翻轉的理想和目標，它如此輕易地就把數十萬青年送上戰場，把數百萬國民拖進了狂熱的泥沼。

現在回過頭去看父親的那些批判，大多數就算沒有切中要害亦離題不遠，其思路大多時候是

---

10 此為日本於昭和十五年（1940年）規定的「二戰」時因所謂的國民精神總動員體制而設立的基層組織。約十戶為一單位，受地方政府、町居民會等控制。政府通知、物資配給、勤勞作業及防空訓練等都通過該組織實施。

說得通的。然而母親關心的不是批判的內容，而是他的心理動機。他並非是盡管對周遭社會各方面有所不滿，而是正因為如此，他才必須崇拜「陛下」，強調對外意義上的「日本」。許多熱忱的愛國主義者大概是不愛自己的鄰居，才去愛自己的國家。父親身上帶有熱忱愛國主義者的一面。母親太過熟悉自己親密來往了五年的英國修女，所以她不會抗議「李頓報告書」、詛咒全體英國人，而她太過珍惜自己的兒子以及他的朋友們的生命，所以也不會接受「聖戰」。

父親雖然具有熱忱愛國主義者的一面，但卻不能說他是名狂信者。他身上缺乏成為狂信分子的基本條件，沒有絲毫被「神靈附體」的資質。徹底實證主義的懷疑論，不容許任何「神靈附體」的思想。隨著戰事的激化，陸軍的「馬屁精」——父親憤恨地說道——變得愈來愈狂熱，父親對戰爭宣傳報導的態度也愈來愈冷淡，變得愛理不理、冷嘲熱諷。「說什麼神風什麼玩意兒，就這麼胡說八道的怎麼可能好！」——不過這又是後話了。父親既贊成日本退出國聯，又贊成肅軍演說，不知他是如何看待兩者之間的關係。一九三〇年代的日本，父親在外交上支持政府，在內政上反對軍人干政，不知道他對軍人在外交決策上所發揮的作用又有什麼想法。我想他大概沒有充分地考慮過這些問題。當時父親的觀點，與我在太平洋戰爭爆發後，也就是四〇年代前半期時的一些看法，存在一個明顯的不同。我想起讀中學時，每當事件發生，父親在晚餐上所發表的看法之間很難找到彼此的關聯性，而我卻試圖把「九一八」事變後發生的眾多現象整體，理解為社會朝著某一方向的發展。我的理解當然頗為幼稚，然而其本身並沒有矛盾之處。我厭惡軍國主義，認為狂信式愛國主義者的宣傳就是無聊的時代錯誤，同時無法肯定大日本帝國政府發動戰爭的目的。當然，我肯定戰爭也好，不肯定也罷，我的看法只不過是茶餘飯後的閒聊，不會因此遭受脅迫，也不會對任何人產生影響，尤其是對我自身作為幾乎沒有任何影響。從這層意義上看，我對四〇年代戰爭的態度，跟當時父親對侵華戰爭[11]的態度是一模一樣的。

親戚們在外祖父家聚會的時候，總會有人說些——或者聽起來像是——內幕消息「不要跟其他人說……」聽說下個月某某師團要出發了、某某事件背後不是荒木而是真崎[12]、陛下跟首相這麼那麼說……類似這樣的來路不明小道消息傳進外祖父家裡。最喜歡這種小道消息的大阪舅公，不可能知道真正的內幕。肯定知曉機密情報的海軍舅公即使偶爾在親戚聚會上露面，也絕口不提內幕二字。然而機密情報改變不了我們對時局的判斷——判斷對錯姑且不論——況且是「不要跟其他人說」之類的內幕消息。我這名中學生完全不知道日本國的未來走向，並非由於情報不足，而是因為還不具備分析整合情報的能力。我無法從父親或是身邊的任何人身上，學習到這個能力。從這層意義上看，中學的老師、親戚中的實業家、海軍的高級軍官、醫生、商人、男人、女人——我的周遭沒有一個人具備了超過中學生的能力。我們就這樣寧靜祥和地聊著戰爭的話題而不解其義，時時聽著「可怕的、重要的」內幕，卻從不思考「可怕的」事件會降臨於己。總之我們身為善良的市民，在毫不知情的情況下，等待一九三六年二月二十六日漸漸臨近。

11 即指「九一八」事件後日本發動的日本侵華戰爭。

12 真崎甚三郎（1876-1956），日本陸軍大將，皇道派中心人物，日本戰敗後曾被判定為甲級戰犯，最後免於起訴。

一九三六年二月，為了準備三月的入學考試，我每天除了反覆閱讀那些窮極無聊的「高中入學參考書」之外什麼都不做，甚至不記得自己有沒有每天去上學。大概學校那邊也請了假，若真是如此，我應該也很少出門。每天都過著同樣的日子。在這段日子裡，映在二樓書房窗戶上的晚霞就是一天裡的大事。有時候風吹窗櫺響，有時候雨落窗戶濛。玻璃窗外側的雨珠流到某個位置先暫歇片刻，再以迅雷不及掩耳之勢快速滑落。我想用手指在布滿水氣的玻璃上寫下戀人的名字，奈何我沒有戀人，就連能假想為戀人的女孩都不認識，只好寫自己的名字，寫到一半又放棄了。

當時我們家稱為「食堂」的房間位於一樓北側，緊鄰廚房，燒著煤炭暖爐，在冬天晚上十分溫暖。在那裡吃過晚飯，父親讀報，母親收拾好餐桌在廚房洗刷，妹妹在旁邊幫忙。我在看完報紙後看「高中入學參考書」。家人們或是看書，或是寫信，或是輕聲交談，在那裡度過晚間時光。有時在父母和妹妹回到寒冷的寢室後，剩下我一個人在那裡待到很晚。晚飯前點燃加滿煤的暖爐，旺盛燃燒了整晚，直至半夜燃盡。趁著煤尚未完全燒盡，我將睡衣放在爐邊烘暖後才去睡。外面傳來吆喝賣拉麵的笛聲，運貨火車經過澀谷站那座短短鐵橋的聲音，在夜裡轟隆作響。我心想就這麼又過了一天，明天大概跟今天一樣，還是這麼開始，這麼結束吧。這種生活會一直持續到入學考試結束吧。我的人生，只有從這所被詛咒的中學，也就是從考試預備校逃離後，只有在那之後，才能真正開始。然而，歷史的車輪兀自滾滾向前，和我的入學考試沒有絲毫關係。一個下雪的早晨，父親在晨間廣播聽到陸軍將校發動政變的消息，對母親說：「今天還是別讓孩子出門上學了。」一家人聚到收音機前，聽到了財務大臣高橋是清[13]、內大臣齋藤實[14]、陸軍教育總監渡邊錠太郎[15]等人，恐怕還有首相岡田啟介[16]都遭到殺害，而叛亂的部隊已經占領首相官邸和國會議事堂所在的永田町一帶。「幸虧你們沒出門。」母親說。不久之後我們便得知，就算那天出門去永田町附近的學校，中學生也不會遇到母親所擔心的事情。占領部隊在赤坂甕城一帶阻斷了交通，扛著槍的士兵和那天早上出門上學的中學生們聊天，對他們說：「總之你們先回家吧。」學生們就各自回家了。再沒有比中學生更安全的身分了。軍人們殺了大臣、襲擊警視廳、往朝日新聞社的輪轉印刷機裡扔沙子，但卻不會與東京市民為敵。

不過他們當然也不會與市民為友。父親從一開始就對政變非常反感。他認為在腐敗的政治家中，高橋是清和齋藤實是不為私慾的難得人物，無法接受為「淨化」政治而殺了他們的論點。叛變也好，暗殺也罷，只暴露出陸軍貪得無厭的野心。海軍的聯合艦隊集結到東京灣表示反對陸

13 高橋是清（1854-1936），政治家、金融家。歷任日本銀行總裁、大藏大臣，一九二一年出任日本首相。政友會總裁。曾參加護憲三派運動。「二二六」事件中被暗殺。

14 齋藤實（1858-1936），日本海軍大將、政治家。一九三二年組閣任首相，推行強硬外交政策。「二二六」事件中被暗殺。

15 渡邊錠太郎（1874-1936），日本陸軍大將。曾擔任軍事參議官、教育總監等職。「二二六」事件中被暗殺。

16 岡田啟介（1868-1952），日本政治家、海軍大將、聯合艦隊司令。曾擔任田中內閣、齋藤內閣時期的海軍大臣。一九三四年任日本首相。「二二六」事件中首相官邸遭襲，岡田幸免於難，之後辭去所有職務。

軍，當這個消息傳來時父親高興地說：「看來陸軍也不能隨心所欲了。」當廣播中傳來戒嚴司令官香椎浩平[17]「現在歸隊還不晚……」的時候，事情的結局已經相當明確。若叛亂部隊歸順，事態就不會進一步惡化；如果不歸順的話，便會以短暫的戰鬥收拾掉局面。不論是哪種都與我們無關……。

那天我們邊聽著廣播，一邊在飯桌上討論怎麼照顧妹妹帶回家的小貓：該餵牠吃什麼，在哪個房間幫牠做窩，怎樣訓練牠比較好。廣播傳來政變結果以失敗而告終的那一刻，整個事件對我們來說已經不如一隻小貓來得現實。

「牠一直都是喝牛奶的，我們家也餵牠喝牛奶吧。」妹妹說。

「這也太奢侈了。」

「就只喝一段時間……」

然而「二二六」事件還是在我心中留下了痕跡。自稱「為了天皇」發起政變的將校們最終被天皇斥為「國賊」，陸軍領導者起初讚揚他們是「奮進部隊」，後來稱其為「叛軍」而鎮壓，這些事為我留下相當強烈的印象。我並不同情叛軍將校，只是從叛軍將校遭到背叛這件事中，看見政治權力近乎荒謬的殘酷。遠離政治。誠意在那裡遭到背叛，理想主義受到利用，一旦失去利用價值，昨日的忠誠立刻變成今日的謀反。——我本來就無意於政治，即便有意也缺乏能用於政治的手腕。「遠離政治」這個結論並沒有改變我，而是讓我更加堅定了自己一直以來的立場。此外，不久我便理解了「二二六」事件對於日本歷史的意義。

進入第一高等學校之後，我去聽了當時為理科生開設，由矢內原忠雄[18]教授講授的「社會法制」課。每周一小時的課堂裡，要談社會制度的實行細節是不可能的，或許是因為如此，矢內原教授才在議會民主主義的最後一堂課上談論其精神。矢內原教授說，利用讓現役軍人擔任內閣軍部大臣的制度，陸軍便能在事實上癱瘓責任內閣制。

「原來如此，這是指內閣缺乏陸軍大臣便無法運作吧，」有學生提問，「但議會若不妥協，陸軍也無法再次組建內閣。要是陸軍讓內閣流產，議會是否能不在政策上妥協，一直在內閣持續不成立的情況下繼續奮鬥呢？」

低頭朝向桌面靜靜聽著提問的矢內原教授，這時突然抬起頭來，用平靜卻堅定的聲音回答：「如此一來，這位同學，陸軍就會架起機槍包圍議會了。」

——教室裡頓時鴉雀無聲。我們看到了一條筆直通往荒涼未來的軍部獨裁之路。當時我們清晰地認識到，自己正在聽著日本最後一位自由主義者的遺言。「二二六」事件的意義已經一清二楚，同時，我也清楚地認識到什麼才是精神上的勇氣和高貴。

---

17 香椎浩平（1881-1954），日本陸軍中將。一九一〇年，擔任東京警備司令官，「二二六」事件中兼任東京戒嚴部隊司令。

18 矢內原忠雄（1893-1961），日本經濟學家、教育家。反對日本的殖民政策。代表作包括《帝國主義下的台灣》、《殖民及殖民政策》、《矢內原忠雄全集》（全二十九卷）。

駒場

我不熟悉父親過去曾經住過的，舊制第一高等學校在本鄉的宿舍。學校搬到駒場一年後，我在那裡住了三年，宿舍就是戰後東京大學教養學部[1]那棟樓。鋼筋水泥的建築在當時仍然新穎，對於見慣了本鄉老舊風貌的師生來說，更是新得讓人嘆為觀止。只是駒場這邊不像本鄉有舊書店，沒有常去的關東煮的小店，大概也沒有可以喝酒喧鬧的牛肉火鍋店。隔壁不是東京帝國大學，要是不走到澀谷，甚至連一條商店街都找不到。儘管如此——不，說不定正是因為如此，一高（當時叫做第一高等學校）的學生們在很長一段時間中，將過去學長在本鄉形成的慣例，帶到新的土地和建築裡來。如果真有什麼學校氣質的話，沒有比當時一高的宿舍更意識到一高氣質及其「傳統」的地方。這種被有意識地主張、擁護和維持下來的「傳統」，或者說是慣例的體系，

1 日本大學跨學科跨專業的一種院系設置，目前只有東京大學保留這個名稱，授課對象為本科一、二年級。東大的教養學部在駒場校區（一高舊址）。

在第三者眼裡多少有些滑稽。對本鄉生活一無所知，剛住進駒場宿舍的我，在那裡遇到很多值得尊敬的人，同時也遇上不少滑稽且很難認真以對的人。

第一高等學校長久以來以「自治宿舍」制度為榮，除了少數例外，一般不允許學生通學，原則上所有學生都必須在宿舍過著集體生活，宿舍生活的規則由住宿生們自己制定並遵守。住宿生互相選舉產生委員，負責維持秩序，對全體住宿生會議負責。學校除了預算之外，事務處也好，教師也好，都不得干涉住宿生自治，打破規矩的學生害怕的不是教師也不是舍監，而是選舉產生的委員，及其背後全體住宿生的輿論。一九三〇年代後半的日本，「大正民主主義」的遺產正在迅速消亡，但駒場一高的宿舍中，還存在著某種民主主義，而且這種民主主義，也許可說是和某種個人主義相關聯。有的學生出席率高，每天用功到深夜；有的學生幾乎不去上課，白天看自己喜歡的書，夜裡上街玩到很晚；有人突然獨自出門旅行，十天半個月都不見人影；也有人全心投入運動，平日不做其他事，每到考前瘋狂抱佛腳還考得不錯。有所謂「敝衣破帽」[2]打扮的，看上去極為邋遢；也有注重儀表的，穿著漿得筆挺的制服。即使同住一間宿舍，但生活方式和衣著打扮都不盡相同，把這不同視為當然，對等地互相尊重，這便是當時的風氣。宿舍規則相當有彈性。例如就算超過門禁時間，翻過緊閉大門回到宿舍的行為獲得半公開的認可，因此實際上我們想幾點回宿舍都可以。

但是我認為這種「自治」原則和尊重個體的風氣，並沒有和學生們心中「人人平等」的觀念產生聯繫。反而有種被誇大了的意識，覺得自己是「被選中的」，隱隱帶著認為自己有資格擁有大眾不被允許特權的想法。明治以來一高把大量畢業生送進東京帝國大學，帝國大學畢業生則成為官員、技術人員，占據了社會上的領導地位。一高學生認為，即使現在天下國家還不在自己手中，但遲早也會落入他們的掌握。本鄉的住宿生曾寫過一首被視為「舍歌」的知名歌曲，在駒場亦受到傳唱，其中一句歌詞是「俯瞰那繁華的街巷」。被侵華戰爭搞得焦頭爛額，物價上漲與物資匱乏已經出現，三〇年代末的東京街頭絕非「繁華的街巷」。然而這句歌詞的重點並不在「繁華」，而是「俯瞰」街巷和住在那裡的人。這個小集團內部的「平等」之所以成立，前提是更大社會中存在的「不平等」。這便是「平等」觀念的不徹底。期望自己有周遭他人有別的集團，從外面的社會中照搬了很多價值觀，從中亦可看到這種不徹底性。這和「被選中的」合理主義[3]是一丘之貉。此外，還存在著某種精神主義，或者說道德主義。全體住宿生必須遵守的規則雖然相當合理，然而部分住宿生，尤其是運動部成員所特有規矩和慣例，由於其獨特的精神主義，則完全是不合理的產物。

過去一高和三高的棒球校際對抗賽，曾經代表日本棒球的最高水準。但後來在社會上更受歡迎的是早稻田大學和慶應大學之間的「早慶戰」，除了參賽學生外沒人還對「一高三高戰」感興趣。運動競技類的其他部門，可以說也面臨著同樣的問題。不過在三〇年代末，我搬進駒場的宿

2 特指舊體制高中學生中間流行的破衣破帽、不修邊幅的奇裝異服。
3 一般指從理性角度出發去解釋一切，只承認符合理性、邏輯的內容。

舍住在網球部的房間，那些住宿生們對「一高三高戰」非常熱情——不如說是狂熱。為了能在秋天的校際比賽上「打敗」三高，四月份新學年剛開始，每天下午四點下課之後，我們必須立刻跑到網球場參加訓練。新生負責撿球，幫助正式參賽的六名高年級隊員進行高強度訓練。新生並非完全沒機會打球，但在網球場上的那三個小時裡面，能打球的時間實在非常短暫。不過要說我在駒場享受過的網球樂趣，也就是那段時間了。一年後我成為上場隊員，讓別人撿球，獨占球場進行練習，卻發現其中沒有半點樂趣。連續練習兩個到兩個半小時後，春日漫漫，暮色漸濃，逐漸看不清球在哪裡。接下來我們依序站到球網前，倒退追趕同伴從對面打到頭上的球，練習扣球。雖然腳下已經一片黑暗，但還是能清楚看到劃過天空的網球。但這個動作需要體力，筋疲力盡下再反覆練習二十次，腳底就像踩了棉花一樣，站都站不穩。至今我仍會想起，追逐著黑色的小球，抬頭望見駒場春日傍晚時分的那片天空。回到宿舍沖個澡，我們到已經沒有其他住宿生的食堂吃晚飯。晚飯格外好吃。可是飯後至少要看點課本為隔日課堂做準備，再沒有力氣上街觀賞表演，或是讀自己想看的書。碰上雨天還能喘口氣，要是連續幾周放晴，那真是讓人精疲力竭。我曾經說過與其在疲勞狀態下持續訓練，不如好好休息等精力恢復後再練習，效果會更好。但領導網球部的高年級學生，除了下雨天外，根本就不讓我們休息。激烈訓練並非是為改善技術，其自身即是「善」，目的是在鍛鍊意志力。

當時一高網球部的技術水準並不高。實際上也曾仰賴「意志力」取得勝利。我們主將以自創打法而聞名，他曾與技術和體力都遠勝過他的對手比賽。雖然對方始終在球場上來回跑動、重擊，打出各種漂亮的球，但最終贏得比賽的還是我們主將。這場比賽結束後，我不得不承認「意志力」的功效。但同時也不得不思考，就為了獲勝，是否有必要做到那種程度。面對技術高超的對手，我們可說是靠著起哄喝倒彩獲勝，這算不上公平競爭。

「一高三高戰」每年都會在東京和京都輪流舉行。除了運動部之外，住宿生們還會另外組織「加油團」，跟選手一起前往東京或者京都聲援。他們高聲唱舍歌、喝倒彩、擊大鼓，影響對手發揮，簡直是以擾亂他人為樂。不過當我自己打球的時候，即使旁邊有人擊大鼓喝倒彩，也不覺得特別不舒服。不如說有那麼多「被選中的」人，狂熱地關注我的一舉一動，反而滿足了我的虛榮心。好比站在舞台上的演員，他最盼望的就是觀眾們的強烈反應和關注。敵我雙方應援團營造喧鬧氣氛，激發出我對自己演技的巨大勇氣。若我輸掉比賽是技不如人，而非三高啦啦隊成功地妨礙了我的發揮。

這種亢奮的情緒早在比賽前就開始醞釀，在為激勵參賽隊伍和選手，而召開的住宿生全體大會上到達頂點。各運動部的主將代表選手起立，回答住宿生和應援團的問題，發表誓言。誓言是「棒球隊必勝！」、「網球隊必勝！」等簡單幾句話。主將宣誓時特別認真，住宿生們也都大聲喊「好」，使勁鼓掌。接下來的比賽能否取勝，必須視對手程度而定，不比不知道結果。把「無論如何也想要獲勝」說成「必勝」，在修辭上是個惡習，至少對於這些知性的「被選中的」人的集會而言，並不相稱。——我第一次參加這個全體大會時如此表示。但有人卻說：「想要獲勝？說這話太沒志氣。我們要有必勝的精神，網球部絕對會贏得勝利，這種精神才是最重要的。」所謂的「精神」都能如此輕易地跟「必勝」連在一起，又有什麼不能是修辭正確的。「一高三高戰」全體大會中的這種「精神」，在一九三〇年代後半期的日本社會中，絕非孤立現象。

制定網球部訓練時間，還有幾條相關規則的，是以主將為中心的三年級學生，而非全體隊員。宿舍的「自治」主義，在依靠對外部社會的特權意識來支撐的同時，也沒有徹底貫徹到宿舍內部的體育社團中。一方面在學業上需要「合理主義」，另一方面，在生活上卻是神奇的精神主義。網球隊規定，在三高的比賽結束前不准抽煙，但卻默許在走廊上放聲高歌，妨礙他人睡眠。並非吸煙比睡眠不足更不利於賽前訓練，而是因為禁煙本身自有其價值，但高唱舍歌意味著振奮「一高魂」——就是「大和魂」中最高尚的境界。我們徹夜不眠，就連小事也能掀起論戰，同時又強調「行勝於言」，尊重「NO抱怨」——這個口號裡的「NO」是英語的否定詞——說明了「變成傻子」這句話在人性上和道德上的含糊必要。「變成傻子」的準確含義是什麼並不明確，我們只確信自己不是傻子。這些老實的夥伴甚至會說「偶爾也要當個傻子。」他們似乎從來都沒考慮過，自己在平日也可能隨時是個傻子。

網球部的新成員中有大阪商人的兒子，也有蘆屋富豪的兒子，還有像我這樣來自東京某中學或是預備學校的人。大阪商人的兒子是名身手敏捷的運動家，能從地面跳起在空中做一個三百六十度轉身再落地。他在中學時沒有接觸過網球，經過一年的訓練後，技術突然大幅進步。除了學校課本他什麼書都不看，不僅不理會連瑣事也能正經八百地討論的我們，還嘲笑那些被精神主義沖昏頭的傢伙，出言不遜，然而誰的訓誡對他都起不了作用。蘆屋富豪的兒子是名基督教徒，循規蹈矩、勤奮好學、煙酒不沾，雖然對大阪商人兒子目中無人的表現感到不悅，但身為基督教徒，不會與對方發生衝突。但他不為「必勝的精神」所動，網球也打得很差。真正具備了「必勝信念」，從高唱舍歌中發現提振精神作用的，只有那位東京男兒。青年膚色略深，一雙眼瞳極大，帽子和制服不到一年就穿得又破又髒，早早實現「敝衣破帽」的理想。但他網球打得實在很糟。後來他接下網球隊的事務工作，為選手們奉獻努力。戰爭結束後，一高成為東京大學教養學部，他又負責照顧那裡的學生，終其一生都在駒場，這個他自二十歲起就無比熱愛的地方工作。照顧學生這種工作，若是不伴隨著捨身忘我的精神大概很難完成。他在網球部的生活，或許就像他所堅信的那樣，是為了準備好從事這份工作的練習機會。

同年級的網球部學生裡，除了我以外還有一名醫生的兒子。我們幾乎沒什麼共同點，但彼此很快熟悉起來。他一心向學，我卻很少出現在教室；他愛好音樂，拉小提琴，參加學生管弦樂隊，我愛看文藝類書籍，一邊跟網球部以外的朋友交往，一邊試著寫些幼稚的文章；他嚴格遵守宿舍和體育社團的各種規定，亦不曾對此提出異議，但我卻經常不守規則，頻頻唱反調，製造糾紛。不過我們大概有一個共同點，那就是不把贏得比賽當作生活中的一件大事。體育運動不過是他在學業和音樂愛好之餘的休閒，他絕不會為此犧牲自己的學業或音樂。而若我不想用功唸書，也不願寫文章，只盼無所事事度過某個下午時，也不願為了任何目的犧牲這個午後時光。在燃燒著必勝信念的獻身集團裡，我們則是半個局外人。他巧妙地分配時間，也會做些明智的讓步，而我卻是隨心任性，常常帶著叛逆的利己主義和笨拙的批評。就這樣過了兩年，三年級的時候，我和他都退出了網球部。

一高宿舍並非是同齡青年的聚集地。我十九歲進入高中，同年級的學生裡還有將近三十歲的人。有的已有工作經驗曾養活自己，還有的跟女人同居分手後住進宿舍。之前不曾離開雙親獨自生活的我，在他們眼裡就是個小孩。雖然我認為宿舍「傳統」大部分都很幼稚，但同時也感覺到，很多住宿生有著我望塵莫及的豐富經驗。有人能熟練地喝酒，有人能機智地跟餐廳的女服務員開玩笑。而我從沒喝過酒，也沒有獨自去過餐廳。

住宿生們一有機會就會舉行集會促進感情，美其名曰「聯誼會」。「聯誼會」有時會有酒，有時候沒有。有酒的時候，每個人都會喝得大醉——或是藉著酒意，吐露心聲，這是聯誼會的慣例。可以自由發表的意見，不必借這個特別的機會來表達，需要吐露的心聲，主要都是清醒時難以啟齒的牢騷和不滿。「話是這麼說沒錯，但偶爾也要當個傻子啊……」我在網球部這兩年，從未出現過少數服從多數的情況。少數意見總是要被說服，全體意見早晚必須達成一致，這是網球部的邏輯。說服時少不了酒和「聯誼會」，要是不能完全說服對方，就需要酒與「吐露心聲」來為牢騷不滿製造一個發洩口。不過從今日來看，某種意義上，駒場也不過是個日本式的小集團。將推杯換盞制度化為微妙交流和溝通的手段，這也是日本人一項偉大的發明。對於整個駒場的生活方式，我由衷佩服又心生反彈；既為之驕傲，又感其愚蠢。我在駒場的宿舍裡，初次認識到大概是所有所有的集體生活都需要的放棄、妥協和敷衍。在團體中我學會如何自我保護，但我絕不學習去為集體獻身。拒絕為集體獻身——把這個理念正當化才是我為之獻身的事業。

諷刺畫

位於駒場的高等學校，不僅在宿舍努力維持各種老舊習慣，連在教室也忠實遵循「傳統」。依規定，學生一年當中請假時間不能超過三分之一，但老師點名時，會默許學生代替缺席同學答「到」——我們把這叫做「替答」。是否出席是學生的自由，老師方面也不會看學生的臉色。老師教授自認為有教授價值的內容，所需的背景知識，原則上學生得自己設法下功夫準備。物理學教師不會顧慮學生的數學程度。德文教師講解了三個月基礎文法，立刻進入閱讀和古典譯讀。這就像是把不會游泳的孩子直接扔到水中，讓他自己學游泳一樣。

在夏目漱石的小說中被稱為「偉大的黑暗」[1]的哲學教授岩元禎[2]，當時教我們德文課，帶我

1　研究者認為岩元禎是夏目漱石《三四郎》中廣田老師的原型，小說中主人公的友人佐佐木與次郎曾戲稱其為「偉大的黑暗」，並以此為題名於文藝雜誌撰文評價。——編者注

2　岩元禎（1869-1941），日本明治時期的哲學家，曾在一高教哲學和德語。

們讀浪漫派的小說。他年事已高，佝僂著背，登上通往二樓教室的樓梯，動作緩慢宛如攀爬。瘦削的臉上布滿皺紋，只有嘴唇紅潤鮮活，給人一種奇妙的肉感印象。他先讓學生翻譯一段德文小說，再糾正錯誤。「這個地方翻譯不對。」說話時聲音嘶啞，聽起來像是自言自語，「這裡的意思是，這名女性愛上了這名男性。」以外沒有任何說明，以我們學過三個月基礎文法的知識，完全無法理解為什麼會是這層意思。但教室中不允許發問。考試時有一半以上的同學都沒及格。

布魯諾．佩佐爾德（Bruno Petzold）教授長期旅居日本，在其國內以研究佛典而知名，他教授作文。可是我們幾乎聽不懂他在講什麼，我們也不可能用德語寫出什麼有意義的作文來。這門課實在無聊，我們活用「替答」來應付出席，但就連來「替答」的同學也在課桌底下看其他書。有時佩佐爾德教授會走下講台，奪走學生藏在桌下的書，在頭頂使勁揮動，大聲地說個不停。但我們只知道這位白頭髮洋人正在發怒，卻完全不知道他在說什麼。老先生意識到自己在白費力氣之後，混雜著英德日語說：「You are nicht erai hito!」（「你們不是偉人！」）——佩佐爾德教授幾乎不說日語，而我們幾乎聽不懂德語，更對佛教毫無興趣。我們原本可能獲得深刻影響，但接收道路卻是閉鎖的。二十年後，我至慕尼黑（München）一所大學以德語為學生講解《正法眼藏辯道話》[3]的時候，再次回憶起佩佐爾德教授。若我與佩佐爾德教授的相遇不是早了二十年，或許我們能暢聊日本佛教，並成為莫逆之交。但二十年前的我，精神世界還不成熟，就像二十年後聽我上課的這些德國學生。

詩人片山敏彥[4]教授，他使用的課本是柏格森[5]《形上學導論》（*Introduction à la Métaphysique*）

的德語版。「這本書雖然是翻譯過來的，但內容其實很有意思，」片山教授有點像在為自己辯解，「有什麼疑問的話，大家可以參考一下法語原文。」

但我們就只學了三個月德語，沒有一個人能看得懂法文。片山教授上課非常親切。課本內容就我所能理解的部分，確實是很有意思。為了清楚說明柏格森和他的思想，片山教授列舉出無數個德、法詩人和哲學家的姓名。大多數我連名字都沒聽說過，當然也不了解他們跟柏格森的關係是親還是疏。不過，這些人名就像是來自遙遠理想國的城市名，隨著稍稍有點尖銳的咳嗽聲傳入我的耳中，顯得甜美動聽。說話者的愛情——如果可以這麼叫的話——自然地傳達到了聽話者的心中。為異國文人墨客獻上如此深厚的愛情——或者說能認為自己正在奉獻愛情的人，在江戶時代那些為中國文人所傾倒的儒學家之後，到底還有誰呢？片山教授年輕時曾遊學西洋，經雕刻家朋友高田博厚[6]的介紹，拜訪了羅曼．羅蘭（Romain Rolland）。他對羅曼．羅蘭的崇拜猶如對

3　日本鎌倉時代的佛教書，作者為道元，全一卷。目前收藏於岩手縣奧州的正法寺。

4　片山敏彥（1898-1961），日本著名詩人、評論家、德法文學研究者。留學歐洲期間曾在瑞士拜訪了羅曼．蘭等人，受到了人道主義和反法西斯主義精神的較大影響。代表作包括《詩心的風光》、《雲之旅》、《片山敏彥詩集》等。

5　柏格森（Henri Bergson, 1859-1941），法國著名哲學家，曾獲一九二七年諾貝爾文學獎。代表作包括《時間與自由意志》、《物質與記憶》、《創造進化論》等。

6　高田博厚（1900-1987），日本著名雕刻家、思想家、散文家。在高村光太郎的建議下開始從事雕刻與翻譯工作，後留學法國。代表作包括羅曼．羅蘭、高村光太郎、泰戈爾等名人的銅像以及《高田博厚著作集》（全四卷）。

上帝一般。羅曼·羅蘭的著作自不必說，就連其周邊那些詩人寫的書，片山教授也都讀得一本不漏。他還熱愛波納爾的色彩，喜歡德國浪漫派的旋律，跟羅曼·羅蘭一樣，痛恨包括自己國家的所有軍國主義。片山教授跟他的妻子和兩名孩子住在離中央線荻窪站不遠的住宅區，在堆滿了藏書的平房裡生活。我後來跟與我讀同一所高中的原田義人[7]和中村真一郎[8]一起去荻窪拜訪過片山教授。「維爾德拉克[9]也來過這裡。」有一次，片山教授宛如敘述人生重大事件般的說，「當時周圍沒有其他房子，維爾德拉克跟尾崎喜八[10]一起穿過麥田間小路走過來的時候雲雀正鳴叫。維爾德拉克非常高興，不斷地重複，這才是真正的鄉村！」當年在麥田裡的獨棟房屋，如今已經被無數小樓淹沒，不見絲毫的縫隙，幾乎難以找到它的身影，但屋主所處的世界與周圍相隔萬里，從這個意義上看，也算是某種獨棟房屋吧。片山教授曾寫過：「星星們交頭接耳、悄聲細語……」那些「星星們」是指諾瓦利斯[11]、里爾克（Rainer Maria Rilke）、奈瓦爾[12]和晚年的阿道斯·赫胥黎[13]，還有泰戈爾（Rabindranath Tagore）和維韋卡南達[14]。維爾德拉克從「星星們」的世界降臨到荻窪這件事情，僅此一回，再沒重演。羅曼·羅蘭也好，杜哈梅爾[15]、馬蒂內[16]、阿爾克斯[17]也好，都不過是在無比遙遠的天空中閃耀的「星星們」而已，片山教授跟他們之間幾乎沒有書信往來。戰爭來了又去，日法之間恢復交通之後，片山教授也沒有再故地重游，去看望他那些老朋友。戰後有一段時間我借住在詩人阿爾克斯家裡。

「片山？我很熟啊！」阿爾克斯一如既往地喝多了，說話含混不清，「我還見過高田，他們現在怎麼樣？後來就一直沒有他們的消息。」

7 原田義人（1918-1960），日本德國文學研究者，曾任東京大學教養學部教授。和加藤周一共同刊行《方舟》，擔任編輯。一九二九年在德國漢堡大學擔任日語講師。代表作有《現代德意志文學論》，翻譯了卡夫卡的《審判》等。

8 中村真一郎（1918-1997），日本著名詩人、小說家、評論家。一九四二年和加藤周一、福永武彥等人組織了文學同好會「馬蒂涅詩人俱樂部」。代表作包括小說《在死亡的陰影之下》、《四季》以及《中村真一郎小說集成》（全十三卷）、《中村真一郎評論集成》（全五卷）。

9 維爾德拉克（Charles Vildrac, 1882-1977），法國詩人、評論家、小說家、劇作家。他作為法國修道院文社（Abbaye de Créteil）的成員和卓絕的一體主義（l'Unanimisme）詩人，對後代的許多詩人都產生了深遠的影響。代表作包括《絕望之歌》等。

10 尾崎喜八（1892-1974），日本詩人、翻譯家。代表作有詩集《天空與樹木》、譯著《近代音樂家評傳》等。

11 諾瓦利斯（Novalis, 1772-1801），德國浪漫主義詩人。代表作包括《夜頌》、《聖歌》等。

12 奈瓦爾（Gérard de Nerval, 1808-1855），法國浪漫派詩人、小說家，代表作包括詩集《幻想詩集》，譯著《浮士德》等

13 阿道斯·赫胥黎（Aldous Huxley, 1894-1963），英格蘭作家，人文主義者，祖父為著名生物學家、《天演論》作者托馬斯·赫胥黎（Thomas Henry Huxley）。其最著名的代表作品是反烏托邦小說《美麗新世界》。

14 維韋卡南達（Swami Vivekanand, 1863-1902），印度宗教家、社會活動家，第一個把瑜伽傳播到西方的印度人。一生致力於印度古典哲學吠檀多派理論的研究與革新。

15 杜哈梅爾（Georges Duhamel, 1884-1966），法國作家，文藝評論家。代表作品有《薩拉萬的生平與遭遇》、《帕斯基埃家史》等。

16 馬蒂內（André Martinet, 1908-1999），法國語言學家、功能主義創始人，代表作包括《普通語言學綱要》等。

17 阿爾克斯（René Arcos, 1881-1959），法國詩人、小說家與羅曼·羅蘭等人成立了修道院文社。代表作包括詩集《他人的血》，評論集《羅曼·羅蘭》等。

——當時我沒有告訴他，片山他就住在日本荻窪一個用木頭和紙造出來的小房子裡，讀遍每一本阿爾克斯的著作。如果我跟他說，他肯定會被高山流水之情所感動，然後反過來問我，片山為什麼不寫信給他。而我還需要很長一段時間才能跟他解釋清楚，日本詩人片山，他正是因為跟巴黎的朋友斷了音信，才讀遍了朋友們的著作；而不是他即便斷了音信，卻還在閱讀。

片山教授的「星星們」與他相隔萬水千山，於我則是更加遙不可及。我完全無法想像，我的世界——荻窪的泥濘、拉麵攤和深夜中央線上的醉漢，這樣的世界，跟「星星們」的世界間能產生什麼交集。不過當時的我除了有滿腦子的問號，大概還有過度氾濫的求知上的虛榮心。我心懷痛恨地回憶著自己在愚不可及的中學課本上所花費的大量時間，便想著要去「星星們」的世界探險看看。看不了外文原版書，我決定把日譯本讀遍，三天一本，一年一百本。說到做到。不論坐臥起居都隨身帶本書，只要稍有空閒就往下讀的壞習慣，就是在那時養成的。

很久以後，詩人阿爾克斯對我說：「你在床上看書？」

「是啊。」

「床上有兩件事情比看書更重要，一件是睡覺，另一件就是和你心愛的女人……」

——我完全同意他的看法，但當時我的床上並沒有什麼心愛的女人，他也沒有。

我的廣泛閱讀與粗讀之術相通，然而在駒場高中的教室裡，我實際見識到了精讀。日後成為東京帝國大學國文科主任的五味智英[18]教授，當時還很年輕，為駒場理科生開了一門國文課教古典。在他一字一句毫不馬虎，盡可能追求準確的嚴謹態度中，洋溢著少壯有為學者特有的魄力和緊張感。日後成為日語語言學家的大野晉[19]和成為日本文學家的小山弘志[20]，大概都是這種態度的影響下成長。雖然我沒有成為口語或日本文學的專門研究者，但對培養出他們的這種嚴格的學術氣氛卻有很深的印象。當他們聚集志同道合的同伴，要舉辦輪流講解《萬葉集》的讀書會時，我立刻報名參加。我自小就將《萬葉集》讀得滾瓜爛熟，但卻那時從五味教授的年輕弟子們身上，才初次學習到盡可能正確解讀《萬葉集》的方法。

不過我在駒場的三年間，體驗到的並不只有宿舍集體生活以及與幾位老師之間的交往。我還經常上歌舞伎座和築地小劇場看戲。當時的歌舞伎座正好是羽左衛門、菊五郎、吉右衛門的天下。我買的是站票，我的位子看過去，空曠無比的舞台，只為菊五郎一個人的舞蹈而在瞬間綻放。那裡存在著壓倒性的「藝」。站票席上也能清楚地聽到羽左衛門清脆的捲舌音，這令我無限陶醉。助六、白浪五人男、夕霧伊左衛門……我絲毫不同情歌舞伎裡那些為了主公而犧牲自家兒女的武士們，我喜歡的是遊手好閒之徒和盜賊，這些主人翁沉迷女色、爭強好鬥，身上都隱約潛藏著反抗權威的特質。這大概是因為我自己對女色一無所知，也不會打架，更沒有任何反抗權

18 五味智英（1908-1983），日本昭和時代的國文學家，曾在一高任教，後晉升為東大教授、學習院大學教授。主要研究領域為日本的上代文學，尤其是《萬葉集》，代表作包括《古代和歌》等。

19 大野晉（1919-2008），日本語言學家、國語學家，代表作包括《日語的起源》、《日語和泰米爾語》等。

20 小山弘志（1921-2011），日本國文學家，曾任國文學研究資料館館長，是能、狂言方面的專家，曾負責校注《日本古典文學大系》中的《狂言集》和《謠曲集》。

貴的經驗。總之，當我聽到羽左衛門扮演的助六在台上滔滔不絕地說起台詞時，立刻感到電流貫穿身體般的戰慄，不由自主地屏住呼吸。除了上一代梅若萬三郎之外，還不曾有其他日語戲劇人物的獨白和對話，帶給我如此直接的衝擊，這與小時候從外祖父的老留聲機裡，傳來卡魯索的詠嘆調時所感到的魅力十分相似。獨白與對話意義無關緊要，劇情更不用提。最重要的是演員聲音所帶來的戲劇化感動。

築地小劇場的舞台上，獨白與對話則取代演員的身體和聲音，展現出登場人物的性格、立場和心理。《底層》[21]、《櫻桃園》、《東北風》[22]、《火山灰地》[23]……關於一九三〇年代末的「新劇」表演，透過文獻應該不難了解各種細節。文獻記載，當時帝國主義的狂潮已經席捲至築地小劇場的周邊，正因為如此，儘管還稱不上連帶意識，在劇場裡能感受到台上的演員和台下的觀眾之間有一種心照不宣的、反時代精神上的默契。對我來說，觀看戲劇表演的經驗，便是與那些素昧平生的觀眾，共有那份心照不宣的默契，記下此事便已足夠。從那以後，看戲就成了我的消遣——我人生的一部分。後來我在西方周遊列國時都會前往觀賞各國戲劇，這是因為我已在歌舞伎座和築地小劇場裡發現了戲劇是什麼，而非由於在西洋才找到戲劇的真相。

我在西洋發現的不是戲劇，而是繪畫和雕刻，大概還有建築的世界。當時，除了京都的幾個庭園之外，我對日本美術的經驗幾乎是一片空白。我本來就對狩野派[24]的拉門畫不感興趣，上野的油畫展也不過是仿品展而已，而日本建築家們始於戰後，充滿創意的工作在當時也尚未發端。更重要的是，在兩次世界大戰之間的東京文化，並未連續強調並突顯造型世界的意義。確實，還有桂離宮，但一九三〇年代發現桂離宮價值的並不是東京的文化，而是誕生了「包浩斯」[25]和布魯諾．陶特[26]的西洋文化。我生活在這樣的東京文化中。

不過，鋼琴引起了我極大的興趣。這與其說是受到酷愛鋼琴的片山教授影響，不如說是來自於兩位同年級好友的影響。他們把我帶進浪漫派音樂的世界，我們經常三個人，或兩個人一起去

21　《底層》（*The Lower Depths*），高爾基（Maxim Gorky）作於一九〇二年的劇本。描寫小客棧的下層百姓，探討何為人的尊嚴與幸福。

22　《北東之風》（北東の風），日本劇作家久板榮二郎的劇本，一九三七年首演。以武藤山治為原型，描寫信奉家族主義經營的資本家的誠實極限。為日本戰前現實主義戲劇的代表作之一。

23　《火山灰地》（火山灰地），日本劇作家久保榮的劇本，一九三八年首演。描寫了對火山灰地的改良具有堅定信念的科學家的形象。「二戰」前日本現實主義戲劇的代表作。

24　日本繪畫流派之一，興起於室町時代中期，受武家政權的庇護而成為主流畫派。代表畫家有狩野家族三代，鼻祖正信以及兒子元信和孫子永德。

25　指在包浩斯學校（Staatliches Bauhaus）全新藝術教育方式和理念下，所產生的現代設計風格，對建築，設計，甚至時尚繪畫等領域皆有重大影響。該校於一九一九年在德國威瑪設立的國立綜合造型學校，一九三三年解散，但其理論與學說仍影響深遠。

26　布魯諾．陶特（Bruno Taut, 1880-1938），德國建築家。表現主義的代表人物。曾到過日本，高度評價日本的建築文化。建築作品有玻璃房，著有《日本美的再發現》等。

聽雷納德・克羅伊策[27]、原智惠子[28]或是井口基成的演出。當時草間加壽子[29]（後來的安川加壽子）剛從法國回來，我們聽了她的首場演奏會。那全新的演奏方式讓我們興奮無比，回到宿舍後還一邊吃著拉麵，一邊不停地熱議到深夜。有時為了還沒聽過的音樂，我們會在好奇心驅使下跑去專門的咖啡廳。那裡有大型唱機和很多唱片，只要點好曲子排隊等候，幾乎什麼曲子都能聽到。這種店在東京大概也就一兩家而已，除此之外，普通學生幾乎沒機會聽到這麼多的曲子。那家咖啡廳內有種異樣的氣氛，香煙的青霧繚繞之間，青年們擠在小椅子上，或是閉起眼睛，或是徹底放空，目光飄移，所有注意力都集中在唱機傾瀉而出的音樂上。幾乎沒有人說話，連女服務生們送咖啡的時候都是躡手躡腳的。

要問我當時對浪漫派音樂，尤其是對蕭邦的鋼琴曲有什麼感受，我還真答不上來。這絕不是因為回憶這件事情很難做到，而是因為要將自己很容易回憶起來的事情一五一十地轉換成語言很難。在我看來，那種感覺不是用藝術這個詞來解釋的，而是要用來解釋藝術這個詞的。那是一種難以抗拒的力量，激發我的情感，並要超越情感的東西——那種情感遠不同於華格納（Richard Wagner）歌劇的破壞性熱情和陶醉，跟莫札特（Wolfgang Amadeus Mozart）鋼琴曲中透明的喜悅亦有距離；宛如沉浸在遙遠又近在身邊、類似推心置腹的某種親密感中，同時又充滿著豐富的心理變化：從期待到焦躁，猶豫到熱情，甜蜜的憧憬到剎那間光芒四射的歡欣。它變化著、搖擺著，最終消失了蹤影。那時的我很害怕死亡。深夜裡，我會突然陷入自己跟周圍一切皆已消失不見的想法中，在床鋪裡嚇出一身冷汗，久久不能入眠。但我也不認為活著具有什麼積極的意義。

也許正因如此，才讓我對活著產生了不可言說的執念。這個執念的中心——或說是靠近中心的地方，可以說有著一段從低音部和弦漩渦中浮現，無限深切又無限細膩的旋律。總之，音樂透過蕭邦和浪漫派介入了我的人生，這是我和音樂間的全新開始。

兩次大戰之間的東京，說起來也是個神奇的地方。這裡匯聚了無數的翻譯文學、印象派後的繪畫複製品和德國浪漫派的器樂，這些足以讓人忘卻日本傳統文化，但又不足以完全理解西方文化。我讀過很多翻譯文學，記住了印象派與其後的法國畫家之名字，借助差強人意的播放裝置和演奏技巧聆聽了浪漫派的音樂，卻不知道印象派以後的繪畫不過是西洋美術中很小的一部分，而浪漫派終究也無法代表整個西洋音樂，過著我的日子。我也幾乎不具備關於神道或是儒教及佛教的知識，對長久以來滋養日本人精神世界的觀念體系一無所知。但是，我吃著長久以來滋養了祖先身體的味噌、米和豆腐，我穿著長靴、踩著木屐，走在長久以來日本人走過的那條泥濘的道路上。我遵循著古老的「淳風美俗」，日常生活中卻連一名親密的女性朋友都沒有。我對女人既抱著下流的性幻想，也懷有莫名的憧憬，但在真實的女性——哪怕是咖啡店廳的女服務生面前，這些都派不上用場。我膽小怯懦，自尊心又強，想跟女性說話卻完全不知道該怎麼開口，女性自然

27　雷納德．克羅伊策（Leonid Kreutzer, 1884-1953），德國鋼琴家，生於俄國。柏林國立音樂學院教授。後定居日本，培養了眾多學生。

28　原智惠子（1915-2001），日本著名鋼琴家，活躍於西方音樂舞台，曾獲蕭邦國際鋼琴比賽特別獎。

29　草間加壽子（1922-1996），日本鋼琴家。婚後隨夫改姓為安川加壽子。

也不會把我放在眼裡，所以內心極度自卑。我並未意識到，這樣的自己正是這樣一個時代文化的諷刺畫。然而，我也隱隱約約地感覺到自己身上那些缺乏新意的、不徹底的、模稜兩可且左右搖擺的東西。但解決這些問題的對策，當時的我還沒有能力找出來。這些對策是後來所謂從外部輸入的。其中第一個是醫學，第二個是太平洋戰爭。醫學保證了知識的普遍性，太平洋戰爭從我身上切除掉日本社會中不確定的部分，接下來的工作只剩下去發現那明確的部分。

高原牧歌

高原的夏天在布穀鳥的叫聲中到來。在信州追分村度過中學最後一個夏天後，每年七月我都會再次聽到牠的叫聲。在淺間山麓的落葉松上，那聲音又遠又近，清澈的空氣泛起層層漣漪，反襯出周遭大自然的靜謐。東京的噪音乍然淡出，從我抵達林中小屋的那一刻起，滿身汗水與塵土的集訓、澀谷站熙來攘往的人流、夕陽下美竹町家中的二樓房間——統統都被拋到了九霄雲外。在這裡有布穀鳥的叫聲，還有綠草和火山灰的小徑，有白樺樹梢在青空下隨微風搖曳，有在雜木林中飄來蕩去的霧靄，還有淺間山變化莫測的地表和遠處西邊地平線上綿延著的紫色的八岳山脈。這裡，高遠的天空湛藍無比，正午的積雨雲氣勢磅礴，夜晚的星空璀璨奪目。七月底之前，避暑的人群尚未湧現，附近的學生夏令營仍未開放，八月才開始忙碌的油屋和村裡夏季出租的農家還沒有開門迎客。我聽著布穀鳥的叫聲，就像聽著音樂會開始前管弦樂隊調音時的嘈雜聲，一邊等著人們從東京過來，等著村子因此熱鬧起來。

從中仙道往淺間山方向走，林子稍深處就是我們在追分的家，那裡視野不錯，但是沒有瓦斯，沒有自來水，連口井都沒有。我們託村裡熟識的農家主人，從附近寺廟的井裡打水，用水桶送到我家，煮飯則用木柴與木炭在炭爐裡生火。這種生活和那些愛玩的城市人在山野搭著帳篷，稱為露營的活動很像。父親不能在夏天扔下東京的診所，母親不願扔下父親，讓他獨自長時間待在炎熱的東京，因此在那裡度過大半暑假的是我和妹妹。

我的妹妹當時已經從雙葉高等女校畢業，在家幫忙做家務。那是母親曾經就讀的學校，母親也在那裡成為一名天主教徒。妹妹之所以沒有入教，大概是因為學校已經不同以往。母親在學時，包括她自己在內同年級只有四名學生，與負責教育的外國修女之間關係自然比較親密。妹妹入學時學校正在擴大規模，師生關係和其他學校沒什麼不同，她們很少與修女接觸。學校在宗教方面的教育活動受限制，沒有實施職業教育，且對準備升學的教育也不熱心。女校的目標就是讓「良家女子」做好結婚準備。可「良家女子」的結婚條件與基督教毫無關係，是由日本中產階級來定義。興趣和基本教養有助於教育小孩；舉止有禮和「惹人喜歡的性格」有利於社交；家務能力必須足以讓大日本帝國優秀的官僚和技術人才沒有任何後顧之憂。女校的學生們有的聰明、有的糊塗，通常是既聰明又糊塗。當然也有漂亮的，不怎麼漂亮的。不過跟我妹妹同年級的那些女生，看起來都很耀眼開懷。妹妹參加完畢業典禮回家，說同學們都捨不得離開學校，大家都流下了眼淚。

「真是傻孩子。」父親聽了之後問，「你也哭了嗎？」

「看大家都哭了，我也忍不住眼淚。……因為氣氛太感傷了，其實也沒那麼傷心。」

——妹妹絕對不傻。不僅不傻，在能冷靜看待自己這點上，妹妹可能比父親還要厲害。當時極度厭惡人際交往的父親，和喜愛熱鬧社交的母親，他們的關係雖然說不上不和，但總是在看法上有出入。無心學業、專好文藝的我，和對這名兒子抱持不同期待的父親，經常發生激烈論戰。然而東京家裡的氣氛卻輕鬆愉快，這完全要歸功於妹妹，只要她在場，便能營造出平穩柔和的氣氛。她看人的眼光常是敏銳又犀利。第一次見我的朋友，在旁邊默默聽完他們說話後，她說：「都不知道這說的哪裡是真、哪裡是假了，聽您說話太有意思了。」而我卻花上很長時間才得出這個結論。即便在諷刺批評時，妹妹也幾乎不會攻擊對方。母親對他人的「情緒」敏感，但她也對自己的「情緒」敏感，經常依循信念而無法停止爭吵。只有妹妹一個人不喜歡爭執，不以輸贏看待人與人之間的關係。我和父親都愛講道理，琢磨對方「情緒」的能力完全不及她們的十分之一。

我跟妹妹在性格上幾乎毫無相似之處。我好論輸贏，妹妹則否，我對人態度剛愎，她卻極為包容。很多人都討厭我、憎惡我，但恐怕很少有人會對她抱有類似的感情。實際上我倆在很多方面卻又有著同樣的好惡。我們喜歡吃一樣的食物、聽一樣的旋律，享受一樣的大自然，喜歡同一個人，批評同一個人。我們都沒有什麼社會經驗，也都不相信任何絕對的權威，在道德上屬於保守，說的日文是標準語，遵守「良家」風俗，妹妹沒有男朋友，而我沒有女朋友。只有我們住在林中小屋的時候，我和妹妹就像至交好友，一次也沒有爭吵過。我在妹妹身上看到了她的善解人意，開朗的笑容和樂觀主義，還有她對我的信任和溫暖。即使如此，也不可能防止偶爾發生的爭執或不和。之所以沒有爭吵，完全是由於妹妹無條件的包容。在追分的家裡，不管什麼事情，做決定的總是我。讓我做決定後，帶領著夏日生活的人，卻是妹妹。

八月初，學生、老師，還有其他從東京來避暑的人逐漸多了起來。他們有的住在中仙道對面火災後重建的油屋裡，還有的住在稍遠些的「本陣」那邊。很多農家只在夏季提供短租房屋，說是農家，其實都是從信越本線開通前，中仙道仍是繁華宿場時保留下來的店名和房子，非常適合提供住宿。有點生意頭腦的和尚也瞄準了時機，在廟裡蓋了一排出租屋，設計成單間租給學生，由寺廟的廚房提供伙食。某年夏天，東京帝國大學英文學科的中野好夫[1]副教授就住在這寺廟的一個單間裡。當時我還不認識中野老師，是跟住在同一間寺廟的學生告訴我的。那名學生還說：「他是英文學科最出色的老師。」聽說他當時正在翻譯斯威夫特[2]。在廟裡用餐時會跟學生們一起輕鬆地聊天，性格非常隨和，但用功起來宛如超人，體力也非比尋常，能走到幾里外的輕井澤高爾夫球場，繞一圈後再走回來；學生們在小學操場打棒球，他加入並大顯身手，之後學生們喝水休息時，他沖好澡繼續工作直到深夜。普通人還真模仿不來……我聽得目瞪口呆。不久後，我在車站旁的網球場，遇見這位近乎傳奇的人物。我們從住宿地出發，步行大約半里多，要去軟式網球場好好打場球。上場比賽的是四個人，其餘的就坐在樹蔭底下看比賽結果。在等待時拿著本書讀的人就是中野老師。「他在來的路上也邊走邊讀呢！」有名學生說。我現在已經忘記那本書的書名，只記得是本厚厚的英國小說。「唉，這本也沒多有意思。」中野老師輕描淡寫地說道。一直以來，我以為原文書就是得邊查詞典，耗費大量時間來閱讀，竟有人能把小說讀得如此輕鬆迅速，心裡十分驚訝。我當時又再想著，原來如此，真是山外有山、人外有人啊！既然實際上有此等能人在，若不能提升到相同水平，便不足以談外國文學了。不過也就只是動了下念頭，後來又花費很長的時間，才真正達到流暢閱讀外文小說的水平。

當時，在信濃追分站附近還住著尾崎咢堂[3]的長子，尾崎行輝，和家人一起過著「穴居生活」。尾崎先生在樹林中挖掘淺穴，混合淺間山的燒石和水泥蓋建造了一座八角屋，房子裡有井，四周堆滿了薪柴，整年在這裡生活不去東京。信州佐久北部的冬天相當寒冷，尾崎先生誇口說：「住洞裡反而暖和呢！」負責做飯的夫人不一定會同意這個看法。還有得往返半里以上去上小學的那對雙胞胎男孩，以及要搭每日沒幾班的信越本線去岩村田上中學的長子，可能也會有不同的意見。只有與我妹妹差不多大的女兒住在東京，暑假期間才會回到雙親身邊。

1　中野好夫（1903-1985），英國文學研究者、評論家，畢業於東京帝國大學英文科，一九四八年任東京大學教授，是莎士比亞、斯威夫特、毛姆（William Somerset Maugham）等研究領域的知名專家。一九五三年從東大辭職後，擔任《和平》雜誌主編，積極參加維護憲法、反對安保條約等社會活動。代表作有《文學試論集》、《阿拉伯的勞倫斯》、《斯威夫特考》等，其中，《蘆花德富健次郎》獲大佛次郎獎。

2　斯威夫特（Jonathan Swift, 1667-1745），英國小說家、報刊撰稿人。作品以尖銳諷刺腐敗現象見長。著有《格列佛遊記》等。

3　尾崎咢堂（1858-1954），日本政治家，名行雄，咢堂為號。擁護立憲政治，被稱為「憲政之神」，「二戰」期間堅持反軍國主義立場。代表作有《政戰三十年》。

「冬天幾乎都看不到什麼人，一個禮拜都沒看到也很正常。」他家夫人說。

「看不到人的話，會不會看到熊？」

「不會的，這裡幾乎很少會碰到熊，」尾崎先生說，「但有時會在房子周圍看到足跡。入冬後山上食物缺乏，熊就跑到村裡來找吃的。雪地上的巨大足跡和狐狸之類的都不同，一看就知道。」

我也不知道尾崎先生為什麼要躲到山裡過著隱者般的生活。

「因為我喜歡這片土地，城市生活太煩人了……」

——但是，「城生活太煩人」具體所指為何，也是因人而異的吧。八角屋的主人並不討厭社交，相反地，他張開雙臂熱情地歡迎那些來追分的學生。他很健談，也很開朗，充滿從漫長冬季蟄居解放的夏日喜悅。但他們很少去近在咫尺的輕井澤，咢堂的避暑別墅在那裡，他與相馬子爵結婚的異母妹妹，大約還有其他一些親戚也住在那。那些親戚們似乎也不怎麼來追分看望尾崎。輕井澤就是東京的暑期分店，對宛如遁世者的尾崎先生而言，東京大概就意味著要跟那些煩人的親戚打交道。尾崎先生年輕時曾駕駛過才剛輸入的飛機，他是「首名日本民間飛行員」。住到八角屋之後，用尾崎先生自己的話來說——他的工作就是「發明」。住在遠離人煙的山林，大雪封閉之際，除了這還能做什麼呢。我認識他的時候，他正著手「發明」一種「每年能省下日本全國好幾噸茶葉」的茶具。尾崎先生說，「這在國家經濟層面上也相當重要。」當時正好是一九三〇年代末，日本經濟正在飛速向戰時體制轉變。

尾崎先生亦熱衷於軟式網球，不僅自己打得好，還教孩子們打，長子是岩村田中學網球隊隊長。我跟他是棋逢對手的好球友。在那些經常去追分網球場的學生裡，有後來成為足智多謀外交官的川井，還有後來進入每日新聞社經濟部，擔任「經濟學家」主編的山本進。我們吃著車站的便當排隊等待，總有聊不完的話題。夏日午後，晃眼的陽光下，尾崎家女兒裙裾飄揚，我家妹妹高聲歡笑，擊球聲不停響著。我甚至有種錯覺，尾崎一家彷彿只為這閒適的午後時光而存在。精靈般的女兒、遺世獨立的父親、全神貫注隨球跑動的兒子……這大概是他們人生中最美好的一刻，而我就在此刻與他們相遇。在此刻，樹蔭下西風颯颯，汗涔涔卻心舒爽；淺間山上雲蒸霞蔚，裊裊地升上浩渺蒼穹；山雨欲來，我們在山村中享受著被遺忘的片刻和平。雷雨突然降臨，我們趕緊收拾好東西，飛快地沿著火山灰坡道跑到尾崎家的八角屋躲雨。那裡有燒柴的壁爐烘乾被淋濕的身體，有熱呼呼的紅茶撫慰疲憊的心靈。俄然而至的傾盆大雨、電閃、雷鳴——也是我們高原生活的樂趣之一。真正的暴風雨尚未到來。

太平洋戰爭爆發的時候，尾崎家的女兒和追分的一名學生結婚，去了伊豆，從此就再沒有她的音信。我雖然沒有理由感到遺憾，卻感覺自己的一個夢想隨之永遠消逝。後來，追分站的網球場變成菜圃時，尾崎家的雙胞胎少年長大坐上了飛機，長子應徵入伍，不知被送去了哪個戰場。尾崎先生和夫人繼續過著他們的「穴居生活」。聽說早已「疏散」的相馬子爵，在淺間高原採集野生葡萄做果醬。戰爭愈打愈激烈，我也愈來愈少見到尾崎先生。

再次見到尾崎先生是十數年後，在戰爭結束又過了一段時間。尾崎先生住在逗子的山丘。我是在那時得知，過去曾是少年的雙胞胎，其中一名現在成為客機駕駛，飛國際航線。另外兩名兒子的情況，他沒有說，我也沒有問。尾崎先生還是老樣子的開朗、健談，從這個意義上說，還真是一點都沒變，只是現在已經不打網球，迷上了射箭。他說：「這個有益健康，而且誰都能玩，我試了試，還挺有意思呢！」飛機、軟式網球、射箭，還有「穴居生活」和「發明」——真不愧是尾崎咢堂之子，父親為了日本議會民主主義孤軍奮戰了一輩子，兒子做的也都是別人做不了的事。他們始終堅持一個樸素美好卻又虛無縹緲的信念，認為這些工作終歸是有利於他人。

在追分的那段時間，有時我也會去小諸和輕井澤。那裡就是東京的替代品。小諸有村鎮，輕井澤有一條小小的商店街，店門口掛著橫排字的招牌，外國人、有錢人、假裝有錢人的人們在此穿梭。我喜歡投身在這群陌生人中，這是在追分村裡無法做到的。而從輕井澤站通往「舊道」的輕便鐵路，有種遊樂園小火車般的可愛。從小諸開往追分的火車喘息著爬坡時，車窗裡時刻變化的淺間山姿態，讓我百看不厭。

九月中旬學校開課之前，我和妹妹一直住在追分家中。從八月底開始，人們就像退潮般陸續離開。愈來愈多的別墅窗戶被釘上了釘子，八月間樹蔭掩映下的女校宿舍燈光也不再亮起，學生們的唱歌聲不再，村裡的旅館和農戶也都變得悄無聲息。我為要回東京的熟人送行到車站，發現連幾天前還很熱鬧的網球場已經沒有了生氣，連個人影都看不到。日頭變短，夕陽下，車站周圍的木柵欄拉出了長長的影子。我和妹妹這時才注意到，晚霞映紅的天空下有紅蜻蜓在飛舞。「秋天已經到了。」妹妹說。憶起「再見，我們的夏天，那短暫而美好的時光」這句詩，我想妹妹大概是想回東京了吧。芒花已經高過了我們的頭頂，晚風帶來陣陣涼意，夏天正走向終點，此時的高原充滿了最妙不可言的東西。我跟妹妹就宛如戀人般依偎在一起，看著空無一人的原野上秋草花開燦爛，看著澄澈的空氣中淺間山呈現出細微而豐富的色彩變化。一到晚上，就能清晰地聽到遠處山谷傳來蒸汽機車開始爬坡的喘息，攀上坡頂時的聲音變化，進站後車輪發出的剎車聲，透過寂靜的夜晚清晰地傳到耳邊。火車裡的人們和我們之間橫亙著一個大得離譜的空間，其中大概只有我跟妹妹還是醒著的。當時我就想，如果我在這世上不會感到孤獨的話，那是因為有妹妹在。我愛高原上的一切，但更愛我的妹妹。

回到東京後的第二天起，我們每天去看電影、聽演奏會，或是漫無目的地出門上街。「你們剛回來怎麼又成天往外跑呢？」母親說。只有妹妹知道為什麼我天天往外跑，我也知道她了解我的心思。我們必須為追分的夏天做出結論，這便是要不停地重新認識東京。下雨的馬路上映著銀座的燈光、咖啡廳的玻璃窗上霧氣濛濛、南風帶來些微海潮的氣味、從公會堂到日比谷十字路口的紅磚路、剛聽過的音樂留在耳邊的餘韻，還有那麼多的人那麼多的面孔……這麼多的面孔，每年秋天都不會相同。那些面孔有時看起來鎮定自若，有時心急如焚，有時令人懷念，有時則愚蠢得不可救藥。但我從沒在見過他們陰森淒慘的面孔。在追分回來後重新認識東京的習慣，我維持了十多年，直到戰後。後來這個習慣壽終正寢的時候，我為了再次發現東京，必須跑去更遠的地方，然後再回來。

縮影

一九三〇年代末，第一高等學校的宿舍是日本社會的縮影。那裡有宛如行政機關的宿舍自治委員會，關心其事務的少數者，與根本不放心上的大眾。這就是形式上的民主主義制度和事實上的官僚統治。多數住宿生皆非各自孤立，而是隸屬於某個小共同體——體育社團就是其中的典型代表。在這些共同體內部，領導者和其他成員之間的階級關係非常明確。原則上共同體的目標優先於個人的利害得失，但這個目標常常是模糊的，甚至很難分清哪些是目標，哪些是手段。

宿舍裡還存在著類似於新聞機構和文壇的組織。每周發行一次的週刊新聞，讀者是全體住宿生，執筆者卻僅限於少數幾個人。另外，每年還會發行幾次《校友會雜誌》，在上面刊登小說和論文的人就更少了。雜誌雖是免費發給學生，但應該沒幾個人會認真看。《校友會雜誌》基本上就是編輯與其周圍幾個人的同人雜誌。我在三年級剛開學時退出網球隊，成為這份雜誌的編輯之一，然後逐漸認識了當時駒場那批對寫文章，或是對將來進行創作感興趣的學生。其中少數幾名是從高壓時代倖存的馬克思主義者。當時學校中早已不存在左翼組織，他們是否屬於校外組織也很值得懷疑，多半是單打獨鬥的理論家。其中一名敬佩戶坂潤[1]，愛讀大森義太郎[2]，對三木清[3]表現出強烈興趣，同時又打從心底瞧不起整個文壇和京都學派[4]的哲學家們。另外也有學生熱衷於課堂講義式的學問。部分學生想要運用德國觀念論（German idealism）中繁瑣的概念，又有其他學生，就像前面提到過的，想要從原文解讀《萬葉集》。還有詩人，他們崇拜立原道造、中原中也[5]和宮澤賢治，讀十九世紀末二十世紀初歐洲尤其是法國的詩，寫的詩晦澀難懂。小說家裡有人把德田秋聲[6]當祖師爺，嘗試寫作「自然主義私小說」；有人把太宰治當榜樣，沉迷或假裝沉迷於酒色，一有機會就把這些見聞寫成小說；還有人同時關注《人民文庫》[7]和《文學界》[8]，飽讀西方小說，試圖從中找到最理想的小說。

然而駒場的學生和東京的文人評論家之間，存在著根本性的不同。我們不以筆墨為業，不僅無須鬻文以養家糊口，反倒還接受父母撫養，不必擔心柴米油鹽，只要思考學問及文學，想去哪裡就去哪裡，從不曾感受到阻礙。學問、文學，或是思想的商品化究竟意味著什麼，從自身經驗上我們一無所知。文章的商品化，通過商業性報紙和雜誌與大眾接觸，因此產生政治權力的介入，同時還有報章雜誌的自我審查，與隨之而來的大眾品味變化、報章雜誌順應大眾的變化進行調整……若不迎合包含著這一切的時代潮流，作為文字工作者大概會面臨巨大生活壓力，若是迎合則會感到正當化自身立場的必要。對此，我們也是一無所知。我們只是默默地看著隨波逐流的文人論客斯文委地，看著他們自我正當化的說法漏洞百出。我們是只會抽象思考且冷酷無情的批判者。

當時政府以「國民精神總動員」為名，粗製濫造了大量標語。其中有一條「杜絕奢靡」——「開什麼玩笑！」我們的馬克思主義者表示反對，「這不是靠著低薪發展的資本主義國家嗎，對吃不飽的大眾還說什麼『杜絕奢靡』？」還有一條「大和魂、武士道、葉隱……」——「到底有沒有人好好讀過本居宣長？」我們的學者提出抗議：「宣長的大和心是指物哀精神，那是《源氏物語》的愛情世界。武士道是由於江戶時代武士紀律不整難以管束，官吏所製造出來的東西。不

1 戶坂潤（1900-1945），日本哲學家、評論家，成立唯物論研究會，反對日本軍國主義。代表作包括《科學論》和《日本意識形態論》等。

2 大森義太郎（1898-1940），勞農派理論指導人，畢業於東京大學經濟學部，擁護山川均提出的共同戰線黨的觀點。

3 三木清（1897-1945），日本哲學家。「二戰」結束前因違反治安法被捕入獄，戰爭結束時死於獄中。代表作包括《唯物史觀與現代的意識》和《人生論筆記》等。

4 繼承了西田幾多郎（1879-1945）和田邊元（1885-1962）等人哲學傳統的一批哲學家，大多畢業於京都大學哲學系。主要成員包括三木清、戶坂潤等人。

5 中原中也（1907-1937），日本詩人。早期受到達達主義的影響，後來學習法國象徵主義詩歌，詩歌中多表現近代人心靈的倦怠感和孤獨感。代表作包括詩集《山羊之歌》等。

6 德田秋聲（1871-1943），日本小說家。早期加入硯友社，後期轉向自然主義文學，代表作包括《足跡》、《霉》、《縮圖》等。

7 日本文藝雜誌。一九三六年三月創刊，一九三八年停刊。反對文化管制、反對極端國家主義，主張「散文精神」，是一個具有進步色彩的文藝雜誌。

8 日本文藝雜誌，一九三三年創刊，主要成員包括小林秀雄、川端康成等人。

能僅抓著江戶時代的單一面相來代表大和魂。」不喜歡理論而尊重實際行動的傢伙們，熱衷於喝酒和與女人調情，對《雪國》和《濹東綺譚》心生敬意，對軍國主義的言論置之不理。「八紘一宇」[9]這句標語的意思，沒人說得清楚，在我們眼中與「日本是神國」、「東洋的精神文明」傳統等這類說法之間具有某種聯繫，是愚蠢的時代錯誤。然而此時在駒場外的世界，馬克思主義者遭到彈壓，自由主義學者被趕下講台，那幫風頭正勁的評論家們用艱澀難懂的語言拚命叫囂，什麼「桂冠詩人第一人」[10]、什麼「殉國精神」、什麼「信仰的無償性」[11]之類。京都學派的哲學家、《文學界》雜誌和文學家們，用稍微平靜的語言，和稍微像樣的姿態，說著大日本帝國征討中國應該有崇高的目的，西洋的近代文化已經走進了死路，所以我們日本人要建造出超越「近代」的文化等等。在勢不可擋的軍國主義狂潮中，巨大的分歧即將出現在宿舍內外的兩個世界之間。這個分歧，在當時的「小說之神」橫光利一[12]來到第一高等學校演講時爆發。

橫光到達會場時，準時聚集的學生已經把大教室擠得水洩不通。橫光頂著一頭亂髮，臉色有些蒼白，說話時會先說完一句後，緊閉雙唇盯著天花板的一隅，一陣子後再說下一句。他不是想到什麼便滔滔不絕的類型，亦非以修辭來製造效果的那種人。在大教室中一邊喚醒記憶，一邊整理著思緒尋找詞彙的橫光，看起來就像苦吟中的詩人。像他這樣既不信口開河，也不裝腔作勢的演講者大概也很少。雖然我無法接受很多他所說的內容，但對他的人品抱著好感。激烈的討論發生在演講結束後，我們轉移到備有簡單茶點座談會。當時參加座談會的十五名學生圍著橫光，盤腿坐成一圈。

「在您的《旅愁》裡出現了西方的物質文明和東方的精神文明，」我們之間的一名學生提問，「能跟我們解釋一下那是什麼意思嗎？」

「這並不需要解釋，精神文明存在於日本人的心靈中。」

「那麼物質文明是指科學嗎？」

「可以這麼說吧。」

「那是指技術嗎？」

「對，就是科學技術。」

「但科學和技術不是不同的兩件事嗎？」

「兩者之間關係很深，我將它們視為一件事。」

「但只有不同的兩件事之間才能產生關係，若是同樣一件事，不管深也好淺也好，都不可能

9 由日本佛教日蓮宗的田中智學所提出的詞語，為大日本帝國時期的國家格言，指為天下一家、世界大同之意。

10 是日本當時帶民族主義色彩的流行語，出自日本浪漫派重要作家保田與重郎的同名作品，以悲劇英雄日本武尊為主題，稱其既是偉大的武者也是偉大的詩人。首發於雜誌《哲思》（『コギト』）一九三六年七月號與八月號。

11 亦為當時流行語，出自日本浪漫派代表性人物龜井勝一郎（1907-1966）的同名論作，論述自身從馬克思主義轉向佛教的體驗，首發於《文學界》一九四一年十月號至一九四二年一月號。

12 橫光利一（1898-1947），日本小說家，和川端康成等人創刊了《文藝時代》。日本新感覺派文學旗手之一，後期轉向新心理主義創作，代表作包括《太陽》、《上海》、《機械》等。

有關係吧？」

「你這是什麼理論！」

「但科學就是要理論……」

——我們和橫光之間的辯論就以這樣的風格拉開了序幕。

「我不太懂橫光先生口中的科學，」另一名學生說，「您還有一篇以物理學家為主角的短篇小說，文中有個算式，但若是缺少條件說明算式裡的文字所指為何，這個算式就沒有意義了。是否能請您說明……」

「我不是物理學家，」橫光不想再繼續此話題般的說道，「那是個文學象徵。」

但提問的學生沒有退縮。「但若是如此，小說裡的算式便沒有任何意義。這樣無法成為科學的象徵。」

「所以說那是文學的象徵。」

「請問在文學上，它究竟象徵了什麼？」

「像你們這樣用理論來推導的，怎麼可能理解文學呢？」

「您說的也許是對的，不，您說的對。不過，橫光先生說物質文明是指科學。雖然您提到科學，但關於科學是什麼，恕我冒昧，我覺得橫光先生在最基本的部分理解有誤。科學是指……」

「這樣講下去根本沒完沒了。」有人從旁打斷，但並非為橫光解圍，而是以其他方式詰問，「先不論科學到底是什麼，它顯然也是一種人類的精神活動。如此一來，將科學和精神文明視為對立的觀點，豈非有誤？」

橫光已經沒有時間再去琢磨答案，因為我們自己也展開了激烈爭論。「橫光先生會提到物質文明，是因為物質是科學的研究對象吧。」、「等等，科學並不只有自然科學。」「所以，橫光先生所謂的科學是指自然科學。問題在於西方的人文科學也很發達，而且也傳到了國內。」、「不管怎麼說，西方的物質文明這個說法有問題。」、「更重要的問題是，提到西方物質文明時該如何解釋基督教吧。」、「那是當然了。還有柏拉圖主義（Platonism）、笛卡兒（René Descartes）……也就是說，只有東方才有精神文明的說法與事實不符。說起來物質文明究竟意味著什麼……」

「我所說的物質文明，」橫光說，「是指近代社會偏重物質的意思。日本也受到這個『近代的毒瘤』的侵襲。為了在這個艱難的時代存活下去，我們文學家被賦予使命，要將毒瘤自日本清除。——這才是『祓禊』[13]的真正含義。『祓禊』精神就是民族精神。沒有比這個時代更偉大的時代！現在就是我們回歸日本文學傳統……」

「什麼樣的文學傳統？」有人問。橫光還沒來得及回答，就有其他人抓準時機嘲弄：「化政時期的江戶啊……」橫光聽到後立刻爆發，朝聲音的方向大喝：「你們就會說這個！所以說你們不行！」

13　日本神道教的一種儀式，透過沐浴達到滌淨身心的效果。

邀請橫光來演講的是我。座談會沒有主持人，但我多少意識著自己的主辦人身分，維持沉默不語。但橫光的大喝刺激到了我。確實，「化政時期的江戶」是帶著惡意的嘲諷刺，但它至少沒有把政治拉來當靠山。在我們的立場上，即使有機會公開發言，走出駒場宿舍就必須有所忌憚。橫光的立場則受到軍國主義權力認可並歡迎，即便他本人的目的不是向權力獻媚。以大喝制止他人議論，橫光做得到，我們卻做不到。「閉嘴！」這句話，軍人可以說，但國會議員不可以說。在對手無法怒吼的前提下，怒吼就是一種「不公平」。不論本人主觀上如何，這種行為實際上就跟仗勢欺人沒什麼兩樣。憑什麼說「你們不行！」——我的鬥志太過昂揚，已無餘力再去多想：橫光為人誠實，能和我們這些學生認真生氣；被指出弱點就暴跳如雷，或許可以證明他已對此有所自覺。

「這有什麼不行的嗎？」我壓低聲音說，「文學藝術的趣味，在化政時期的江戶達到了成熟的巔峰。大家都說這並非真正的『傳統』。但是若換個時代，比如元祿時期，不也還是一樣？元祿風和『祓禊』之間沒有任何關係。平安朝的物語，不，即便追溯到《萬葉集》，也是如此。與《萬葉集》、《源氏物語》、西鶴、近松[14]皆無關聯的日本文學傳統，那究竟是什麼呢？」

「橫光先生您曾經說過，瓦勒里[15]也在法國進行『祓禊』。那是什麼意思呢？」一名男生問。

「我是指他的密室思想與『祓禊』精神相通。」

「這不對吧。《海濱墓園》[16]通風良好的哦！」

「我是指《與泰斯特先生促膝夜談》（*La Soirée avec monsieur Teste*）。」

「這樣嗎，是這樣嗎？但這跟『祓禊』有什麼關係呢？您提出『祓禊』時是認真的嗎？」

「什麼叫『是認真的嗎』？」橫光被氣得聲音顫抖。

「這個觀點實在太不著邊際，所以才會有此一問。」

「所有深思熟慮的想法，都與祓禊精神相通。」

「您是在開玩笑吧，祓禊是儀式，怎麼會是想法呢？」

「就會抓人語病！你們真是太不像話了！」

「哪裡不像話了？橫光先生也是位文學家，文學家不應該是語言方面的專家嗎？文字會被抓到語病這件事不是相當嚴重嗎？」

「我要回去了，」橫光暴怒，「這實在是太過分！從沒遇過像你們這樣的！」

「那是當然了。」這時我再次介入發言，「因為在駒場，大家都能自由表達想法。關於『祓

---

14 此指近松門左衛門（1653-1725），日本江戶時代的淨瑠璃和歌舞伎劇作家，與同時代的井原西鶴、松尾芭蕉並稱為「元祿文學三大家」，代表作有《曾根崎情死》、《情死天網島》等。

15 瓦勒里（Paul Valery, 1871-1945），法國詩人、批評家、思想家。為象徵主義增添最後光彩的大詩人。二十世紀前半葉博學大家之一。著有小說《與泰斯特先生促膝夜談》、長詩《年輕的命運女神》，詩集《幻美集》、評論集《雜文集》和劇本《我的初試》、《雜記本》等。

16 《海濱墓園》（*Le cimetière marin*），瓦勒里的代表作，全詩由獨白構成，表達了詩人對各種哲學問題的思考和充滿詩意的闡釋。

禊』若要補充說明，與其有關的並非瓦勒里，而是《金枝》[17]。不管是祓禊還是祓除，類似的東西不僅存在於日本，也大量出現在原始部落的宗教裡。要理解非洲和東方的『精神文明』，這最少比日本浪漫派[18]的《慟哭》更有用。所以西方的『近代』到底能不能『超克』？啟蒙運動「人的解放」都已經提出一百五十年了，今天還在談『祓禊』、『神國』不是時代錯誤嗎？」

但橫光並沒有憤然離席。只要他還坐在那裡，我們便不停地繼續圍攻。橫光漸漸變得沉默，但我們對他的著作瞭如指掌，一邊揣摩著被氣得臉色發青的橫光想法，一邊對他的想法狂轟濫炸。一個人剛說完，還沒來得及喘口氣，下一個人立刻接上。

「西方自身也已經意識到『近代』的僵局。」橫光曾經在書中如此寫過。

「所以日本就能打破這個僵局？」

「為什麼不能？」

「因為這並不是日本的僵局。無論近代社會在遙遠的西方是否陷入僵局，日本都不是近代社會，擔憂這個不是搞錯狀況嗎？六八年革命[19]不是法國革命。聽了可別嚇到，這個國家的佃租還是實物繳納，而且占收成的一半以上。這算哪門子的『近代化』土地制度？超過半數以上的勞動人口都集中在農村，還保留著封建式的土地所有制以及對耕種土地狹小農民的掠奪，談論『近代』毫無意義。更別提超越不超越的討論，簡直是無稽之談！」

「這不是無稽之談！」橫光抗議，但我們這些人毫不理會，繼續說自己想說的。

「耕種土地狹小的農民在封建式掠奪下處於貧困狀態，成為低薪勞動力的來源。以此為基礎所發展的日本資本主義，國內市場小是理所當然。所謂的『大東亞共榮圈』，總結便是在此發展模式下向大陸擴張的必然結果。解放殖民地？開什麼玩笑！當權者想解放的是英美殖民地，絕對不會解放日本的殖民地。證據就是對朝鮮獨立的隻字不提。不僅如此，矢內原忠雄不正因批評台灣和朝鮮的殖民地政策，而被迫辭去教職嗎？這裡說的『國民精神總動員』，到底是誰為了什麼而要動員國民呢？若連這些都無法看透，文學家——雖然我也不懂文學，但是，橫光先生，身為一名文學家，我不懂您口中『偉大的時代』是什麼，到底是哪裡『偉大』？若您們是受騙上當，那就太愚蠢，如果不是，那不等於是出賣自己的靈魂嗎……」

然而當時的我們，借用森鷗外[20]的表達方式來說，那就是一下子站在永井荷風[21]的堡壘，引

17 《金枝》（*The Golden Bough*），英國學者弗雷澤（James George Frazer）所著有關巫術的民俗學專著。

18 指以文藝雜誌《日本浪漫派》（一九三五年創刊，一九三八年停刊）為中心的一派文人，主要成員包括保田與重郎、龜井勝一郎等人。刊物強烈反對自然主義文學，主張詩歌精神的高揚與日本古典的復興。

19 此處推測指一八六八年明治維新。

20 森鷗外（1862-1922），日本小說家、評論家、翻譯家、軍醫。畢業於東京大學醫學部，日本衛生學的創始人。譯介西方文藝理論著作的同時，進行小說創作，代表作包括《舞姬》、《青年》、《阿部一族》等。

21 永井荷風（1879-1959），日本小說家。曾留學美國、法國，回國後對明治維新之後日本近代文明的膚淺功利進行了強烈批評。代表作包括《美國物語》、《法國物語》、《濹東綺譚》等。

用「文化化政」[22]；一下子站在《金枝》的堡壘，對付「祓禊」；一下子又跑到「講座派」[23]的堡壘，去攻擊「大東亞共榮圈」和「聖戰」。但當時的橫光赤手空拳，除了文壇的聲望和權力所製造的時代潮流之外，沒有任何可依靠的堡壘。他也許有信念，或者是類似於信念的東西。但是，真正相信和要相信自己真正相信是兩碼事。橫光自己應該比誰都清楚這一點。

後來很長一段時間，我忘記了與橫光這次最初也是最後的見面。日本戰敗，美軍占領日本後不久，橫光因病去世。據說原因是胃潰瘍造成的大出血，他拒絕醫師，還說什麼我的病不需要科學，要用精神治療。中島健藏[24]告訴我這件事的時候，我再次認識到，橫光利一氏為了那錯誤的哲學，付出了生命的代價。有的病能夠治療，有的醫生也束手無策。像胃潰瘍，只要進行適當的治療基本都能治癒。中島半開玩笑地說：「橫光可是被你們害死的。你們在駒場的圍攻，聽說帶給他不小的打擊。他可不是會輕易示弱的人，好像到死都還放不下那件事。」

「真的嗎？」我說，「我不知道這件事。」

「真是混蛋，你們把人鬥成那樣，還敢說『我不知道』？」

——但當時與其說是針對橫光，不如說是針對那個時代，我們為了保護自己竭盡全力。無名小卒的學生做夢都想不到，居然能對那麼有名的「大家」造成打擊。之所以能夠重傷對方，是因為那是一個沒有必要去打擊的對象。——這大概是中島想拐彎抹角地指出的。對於那些有必要去打擊的對象，我們卻無能為力。

橫光利一是駒場請來的客人。而希特勒青年團[25]，是不請自來的客人。我們跟自己請來的客人唇槍舌劍，對這些不請自來的客人側目而視，不予理睬。他們身穿制服，排好隊形，邁著整齊的步伐向駒場正門走過來。他們動作有點僵硬，臉上稚氣未脫，跟木偶似的毫無表情。有幾個學生正好在附近，就停住腳步，邊抽煙邊看他們通過。也有人只瞥了一眼，便徑直走出校門。我們拒絕跟他們扯上關係。然而，我們誰都沒有預料到，有一天我們的同伴會扛著槍走出本鄉的大學正門。

當時我很想寫小說，但卻碌碌無為地度過了很多時間。我想好了小說形式，卻無法在生活經驗裡找到適合的故事內容。我不曾迷上過哪名女子，自然也不會遭到背叛。既沒有一貧如洗的生

---

22 江戶後期的文化和文政時期，以江戶地區為中心繁榮起來的町人文化。以人情本、滑稽本、川柳、淨琉璃、歌舞伎、南宗畫等為代表。

23 二十世紀二十至三十年代，日本馬克思主義經濟學界在「日本資本主義論爭」中分裂為兩派，其中「講座派」以《日本資本主義發達史講座》為自己的綱領，主張日本資本主義的本質就在於軍事化和半封建性。代表性學者有山田盛太郎和平野義太郎等人。

24 中島健藏（1903-1979），日本的法國文學研究者，主張從精神性和社會性的視角去研究文學，「二戰」結束後重建了日本文藝家協會，創建了日本比較文學會、日本著作權協議會等，曾擔任日中文化交流協會會長等。代表作包括《文藝學試論》、《昭和時代》、《現代文化論》等。

25 希特勒青年團（Hiterler-Jugend），納粹德國的青少年組織。一九二六年以適應和服務於法西斯體制為目的而創立，對象為十四至十八歲的男青年。為加強軸心國同盟，日德兩國曾派遣青少年團體互訪。本處記載的是一九三八年八月希特勒青年團一行十五人訪問日本之事。

活經驗，更不曾投身於令人血脈僨張、心驚肉跳的冒險。而我所經歷的、所感動的那些事，怎麼看都無法當作小說的素材。我在閱讀、音樂中被感動，又眺望著宛如滾下山坡的車般愈見失控瘋狂的社會，想著最終會有什麼樣的毀滅結局在等待我們。然而這些，似乎都和文藝或是小說扯不上關係？儘管如此，我還是想盡量地寫些像小說的東西出來，同時我也逐漸地、敏銳地覺察到我的體驗和我的感動，與我想創造小說的世界之間存在著明顯的差距。

回憶美好往事

為什麼現在會回想起太平洋戰爭前的東京？——躺在躺椅上，我一邊望著白樺樹梢上那片澄淨高遠的夏日天空，一邊思考這個問題。當時我在美國的大學城，旁邊是奧克蘭的防波堤，那裡堆放著要送去遙遠亞洲戰場的軍需物資。

周圍沒有任何東西能聯繫到東京或是我的過去。非要說的話，也許只有白樺樹上的那片天空，和我三〇年代末在信州時百看不厭的「過去的天空」有些相似之處。不見蹤影的飛機在藍天深處留下幾條絲帶狀的白雲，發出耀眼的光芒。戰爭最後一年，轟炸機從太平洋孤島起飛，出現在東京上空……在那些炸彈像雨點般落下前，當時的我們做夢都不會想到有這麼一天。

幾年前美國出兵朝鮮，損失不小。不勝亦不敗的戰績在軍部和右翼分子心中埋下了仇恨的種子，種子生根發芽，在外交上表現為對自由主義綏靖政策的反感，繼而決定「討伐」共產主義，後來事態發展到派駐大量軍隊到越南的地步。鬥志昂揚的大主教以「聖戰」的名義激勵兵士，大軍以優越的武器占領了「點和線」。政府在當地建立傀儡政權，極力說服民眾支持，但解放陣線的抵抗活動卻沒有絲毫減弱。於是他們發明了「河內」不好的理論，改為轟炸「胡志明小道」，結果對方的抵抗活動依舊毫無頹勢。於是他們又改口為，真正的敵人不是「河內」，而是躲在背後的中國。另一方面，美國政府強調「東方永久的和平」，自己沒有任何「領土方面的野心」，唯一的目的就是要建設各國「共榮的樂土」，宣稱隨時都可以進行「和平談判」。但同時加上但書：「解放陣線[1]除外」。

三〇年代的日本也有類似的說法，什麼「汪政權」、「援蔣路線」、「蔣介石政權除外」……但三〇年代的日本不同於今日的美國，當時的日本貧困、低效率，軍事力量不及今日美國的幾十分之一，國家政權掌握在天真的軍人手中，他們禁止教授「敵人的語言」，而非以軍費預算動員大量學者加入戰爭。當時的國際輿論亦一致譴責日本在中國發動戰爭，在這四面楚歌之下，「皇軍」開始採取「堅決的」態度，「臣民」們開始「為世界史級別課題的宏願而慟哭」。

如此說來，過去日本所發生之事，是否皆應歸因於日本？阿爾及利亞戰爭開始的時候，我正好住在法國。當時法國軍隊內部還殘留有印度支那戰爭失敗的挫折感，駐紮在阿爾及利亞的法軍對於本國國民不熱心於戰事的態度亦心生反感。於是，「單從軍方立場」出發，法軍試圖在當地製造戰線擴大的既成事實，並嘗試發動軍人政變來奪取政權。政變的軍人雖然未能奪取政權，但在強迫第四共和國政府承認既成事實這一點上，卻屢屢獲得成功。我都不知道聽過多少次政府聲明「阿爾及利亞的和平近在眼前」，也不知道聽過多少次承諾「將排除民族解放陣線[2]」。在戴高樂將軍（Général de Gaulle）挽回局面之前，五〇年代後半期法國所出現的好幾個政治、軍事上的現象，跟三〇年代逐漸陷入中國問題「泥沼」的日本非常相似。

當時住在東京的我，當然還不知道有一天法國會在阿爾及利亞發動戰爭，也不知道美國會發動越戰。我只知道——不對，只是聽說過——法國的人民陣線[3]和美國的羅斯福新政（the New Deal）。「那裡有秩序和美、榮耀、沉默和自由」，而我的身邊只有神靈附體與混亂、貧困與喧囂和徹底的言論不自由。那個有著尼伯龍根的神話、大肆鼓吹「血與土」[4]、抹殺海涅（Heinrich Heine）、驅逐湯瑪斯．曼[5]的國家，其言論不自由的程度，亦多少有所聞。然而，如同法國與美國距離遙遠，德國則是更加遙遠的國度。

在我們這邊，狂熱的「愛國者」們把所有的宣傳都跟「日本的東西」聯繫在一起。只有「神聖而不可侵犯的」日本天皇才是諸神的後代，在這個「諱言」之國，本來就不需要言論自由。富

---

1 此指越南南方民族解放陣線。

2 指阿爾及利亞民族解放陣線。

3 人民陣線（Le Front populaire），一九三〇代後半期，法國左翼各政黨為反擊法西斯勢力、實行社會經濟改革而組成的統一戰線。

4 德語為Bult und Boden，德國種族意識形態之一，指民族的生存靠血統和土地，強調農業的重要性和農村生活的美德以及傳統價值。這一論點起源於十九世紀末的種族主義和民族主義，是納粹意識形態的核心組成部分。

5 湯瑪斯．曼（Thomas Mann, 1875-1955），德國著名作家，一九二九年獲諾貝爾文學獎。「二戰」期間因反對希特勒法西斯主義而被迫流亡國外。代表作包括《布登洛克一家》、《魔山》、《浮士德博士》等。

士山理應「世人皆仰望」，帝國陸軍理應「天下無敵」。四面楚歌中所激發的「愛國心」，無論什麼都要加上「世界第一」，但在當時的日本，能以數量進行比較的幾乎沒有一項能稱得上「世界第一」。於是便主張，那些不能以數量相較的都是「世界第一」。大和魂、傳統的淳風美俗、家國思想、天地自然之美、皇紀兩千六百年……就連在歷史年代上，日本的紀年與其他國家的習慣不同，較難相互比較。神武天皇統一日本國，那不應該是在中國諸子百家繁盛、北印度的原始佛教興起、地中海沿岸的古代哲學走向圓熟後，又過了幾百年才發生的事情。日本應該跟天地初開同樣古老，應該是個「世界第一」的國家。這些說法實在讓人聽到耳朵都長繭，導致我徹底厭倦「日本式的東西」，理想化了「西洋式的東西」。我當時還沒有見過西洋，易將其理想化。

「國民精神總動員」在城市大獲成功。小學生對著路上的年輕女性大聲唱誦：「讓我們別再燙髮！」對大學懷有自卑感的男人，在電車上看到讀著外文課本的大學生就會大喊：「非常時期居然還有人看敵國文，你還是日本人嗎?!」當時女性流行將頭髮弄捲稱為「燙髮」，所有橫式書寫的語言都被稱作「敵國文」。但這些並沒有普及到農村，比起「國家」，農家的人們更關心村子，比起「精神」，他們更關心自己的莊稼，「國民精神總動員」在農村沒有獲得成功。但我生活在城市裡。制服、號令、七五調的標語、粗暴的態度和不正確的語言、對他人私生活的干涉、英雄崇拜和豪傑式的大笑、「日本人」意識……我對這些東西的厭惡，並非來自對軍國主義的批判。而是由於原本便討厭這些東西，我才會對軍國主義產生批判。我從就讀小學開始便不喜歡制服，在七五調的音樂課上緊閉雙唇。從進入中學以後，便喜歡打破偶像而非英雄崇拜，喜歡諷刺家的戲謔而非豪傑式大笑。無論晝夜都不曾有過「日本人」意識，也不覺得有這個必要。身穿制服排成一隊，邊走邊陶醉在某種說不清楚的氣氛中，這種想法只會令我作嘔。而盤腿坐著喝酒，一邊發出空洞的大笑，一邊說什麼「我是個男子漢」、「此乃膽識」之類的話，簡直愚蠢得讓人無法直視。我之所以對周遭的軍國主義產生反感，與其說是為了宏大理想，不如說是對這種壓迫氣氛的反彈。

然而對於周圍持續發生的事情，我為什麼要做出自己的解釋和批判呢？若圖自身安全，或許有必要了解徵兵檢查，但無需知曉「大東亞共榮圈」的實際意義。為維持內心平靜，或許有必要做好赴死的覺悟，但選擇相信「聖戰」會更為適合。在事態步步緊逼過來之前，還可以忘掉戰爭過日子。女人和酒，詩歌和音樂……

但我對釐清戰爭的本質抱著關心，這確實並非出自於對社會的責任感。我對自身無法發揮任何影響力的社會，感受不到責任。我對社會無能為力，當然不意味著社會對我也無能為力。社會前進的洪流將毫不留情地把我捲入其中，這點毋庸置疑。我希望能夠理解所有作用在我身上的一切。我認為，日本和中國的戰爭，是道義上的罪惡，國際法中的侵略，在戰略上恐怕是百分之百的空想。

此時我的夢境，已經不再是幼年高燒時的噩夢。為輾壓我而不斷逼近的巨大車輪、或是將我拖入無底深淵的可怕漩渦都不再入夢，取而代之的是把我團團圍住的警察。在夢裡，他們看穿了我所有的想法，露出志在必得的微笑，似乎正享受著注定到來的刑訊前的亢奮感。我因無路可逃感到絕望，坦白思想上的錯誤乞求憐憫，又唾棄那個乞求憐憫的自己。我全神貫注想要逃出生天，將自己的思想都抛到了九霄雲外，然而在內心的某個角落，又對此感到雙肩重擔落地般的平靜……不過從夢中醒來後，我的想法沒有發生變化。

我不喜歡所謂的內幕消息或是特殊情報，也不想去知道。就連「南京大屠殺」，都是在日本軍國主義崩潰的一九四五年之後才知道的。不光是「南京大屠殺」，在那之前，我也不知道有多少婦女、兒童和平民，死在集中營、德勒斯登（Dresden）[6]，或是廣島。不對，要不是最近看了某篇新聞報導，我也不知道南越有多少孩子被殺。「從一九六一年到一九六六年，南越農村地區有二十五萬兒童死於汽油彈。」報導上說，「有七十五萬人失去了上肢、受傷、燒傷……」（報導的資料來源，是美國天主教學校兒童研究所負責人的越南視察報告。）報導中的數字有可能不正確，但應該不會故意誇大。就算被害兒童人數不是二十五萬，而是二十萬，或者三十萬，也不會改變其含意。我對此無能為力。那麼，為什麼我會在意這些遙遠國度素未謀面的孩子呢？——我找不到一個好的答案來回答這個「為什麼」。

看完報導的那天傍晚，我跟實業家老友在匈牙利餐廳吃晚飯。那是中歐的古都，葡萄酒甜美醉人，街邊藝人的提琴聲精緻動聽。我們好久沒見，坐在一起暢談菜色，還聊了聊最近流行的內衣款式（實業家年輕的妻子精通此道）。

這個話題聊了一陣子後，我說：「看來經濟繁榮的第一個徵兆，就是注重瑣碎細節。」對我來說，這是個帶著嘲諷的玩笑，沒想到實業家妻子似乎把它當成嚴肅的批判。

「這是什麼意思？」她反問道，臉上沒有一絲笑容。

「我的意思是，現在正在打越戰，我們見面卻在討論流行的袖子是長一分還是短一分。」我向她解釋道。

「這有什麼不好。」實業家說。

「你知道有二十五萬孩子被殺嗎？」

「我才不相信呢。」

「你也別說得這麼輕鬆，」我說道，「你連越戰的基本狀況都不太清楚吧？即使大概知道單方面的說辭，另一方的說法卻連看都沒看過。日內瓦公約的內容、三國監管委員會的正式報告也沒看過。那憑什麼說我講的話是無稽之談呢？連基本資料都沒讀過就說什麼『我才不相信呢』，所以你們才會在納粹殺了幾百萬人之後，說自己根本不知道集中營和毒氣室。他們不是不知道，他們是不想知道。你不是不相信，你是不想相信……」

「我確實不想知道這些事情，我想過快樂又和平的生活，」實業家說，「就算知道了，我們不也無能為力嗎？」

——的確，我們無能為力。但有的人「因為自己無能為力，所以不想知道」，有的人「就算自己無能為力，也想知道」。我沒有理論證明前者錯誤，只是感覺自己屬於後者。我並非是基於

6　此處應指二戰末期的德勒斯登轟炸。

這樣那樣的理由，必須去關注那些遙遠國度的孩子，而是首先關注到這些孩子，這個事實是我的出發點，或者說，至少我打算把它當作一個出發點。二十五萬個孩子……有用也好，沒用也罷，這些都無關緊要，當時的我，對那些遙遠國度孩子們的死亡耿耿於懷。明明無能為力，我卻為它暴跳如雷，為它義憤填膺……

那是一個晴天

一個晴朗的早上，在本鄉校區大學醫學部的校園裡，我跟同年級的學生們一起，邊想著下節課的內容邊朝著附屬醫院的方向走去。當時有名學生，拿著一份在本鄉路上買來的報紙在宣讀號外。嘈雜聲宛如漣漪般在我們中間擴散開來。不是因為誰說了什麼，而是一種無法化為語言的反應匯聚在一起，之後變成了一聲嘆息。就在那一刻，太平洋戰爭爆發的事實清晰地擺在了我們面前。

我感到周圍的世界頃刻間面目全非。基礎醫學的大樓、小樹叢、同學的制服，這些是我一年多來每日見慣的事物。在這個初冬小陽春寧靜午前的和煦日光下，這些熟悉的景象一切如常，但同時又有如初見般，在我心裡喚起了不尋常的鮮明印象。大概就像是我和自己熟悉的世界之間的紐帶突然斷裂的感覺。這只不過是一種解釋。那種感覺上的印象，就好比食物的味道，很難用語言來表達，但又是那麼地鮮明，鮮明到當再次擁有相同體驗的那一刻，一定會在瞬間認出它來。實際上在戰爭結束後，母親即將離開這個世界時，我周圍的景象也發生了同樣的變化。還有當我遇到那位命中注定的女性時，東京的街道也不再是過去的東京街道。但我也不會為此而特別說些什麼或做些什麼。當我得知戰爭開打的時候，我若無其事地穿過同學們，朝著附屬醫院的方向繼續走去。當時我也不是不知道戰爭在步步逼近，只是我不敢相信，這場把英、美兩國當作對手的戰爭真的會爆發。我不敢相信自己的結論會變成現實——尤其是在這樣一個晴朗的冬天的早晨。我跟同學們一起走進附屬醫院的階梯教室，我茫然地坐在那裡，看著診斷學——應該是這門課吧——一如往常地上課、下課。課堂內容我根本就沒聽進去，腦子中不斷地想著：看起來十分鎮定的教授是否知道今天早上的號外，或者，他還不知道這個消息，才能平靜得好像什麼都沒發生一樣？

「接下來會怎樣呢？」我一回家，母親就問我。「必輸無疑！」我像是要發洩什麼似的說道。「真的嗎？」、「沒有別的可能了。」、「你舅公老是說海軍大臣行事魯莽，讓人擔心……這下會不會出什麼大事呀？」、「肯定會出大事！」、「你可別這樣跟其他人說。」母親說。

為了防備空襲，當天晚上便開始實行燈火管制，但我已買好了當晚新橋演舞場的票，那天正好是文樂[1]座的巡演。母親說：「你還是別去了，說不定會白跑一趟……」我當然知道她擔心的不是我「白跑一趟」，但還是說「要是演出中止，我就馬上回來」，然後出門。地鐵照常運營。我在銀座四丁目下車，街上一片漆黑。新橋演舞場門口幾乎沒有行人，只有演舞場的建築物像個黑色的大塊頭，靜靜地匍匐在微白的夜空下。原來如此，巡演看來是取消了，我心想，但為防萬一還是走到到入口處，沒想到入口的門開著，驗票員也在，就是不見觀眾蹤影。驗完票，走進劇場裡頭一看，二樓觀眾席上只有我一個人，於是我往前走，在正中央的座位坐了下來。再往下一看，正面池座裡分散地坐了四五個男人，仍然沒有半點開演的跡象。我再次想著，或許會有經理人之類的出來如何說明退票。就在那個時候，義太夫的說書人[2]和另拿著三味線的男子出現，各自入席，自報家門道：「今日為您說這段義太夫的是……」清脆的梆子聲回響在空蕩蕩的劇場中。然後大幕拉開，木偶活了起來。我瞬間被義太夫和三弦琴的世界給吸引，「現如今，半七他……」——這真的是一幅不同尋常的景象。古靭大夫[3]在無人注意時，穿越到遙遠的江戶時代，變身為商賈人家的女子，獨自一個人扭動身體，聲嘶力竭的嘆息、控訴和哭泣。這裡早已沒有戰爭，沒有燈火管制，沒有內閣情報局，取而代之的是另一個難以被其他事物撼動、固若金湯的世界。這個世界展現女子戀愛的嘆息，及其所有微妙陰影，將之昇華為一種風格；三味線與古靭大夫的聲音和呼吸配合無間，完美演繹。唯有此刻，這個世界才無需通過密匝匝的觀眾，而是無遮無攔地與劇場外面的另一個世界——軍國主義日本所有的概念和現實對比；其所有的自足性和自我目的性上，毫無退讓，鮮明磊落，悲劇般地存在。古靭大夫是在孤軍奮戰嗎？大概也不是吧。江戶文化的全部內容都濃縮在他的身體之中。這是化為肉體的文化……所有這一切不是作

1　指日本獨有的木偶戲，日本四大古典舞台藝術形式之一。表演時有三人操縱木偶，伴以三弦琴伴奏的一種說唱戲劇。
2　日本義太夫調、新內調的說書人。
3　古靭大夫，此處指二代豐竹古靭大夫（1878-1967），後改名為豐竹山城少掾，著名義太夫調表演藝術家。

為語言，而是作為難以撼動的現實，展現在我的眼前。夫復何求？

炸彈沒有立刻從我們的頭頂掉下來。在開戰的「詔敕」後又傳來奇襲珍珠港的捷報，整個東京陷入狂喜的海洋，大家都高興得手舞足蹈而忘乎所以。「這真是太高興了！我要唱軍歌！」某個大學教授說。美國的太平洋艦隊全軍覆沒。「大快人心啊！」學生們說。在報紙上，著名歌人寫了首《珍珠港》的和歌，詩人為有生之年能親眼見證這一盛事而感謝上蒼。

翌月，有識之士在雜誌上寫著，這才是真正的「近代的終結」，「大東亞共榮圈之路」暢通無阻，大日本帝國前途無量。就連身為艦政本部長，對開戰持批評態度的大伯也說：「珍珠港在作戰上的成功超過預期，這也是不爭的事實……」——當然，得知日本偷襲珍珠港之後，高興得手舞足蹈的不只是東京。雖然我當時並不知道，但恐怕除了柏林這個唯一的例外，全世界幾乎所有國家的首都皆為此捷報高興。莫斯科得知日本軍隊不再向北，轉而朝南進軍的時候，內心肯定因為佐爾格（Richard Sorge）的情報為真而鬆口氣。倫敦看到日本以行動促使美國正式參戰，應該感到欣喜若狂。聽說流亡中的戴高樂將軍得知此事後，馬上自言自語道：「勝負已定。」在美國——太平洋問題研究所的會議上，當聚集在克里夫蘭的學者們正為日本是否會參戰激烈辯論時，傳來了珍珠港被襲的消息。學者們一時間都不敢相信自己的耳朵，但當他們鎮定下來，便中止會議，為「法西斯主義確將衰亡」而喜悅。東京市民不知道全世界皆此歡喜，他們才會自顧自高興。我懷著黯淡的心情注視著東京市民的狂喜，從未感覺自己與他們之間如此遙遠過。東京遭受轟炸後，我就在無家可歸者的身邊，廢寢忘食地救治因燒夷彈而灼傷的患者。戰爭結束後我離開東京，在地球的另一邊，感覺很多東京人就在我身邊。在海外漂泊的日子愈長，就愈讓我思考自己內心深處的東京。但在「珍珠港」那天，那歡呼雀躍的人群裡面沒有我。「珍珠港」那天，古軔太夫講述的「日本」離我愈近，為勝利趾高氣揚的軍國「日本」就離我愈遠。然而，古軔太夫所講述的並非是久遠之前的傳說故事，那不也正是包含著我自己的感情牽絆、所有小小的悲歡、無法挽留地離我而去的那一切的，我那個無可替代的唯一的世界嗎？

和我的預期不同，東京的日常生活並沒有在開戰之初發生巨大的變化。英、美軍隊比中國戰場還要遙遠。我從世田谷區的赤堤家中去本鄉校區上學。早在開戰前，美竹町的外祖父在生意愈來愈不景氣時，將家宅和澀谷的土地一起抵押，最後沒能贖回，便搬到目黑區的小房子中。我們賣掉了美竹町的房子，在赤堤租房子。從那時起，外祖父就靠陸軍發放的退伍金和變賣家具什物過日子，還偷偷地寫起了「小說」。母親笑話他說：「那不是小說，是您的閨房情話吧？」在所有一切都結束之後，外祖父大概是在想辦法把最難忘的東西留下來吧。「小說」裡沒有提到賺錢，也沒有寫到戰爭，都是些稀鬆平常的小事：短期出差時，我的母親送他到東京車站所不經意說出的一些話；他帶著孫兒們購物時大家開心的笑聲；生意談得不順利，滿身疲憊地去找相知多年的女性朋友，對方所展現的關照以及不讓他察覺這份心思的體貼……。小說文字稚拙卻古雅，我從字裡行間讀懂了外祖父不得不寫這篇小說的緣由。那是終其一生追求活在當下快樂的人，對往昔的留戀。年老體弱的外祖父不久便在目黑區的小房子中離開了人世。

在赤堤租房住之後，父親沒有再開診所，而是到伊豆的結核病療養院工作，他一個人住在那裡，很少回家。我和母親還有妹妹會不時地去伊豆看他。在伊豆，空氣裡有海水的味道，小山丘的斜坡上種滿了橘子，巨大的海浪聲會在夜裡傳到枕邊。但除了家人便沒有其他說話對象，所以一回到東京，我便如獲重生。在東京裡能說話的對象也逐漸變少，而跟他們的見面，對我來說變得愈來愈重要。

勢如破竹的日本軍，在夏威夷之後沒有半點進展。政府的「討伐美國」、「勝利」被「絕對不敗的態勢」取代。但在戰前說出「與其坐以待斃」時，卻未曾充分說明該如何扭轉即將「坐以待斃」的頹勢，轉而獲得「絕對不敗」的態勢。即使已經確保南方的石油資源，軍備要整備好不光需要資源，還需要資本、技術、勞動力，就這些方面，美國在軍備競賽裡占上風。「大和魂」還是「美國無男兒」，這類心理要素太過模糊，根本不能列入考量。在我看來，「絕對不敗」恐怕也是個錯誤，日本會戰敗。但我無法判斷那是什麼時候。不會是一百年後，但也不會是明天。這樣的話，我的行動跟這個判斷之間，也就沒有什麼直接關聯。為「必勝的信念」燃燒也好，做出「必敗的預測」也好，我依舊每天要去醫學部上課，在醫學部學習的內容更不會產生變化。另外，若考慮要囤積物資，或是預測將來提前準備「疏散」，需要判斷的便不是日本幾年後會不會戰敗，而是明天會缺少哪些物資，東京什麼時候被轟炸。實際上不久之後，我身邊便會出現為「必勝的信念」燃燒，同時又囤積罐頭、大量購入軍用物資，或是俐落地為「疏散」準備周旋的人們。但是我沒有考慮過要囤貨、準備「疏散」，或是其他具體行動。我沒考慮過具體行動，並非由於缺乏讓我做出有利於具體行動的判斷條件，而是因為我本來就不考慮具體行動，所以才把判斷的對象限定在與我自身行動無關的領域。在與行動無關的判斷上，較容易排除掉帶有主觀願望的視點。我與走在「沒落」之路上的家人們朝夕相處，同時預測了日本帝國整體的「沒落」。無論是哪種情況，超越「沒落」的唯一辦法就是去理解它。

我的想法雖然在行動上毫無用武之地，卻在我和周遭之間形成隔閡時發揮了作用。東京街頭身穿國民服[4]的人愈來愈多，當時的我宛如遊客漫步其中。遊客眼裡的風景和當地人並無二致，但卻能從同樣的風景中看出不同的意義，又常因此會激起當地人的無名火。「開什麼玩笑！你說的倒是容易……」東京尚未成為廢墟，但我看眼前的一切，卻都蒙上了一層被燒成荒涼廢墟的幻影。於是，頃刻間所有的一切都煥發出不可思議的美。堆放在赤門前水果攤門口的橘子和蘋果——在冬日午後的陽光照射下，那顏色和碰觸時將帶來的冰涼預感，便足以讓我在路邊駐足良久。校園裡成排的銀杏樹，枯枝在空中張起了一片細網；宛如薄霧的早春新綠；兩側研究室狹小的入口，拿著書或手提包進進出出的人們；還有三四郎池畔靜到彷彿被遺忘，充滿陽光那片地；化學教室紅磚牆上映照著落日斜陽；傍晚醫院昏暗的走廊上，穿梭來往的護士們的白衣；本鄉通上書店和「白十字」窗戶裡逐漸亮起的燈光；蹲在書架深處，邊上擱著火盆看帳本的舊書店主人……所有這一切都讓我著迷，帶給我無法言喻的感動。可以說就在這一刻，我第一次看到了皇居的石城垣、千鳥之淵的春水發光。不，不僅如此。東京街頭的喧鬧聲、馬路上的坑坑窪窪、

4　日本在一九四〇年為男性國民設計的制服，因應戰時物資管制，簡化一般民眾服裝，但並未強制穿著。

風隨季節變換吹在肌膚上的不同感觸，就在這一刻，我感受到。我也許會倖存下來，或者大概不會。但是只要走在街上，街道屬於我。之後過了很多年，當我感受著腳下佛羅倫斯（Florence）廣場的石板地，一邊遊覽文藝復興時期的建築物時，心想著自己大概不會再來這裡了吧。然而這座城市的人們，他們必定是帶著各種各樣的希望與悔恨、歡喜與悲傷，考慮著自己的生意、市長選舉、葡萄酒的價格、教會新神父的男性風采、隔壁家女兒孩子的父親是誰。感受文藝復興時期石板地的只有我這名遊客，而非每天提著購物籃走過的城裡主婦。我不在東京生活的時候，發現了東京。湯馬斯．曼曾說「另一個德國」，詩人片山敏彥曾說「另一個日本」。然而，這些都不存在。我從一開始就不是生活在那裡，而是眺望著那裡。我自認為戰爭暴露了大日本帝國的真面目，但實際上，戰爭暴露的可能僅僅是我自己。

法文研究室

我在本鄉校區不只聽醫學部的課，也聽文學部的課。我在學校上過英文和德文，又自學法文到大約能閱讀的程度，但我仍先前往開給一般學生的法文課上聽課。課堂上中島健藏講師，他邊說明簡單的文法邊讀《莎樂美》（*Salomé*），一碰到文法解釋起來麻煩的地方，就說「其實我也看不懂，這個現在學太難了」，逗得學生哄堂大笑。不過，這門課是為沒有法文基礎的學生開設，對我而言有點太簡單。我還去聽了法文科的其他課。辰野隆[1]教授的「十九世紀文藝

1 辰野隆（1888-1964），日本的法國文學家、隨筆家、翻譯家，其父為著名建築家辰野金吾。東京大學第一位擔任法國文學講座教授的日本學者，代表作包括《信天翁》、《法蘭西文學》和譯著《孤客》等。

思潮」、鈴木信太郎[2]副教授的「馬拉美[3]研究」、渡邊一夫[4]副教授講解莫理司・賽佛[5]和蒙田（Michel de Montaigne）的課……我都三不五時地去聽。辰野教授用口齒清晰的日語講課，聽起來非常悅耳，也透露出說話人的性格，所以受到學生們的歡迎，每次上課都有很多人去，宛如演講會。「馬拉美研究」課的內容詳細到不行，我去聽課的時候正好講到詩人生平，談到某年馬拉美的房租金額。「這真是讓人吃驚。」我跟當時就讀法文科的中村真一郎說。「別抱怨，這還算是運氣好。」中村回答，「好歹今年講的全都是馬拉美。你知道嗎？馬拉美出生之前就講了一年，整整一年！」渡邊老師講解的十六世紀文學，對於我這個連現代法文都沒學好的學生而言，那就是對牛彈琴。即便如此，我還是在與醫學部課程不衝突的前提下，坐到教室後面，旁聽像三宅德嘉[6]那樣學力比我高出好幾段的學生跟渡邊老師之間的問答。

除了法文科之外，文學部的其他課程裡，我還聽過吉滿義彥[7]講師的倫理學。和辰野教授的口才不同，吉滿老師在課堂上屬於不同意義的口若懸河。他可以連續兩個小時不間斷地、一個接一個地、層出不窮地舉例講出一篇長得匪夷所思的文章。上課時若稍晚進去教室，總是聽到他那超長話語正好講到一半，數分鐘後才總算講完。「……不論是從巴特[8]、布倫納[9]、高嘉頓[10]，辯證法和面臨危機的神學角度來講，還是從聖十字若望（John of the Cross）恩寵的《兩種心靈的黑夜》（*Dark Night of the Soul*）的靈魂的顫慄以及相關角度來講，都看到了再次出現的東西。」——是誰看見了什麼？我從中間開始聽，完全不知道答案。不對，就算從頭開始聽，對我來說幾乎也是一頭霧水。但是，我讀了吉滿義彥著作集，接著又看岩下壯一[11]著作集，開始對天主教神學產生了興趣。不論從哪種意義上來講，當時我並非想接近宗教信仰。大概就像研究日本歷史的西方學者會對佛教產生興趣一樣，開始閱讀法國文學之後，我也對天主教產生了知識方面的好奇

---

2 鈴木信太郎（1895-1970），法國文學家、翻譯家，東京大學教授。主要研究以馬拉美為代表的法國象徵主義詩歌。代表作包括《馬拉美詩集考》、《法國詩法》，譯有《馬拉美詩集》等。

3 馬拉美（Stéphane Mallarmé, 1842-1898），法國象徵主義詩人和散文家，代表作有《牧神的午後》、《希羅狄亞德》等。

4 渡邊一夫（1901-1975），法國文學研究者、文藝評論家。曾在東京大學文學部教授法國文學，反對日本法西斯主義。代表作包括《拉伯雷研究序說》、《法國人道主義的確立》等，出版了《渡邊一夫著作集》（共十四卷）。

5 莫理司．賽佛（Maurice Scève，約1500—約1564），法國文藝復興時期的詩人，里昂派的中心人物，追求精神層面的柏拉圖式戀愛。代表作包括《德利》等。

6 三宅德嘉（1917-2003），日本的法語學者、法國文學研究者，參加了《標準法和詞典》的編纂工作。

7 吉滿義彥（1904-1945），日本天主教哲學家、東京大學文學部講師。代表作包括《吉滿義彥全集》等。

8 巴特（Karl Barth, 1886-1968），瑞士神學家。創立了辯證法神學。因反對納粹而被迫流亡。代表作包括《教會教義學》等。

9 布倫納（Emil Brunner, 1889-1966），瑞士籍新教神學家，和巴特一起在歐洲德語系國家中推動新正統神學運動。代表作有《自然與恩寵》等。

10 高嘉頓（Gogarten Friedrich, 1887-1967），德國的新教神學家，在哥廷根大學（Georg-August-Universität Göttingen）教授組織神學。早期是一名辯證法神學家，後來受到海德格（Martin Heidegger）等人的影響，開始研究存在主義神學。

11 岩下壯一（1889-1940），日本大正（1912-1926）至昭和（1926-1989）初期天主教的祭司，宗教思想家。其父為實業家岩下青周。畢業於東京大學，在歐洲留學期間成為祭司。代表作有《岩下壯一全集》。

心。確實，只要稍微了解天主教相關知識，剎那間法國文學便沐浴在一片嶄新的光芒之下。合理主義邏輯嚴密的理論體系，不僅本身很美，而且十分適合解釋十七世紀合理主義的由來。另外，佩吉[12]曾充滿激情地說過，人類善意努力的結果，最終產生了惡——這一說法，這種愈沉淪於罪惡的深淵愈接近救贖的悖論，看起來就像是人類感情的力學最為深奧精妙的東西。這並沒有說服我，也沒有令我感動到自發地向宗教信仰靠近。我認為，假如宗教信仰是以這種悖論式的結構為中心所建立，那麼，信仰宗教的人應該各自皆有充分的信教理由。克洛岱爾[13]透過戲劇、莫里亞克[14]用他的小說，他們透過作品想要訴說的東西，第一次清晰地展現在我的眼前。葛林[15]的小說全都是一個主題，反過來說，這唯一的主題包含了小說家窮盡一生也無法將其全部演繹的可能性，這一點是毋庸置疑的。……就連「中世紀」——我不了解西方的中世紀史，但與其把它想像為和文藝復興期相對立的「黑暗時代」，不如按照吉爾松[16]的做法，將其想像為對價值和概念體系進行豐富拓展的積極時代。我跟天主教之間的交集，最早可以追溯到小時候那些令我害怕的洋人修女。上大學的時候，現代新托馬斯主義[17]者和天主教作家吸引了我，但在這時期我未曾去過教堂，也沒有做過禮拜，沒聽過佈道，更沒有和任何傳教士講過話。不僅如此，我周圍也幾乎沒有人承認過教會的影響。干涉選舉、左右大學人事、管轄生育和阻撓離婚、不斷批評隔壁人家女兒品行的教會、教團和信徒所造成的巨大壓力，我從來沒有親身體驗過。我對天主教大概抱有一種「柏拉圖之戀」的感情。要是住到同一個屋簷下，愛也好、恨也罷，那都不是嘴上說幾句好聽話就能解決的事情——此為人之常情。

當時的法文科聚集了不少個性鮮明的人：辰野隆、鈴木信太郎、中島健藏、森有正[18]、三宅德嘉……比起在課堂上，課後這些人聚在一起的閒聊更充滿獨特的活力，有一種完全不同於醫學部的氣氛。在醫學部，學生除了課堂之外幾乎沒有其他機會能跟老師交流。不，不光是這些，法文科研究室這些人身上還有一種東西，一種跟我所知道的周圍社會相去萬里的東西。那大概就是不在意權力，可以就任何話題，在相當大的自由度內說出自己的想法。辰野教授以東京腔特有的捲舌音滔滔不絕，頗有豪放磊落之感，他說的笑話不光逗別人笑，自己也會笑出來，但他能

12　佩吉（Charles Péguy, 1873-1914），法國詩人，創辦了《半月叢刊》，對功利主義、權威主義持批判態度，詩歌具有神祕主義風格。代表作包括詩劇《聖女貞德》和敘事詩《夏娃》等。

13　克洛岱爾（Paul Claudel, 1868-1955），法國詩人、劇作家、外交官。法國天主教文藝復興時期的重要人物，作品帶有濃厚的宗教色彩和神祕感，代表作包括《五大讚歌》等。

14　莫里亞克（Franois Mauriac, 1885-1970），法國小說家，擅長以心理小說手法描寫人物內心的黑暗面和各種苦惱。一九五二年獲諾貝爾文學獎。代表作包括《愛的沙漠》等。

15　葛林（Graham Greene, 1904-1991），英國小說家。風格獨特，善用驚悚的手法描寫宗教性主題。代表作包括《權力與榮耀》等。

16　吉爾松（Étienne Henri Gilson, 1884-1978），法國哲學家、歷史學家、法蘭西學術院院士。研究領域為中世紀哲學，代表作包括《中世紀哲學》等。

17　即新經院哲學（Neo-scholasticism），十九世紀末出現在西方的一種基督教哲學，羅馬天主教會的官方哲學。

18　森有正（1911-1976），日本哲學家、評論家。畢業於東京大學，明治時期政治家森有禮的孫子。研究對象為十七世紀法國哲學和思想。代表作包括《巴斯卡的方法》、《笛卡兒的人間像》等。

敏銳地看透他人情緒，而對人相當體貼入微。甚至讓人覺得辰野教授是因為看得太通透，為了不讓對方感到拘束，便講笑話來調節氣氛。偶爾見到我，他一定會問：「令尊大人身體可好？」從他父親那輩起，他們家就一直請我父親出診，所以就算不是直接地，他也會問候一聲我父親。

「法文研究室真是才子雲集啊！」他說，「渡邊、森、三宅，這幾個都是法文科有史以來的優秀才子。我有不懂的地方，就去問渡邊。他可真是無所不知。小林（秀雄）[19]也非常優秀……不過跟渡邊不一樣，他根本不來教室上課。盡在家裡看書。有一次從我家裡借了書，還回來的時候書都被煙灰弄髒了。他實際上很用功的。考試的時候，跟我說他沒來上課無法作答，就這樣讓他過吧，實在很過分。只有畢業論文是寫好拿來，說要我先看。我一看，嚇了一跳。寫得太好了，我給他最高分。渡邊、小林、森……森君老說什麼笛卡兒、巴斯卡（Blaise Pascal），也是個了不得的秀才！法文科必須得要出這樣的人才行。不過實在是太難懂了，我都看不太懂……」

為法文研究室帶來戰爭情報的總是中島講師。他一邊擦汗，一邊旋風似的飛奔進來，說：「別拖拖拉拉的快來看，出大事了……」「敵方戰艦被炸成兩截，失去蹤影？」鈴木副教授問。「我們拿下夏威夷了！」一片騷動中，渡邊副教授正好上完課回來，研究室裡的人便一起前往本鄉通上的「白十字」咖啡廳。有時候，英文科的中野好夫副教授或倫理學科的吉滿義彥講師也會加入。「在夏威夷打高爾夫球應該很痛快。」「也許吧，」渡邊副教授說，「但對方本土毫髮未傷，這場戰爭肯定會擴大。」「我們可是有絕對不敗的態勢。」「但願如此。」「一夫你有點太過悲觀了。」——就在這個時候，辰野教授大聲說道：「我堅決支持大東亞戰爭！但是……」他說完

「但是」後又稍微停頓，「但是，前提是不能讓有前途的青年們去送命，而要按照年齡順序，從上面開始送入軍隊。參謀本部的那幫人，還有鈴木君和我這種沒有前途的人，要是都能先給送去戰場的話，那我就堅決支持大東亞戰爭！」戰爭剛開始的時候，辰野教授還為日本軍的巨大勝利而高興不已。他認為「珍珠港」是一場「大快人心的」動作片，我們應該尊敬「天皇陛下」。然而當他看穿弄權軍人和利用軍國主義牟利者的內心時，有時會突然說出令人意想不到的話。

我非常喜歡中島講師的性格。他絕不會玩弄陰險手段，就算對我這種年輕人也是平等相待，他不會虛與委蛇，也不會遮遮掩掩，能很快地製造出友善的氛圍。他的興趣十分廣泛，一下子沉迷在現代音樂，一下子又去組裝機車引擎；以為他要講天下國家，卻開始討論生理學會最近的動向。他在大學教法國象徵主義，同時還活躍在無數的委員會和各種組織裡，剛剛露個臉又不見蹤影，以為他不在場，回頭卻見他在那裡談笑自若，彷彿不知疲憊的不停地奔走於東京的各個角落。而且，所參加的活動沒有一樣是為了自身利益。我雖然不知道他具體在做些什麼，但能夠理解他為什麼要這麼做。他的忙碌讓我驚嘆，他的心裡——怎麼說好呢，有一種特質，讓我深有同感。

不過，影響我最深的恐怕還是渡邊一夫副教授，他像是從天而降，來到這戰火紛飛的日本

---

19 小林秀雄（1902-1983），日本評論家，畢業於東京大學法文科。代表作有《意象種種》、《私小說論》。一九六七年獲文化勳章。

國。渡邊老師反抗周圍的軍國主義，但他並未向遙遠的法國尋求精神慰藉。這多半是由於他過於熟悉法國文化，又與日本社會的羈絆過於深重。他生活在醜態百出的日本社會中，同時從更為廣闊的世界和歷史角度來定位其意義；同時從內與外，甚至是站在「天狼星的高度」來眺望自身和周遭。這就宛如幕末的先驅者們：他們看透了攘夷的不可能，又對鎖國這個時代錯誤瞭如指掌；認識到我國的「落後」不僅在於技術層面，而是在於傳統教育和思維方式，而淵源在於日本國的歷史中……若非有這種不可缺失的精在我們身旁，毫不停歇的把「瘋狂」叫作「瘋狂」，把「時代錯誤」叫作「時代錯誤」的話，我十分懷疑自己是否能在如此漫長的戰爭期間，保持正常的精神狀態。我想從外部視角觀察日本國狀況，然而我既沒有出國經歷，又缺乏外面世界的相關知識。當時的我總算看了第一次世界大戰後的法國作家作品，還從研究室借來兩次大戰間發行的《歐洲》[20]和《新法蘭西評論》[21]，可說是才剛從頭開始接觸。但是，我們白天所閱讀的現代文學的書，對於渡邊老師而言，只不過是他在研究十六世紀感到疲勞時，一個晚上就能讀完的休閒讀物而已。渡邊老師的研究不僅僅是周密細緻地調查「十六世紀」。十六世紀，那是一個宗教戰爭的時代，一個異端審判的時代，一個近乎「瘋狂」地崇拜觀念體系的時代，因此也是幾位人文主義者不停提倡「寬容」的時代。換句話說，這不僅是遙遠國度的過去，也是日本和包圍著日本世界的現在。渡邊老師親自向我們揭示了這樣一個事實，透過細緻處理資料，愈逼近過去的事實，就會愈清晰地看到藏於其中的現在，同時，於現在之中也能見到過去。這位聰明絕頂又敏感的學者，總是用意味深長的諷刺和悖論來掩蓋他臉上類似幕末志士的表情，似乎在說，過於露骨的表達非文明人所為——就像在拉辛（Jean Racine）的舞台上，主人公的死訊傳來，而不見一絲血痕。

我跟研究室的兩位助教，森有正和三宅德嘉也逐漸熟識起來。當時，森住在位於本鄉的東京帝國大學基督教青年學生宿舍（ＹＭＣＡ）[22]房間裡，他就生活在堆成山的書和煙蒂、灰塵、還沒洗過的內褲和襪子之間。他讀法文的巴斯卡，拉丁文的喀爾文[23]，彈巴哈的管風琴曲。同時，他不僅在研究室，還會在「ＹＭＣＡ」前面的「南美咖啡」店裡高談闊論，當時亦住在「ＹＭＣＡ」的劇作家木下順二[24]也會在那現身，所以我也認識他。三宅君個子瘦小，臉色很差，從不大聲說話，也不會特別興奮，酒量大得嚇人，內心卻溫柔得像個少女。他對一切都充滿了興趣，博聞強記又思維縝密，聰明的大腦無人能及。大家聚在研究室討論問題的時候，三宅君總是在邊上默默地聽著，一旦他打破沉默說一句「這個，稍等一下」，大家就都不再說話，重新思考

---

20 《歐洲》（*Europe*），法國的月刊雜誌，一九二三年創刊，一九三九年一度停刊，一九四六年再度刊行，五十年代之後成為法國最出色的文學雜誌

21 《新法蘭西評論》（*La Nouvelle Revue Française*），法國文藝雜誌，創刊於一九〇八年，戰爭期間經歷了兩次停刊，後又復刊，培育了很多青年作家。

22 Young Men's Christian Association的縮寫。本鄉ＹＭＣＡ指東京大學基督教青年會的宿舍，位於東京本鄉地區。

23 喀爾文（John Calvin, 1509-1564），瑞士宗教改革家。

24 木下順二（1914-2006），日本著名劇作家，曾獲岸田演劇獎、讀賣文學獎。代表作有《木下順二集》等。

那個問題。不論是法文單詞的解釋，還是統計的數字，或是歷史年代，和資料比對後，三宅君幾乎沒有說錯過。森有正和三宅德嘉這兩位，都是性格頑固，從不妥協，在不被戰爭宣傳所「蒙騙」這一點上，絕對不輸給渡邊副教授。每次我從醫學部到法文研究室，感覺就像邁進了另一個世界的大門。

不幸的是，戰爭的形勢，後來朝著我們預測的方向發展。美國加入後，盟軍在歐洲戰場開始壓制德軍，在太平洋上也奪回了日軍占領的島嶼。大學的畢業年限也被縮短，原本的四月畢業提前到了當年九月，「學徒動員」[25]開始實行。我從醫學部畢業後就進入附屬醫院工作，之後很長一段時間，我有空就會去法文研究室，直到研究室被「疏散」。這已經不是為了法國文學，而是在戰爭的暴風雨中必須找人說說話。慘敗的結局步步逼近，我感到自己也被一步步地逼入了困境之中。

當時，我和三宅德嘉決定一起去聽神田盾夫[26]教授的拉丁語課。來上這門課的除了我們之外，還有一名學生。在軍事訓練和「學徒動員」的時代，當然很少有學生會對古典語的母音長短感興趣。大學校園，本鄉通上，舉目所及是幾乎只有「國民服」的海洋。只有神田教授穿著英國制西裝出現在教室。他一身熨帖合身的西服——任誰看來都是充滿挑釁——從御殿場的家中出發，每週一次搭乘火車來東京授課。這個時候，「疏散」已經開始，火車變得擁擠不堪。神田教授說：「人得從火車窗戶爬進爬出，擠成這樣連書都看不下去，看來學問也做不了。」他的聲音裡有種特別的溫和與淡定。一開始我們讀的是西塞羅（Marcus Tullius Cicero）——裡面有他的那句名言：「啊，時代啊！啊，風俗啊！」[27]——接著又讀了維吉爾（Virgil）[28]。一九四四年六月，盟軍登陸諾曼地消息傳來的那日，神田教授跟往常一樣帶我們讀維吉爾，當時正好翻譯完了狄多[29]（神田教授把「狄多」的名字譯成了「黛鐸」，發音上帶點英國腔）的悲戀。他合上書本，一邊收拾東西準備回家，一邊自言自語般說道：「這下好了，敵國友邦兩邊都有得受了。」然後他站起身來，走到教室門口，突然停住了腳步，轉過身來面對著我們，說道：「所謂『敵國』，當然是指德國。」瞬間呆住的我們不由得面面相覷，等回過神來，神田教授早就消失了蹤影。

25　日本發動侵華戰爭後，為解決國內勞動力不足等問題，從一九三八年開始強制中學以上的學生參加勞動。

26　神田盾夫（1897-1986），日本西方古典文學研究者、聖經新約研究者，東京大學教授，國際基督教大學教授，該校「基督教與文化」研究所首任所長。代表作有五卷本的《神田盾夫著作集》等。

27　拉丁語原文為「Otempora! Omores!」語出西塞羅於前六三年在元老院所作的反喀提林演講第一篇，感慨當時羅馬風俗的墮落。

28　奧古斯都時代的古羅馬詩人。

29　狄多（Dido），希臘神話中建立迦太基城的女王。

青春

上大學後沒久，繼肺炎之後我又罹患濕性肋膜炎。當時還沒有化學療法，也尚未發現抗生素。有一段時間，我在生死邊緣掙扎，後來的恢復期，只能在世田谷區赤堤那租來的家中度過。在恢復期間，我感到光是活著便是件特別珍貴的事情，旁人看來不值一提的小事，在我眼中成為無可取代的喜悅。一杯熱呼呼的粗茶、舊書紙張的香味、樓下母親和妹妹的說話聲、似曾聽過的幾段旋律、冬日午後清透明亮的陽光、歲月靜靜流淌的感覺……那個時候，正是「死亡」把這些喜悅從我身邊奪走。我注視著自己消瘦的胳膊，想像著它們被燒成灰燼後就不留任何痕跡，甚至連我注視著它們的這個意識也會消失不見。我對必須如此的運作的世界秩序感到憎惡。這是惡，是不正，是醜惡的不合理。我小時候發高燒做噩夢，在夢境中被捲入巨大的漩渦，被拖進深不見底的深淵，我想起當時那種令人窒息的恐懼感。雖然我不信「上帝」，但認為即使上帝存在，那也不會是正義之神。也許是神創造了這個世界，卻只創造出一個最終必須毀滅的世界。也許是神給與我們「恩賜」，但那卻是最終必然會被奪走的恩賜。所有的存在之所以會走向死亡，是由世界內部的結構所決定的，而非世界外側的「審判」介入所致。既然世界已被創造出來，那麼，就算是創造者自己，也找不出任何正當理由去踐踏一朵野花。並非所有存在皆為善。然而，不管多麼小的存在，其價值皆不可估量，故破壞存在者，必為惡。

跟幼年生病時同樣，我靠讀書來度過漫長的康復期。不過，我的興趣早已發生變化，從小時候的銀河系宇宙和史前時代的故事，轉移到了和美女的相遇以及戀愛大冒險。我開始對文學產生興趣，整日沉迷於近松的私奔故事和明治以後三代的小說。然而，這些文學並不能完全滿足我的想像。想像所往之處不僅是人情世故的曖昧，還涉及歷史和社會等相關的知識領域。但是，科學與難以驗證的想像並無關聯。近松歌頌了殉情的美好，但其中幾乎沒有知性要素。將我誘入科學和近松都無法滿足的想像之境的，是西洋文學。我初次認識到有一類不同於近松世態劇所代表的文學，涉及人類生活的感覺、感情，還有知識領域「全體」內容。從巴斯卡到紀德（André Gide），從拉辛到普魯斯特（Marcel Proust）。尤其是《海濱墓園》和《達文西的方法序說》（*Introduction à la méthode de Léonard de Vinci*）[1]，是我當時的「聖經」。不過，就像大部分基督教徒並不了解《聖經》的歷史背景，我既沒有見過地中海，對義大利文藝復興期也一無所知。我在語言學方面的知識也很貧乏，要不是偶然得到柯安（Gustave Cohen）的詳細註解，我恐怕會放棄閱讀《海濱墓園》。《達文西的方法序說》則有中島健藏和佐藤正彰的譯本。《海濱墓園》——確實已有譯本出版，但幾乎是隔一行就有錯誤。我從法文研究室借來瓦勒里的著作，從頭開始讀，當然，我不可能完全理解——實際上，我能看懂的只是很少一部分。這是很多年後法國朋友念《歐帕里諾斯》[2]給我聽時，我才搞清楚的。不過，我感興趣的並非是某個特定看法或作品，而是包括了感覺和知識的世界整體，以及整體的結構——或者不如說是樣式，因為它們帶給我某種啟示。對我而言瓦勒里不單是詩人、美學家、文藝批評家、科學家，甚至也不是哲學家，而是面對所有這些專業知識領域，能決定一個人的態度。瓦勒里的著作對我來說太過珍貴和重要，以至於它算不算文學都無關緊要。

有幾位朋友常去我在赤堤的家，正是所謂的物以類聚。兩名法文科學生，山崎剛太郎[3]和中村真一郎，他們仔細閱讀了《追憶似水年華》（*À la recherche du temps perdu*），打算自己提筆寫

1 瓦勒里撰寫的評論文章，一八九五年發表於《新法蘭西評論》。

2 《歐帕里諾斯》（*Eupalinos ou l'Architecte*），瓦勒里發表於一九二三年的作品，全篇採用柏拉圖的對話形式，展現了瓦勒里獨有的世界觀。

3 山崎剛太郎（1917-），日本的詩人、法國文學翻譯家。早稻田大學法文科在學期間加入了「瑪蒂涅詩人俱樂部」。畢業後在東寶電影公司從事法國電影的字幕翻譯工作，共翻譯了七百多部電影的字幕。代表作包括小說《薔薇物語》等。

小說。福永武彥[4]當時應該已經翻譯了《惡之華》[5]和《巴黎的憂鬱》[6]。就讀本鄉校區法學部的窪田啟作[7]和中西哲吉則對馬拉美非常著迷。德文科學生原田義人，不光對德語詩文，對法國象徵派詩人也很感興趣。我們大多時候都在閒聊，有時就像以前在駒場宿舍輪流講解《萬葉集》般，一邊參照凡傑洛斯（Joseph-François Angelloz）的法文譯本，一邊閱讀《杜伊諾哀歌》[8]；一邊看著阿蘭（Alain）的注釋，一邊閱讀《年輕的命運女神》[9]。一個人看不懂的東西，集合了大家的智慧，也不容易搞清楚。不過我們以此為由定期聚會，彼此之間也愈來愈親密。不僅如此，就像以前日本人讀過中國詩後萌生自己寫漢詩的念頭，我們讀了西方詩後，也想創作一些沒有原作的翻譯詩。過去（大部分）日本人讀中國詩時並未將其視為中文，而是以訓讀的方式當成日本詩來讀。我們也一樣，讀西方詩時，不視其為西方語言創作之詩，不仰賴他人翻譯，以訓讀方式來自己讀。福永並非沉醉於《惡之華》的法語原文，而是以《惡之華》和日文為素材創作自己的詩。窪田在卡圖盧斯[10]和龍薩[11]的戀愛詩中發現了《古今集》[12]以來戀歌的映射。中西喜愛馬拉美十四行詩在知性上帶來的挑戰。他說，一詩一世界，精煉至純境，如有更純者，則如美酒摻水，索然無味也。在這群充滿幻想的夥伴中，中村真一郎兼具了實踐性精神以及詩與詩人方面的豐富知識，他總能不斷地提出具體可行的方案。中村說，既然大家創作的詩都沒有機會發表，何不在同好間朗誦。參加詩歌朗誦的成員則戲稱為「瑪蒂涅詩人俱樂部」。戰後我們共同出版的詩集便以此為名，這才為世人所知。中村懷著作為文字方面的專家，或至少是未來專家的意識。專家以訓練有別於外行。訓練要成立，其工作就必須有規則。漢詩早就有了平仄上的繁瑣規則，就連俳

句，也要講究用季題[13]。和歌、俳句以外的日本詩亦應有格律，若格律不僅包括音節數和行數，

---

4 福永武彥（1918-1979），日本小說家，畢業於東京帝國大學法文科。在學期間和加藤周一等人創建了「瑪蒂涅詩人俱樂部」。作品風格帶有法國心理小說和意識流手法等特點，代表作包括《草之花》、《死亡之島》以及評傳《高更的世界》等。

5 《惡之華》（*Les fleurs du mal*），法國著名詩人波特萊爾（Charles Pierre Baudelaire）的代表性詩集。

6 《巴黎的憂鬱》（*Le Spleen de Paris*），法國詩人波特萊爾的散文詩集，原名為《小散文詩》，收錄散文詩作品共五十篇，於一八六九年出版。

7 窪田啟作（1920-2011），日本的法國文學研究者。東京帝國大學法學部在學期間，加入了「瑪蒂涅詩人俱樂部」。他在東京銀行工作，利用業餘時間翻譯了大量法國小說，代表譯著包括卡繆的《異鄉人》等

8 《杜伊諾哀歌》（*Duineser Elegien*）奧地利詩人里爾克（Rainer Maria Rilke）的詩集，出版於一九二三年，由十部長詩構成，從一九一二年出版第一部到全部出版完畢，花費了十年時間。

9 《年輕的命運女神》（*La Jeune Parque*），法國詩人瓦勒里發表於一九一七年的一首長詩，採用少女在海邊獨白的形式，描寫了一系列的意識變化，被認為是二十世紀前半葉法國抒情詩的最高傑作之一。

10 卡圖盧斯（Gaius Valerius Catullus，約公元前84—約公元前54），羅馬抒情詩人。詩作多吟誦對故鄉的熱愛，善用淳樸的語言描寫人們在日常生活中的喜怒哀樂。留有詩作一百一十六篇，其中最為有名的是《萊斯比亞》。

11 龍薩（Pierre de Ronsard, 1524-1585），法國詩人。最早用本民族語言而不是用拉丁語寫詩的桂冠詩人，曾組織「七星詩社」。代表作包括《頌歌集》等。

12 即《古今和歌集》的簡稱。日本第一部敕撰和歌集，二十卷，共收錄和歌約一千一百首。九〇五年，紀友則、紀貫之等人奉醍醐天皇之命開始編纂，風格優雅，被稱為「古今調」。

13 即季語，指在連歌、俳句中吟詠季節的用詞。

在韻腳上亦有限定，那恐怕就是詩歌的最高規則了。早在戰前，九鬼周造[14]便對此提出十分具有說服力的理論。但他所舉的範例，僅僅實現了韻腳格律詩的部分可能性。中村提議大家共同探究韻腳格律詩的可能性，應該能比九鬼的嘗試更加深入，而我們也對新的詩歌實驗產生興趣。戰後詩集出版時，有批評者指出，「不可能以日文符合韻腳。」然其論據與九鬼和中村的理論相較，則相當地淺薄和幼稚。這一點上，中村也好，我們也好，都沒有錯。「瑪蒂涅詩人俱樂部」的不幸，在熱衷於無法實現的計畫，即以現代日語為素材，試圖創造出接近以十九世紀末法語為前提的象徵派詩。然而當時我們關注的是馬拉美，而非北原白秋，只能說該降臨的不幸還是降臨了。後來當我看到那位可怕的，出生在美國的英國人[15]，他寫的《荒原》（*The Waste Land*）將許多年輕詩人逼到無法突破的境地時，就會想起自己過去這段經歷。從一開始，問題就不在韻腳上，而是在語言上。我們以為自己已經充分理解了這一點，然而事實上還遠遠不夠……

戰爭眼看就要打到家門口。寫詩的這群同伴中，福永健康出了問題，不久去了結核病療養所。山崎大學一畢業就被派往日軍占領的法屬印度支那當翻譯。他去的地方是法屬印度支那中部地區的一個古都，他說那裡有王宮，王宮裡還住著女王，但他在戰敗後被懷疑是戰犯，回國日期延遲，很長一段時間都沒回來。窪田成為銀行職員，被派到上海分行，他當時已經成家，但妻兒都留在東京。原田和中西，他們倆被徵召進入陸軍。後來原田成為幹部候補生，曾佩著軍刀出現在我們面前。中村說：「很有軍人的派頭，看起來天生是個當兵的料。」原田說：「別取笑我了，你哪知道我心裡的痛苦。」不過即使在我眼中，原田的那身軍裝看上去真的很適合他。中西沒有申請幹部候補生。有段時間，還能收到從部隊裡寄給家屬的信，後來他們坐著運輸船去了南方戰場，在此通知後便音訊全無。原田戰爭結束後歸國，中西卻再也沒有回來。在東京，沒有被徵入伍的就只有我和中村，中村留在了法文研究室，我留在了大學的附屬醫院。

當時，中村有個親戚住在埼玉縣的川口市，經營一家鐵工廠，為了送他的獨生子出征，把年齡相仿的青年們請到家中舉行「壯行會」。我受到中村邀請，前往川口市。這個承包軍需工業的鑄造廠市鎮，儘管燈火管制的夜空漆黑，熔爐裡湧現的火光還是把川口附近照得一片通紅。就連在東京也已難以到手的酒，那裡也是多得喝不完。聚到一起的青年們有的喝醉了，有的喝多吐了。大家都知道徵兵令就在眼前，大概也感受到戰敗的距離不遠。一名青年喝得臉色蒼白，踉踉蹌蹌地走過來對我說：「我會活下去的。」但我並不認識他。「我會去當兵的，但無論如何都要活下來。死了就什麼都沒有了。這都是為了什麼？你說是為了什麼？死了就什麼都完了。我才不要就這麼輕易地去死……」另一個人微笑著，與已無關般的喃喃道：「你覺得什麼時候會結束呢？我還能在大學待六個月，應該無法在這期間結束吧？這六個月，我把想做的事情都先做過……六個月看起來挺長，其實一眨眼就過去了。」我也許明天就會收到徵兵令，也可能到最後不會收到。總而言之，再沒有比夾在已經知道出征日期的年輕人中間，聽他們的苦苦呻吟更令人

---

14 九鬼周造（1888-1941），日本哲學家。代表作包括《西洋近世哲學史》、《偶然性問題》、《「粹」的構造》等。

15 指英國詩人T．S．艾略特（Thomas Stearns Eliot, 1888-1965），長詩《荒原》為其代表作。

難受的了。鐵工廠老闆隻字不提兒子出征或戰爭，與我們聊著謠曲。他說他和高中同學安倍能成[16]、野上豐一郎[17]等人一起，請了各界名流，在水道橋的能樂堂舉辦演能會，叫我們去看。

我在開戰那天看了場文樂，之後一段時間戒掉了去劇場看表演的習慣，但自從川口鐵工廠老闆的邀請後，我就又開始時不時地去水道橋的能樂堂看戲。窗戶拉起了燈火管制的黑布，能樂堂裡面卻別有天地。鼓聲響起，尖銳似裂帛般的笛聲在場內回響，我期待著來自遙遠世界的人物出現在掛橋[18]的那一頭。鼓聲再次響起，笛聲在場內回盪，經過漫長等待的最後，以為布幕拉啟時，一回神才發現已經落下，那神奇的人物並非登上舞台，而是突然出現在舞台掛橋的松樹旁，彷彿從天而降。然後，梅若萬三郎[19]唱起了謠，那純熟而老練的嗓音微微顫動，聽起來美妙動人。即便台詞內容難以聽懂，但他的聲音一下子把我帶進另一個世界，一個沒有徵兵令、沒有糧食配給券，也沒有國民服的世界。那裡也沒有武士道、沒有《葉隱》，甚至沒有三味線和私奔，取而代之的或因殺人，或因愛人，獨自在地獄受苦的男男女女。地獄並非社會問題，所以，主角只要一名便足夠。極度的愛憎無關個性，所以，主角一直戴著面具。令人驚嘆能樂演員們只要抬手放在額前，立刻將舞台變成須磨[20]海濱浪花朵朵的白沙灘；白色的足袋只要踏出一步，秋風輕拂芒花時深草[21]鄉間的景色霎時浮現。除了發亮的地板和舞台正面的一棵松樹，不需要其他任何舞台裝置。戰爭期間，我在水道橋的能樂堂發現的不是「能」，而是「戲」這個詞的終極含義。這不僅僅是世阿彌的世界。演員的聲音究竟能如何地動聽，一個小小的動作到底可以講述多少故事，劇場中的時間，又可以讓期待變得多麼豐盈、多麼緊繃、多麼濃稠——而恰如其分的表現在藝術的世界裡到底能成為什麼，我在那時、那裡，親身體驗。這當然是個偶然，但若無視這樣的偶然，我身為日本人的意義也就不存在了。一個人在哪裡出生長大，也就是起點在何處，而非是去過的地方，決定了他的國籍。從那以後，我幾乎在全世界的劇場看遍一流的戲劇，但這緣起於我先聽到梅若萬三郎的謠，看到金剛巖[22]舞蹈。順序若是倒過來便不成立。

我的朋友一個接一個地離去，沒有一個人在戰爭結束前回來。唯有一個人例外。只有他在

16 安倍能成（1883-1966），日本哲學家、教育家、政治家。畢業於東京大學哲學系，曾擔任一高校長、學習院大學校長等職務，致力於教育事業。代表作包括《康德的實踐哲學》、《西洋古代中世哲學史》等。

17 野上豐一郎（1883-1950），日本的英國文學研究者、能樂研究者。曾擔任法政大學校長。代表作包括《能：研究與發現》、《能面論考》、《謠曲鑒賞》等。

18 原文為「橋掛り」，特指能樂舞台向左延伸，通向後台的過道。同時也是演出時舞台的一部分。掛橋到舞台間會放置三株不同高度的松樹，亦有表現遠近的寓意在其中。

19 梅若萬三郎（1869-1946），日本能樂師，觀世流。日本藝術院會員，一九四六年獲文化勳章。曾確立梅若流，為第一代宗師，後又回歸觀世流。舞台藝術風格華麗、感染力強。代表作包括《能樂隨想龜堂閒話》等。

20 日本兵庫縣神戶市西端，瀕臨大阪灣的地區。住宅區和療養地。風景勝地須磨在歷史上名聞遐邇，《萬葉集》和《源氏物語》等作品都以此為背景。

21 京都南部伏見區的住宅區。位於稻荷與桃山之間的山麓。平安時代的觀鳥賞月之名勝。

22 日本能樂金剛流的襲名。這裡指初代金剛巖（1886-1951），本名野村岩雄，是明治時期京阪地區著名能樂師金剛謹之輔的長男。他在美麗端莊的舞颱風格中加入豁達通透的特點，在能樂面具、服裝、舞美造型等方面也不斷地推陳出新。代表作包括《能樂古面大觀》、《能與能面》等。

徵召後去了中國，因病被轉送回日本國內的醫院後不久便退役。徵召入伍前，他和姐姐兩人住在浦和的家中，在本鄉校區主修哲學，自己也偷偷寫詩。夏天他前往信州，穿著和服便裝手持著拐杖，走在傍晚中仙道上的身影，遠遠看去宛如散步的老人。他說話聲音平靜，用詞簡潔，但對文章卻很嚴格，對我的作文總是付之一笑，說：「你們寫的東西真讓人看不下去。」他姐姐在一所私立大學教民法，才華橫溢、健談、愛笑、生性活潑、思想開放，極具辯才，舌戰群雄的程度可謂所向披靡。姐弟二人都詛咒軍國主義，堅信日本帝國跟英、美開戰就是盲目的軍國主義者在自掘墳墓，沒有任何意義。弟弟應徵入伍之後，會寫信給姐姐，從字裡行間當然可以看到很多東西。不難想像對他而言，軍隊的生活是何等嚴酷。但我從沒聽說過細節。有一天我突然聽說，弟弟因病被送回國內的醫院，之後不久他從軍隊退伍，回到浦和的家中。他看起來跟出發前我們見面時似乎沒什麼變化。「總之沒事就好，你吃了很多苦吧。」我滿懷感慨地說。「那豈止是吃苦啊，別再提了，我已連想都不願去想。」他如此簡短的回答。當時，我不知道他在中國發生過什麼。如今仍然不知道，恐怕也永遠都不會有知道的那一天。但是，從中國回來的這個男人，已經不是去中國之前的那個男人了。這件事要到很久以後，我才逐漸地看出來。

然而，中西死了。整場太平洋戰爭中，我最無法接受的是那般盼望活下去的男人竟然被殺死。想要活下去的，當然不只有中西。但中西是我的朋友。與朋友的生命相比，太平洋所有島嶼加起來又有何價值。我看到了漂著油沫的南方大海，想像著映在他臨終之眼的紅日碧空。臨終前，他大概會想起自己的妹妹，想起自己的母親吧。大概還會想起愛過的女子，未完的工作，讀過的詩句和聽過的音樂……他人生才剛剛開始，希望自己能再活久一點。他自願赴死，絕非因「受騙」而選擇死亡。終於不能再騙到他的權力，以物理上的力量強行將他送往死地。當我得知中西的死訊時，大腦一片空白，良久才恢復意識，我感到難以遏制的憤怒而非悲傷。就算原諒了太平洋戰爭的所有一切，我也無法原諒中西的死。那是無法挽回的罪，而罪就必須抵償……

但隨著時間流逝，我又產生了一個揮之不去的想法。那就是我活了下來而中西死亡，這件事情沒有任何正當理由。聚集在他家讀《杜伊諾哀歌》時，我們對同樣東西有著相同的愛憎，也理解和輕蔑同樣的事。同樣的不諳世事，也深知自己的不諳世事。我們都覺得人生漫長得沒有盡頭，還沒有必要馬上決定自己的將來。只是內心都感覺必須活著，所以也希望自己能活下去。我後來經常這樣想，若這個希望沒有殘忍地破滅的話……。如果他九死一生，如果他回來了，中西會以什麼態度來看待那些把他置於死地的東西？如果死去的是我不是他，他又會想要做些什麼呢？「替天行道」這句話毫無意義。第一，天意無從知曉。第二，即便知道天意，也無人有資格代表。但友人熱切的期望也許能被察覺，代替他實現的資格——或許沒有，然而可能有種模糊卻又強烈的誘惑。後來當我決定主動撤退，宛如綿羊般老實地保持沉默時，實際上常常會想起中西。

高中的時候，中西曾草就一文譏諷時事，我打算把它登在學生報上。文藝部長看到校樣叫我過去，要我刪除幾個「不妥之處」，說：「登出這種文章會讓憲兵找上門，我負不了這個責任。」我解釋那些內容並無「不妥」，中西不過是以迂迴的方式說出了大家內心的想法而已。文藝部長始終不肯讓步，不停嚷嚷著「憲兵」，但中西根本不理會刪除的要求。為了報紙發行只好撤稿。但在下一期的報紙上又出現了中西的另一篇文章。署名是「空又覺造」，不是中西。

內科教室

東大附屬醫院的內科教室喚起了我對實驗科學的興趣。我以無報酬副手的身分進入內科教室的時候，教室裡的醫生數量，包括同期新人，名義上超過了五十名。但其中大部分畢業後便要入伍擔任軍醫，實際上最後能留在醫局——醫院裡對醫生所在房間的叫法——的不過二十名而已。教授、副教授、講師和門診主任醫師，每人都要配上四五名助手，剩下的都是副手。我考慮將來如有必要，去市內醫院工作應該也能賺到能維持生計的錢，但還沒有具體的計畫。戰爭發展未明，也沒辦法訂立未來計畫。雖說家道中落，但暫時還不用我去工作養活自己。

我對醫生的世界並不陌生，從小就習慣了白袍、藥品架、消毒水的味道和聽診器冰涼的觸感。當然，不只是這些，還有看待事物的思維方式——只基於準確的事實基礎做出可能範圍內的結論，對無法驗證的所有判斷抱持懷疑態度——對我來說也沒有任何新鮮之處。當我決定進入醫學、也就是實驗科學領域的時候，我碰到的不是新的看法和觀點，而是對早已熟悉和習慣的思維方式的自覺、研究室裡的實踐、通過實踐進一步貫徹這些思維方式。教室裡有兩名專攻血液學的學長，對這些相當嚴格。他們尊重技術熟練者，不採信檢測誤差範圍不穩定者的數據，而且，在已獲得事實基礎上進行推導的時候，可以說是慎之又慎。中尾（喜久）說：「僅從這些事實無法得出這樣的結論。可能是這樣，但不能說一定是這樣。」、「必須自己重新再測量一次才行，」三好（和夫）則說道，「若以為不管誰的數據都能拿來用，這可就大錯特錯了。」我從兩位學長身上學到了血液學方面的入門知識，尤其是血液和骨髓細胞的形態學。戰後我在巴黎大學醫學部和專家一起用同一個顯微鏡反覆觀察難以診斷棘手樣本時，我發現在血液細胞的形態學方面，幾乎沒有什麼需要再重新學習的內容了。三好把患者用的病床搬到醫局的值班室，晚上就住在那裡工作到深夜。值班那天，晚上巡迴完病房回到研究室，我看到只有三好的桌上亮著燈，他一下把文獻堆在桌面閱讀，一下排好樣本，放在顯微鏡下觀察。他家住在湘南，只在週末會帶著包袱巾包好的髒衣服回家。他又瘦又小，不知道這麼多活力從哪裡來。除了血液學，中尾還幫忙冲中副教授[1]有關自律神經系統的實驗性研究，在內科方面也擁有廣泛知識。只要詢問，沒有他無法回答的問題，還會認真聆聽我片面又隨性的看法，並補充其不足。他看周圍人的眼光非常犀利，在剛戰敗的混亂中，他加入了日美共同原爆醫學調查團，前往廣島調查時，不論是日方還是美國方面的人物，他都能一眼洞穿。

徵集軍醫的命令使得大學醫院的醫局人數愈來愈少，剩下的醫生每人要負責的住院患者人數從四人增加到六人，又從六人增加到八人。我逐漸習慣病房裡的工作，但負責患者人數增加，再加上研究室的工作，離開醫院回世田谷家裡的時間變得愈來愈晚。同時，每天往返各一個半小時的路程，也逐漸變成沉重的負擔，於是我也考慮向三好學習住在醫院裡。有這個想法的不只是我。我們一開始住在空著的病房裡，後來東京交通變得愈來愈不方便，便將一部分二等病房當作過夜專用，成為醫局默認的習慣。雖然能在醫院裡的食堂解決三餐，但到深夜還是會覺得肚子餓。由於米原本便難得，甚至連芋頭都很難弄到，常住醫院的，再加上當天值夜班的便一起聚到醫局，炒個豆子，喝點粗茶。不過動物實驗還繼續進行，殺兔子的時候就拿兔子肉，殺狗的時候就拿狗肉，用大鍋煮了開「宴會」。不知是誰先說的，說煮狗肉的時候有浮沫，把那浮沫撇掉後味道跟馬肉差不多，晚上我們就圍著狗肉鍋，聊聊病人、實驗還有醫院裡面的一些雜事，開著玩笑熱鬧地笑著。其間很少涉及戰爭的話題，但也不是完全沒提到。

有天晚上，我們聽到新聞報導，美軍又登陸日軍守備的一個島嶼，報導還說要「堅決粉碎敵人」。我聽了之後嘀咕，「這恐怕不行吧。反正還是要被美軍占領的。」平時沒人會理我這種嘀咕，話題就這麼轉移到其他地方。但是，那天晚上參加狗肉鍋「宴會」的年輕值班醫師，卻抓著我的話不放。「你說『反正還是』，這是什麼意思？」他突然問我，情緒出乎意料的激動。

「因為『堅決粉碎敵人』這句話，情報局也不是今天才說的。」我回答他，想把話題就此打住。但是對方無意停止，繼續說道：「你不該說反正還是敵人會贏這種話。」

1　冲中重雄（1902-1992），內科醫生，東京大學教授，曾任虎門醫院院長，衝中成人病研究所理事長。專攻自律神經系統相關的實驗研究和臨床研究，致力於神經病學的建立。

「是嗎？」我說。

「什麼叫是嗎？你剛剛不才說了嗎，『反正還是要被美軍占領』？」

「我是說了那句話。但你也不需要這麼生氣，美軍到目前為止在太平洋上登島後哪次沒有占領成功。所以說這次登島，成功的機率也應該比較大。」

「這也不一定……」

「確實不一定會成功，明天的事情也無法確定，但是沒有任何材料可以用來推想美軍占領失敗，成功的倒是有很多。」

「你這人，怎麼就沒有必勝的信念呢……」

「……有也好沒有也好，這不是信念的問題，只是對客觀現實判斷的問題。」

「你這是失敗主義！」他大叫起來。

「請先等一下。」我盡量控制住自己的情緒，說：「我只是說島上的日軍可能會失敗，並沒有說希望他們失敗。這兩者完全不同。若我說希望他們失敗，那可能是精神上的叛徒，是失敗主義。但不論有多麼不希望他們失敗，這個期望和可能失敗的判斷之間毫無關聯。希望病人痊癒，跟判斷病人能不能痊癒，兩者若不能有所區別，醫學便無法成立……」

「生病跟戰爭是兩回事！」他又說。

「不對，在我所比較的範圍內，二者並無不同。」我繼續說：「我當然知道，生病與戰爭不同。但是這種不同，絕不表示一個必須區別事實判斷和價值判斷，另一個就不需要。若連這點東西都不明白，便無法研究學問。什麼信念，什麼失敗主義，這些話軍人說到讓人聽得都要吐了。大學是做學問的地方，對學問來說信念一文不值！我們知道哪些事實？登島美軍的兵力、島上日方的兵力都不知道，我們知道的事實只有一個，就是美軍已經無數次在太平洋小島登陸，登陸後沒有一次占領失敗。從這唯一的事實來推測這次登島成功還是失敗，你說哪個可能性比較高？我從未說過美軍一定會成功，只說了可能會成功。這句話哪裡不對？若說是不合情報局的意，就又是另外一回事了。你直接這麼說不就好了？但你不要拿情報局當擋箭牌亂說話。什麼失敗主義，簡直愚蠢透頂！虧你還長了個聰明的腦袋……」

「好了，都別說了！」

有人說了一句，我馬上閉嘴。說話的那個人，一邊喝著藥用酒精混合糖水而成的「酒」，一邊默不作聲地聽我們說話。連我都不知道自己怎麼會突然與人糾纏不休。但我確實不是針對那名年輕醫生，是其他的什麼讓我情緒激動。簡言之，剛才不過是我自己愈演愈烈，與對方的想法和感情無關。我應該不會為了那麼點事情而激動。大概是想到了那些被送到島上的青年，他們的死讓我再次詛咒戰爭，對戰爭宣傳和接受宣傳的社會感到憤怒。我自己在醫院——這個安全地帶工作，對此心中懷有某種負疚感。或許是這個原因，才使我的憤怒如此激烈。

自從在病房留宿之後，我也逐漸與護士熟悉起來。她們兩人一組輪流值班，整個晚上都不能睡覺。其中一名護士在她值班的晚上，用農村老家運來的白米和雞蛋為我做消夜。晚上我在護士站，滿心佩服地看著身穿白衣的她用醫院裡消毒用的瓦斯和自來水，俐落能幹地做起飯。房間的四周放滿了藥品架子和醫療器械，病人的紀錄〔這個叫「病歷」（Karte）[2]，當時日本的醫生已經在使用德語或類似德語的很多醫療術語〕堆成小山，牆上黑板以粉筆寫滿了病人處理方案的預定表。另外，還掛著藥店宣傳的掛曆，上面印著大幅的彩色風景照，比如富士山的雪景、平安神宮的櫻花等，不過，既沒有天皇、皇后陛下的照片，也沒有當紅電影明星的肖像。桌子上有時候會放護理學教程之類的書、或是女性雜誌。整個房間乍看似乎雜亂無序，但是在裡面待一段時間之後，就會很清晰地感覺到總體雜亂當中存在著一定的秩序。那不是馬虎草率所造成的雜亂，而是每樣東西皆按用途精心擺放形成的複雜。桌上的花瓶裡總是插著小花，不可思議地讓整體氣氛柔和起來。做好的飯菜被我獨自吃完，她幾乎不跟我一起享用自己親手做的宵夜。恰如我的家庭，父親和我從來不做家務，都交由母親和妹妹打理，而這似乎是天經地義。護士對我的這份好感，因為好感而為我提供的奉獻，或類似於奉獻的行為，我平靜接受的同時，又不知該如何回報。

直到那時，我都相信年輕女孩不會對我有什麼好感。雖然如此深信，但我也會反省自己。我既無出色外貌和風采，又沒有親切的態度，絲毫沒有吸引女性注意的優點。從高中時代起，我便對同學們在咖啡廳裡女孩們打趣的圓滑灑脫態度，感到既佩服又羨慕，但比起下功夫讓自己能吸引對方注意，我把心思放在即便沒人理會也能照過日子上。當時，我從那個護士身上第一次感受到了女性朋友的關懷。她雖長得不起眼，但心思細膩又體貼溫和。我跟她沒有什麼共同話題，不過，等病人們都入睡後，我們總會找點話題來聊。

她來自內房海邊的村莊，有一次我們還去了她家。那是在東京空襲發生前不久，除了週末回世田谷的家之外，我幾乎很少離開醫院。所以當我坐在開往內房的電車上時，就像一個出遠門回來的人，帶著好奇的心態環視著周圍的乘客。有穿著國民服的，有出門買東西的，有忙著處理各自事務的……週末去看海的，除了我，應該就沒有別人了吧。我敏銳地意識到，自己就是個局外人，而「局外人」這個詞彷彿概括了我跟社會的所有關係。當然，她不是局外人。海邊村莊的小商店、田間小路、松樹林、潮水的氣息、秋日的天空，它們一定對她很熟悉。在本鄉校區的醫院裡，她和我是住在同一個世界裡的人，在醫院之外，從那一刻起，她卻成了一條把我跟遙遠的周圍世界連接起來的細線。我想在屬於我倆的二人世界裡，更了解她。然而這樣的世界並不存在，即使存在，也相當短暫。海邊的村子、那片松樹林、海浪的聲音、潮水的氣息，我的第一位女友，那天我的內心充滿了某種幸福感，但並沒有發生任何決定性的變化。

第一批出現在東京上空的轟炸機編隊只是經過，目標是轟炸郊外的軍工廠。正午聽到轟炸機編隊接近東京的消息，我們把標本和顯微鏡都留在桌上，下樓跑到醫院中庭，抬頭仰望冬日的晴空。閃著銀光的小小轟炸機編隊，後方拖著平行的白色長雲帶，徑直朝前飛去。「原來長這樣子，還真好看。」有人說。每次因為防空警報而中斷工作，我們都會嘮叨幾句：「哎喲怎麼又來了？都快忙死了。」我暗自思忖，不知道他們什麼時候轟炸東京，恐怕也為期不遠了吧。這是從

2 原文為「カルテ」，德語「Karte」（病歷）一詞的音譯，日語中習慣用片假名標識外來語專有名詞。

開戰日起便能預料到的事。但是我身邊的這些東京市民，偷襲珍珠港勝利時高興得手舞足蹈，如今卻截然相反，他們已因戰爭疲憊不堪，同時也慢慢地察覺到日本已毫無勝算。

但這件事情並沒有拉近我跟周遭之間的距離。預感到失敗的可能，和從這預感中得出戰敗不可避免的結論，兩者之間還是有差異。我跟東京市民真正建立起連帶意識，跟他們產生同生共死的感覺，那是在東京轟炸成為現實，三分之一的街道在一夜之間被燃燒彈夷為平地後。東京大學本鄉校區正好位於三分之一區域的邊界地帶。上野廣小路及其對面的街道被全部炸毀，而本鄉通這邊的街道毫髮無損。燃燒彈沒有落到大學木造建築上，也沒有炸穿水泥建築的屋頂，因此大學校園裡沒有發生火災。不過，這些都是在轟炸機離開之後才知道的。在照明燈的光柱之間，美軍轟炸機從低空殺將過來，地面的高射炮不斷射擊，上野這邊的天空映照著一片熊熊燃燒的火海，當時根本就無從了解轟炸的規模。就算大學逃過了燃燒彈的轟炸周圍也是一片火海，那麼我生還的希望恐怕還是很小。我該怎麼辦？但又能怎麼辦。我想到了母親和妹妹。世田谷的家算是在郊區，應該還算安全。我又想到自己要是就這麼死了，該是多麼愚蠢的一件事。我並非在怨恨誰，甚至也不是詛咒戰爭。只是現在這個狀況——是生也好，死也好，總之是由美國人在太平洋島上制訂好的計畫來決定，但我根本就不知道這個計畫是什麼，這個狀況簡直愚蠢至極，令我惱怒不已。病房裡的患者都很安靜。他們大概被嚇得喘不過氣來，只能聽天由命了吧。「天」——也就是美國人當晚的計畫，救了大學和醫院。然後，轟炸機離開，幾個小時之後，我的世界被徹底改變。

燒傷患者一個接一個地被抬到醫院，原本還有些空床的病房轉眼間就被填滿。病床數量不夠，就放地鋪上，不光是病房的地板，連走廊裡也都躺滿了病人。所有的護士、醫生都被動員起來，竭盡全力急救。燒傷患者若症狀嚴重，會出現循環系統的問題。說是急救，不僅是對受傷部分進行處理。幾天之內，所有人都幾乎是在「廢寢忘食」的狀態下不停地工作。後來我也在醫院工作了很長一段時間，再沒有像那個時候那樣忘我地工作過了，也沒有像那個時候那樣有一群忘我工作的同伴。被抬到醫院來的那些患者，不論男女老幼，都是承受過轟炸，同在生死邊緣的掙扎的同伴。他們互相幫助，緩解了我們的人手不足。我們的工作就是在包含我們在內的同伴之間，互相幫助。轟炸機在頭上飛過的時候，我是孤獨的。轟炸機離開後的這幾天，我並不孤獨的。

後來轟炸又持續了一段時間。我在不知何時起成為自己專用的二等病房裡住了下來。夜深人靜的時候，我獨自躺在鐵架床上翻看著遙遠國度的詩文，用從世田谷家裡帶來的攜帶式小型唱片機，放著僅有的幾張唱片聽。若干的詩歌和音樂，對於當時的我來說，不管住哪裡，都近乎是生活必需品。醫院外部的訪客不會到這個房間裡，白天我不在房間，而晚上出門，早因不知何時何地會降臨的空襲成了一件極度危險的事情。東京成為戰場，破敗不堪。只有住在本鄉校區「ＹＭＣＡ」的森有正是個例外。拉下窗戶上燈火管制的黑布，我們在房門緊閉的狹窄病房裡，聊著戰爭會怎麼發展、我們該如何想辦法活下去，而活下去的希望又有多渺茫。有一天晚上，唱片機放著法朗克[3]的《交響變奏曲》（*Variations Symphoniques*）。當所有美好的東西都從東京的夜晚消失的時候，無限美好的音樂帶給我們無限的感動。

「這簡直就是天使（angle）的音樂啊。」我說。

「是啊，」森說，「簡直就是熾天使（seraphim）的音樂。」

3 法朗克（César Franck, 1822-1890），法國作曲家、管風琴演奏家。生於比利時。音樂風格受巴哈等影響，重視獨特的循環形式，具有嚴肅性和宗教深度。作品有《D小調交響曲》和《小提琴奏鳴曲》等。

八月十五日

戰爭最後一年的一九四五年春天，本鄉校區的內科教室全部都「疏散」到了信州上田的結核病療養所。這次「疏散」既不是校方的計畫，也不是醫學部的安排，而是各個教室透過各自的教授或醫局成員的個人關係，把器材、醫生和一部分的住院患者搬到了遠離東京的山區。那邊的設備和建築原本便不足以容納所有教室，鐵路運輸方面又因工廠的「疏散」和轟炸後逃難的人群，早已變得擁擠不堪，寸步難行。雖然過去的只有少數住院患者和不到三分之一的醫師，但對我來說，內科教室「疏散」到上田，是件求之不得的好事情。

房子在戰火中燒毀，我在東京已經沒有了家。當時父親一個人生活在伊豆的療養所。妹妹在戰爭剛開始時結婚，當時已經有兩個孩子，她的丈夫在中國戰場不知何時才能回來。母親帶著妹妹和兩名孩子，在追分村的避暑房屋裡打算熬過戰爭最後一年。妹妹把孩子交給母親，為了交換糧食衣物在周圍的村莊奔走。母親在一小塊火山灰地裡種地瓜和南瓜。我隨教室「疏散」到上田之後，每次有機會去農家出診，都會收到米、味噌和地瓜作為謝禮，週末便能把這些帶去追分。

淺間山麓的高原並不適合在糧食短缺時長期居住。冬天漫長又寒冷，火山灰土地非常貧瘠，農民也很貧困。在東京轟炸中失去家園的人們紛紛聚集到輕井澤、千瀧和追分村來避難，並非是覺得這裡的地理條件適合「疏散」，而是因為沒有其他地方可去，他們與農村唯一的聯繫只剩下避暑山莊。那些早已失信的紙幣農民根本不收，就用衣服跟當地人換糧食，但農民能用來交換的糧食有限，而且「疏散」來的也不是人人都存著能無限交換糧食的衣服。片山敏彥教授「疏散」到北輕井澤高原的家中，但很快便無法繼續住下去。下山後，他在小諸附近的村子跟農家租房間住。山室靜[1]很早就在那個村裡定居，他幫片山教授尋找住處。山室是信州人，片山教授則是土佐人，長期住在東京，到了信州就成了無依無靠的浮萍，手上也沒有當地人喜歡的羊毛衣服，只有幾本德語和法語的詩集。片山教授離開在農家租的房間，和我一起去追分的家時，春天的落葉松林冒出煙霧般的柔嫩新芽，林間小徑上可以聽到小鳥的啾啾聲。「這片樹林讓人想起薩爾斯堡的夏天呢。」片山教授突然說道。當時的我正在思考能否活過今年夏天，而詩人片山敏彥，他的腦海裡想著的大概是莫札特吧。母親同屆的同學一家人也「疏散」到了追分村。她的長女嫁給了近衛師團[2]的旗手，旗手是就讀陸軍大學，眉清目秀的青年，也在村裡露過面。母親同學的丈夫是名退役軍人，在中學當校長。他們家不用為糧食發愁。母親還有一名同學嫁給大公司的董事，生有二男二女，已經結婚生子的長女被迫「疏散」到追分村，她擁有許多「奢侈」的衣服，無需擔心餓肚子。不過，她在美國出生長大，大概習慣了「奢侈」的生活，不停詛咒現在的貧困生活。我的母親雖然嘴上掛著「這孩子可真是任性」，但只要她前來哭訴，母親就會幫她跟當地人說好話，叮囑她各種注意事項。「這場戰爭從一開始就注定失敗，應該很快就會結束。」她說，「可是戰爭一結束我老公就會回來，這該怎麼辦才好？」戰爭結束，丈夫復員回家，她把孩子交給丈夫，自己跟著占領軍的年輕士兵去了美國。

追分村裡沒有年輕男人。女孩子大部分也被從東京搬到鄰近縣的軍需工廠徵用，農村正苦於人手不足。儘管如此，我們每年都會拜託他幫忙挑水和管理房子的農家主人[3]，看著我妹妹的孩子說：「只要我還活著，就不能眼睜睜看著孩子們餓死。」他年近六十，獨生子已應徵入伍，農務全靠他和兒媳婦兩人。兒媳婦下地幹活的時候，妹妹家的小孩就托給駝背的「奶奶」照顧。然而六十歲身體應該也快要無法負擔農務。「大東亞什麼的，說這些大話有什麼用呢。」老人家說，「太難的道理俺也不懂，可光靠嘴上掛著大道理又有什麼用！就這麼把年輕人往火坑推，這仗可不能再打下去了啊……」

但是，我們暫時還看不到任何戰爭結束的跡象。第二年夏天來臨時，美軍已經占領了沖繩，把東京和大阪炸成了一片焦土。艦載機持續轟炸中小城市，出現在日本沿岸的艦隊加入艦

1　山室靜（1906-2000），日本文藝評論家。早期鐘情於無產階級文學，後發生轉向。參與《近代文學》創刊，對北歐文學有濃厚興趣。代表作包括《北歐文學的世界》、《安徒生的一生》以及《山室靜自選著作集》（全十卷）。

2　守護宮城和擔負儀杖任務的舊日本陸軍師團。

3　據鷲巢力考證，農戶主人名為荒井作之助，戰後加藤周一也曾以此為筆名發表文章。見鷲巢力《加藤周一はいかにして「加藤周一」となったか》（岩波書店二〇一八年十月出版）。

炮射擊。日本已經毫無還手之力，但政府仍然叫囂著要「本土決戰」，煞有介事地倡議「竹槍戰術」、「焦土戰術」、「把敵人引到水邊一舉殲滅」的策略。大報上都登著「一億人玉碎」，歌頌「為悠久的大義而活」的大和魂，竭力主張如果屈服於「鬼畜美英」就只能是死路一條。

由事務長帶領，我們在上田的療養所進行「防空演習」。以水桶從小水坑取水，護士們排成一列依序傳遞，最後把水潑到燃燒彈上。不只水，還準備了沙子，甚至還有扎著纏頭布打上綁腿，一身俐落打扮的事務員。可我們既沒有防空洞，也沒有抽水機。院長苦笑著看事務長指揮演習。

「從美軍的角度來看，朝這裡扔炸彈也沒什麼意義。」我說。

院長笑道：「這種說法，他們會覺得是種侮辱。他們覺得除了東京，美軍在日本的下一個轟炸目標就是上田。」

「萬一真的被轟炸，這裡一定會是火海了吧。」

「那是當然。但這是政府說要以竹槍跟敵人的登陸艇對抗的時代。再清楚不過的事，現在反倒讓人搞不懂了……」

「您覺得政府是認真的嗎？」

「希望不是，但……」

我們正在院長室裡說話，聽到護士跑到各病房大喊：「能走路的，請都到外面去。除了重病患者，所有人都到外面去。」

胖院長把煙按熄在煙灰缸裡，慢慢地從扶手椅上站起來，看了我一眼說：「這天氣真不錯，要不要出去走走？」

從七月底「無視」《波茨坦宣言》[4]宣布「戰鬥到底」，到八月十五日天皇玉音放送，這段時間我幾乎對其事都心不在焉，密切地關注著報紙和廣播上的各條消息，想要從中找到些蛛絲馬跡來推斷政府下一步的決策。廣島遭原子彈轟炸、蘇聯參戰、長崎遭原子彈轟炸，時局可謂急轉直下。日本方面已經無法再拖而不決，要麼「投降」，要麼「本土決戰」，不管選哪個，都必須在幾天之內做出決定。若是「投降」，活著的人仍能獲救；若是「本土決戰」，倖存的可能性幾乎為零。然而這個國家，從權力中心到地方醫院的基層都充滿著狂熱的軍國主義者，很難想像會快速地選擇「投降」。但「本土決戰」無疑是當權者把全體國民拖入死亡深淵的、陰森而淒慘的一種自殺行為——因為太過愚蠢，被認為是一條幾乎不可能選擇的道路。那段時間，我與院長兩人的談話愈來愈頻繁，我察覺到，醫院的人們似乎覺得我們之間有著某種反戰的氣氛。但我想若接下來是「投降」，就沒有必要擔心這個問題，如果是「本土決戰」，擔心什麼都沒有意義。我跟

---

4 《波茨坦宣言》（Potsdam Declaration），即《美英中三國政府領袖公告》，史稱《波茨坦公告》或《波茨坦宣言》。是一九四五年七月二十六日在波茨坦會議上美國總統杜魯門（Harry S. Truman）、中華民國總統蔣中正和英國首相邱吉爾（Winston Churchill）聯合發表的一份公告。這篇公告的主要內容是聲明三國在戰勝納粹德國後一起致力於戰勝日本以及履行《開羅宣言》等對戰後對日本的處理方式的決定。《波茨坦宣言》實質是「二戰」後期美、英、中三國向日本勸降的一份公告。

院長抱著「隨你們去吧」的心情，周圍仍對戰敗的事實感到不安，並未更進一步地責難我們。而後終於傳來了「投降」的決定——這個決定悄無聲息地，就像微弱的光反射一樣，抵達我們的面前。其實，院長跟我都注意到，以八月十日為界，報紙上不再出現「決戰、玉碎、焦土戰術」這些詞彙，取而代之的是強調「維護國體」。毋庸贅言，主張「決戰」的勢力非常強大的，但決策層中出現主張「投降」的強大視力，這也是無需懷疑的。希望之光愈發明亮起來。當預告說十五日有「重大放送」的時候，我把六成期待寄託在投降宣言上。

八月十五日正午，院長，還有醫生、護士、工作人員和患者，全醫院都集中到了食堂，緊張萬分地聽了那段聽不太清楚的「玉音放送」。放送結束後，事務長深吸一口氣，朝著院長的方向問：「這是什麼意思？」

「就是戰爭結束的意思。」院長簡短地回答道。

幾十名護士——都是年輕女孩——宛如什麼都沒發生過般，就像平時吃過午飯後那樣熱鬧地說笑著，眨眼間消失在各個病房。不管用多少教育和宣傳，戰爭到最後也沒有滲透進她們的世界。以事務長為首，包括職員和大多數疏散過來的醫師，露出陰沉的表情。但沒有一個人流下眼淚。我回到院長室，默默地喝著院長泡的綠茶，跟院長兩人各自陷入沉思。如今，我的世界充滿了光明。夏天的雲朵、白樺樹的葉子、山巒、城鎮，一切都充滿了歡樂，閃耀著希望之光。長久以來我都在盼望著這一刻的到來，卻又不敢相信這一刻居然真的到來了。軍靴踐踏了所有的美好，權力愚弄了所有的理性，軍國主義抹殺了所有的自由，突然之間，它們就像噩夢般消散殆盡、分崩離析。當時我這樣想，接下來我要開始「活」。如果有所謂的「生之喜悅」，那麼，從那一刻開始我將能體會。我想要放聲高歌。

醫院裡的氣氛在八月十五日的前後，發生了戲劇性的變化。在這之前，以事務長為首，很多人都有意無意地避開我跟院長，不跟我們搭話。十五日的第二天起，愈來愈多的人沒事跑到院長室聊各種問題。

「那這就是投降的意思吧。」

「軍人不會乖乖聽話吧？」

「以後糧食方面會變成什麼樣呢？」

「美軍登陸以後，會不會占領到這裡來？」

──院長的言論一直都是反對戰爭，現在戰爭結束，他應該就是那位能解釋一切的大人物！

「得考慮一下回本鄉的事了。」我對內科教室的教授說。

「開什麼玩笑，還不知道以後會怎麼發展。說不定還得繼續『疏散』。」教授說。

「要『疏散』什麼？」

「這一點都不好笑。敵人要是來的話，所有東西都會被搶走！」

「這應該不會吧。首先，老師，您也知道美國以物產豐富自傲，他們也才剛剛抵達。而本鄉研究室裡這點東西美國人自己也有，應該還不至於掠奪。」

「戰爭可不是這麼回事！女人最危險，留在東京的那些女人要是不疏散，不知道會有什麼遭遇。」

在追分，農民殺掉一直捨不得吃的雞，擺開了酒席，據說是考慮到遲早要被美軍給搶走，不如自己先吃掉。退役軍人家那名年輕的將校女婿，換上便服回到了追分。之後很長一段時間，他的主要工作就是劈柴供廚房使用。還有一個穿著軍服的將校，騎著馬不知道從哪過來，在中仙道的宿場前面拔出軍刀，在那裡豪言壯語，說什麼要是占領軍過來就砍死他們。正好有名老人在那裡打水，聽了他這番話後笑著說：「真要來了，還說不定會是怎樣呢？」

「大叔，您也別諷刺人家了。」妹妹說。

「真有心要砍人，就不該在女人孩子面前拔刀。」老人大聲說道。

「民主主義勝利了！這下世界就會變好了！」片山教授興奮地說道，營養不良已經把他折磨得形銷骨立。

中村真一郎當時住在千瀧，還有一名我的醫學同屆友人也住在那裡。另外，我還去看望曾經活躍於築地小劇場的演員鶴丸[5]。

「民主主義的勝利？沒這回事。」鶴丸說，「這不過是兩個帝國主義國家的戰爭，最後以一方獲勝而告終而已。沒錯，波茨坦宣言裡是有民主化的條款，但美國占領軍肯定會保留日本的統治階級，你就等著看吧……」

——我還沒這麼想過。我當時的想法是，占領軍會解散日本的軍隊，徹底實施民主化，大概也會提供經濟上的援助以復興日本，畢竟這是一個不可忽視的市場。當時我還不知道「冷戰」，未曾思考過徹底民主化（包括財閥的解體）和經濟復興之間必然存在的矛盾關係。戰爭結束後又過了很長一段時間，我才開始注意到這些問題。千瀧的鶴丸家住著一位美麗動人的姑娘，性格溫和、活潑又聰明，她就是我心目中日本年輕女性的理想形象。但我對她幾乎一無所知，後來再也沒有機會去認識她。東京的「戰後」，把一九四五年八月之前發生的所有一切全都吹散在風中。就連千瀧樹林裡那棟小屋，還有住在屋中那對父女給我留下的鮮明的印象，也都被吹得不留痕跡。

直到九月初，內科教室才從上田搬回東京。追分村家裡的糧食總是不夠，我必須為此四處奔走。信越本線上全是人——確切地說，是擠滿復員回來和到鄉間購買糧食，還有找尋失散的家人而茫然四顧的人們，從火車窗口爬進爬出已成常態。母親跟妹妹想要帶著孩子出行的計畫，暫時是不太可能實現了。我一個人去了東京，在上野車站看到了被燒成廢墟的東京。我想起自己在一九四一年十二月八日的預測，沒想到如今成為現實，這讓我驚訝不已。當時那些歡天喜地慶祝勝利的人，都去了哪裡？那些欺騙他們，將其推入死亡深淵，眼看著就要戰敗，卻還說著「焦土戰術」這種殘酷又毫無意義的胡言亂語的人，到底都去了哪裡？那些在當權者面前巧言令色，明明視人命如草芥卻還一本正經地胡說八道，說什麼「死即是生」、「像櫻花一樣凋落就是大和魂」、一心自欺欺人的御用學者、文士和詩人們，又都去了哪裡？我眼中的焦土，不僅是東京的

5　鶴丸睦彥（1901-1989），日本知名演員，本名松井睦彥。曾留學美國、西班牙。回國後加入前衛劇場、左翼劇場和新協劇場，戰後加入民藝。代表作包括《黎明前》、《審判》等。

建築物燒毀後的廢墟，還是東京所有的謊言和欺騙、時代錯誤和狂妄自大被燒盡後的遺跡。正是那片廢墟和遺跡，向全體日本國民清楚地揭示了一個不容否定的事實——「無法無天的敵機一旦飛到皇居的上空，就會被神風給吹落」這句話，完全是個謊言，或者至少是個錯誤。謊言一旦被揭穿，也就不再擁有任何意義。被戰火夷為平地的東京，那裡既沒有觸動心靈的廢墟，也沒有倖存於水深火熱的觀念或語言，唯有巨大的徒勞感消失之後的無邊空虛。但那是既無謊言，也沒有虛假的世界——晚霞映照下的廣闊天空，是真實的天空；從夏天的瓦礫間冒出來的茂盛的青草，是真實的青草。真實的東西，哪怕是一片廢墟，也要美過謊言造就的宮殿。當時的我，心中充滿了希望。我再沒有像當時那樣，對日本的未來充滿了樂觀的情緒，胸中充滿想要成就什麼的勇氣。我當時什麼事情都還沒作過，所以這強烈的勇氣還沒有機會被受挫。我還不了解日本這個國家，因此不會對它感到悲觀。而東條內閣的幕僚們還沒有還魂當上戰後日本的領導人[6]，所以，希望還是有的。我們缺少的，就是糧食。不過，人不能只靠麵包活著。

6　指此後冷戰中美國占領軍當局為了防止共產主義陣營勢力圈進一步擴大，支持日本保守派當政，導致「民主進程倒退」（日本人稱之為「逆コース」）。在這一路線下，諸多戰犯被提早釋放並重新進入政壇，原甲級戰犯岸信介（1896-1987）於一九五七年當選日本首相就是其中最典型的例子。

續　羊之歌

信條

一九四五年九月，我再次住進東京本鄉校區大學附屬醫院的二等病房。白天為病人看病，晚上在研究室看顯微鏡，等夜深人靜時就隨手拿本國內外文學家作品書來看。我在醫院的身分是醫學部的副手，沒有任何報酬。每到週末，我就從御茶水車站擠上爆滿的電車，回到目黑區宮前町的家中。

父親把租來的宮前町小房子，其中一個房間改成了診室開業，但基本上沒什麼病人來看病。母親的健康狀況不太好，但還能應付幾個人份的家務。戰爭開始前妹妹已經結婚育有二兒，她住在公婆家，等著當兵的丈夫從中國戰場回家。我們全家都活了下來，只不過失去了本就不多的家產，因戰後物價暴漲，生活捉襟見肘。我家門口有一條臭水溝，夏天水少的時候就會滋生蚊子，成群結隊地飛，如果連著下幾天雨，河水就會漫到我家房子的地板下。就算它不氾濫，雨天的河畔道路也是泥濘不堪，天黑就得一路踩著水坑過來。每想到家裡的各種困難，我就覺得要想擺脫宮前町臭水河邊的生活，就只能靠我自己的力量。

外祖母、小姨跟她女兒，也就是我的表妹，她們住在隔壁的一間平房裡，靠著一點點地變賣外祖父留下來的財物過日子。外祖父在戰爭期間與世長辭，他一生極盡奢華，幾乎敗光了祖宗留下來的全部家產。即便如此，將家中的那些家具什物賣幾件給舊貨商，也足夠維持她們三人的日常開支，雖然是粗茶淡飯，卻能暫時衣食無憂。「那也用不著把他老人家隨身用的東西都給賣了嘛！」我的母親說。可是，小姨家的長子，也就是我的表哥，他在東北大學的研究室，根本沒錢寄回家，除了外祖母的養老金，她們家沒有其他收入來源。

我說：「都說家道中落，這可真是一落千丈啊。」

「你外婆她要有這見識就好了。」母親說，「她這人從小錦衣玉食，家裡大小事情都交給別人……」

從本鄉到宮前町，若搭乘路面電車，加上轉車單程就要兩個小時，要是坐市營的公共汽車，就用不了一個小時。公車以占領軍轉讓的大貨車改造而成，木板拼起的座位，坐上去很不舒服，但當它在戰火肆虐後的路上風馳電掣時，我卻打心底喜歡上了那速度，和車窗外一路鋪展開來的市井風景。按當時的東京風氣，不必事事都要講究什麼貧富貴賤、等級秩序。廢墟上的男人，或穿著卡其色的國民服，或是扯掉肩章把軍服穿身上；女人有的穿著燈籠褲，有的穿著戰前的「洋裝」。有本事的男人靠黑市致富，吃白米飯，把能抽上美國煙當作無上奢華。這些人舉止粗魯，目中無人，心裡毫無對整個社會的理想或是理解，但他們身上充滿了活力，仗的就是自己這身力氣，比起那些拿權威當靠山，前倨後恭、奴顏婢膝的傢伙，要來得真誠許多。有能耐的女人則勾搭上占領軍的軍官，穿著從美軍基地商店買來的簇新服裝，也來坐市營公車，滿臉春風得意，光彩照人。在燒成廢墟後的東京街頭，真實代替了偽飾，赤裸裸的慾望代替了假惺惺的體面——食慾、物欲、性慾，全都一絲不掛、肆無忌憚地展現出來，形成巨大的漩渦。政府想出那句「一億人總懺悔」的宣傳詞，可是沒有人懺悔，也沒人覺得有懺悔的必要。大家都在想方設法地吃飽飯，誰還顧得上「懺悔」——政府連老百姓的生活都保證不了，光靠配給糧根本無法避免營養不良。

當時有句話叫「戰後的虛脫狀態」。可我從公共汽車的窗口望去，看不到東京市民臉上有絲毫陷入「虛脫狀態」的茫然無措，反倒是充滿了不屈不撓的活力。感到「虛脫」的大概是那些曾經讚美戰爭的輿論領袖們，反正不會是那些黑市商人，也不會是那些靠黑市私下交易白米獲利的農民。要說日本人民自己發明又特別愛用的詞，那既非「懺悔」亦非「虛脫」，而是「SUTO」[1]。這個「SUTO」有兩個意思，分別對應英文「strike」和「striptease」；「全體SUTO」[2]對應前者，意思是工人總罷工，「全部SUTO」[3]則對應後者，意思是全身脫個精光。「SUTO」這個詞既包括了戰鬥的人民，又涵蓋了享樂的人民，既有組織，又有個人，反

1 「SUTO」是英語單詞「strike」和「striptease」被作為日語外來語使用時的前兩個假名的羅馬音寫法。
2 原文是「ゼネスト」，即英語「general strike」的音譯縮寫。
3 原文是「ゼンスト」，屬於和製英語，由日語漢字「全」的讀音加英語「striptease」的音譯縮寫構成。

映出日本戰後這一時期的特點。

我很喜歡疾馳在廢墟上的公共汽車，但有時候路面電車上可以看到公車裡看不到的景象。穿著滿是污痕白衣的傷殘軍人，不知從哪站上的車，在車廂裡轉了一圈後，在下一站走到隔壁那節車廂。就在電車到達下一個車站前那很短的時間裡，車廂中的乘客們扭頭看著窗外，低頭看著報紙，裝出一副什麼都沒看見的樣子……沒有一個人往傷殘軍人遞過來的盒子投下的零錢。車裡的人們好像已經厭倦去揭開那塊舊傷疤，就好像偷襲珍珠港那天歡天喜地迎來的不是「聖戰」，而是一個錯誤。

電車裡也能看到無數張美好的面孔，週末時還能看見父親帶著孩子，看見夫妻結伴同行。他們是各自家庭的好父親、好丈夫。但這樣的好父親、好丈夫，可能前一天還在中國的大地上殺人放火。為什麼會這樣？是日本人的品格變了嗎？或者變化的只不過是當下的局面，只要賦予同等條件，便會重複相同的行為？寵愛孩子的中年男子不停地哄著耍賴要東西的孩子，可在我眼裡他卻是一個難以理解的怪物——昨天的他可能是個惡魔，今天卻成了一個好人，而明天又有可能會再次變成惡魔。性，本善也。此話不足信。性，本惡也。此話亦不足信。我在那個時刻意識到了，探討一個普通男子的性善或性惡前，首先應該探討的，是能把無數人變成惡魔抑或好人的社會整體，以及它的歷史與結構。這並非是曇花一現的念頭，它決定了我後來的思考方向——沒有人天生是惡魔，所以，我反對死刑；戰爭會把所有人都變成惡魔，所以，我反對戰爭。

電車裡有座位的男人們大都張開雙腿坐著打盹。要搶到座位，必須得有力氣推開別人。所以坐著的都是年輕男子，而非婦女和老人。有一次，一名年輕的美國占領軍士兵看到了這個情景，就打著手勢，示意一個坐著的男人站起來，讓女人坐下。男人很不情願地站起身來，但空出來的位子卻沒人坐上去。士兵又做了個手勢，意思讓女人坐上去。女人好一陣子才明白他的意思，她看了看士兵的表情，又看了看那個站起身來的男人的表情，還是不敢輕易坐上去。不過，士兵既然已經打算好讓男人讓座給女人，他自然是不會半途而廢的。女人滿臉困惑，對著周圍人嘟囔著「不好意思」坐到了位子上。士兵露出滿意的表情，電車靠站後就下車了。周圍的男人——我有好幾次都是其中一員——各自在腦海裡回味著剛剛發生的一幕，一邊想「這傢伙可真是多管閒事」，另一邊又想「這話不能說出口啊，都是因為打了敗仗，沒辦法」。而女人神情尷尬，似乎想說：「都怪那個占領軍士兵多管閒事，我跟他可不是一伙的。」但她也沒有從座位上起來的意思……就這樣，美軍開始了對日本的占領。不，日本方面並不把那叫作「占領」，而是稱為「駐留」，就像把「投降」叫作「終戰」一樣。當時，美國占領軍對日本人一無所知。這種「一無所知」的狀態，似乎通過那個被叫讓座就二話不說站起身來的日本人，被永久定格了下來。

進入美軍占領狀態後，我認為自己的預測正在持續實現。我沒有預料到戰敗的具體形式，但預料到了戰敗。如此預測的理由，從消極面來說，世人認為我國的強和美國的弱，在我看來是毫無根據的臆想。說得積極一點，我認為這場戰爭就是民主主義和法西斯主義之間的戰鬥。我認為世界的歷史正在逐漸且確實地發生變化，從政教合一到政教分離，產生了宗教信仰自由；從不合理的精神主義到合理主義；從低效率的集團到高效率的組織；從封建的農業社會到產業資本主義社會；從對權威的服從到獨立自主的個人主義；從看重家庭出身和性別歧視到強調人人平等。我認為日本法西斯主義只不過是日本社會的「落後」，所進行的一次令人絕望的自我肯定嘗試。基於「落後」的法西斯主義和以「進步」為基礎的民主主義之間展開的這場世界規模的大對決，「歷史」終將會對最後的結果做出它的預言。歷史的齒輪不會再倒轉……這便是我的信條，我以此為出發點所做的預測全部成為現實，如此一來，我就愈發堅信這個信條的正確性。

一般來說，預測要變成現實，不一定需要將預測的前提予以正當化，這一點毋庸贅言。不過，問題的關鍵並非在於知識的正確性，而在於某種道義感。因為天網恢恢，疏而不漏。

照此思路繼續往前推，占領軍就應該廢除軍國主義權力，「強制推行」民主主義；日本人民就應該獲得從未有過的人權，享受言論自由。從世界歷史潮流觀之，一個曾經開倒車的社會，現在該改變方向朝前進步——我的這些預測在占領軍陸續發布的聲明和指令中得到了驗證。那些高唱「鬼畜英美」論調者認為外國軍隊一旦占領日本之後就會燒殺搶掠、無惡不作，但事實證明他們的想法有誤。為了徹底實現民主主義，占領軍會保護人民的權利。有觀點認為占領軍會在破壞日本後揚長而去，但實際上，美國資本主義並沒有破壞日本這個潛在市場的熱情。從占領軍的聲明中，我讀出了他們解釋日本軍國主義的示意圖：封建土地所有制和高佃租造成了數量巨大的貧農，從而為工廠提供了廉價勞動力，然而國內市場很小，不得不向國外市場急劇擴張，進而遭到高工資國家的抵抗，然後，為了消滅這些抵抗力量而發動了軍國主義……這跟我們之前思考後得出的結論幾乎一模一樣，我不禁驚訝萬分。我相信自己對戰爭和對手（也就是占領軍）的理解是正確的，並更加確信此理解背後的理論建構是正確的，雖然它既不成體系，也無法自圓其說，還不到能稱為理論建構的程度。若叫支撐這個信條的模糊體系為「意識形態」的話，那麼，在戰爭剛結束的時候，我並不是變得「懷疑所有的意識形態」，而是在經歷過此前種種之後，更加強烈地相信「意識形態」的力量。

不僅如此，戰爭期間，我環視身邊種種，見識到了日本數不勝數的「落後」現象。但是，我對西洋「進步」的實際情況卻一無所知，只能透過書本上所講的西方人的理想狀態填充自己的想像。我知道《人權宣言》，卻不清楚西洋的警察如何行事；我知道民主主義制度的大致要則，卻幾乎不了解國家權力在內政外交上的運作模式；我知道民法上有男女平等的原則，卻對實際發生的性別歧視的具體案例一無所知。日本是所有「落後」的代表，想像中的西洋則成為了所有「進步」的化身，我無法擺脫這樣的思維傾向。比方說在這張關係圖中，該將亞洲各國的位置放在哪？亞洲各國？當時我的腦海裡根本就沒有浮現過這四個字！

我的信條體系，當然並不只與戰爭和占領有關。面對「戰後」社會，我還有什麼其他的信條？有什麼經驗？或者說還缺乏什麼呢？

我沒有宗教上的信條。有關上帝存在的論證，在我看來沒有任何說服力，但要證明上帝不存在，恐怕也是做不到。但是，假設上帝存在，又會推導出何種結論？假設上帝不存在，又會產生什麼樣的結果？對於這些問題，不論是從個人的角度，還是從社會以及文化的角度，我一直都非常感興趣。

就認識論而言，我是一名懷疑主義者，但實際上我並沒有完全忠於懷疑主義。除非特別閒暇之餘，否則我從未曾思考眼前的這碗拉麵是否真實存在，我該如何通過五官去感知它。在我思考的範圍內，如果從作為主體的我的意識出發，要到達拉麵的客觀性，這是非常困難的；如果從拉麵的客觀性世界出發，要想到達認識主體的超越性，這也是非常困難的──我的思考就只能到這一步。所以，如果說歷史唯物論是一個選擇，另一個具備完全相同條件的主觀主義也是一個選擇，兩者立場對立──我只能得出這樣的結論。

道德上的信條，不管是哪一條，對我而言，歸根結底都不是絕對的。把道德律令和永恆的星空相提並論，也許在抽象的道德法則層面上還可以成立，然而涉及道德的具體內容，那就是另外一回事。道德的具體價值，對於不同的時代、社會和個人的立場來說，都是相對的東西。那些有關「身後名」的相對主義的觀點，時不時地把我變成一個思考上的偶像終結者。那種將社會和傳統視為絕對的價值觀，我無法認同其絕對性。然而，同樣的相對主義卻讓我在實際行動中變得保守。如果價值的新和舊都是相對的，那麼，就沒有以新代舊的絕對必要。我在實際生活當中，大概是一個遵紀守法的人，不會特意傷害人畜，也不會特意行善，在家孝敬父母，與妹妹感情篤厚，這些事，只要不會明顯抵觸到我自身的利益，我便會在盡可能的範圍內實踐。對於自己選擇的職業也會付出相應的精力，但同時，冷眼旁觀所謂的天下國家，安穩地過自己的日子。

從心理上看，我原本就是個怯懦之人，所以希望自己至少在思想上能實現獨立思考。我既不是穿越烽火線的勇士，也從沒想過自己必須要成為一名勇士。我既沒有什麼青雲之志，恐怕也沒有什麼能實現凌雲壯志的雄韜偉略；不求奢華，只願能豐衣足食；既不願意支使他人，也不願意受他人支使。我跟小時候一樣，不討人喜歡、性格固執，看起來可能頗具攻擊性。雖然不是不知道自己的德行，但不太在乎別人的眼光。我最在乎的是這個世界正在發生的事情，我什麼都想知道，總是好奇心氾濫。而現在，這世上正是多事之秋，亦有諸番風雨將至。

我雖無痼疾，但因食物短缺，身材有點瘦削，和「男子氣概」的強壯體格相距甚遠。但我安慰自己說，反正在體格強壯這一點上，人類無論如何都是比不過公牛的。對於「男人本色」、「像個男子漢」、「男兒當如是」之類的價值觀，我向來毫無興趣。

不管是從心理，還是從身體的角度看，我在性方面的經驗都少得可憐。除了母親和妹妹很少接觸女性，就算有機會也是畏葸不前。我也沒進過「全脫」小屋，沒有在裡面屏息凝神的體驗，也不曾收集春畫，享受那種隱祕的快樂。倒不是因為我沒有興趣，而是因為我太懶。被戰火夷為平地的東京街頭，到處都是年輕的女孩們，她們的黑髮隨風飄動，笑聲輕快飛揚，雙眸熠熠生輝，活得生氣勃勃。注視她們，是我的大歡喜。跟她們交談，是我的大麻煩。而跟她們交歡——我暫時不予考慮。

我沒有什麼「經驗」，就帶著幾個「觀念」，打算進入戰後的社會。在那裡，我大概會遇到有「經驗」的人，體會到「觀念」的無限強大和無限弱小。

廣島

整個廣島，看不到一棵綠樹。目之所及，只有遍地瓦礫的茫茫原野，縱橫交錯的道路和溝渠流水在平坦的地面上劃出界線。地面上幾棟石頭房子屹立不倒，但那窗戶是破的，半堵牆已經坍塌，再走近便能透過房子看見對面的藍天。能住人的房子一棟都沒有，但總有人像影子一般在廢墟上徘徊。身穿國民服的男子滿臉塵土，看上去神志恍惚、茫然若失；孩子們的臉上都是燒傷的疤痕；掉髮的女人用包袱巾從頭遮到臉，逃也似的在日頭底下走。位於郊區的這家醫院，因為離爆炸中心點較遠而逃過一劫，裡面擠滿了病人，他們牙齦浮腫，傷口流膿，日夜都受著高熱不退的煎熬。他們是兩個月前倖存下來的廣島市民。

直到一九四五年八月六日的早上，在那裡，有廣島市，有未曾遭受過轟炸的鬧區房屋成排並列，有廣島市的幾萬個家庭，有近在身邊的小小歡喜、悲傷、後悔與希望。在那天早上，廣島市突然消失，大部分居住在市中心的人們被埋在倒塌的房子下、跳進溝渠中溺水、被爆炸衝擊波擊中，當場死亡。在遮天蔽日的黑煙和熊熊燃燒的烈火之間，活下來的人們拚命地朝著郊外逃生，有的人逃到半路就倒下，有的人在路上安全地帶時死亡。還有一些逃到鄉下，跟農村的親戚朋友抱頭痛哭，分享大難不死的喜悅之情後，沒過三四個星期就開始掉髮、口鼻出血，最後高熱不退，還沒來得及就醫便一命嗚呼。兩個月過去了，勉強倖存下來的人，不僅要承受失去父母兄弟的剜心之痛，還要在自己也可能罹患「原爆症」的陰影籠罩之下，惶惶而不可終日，就像遭人轟趕的野獸，漫無目的地在廢墟上徘徊。他們早就不再是過去的廣島市民，因為他們不可能假裝什麼都沒發生，再也不可能回到過去。

有過親身經歷的人，似乎都不願提起這件事。「都說那是顆『原子彈』，我都不知道自己怎麼活下來的……」說完就緘口不言了。那個時候，我尤其感到自己跟對方之間存在著一條難以跨越的無盡鴻溝。體驗宛如黑色磐石，矗立在對方的人性之中，巋然不動。然而，如果當事人都無法用言語表達，我又該怎麼去理解它呢？超過理解能力的東西，也就是在從中提取出意義的瞬間，意義便轉為淡薄的東西、只要與之面對就要不斷給所有人定下不可逾越的規矩的東西……我在這些方面沒有任何體驗。但是，我見到了那些有體驗的人。每次聽到跟廣島有關的說辭，不管多有說服力，我都會覺得「啊——這個不對，還是有些差距」。我的內心深處有一個小小的聲音在自言自語：「說的沒錯。但應該不只是這些。」就連那句有名的「NO MORE HIROSHIMA」（不要有第二個廣島），也是如此。看到廣島的時候，我還沒有思考過將來的核武問題。後來當我開始思考這個問題時，我總會不斷地回想起那道無盡的鴻溝，它依舊橫亙在我的思考和那個讓所有廣島人都沉默不語的體驗之間。但是，我必須打破眼前擺在患者和醫生之間的沉默。能用語言表達的，就用語言表達出來，並從中尋找意義，我必須透過這個方式，把對方的體驗變成我可以進行觀察和分類的對象。

「當時，您在哪裡呢？」我問道。

「姐夫他去打仗了，我當時就在姐姐家……」

「您姐姐家，從這個地圖上看，大概是在哪一邊？……原來如此，離爆炸中心點大概有三公里……房子是木頭建的，對吧？您當時在房間裡朝著哪個方向呢？」

這樣的問題對他來說，顯然是無關緊要。用這樣的問題輪番轟炸廣島的受害者，在我看來，簡直是種野蠻的暴行——不管房子是不是木頭建的，他姐姐的孩子死亡，他姐姐的眼睛看不見了，他的人生已經被徹底改變。一邊是不該說出來的體驗，而那一邊是與當事人的人生毫不相關的事實。但為了理解這個世界，需要的不是能決定一個人一生、不可言說的體驗，而是將可以翻譯成語言的事實，用語言表達出來。若要問廣島曾經教會了我點什麼，那就是兩者之間的對比，竟有可能如此地鮮明，有可能如此地令人難以忍受。也就是說，是默不作聲地回東京去，還是留在廣島繼續觀察「病例」，我必須在兩者之間做出選擇。看著眼前的廣島人，而不是廣島的「病例」，我無話可說，幫不上任何忙，原本也沒有任何理由在此久留。我留了下來。於是，我把廣島人還原成一個個的「病例」，專心致志地開始了實驗室的工作。我基本上不再去想戰爭以及伴隨戰爭而來的道義問題、核武對人類的意義等，填滿大腦的是距離爆炸中心的遠近、有無遮蔽物及其屬性、原爆症典型的脫髮及其他症狀，尤其是血液像，以及骨髓抹片樣本的觀察結果……

骨髓抹片跟廣島的病例有關，而核武器的意義跟廣島人有關。在廣島的兩個月，我沒有思考任何有關原子彈轟炸的問題。這是絕無僅有的一次經歷。

當時我參加了由東京帝國大學醫學部和美國軍醫團共同組成的「原子彈爆炸影響聯合調查團」，作為日方成員被派到廣島。負責組織日本成員工作的是外科的都築教授，他找了血液學專家中尾博士一起商量。早前便已有血液抹片標本從廣島的醫院送到中尾博士那裡，我也參加了這些抹片的檢查工作。從觀察結果來看，與記錄中「再生障礙性貧血」的病變相似，推測患者的骨髓已經發生了巨大的變化。廣島究竟發生了什麼？我們一直都在討論這件事，也強烈希望能對骨髓抹片有更加廣泛的了解。所以，當中尾博士邀請我去廣島的時候，我毫不猶豫地接下了這個工作。

「聯合調查團」出發前往廣島之前，美國的專家早就來到我們的內科教室，著手調查中尾博士的病例。他們每天都來，抄病歷，跟我們一起用顯微鏡觀察抹片。一坐到顯微鏡前，中尾博士立刻展現出他的深厚實力。美方的年輕醫師用顯微鏡觀察抹片的時候，若是碰到難以分類的細胞，就會向中尾博士請教判斷。每次他們都會鄭重地表示感謝，沒有任何舉止粗魯之處。可是他們在說什麼，他卻聽不太明白。有一次，中尾先生朝我桌子這邊大喊：「你過來聽一下！他們從剛剛開始就一直在問問題，但不知道要問什麼。」我走到他們身邊，美國人的表情好像看到了及時雨般，迅速地重複了一遍問題。可是，我也沒聽懂他在說什麼。對方一臉茫然的面面相覷後，其中一人放慢了速度、深入淺出地再次重複了一遍問題。等我們明白過來他們就想問廁所在哪裡的時候，忍不住哄堂大笑。「原來是這件事，那他早說清楚不就得了嘛！」中尾說，「非要講得這麼拐彎抹角的，我們當然聽不懂了！」

自從高中德文課之後，這是我頭一次見到真正的外國人，是占領軍和被占領國國民之間的接觸，又是高度專業化的血液學技術問題的相遇。專業領域以外的問題，由都築教授負責和美方交涉。都築教授表示「聯合調查團」完全出於學術性目的，並跟我們說明前往廣島的具體計畫。美軍運輸機把醫療器械、食品、車輛，還有我們一起從立川運到廣島。

我跟占領軍之間的接觸，這是第一次，也是最後一次，儘管這連接觸都算不上，但期間發生的每件事情都讓我驚訝不已。從立川起飛的運輸機艙內，貼著美國人稱為「pin-up」的巨幅裸女海報，稚氣未脫的年輕士兵則荷槍坐在海報前。這要是日本陸軍的話——當然不可能不喜歡裸體美女——應該不會在軍用機的機艙內堂而皇之地貼上這種東西。日本軍隊中有一種禁慾式的精神主義，雖然只是形式上的原則，但在戰爭時非常受重視。率領美方調查團的軍醫上校M是南加州大學的教授，他的診所位於比佛利山莊，擁有許多社會名流的患者。他會說點法文，有時會冒出幾句名言警句。他曾指著廣島上空的轟炸機編隊，說：「他們炸掉了納粹。」當時，我還不了解德國，也不知道有好幾萬人在德勒斯登地毯式轟炸中喪生，只想著那些B-25轟炸機的機艙內是否也貼著「pin-up」的照片。還有一位來自耶魯大學的L中校，他是一位優秀的病理學家，跟M上校一樣，原本都不是軍醫。戰爭開始之後，他們才加入軍隊，分別享受上校和中校的待遇，大概在軍隊中也能發揮各自的專業能力。這不由得讓我想起冲中副教授，這位在課堂上受到所有人尊敬的學者，在戰爭快結束時被召集入伍充當醫護兵。「醫護兵可是要去打掃病房走廊的啊！」有人在教室裡說說，「那些軍醫都是冲中教過的學生，應該不會下這種命令吧……」

某日，秋高氣爽，我坐著M上校的吉普車，從廣島出發前往岩國的海軍醫院。這段時間我一直都待在充滿藥味的實驗室，已經好久沒有聞到帶著潮水氣息的海風味道了。在靛藍色瀨戶內海中，被擊沉的日本海軍艦船殘骸仍留在離岸邊不遠的地方。路上站著占領軍的士兵，朝經過的汽車比出手勢想搭順風車。小轎車、貨車、吉普車，馬路上來來往往的所有車子都是美軍的，沒有一輛是日本當地的，連一輛板車都沒有。M上校把吉普車停在那兩名年輕的士兵前問：「你們要去哪裡？」士兵立正敬禮，回答要去「慰安所」。M上校說：「是嗎，上車坐後面。」直到士兵們下車前，上校一直講笑話逗他們，心情很好地瞎扯閒聊。「那裡有幾個日本姑娘……？」我心想，是否日本陸軍的上校也會在某個占領地讓士兵搭上自己的車，把他們送去「慰安所」。兩位士兵下車之後，M上校用口哨吹起一段《蝴蝶夫人》的歌劇，我聽了卻覺得自己怎麼也高興不起來。我小聲低估：「賣春可不是什麼令人高興的職業。」但這句話並沒有說出我心裡的全部想法。「可這就是生活啊！」M上校用法語回答道，語調依舊很高興。

L中校專注於病理學的檢驗方工作，沒有什麼機會與待在臨床檢驗室的我們接觸。調查團中大部分日方人員每天都要去當地醫院出診。會整天待在成為調查團檢驗室和住宿處的郊區陸軍醫院的，除了病理檢驗室的L中校和石井博士以外，就只剩中尾博士和其他四五名臨床檢驗室的人。在這間研究室裡，日本成員幾乎不提戰爭的話題，也沒有人會對美國扔下原子彈的行為發表意見。會提到戰爭一般性問題的，美方通常是M上校，日方就只有都築教授。有一天M上校來到臨床檢驗室，一言不發地走到黑板前，寫下「住在紙片木板房子裡的人，不要朝別人丟石頭」之後揚長而去。「他是說我們發動戰爭很愚蠢嗎？當我們是傻子？」有人嘟囔了一句，事情就這麼完了。都築教授曾以流利的英語說：「現在我們配合你們工作，聯合調查也進展得很順利，那是因為戰爭已經結束了。但下一次的戰爭我們一定會取得勝利。」都築教授顯然是在開玩笑，但這個玩笑引起了美方不小的反應。跟我們一起聽到這個笑話的，是和L中校同屬耶魯大學醫學部的L中尉，由於每天都在同樣的檢驗室工作，我與這位年輕的美國醫生變得熟絡起來。都築教授前腳剛走出檢驗室，他立刻表情有點激動地說：「你聽到他剛才說什麼了嗎？居然開這種玩笑！而且還是在廣島，在這個悲慘的時候！」——確實，「下一次戰爭」這個詞，在一九四五年十月，日本城市化為焦土，日本國民靠美國糧食援助才能勉強果腹的時候，在我聽來也覺得非常刺耳。後來我和L中尉在山中旅館的房間裡，只有兩個人面對面時，他問我：「你覺得都築教授是個軍國主義者嗎？」、「你覺得帝國軍人，有可能不是軍國主義者嗎？」當時我們正在外單獨執行任務。「都築教授也是一名海軍的軍醫少將。」我說，

在廣島調查血液和骨髓抹片的過程中，我和中尾博士產生了一個想法，希望不僅能觀察輻射對造血組織造成的破壞，還能觀察造血組織的恢復過程。這樣一來便必須要追蹤調查我們認識的患者。而進入恢復期的患者都已經離開廣島近郊的那家醫院，各自回到鄰近的農村。我考慮了一下，看來要收集到資料，就只能挑出那些知道住址的病例，先在地圖上標出位置，然後把器材搬

上吉普車挨家挨戶地去調查。我把這個想法告訴中尾博士，又因無法獨行而找L中尉商量。他十分贊成，向L中校說明我們的想法，還要來了一輛吉普車和一周的休假。我們已經有一個多月都生活在檢驗室裡沒出門，確實很想去外面透透氣。獲得批准的時候，L中尉說：「L中校他是個工作狂，但這段時間我也做了不少工作，才能獲准休假。」我也說：「中尾博士也是個工作狂。雖然比不上他們，但我們也做了不少工作，也該出去散散心。」我們準備好檢驗用品，收集好地圖，把備用汽油和攜帶口糧放到車上，以最快的速度打點好吉普車。出發時他帶了把手槍，放在後排座椅下，還辯解似的跟我說：「我知道用不著帶這東西。但在戰爭期間的占領區裡，我們有這個規定……」

我們出發後在夜晚迷路，走山路遇上大暴雨，碰到斷橋繞道而行，找不到落腳的地方只好去村裡找警察。但我們仍然一個村接著一個村的拜訪患者住處，一邊享受沿途樂趣。占領軍的吉普車並未在所到之處引起反感和敵意，有時反而會接收到好意，有時會有人追在後面，跟著車跑，不過，大部分都是好奇心。戰爭的破壞力並未波及山村，占領軍的部隊也還沒有在那裡駐留。在這次旅行中，我強烈地感受到，自己既非當地人亦非占領軍，只是一個見證了當地人和占領軍軍醫相遇的旁觀者。在當地人看來，坐在吉普車中的我屬於占領軍，我很清楚這一點，但我更清楚自己並不屬於占領軍。

這次旅程拉近了我和L中尉之間的距離，我們的談話內容也開始超出醫學技術的範疇。我的英語依舊捉襟見肘，但在慢慢地適應後，多少也能聽得懂對方在說什麼。沿途L中尉詢問所見識的當地風俗，我按照自己的英語表達能力，相對簡單扼要地為他說明。

「那個大型建築物是什麼？」

「是一座廟。」

「日本農村這麼窮，為什麼還要修這麼大的廟，而不去蓋學校、蓋工廠呢？」

「學校是第二大的建築物，只比那座廟小。工廠就算蓋了也在空襲中被炸毀……」

當然我們也會聊聊民主主義，那個被視為是世界性理想的「民主主義」。我們一致認為，美國在很大程度上已經實現了這個理想。

「在日本帝國，大家也普遍認同這個看法嗎？」

「不是的，在日本帝國，這個看法是被禁止的。只有極少數人有這種看法。」

「戰爭期間你也是極少數人中的一名嗎？」

「是的。」

「那你不就背叛了日本帝國嗎？」

——「背叛」這個詞突然向我襲來，就像一支利箭射中了我的內心。我不禁退縮，但又在瞬間恢復過來。

「日本帝國是什麼？」我現在還清楚地記得自己當時說的話，「日本帝國就是政府和人民。如果政府背叛了人民，那就應該要反對政府，或者，至少不去支持政府。否則便是背叛人民。但是，你也說了，戰爭期間的日本帝國政府並非民主政府。一個缺乏民主的政府，從定義上而言，便已背叛了人民應有的權利。所以說，若忠誠於政府就會背叛人民，若忠誠於人民便會背叛政府。我的看法只不過是忠誠於日本的人民……」

「原來如此。」L中尉小聲說道，然後就一言不發，陷入了沉思。

從那以後，我就再也沒有見過L中尉。不知道他現在是否還會對我的長篇大論說聲「原來如此」。現在的我，應該能夠更巧妙地表達自己的看法了吧。然而，表達方式的巧與拙，並不是問題的關鍵。

從廣島回來後，我累得筋疲力盡，之後很長一段時間都沒再想過廣島的問題。

一九四六年

戰爭末期，青年們聚集在實行燈火管制的川口市，為即將上戰場的夥伴們舉杯送行。那些上戰場的青年中，有很多都活著回到了被戰火夷為平地的東京。他們被徵召入伍的時候，早就已經沒有運輸船能送他們去南太平洋戰場，本該讓他們抱著汽油彈飛撲到坦克履帶底下的「本土決戰」，最終也沒有爆發。這些青年不了解戰場，只知道部隊生活的荒誕；他們沒有在中國殺人的經驗，唯一的經驗就是等著自己被殺。他們不曾為將來而活，但感到有必要自己決定自己的今日及未來。這群青年再次聚集在占領下的東京，創辦了同人雜誌《世代》。日高晉[1]和詩人中村稔[2]也在這群青年當中，前者後來成為一名經濟學家，後者寫出了具有劃時代意義的宮澤賢治研究專

1 日高晉（1923-2006），日本經濟學家，法政大學教授，研究領域為經濟原論和資本的流通過程。代表作有《經濟原論》等。

2 中村稔（1927-），日本詩人、評論家、律師。曾擔任日本近代文學館理事長、名譽館長。詩歌多為抒情詩，採用十四行詩的形式，獲得高村光太郎獎、讀賣文學獎、每日藝術獎等文藝獎項。

著。我和福永武彥、中村真一郎這兩位小說家一起在《世代》上連載了幾篇文章，這些文章後來集結成我們三人合著的《一九四六——文學的考察》一書。

兩位小說家在此所思考的是小說這一形式的未來。中村巧妙地——在我看來——糅合兩種觀點，強調從戰前起東京文壇所指稱的小說，其實不過是小說的一種特殊形式而已。如果說《源氏物語》和《追憶似水年華》是小說中的典型，那麼「自然主義」之後的那些「私小說」，大部分都算不上小說。再者，追溯十八世紀以來英、法小說的歷史，可以清晰地看到，隨著手法的創新，小說的世界也在不斷地擴大，而時至今日，還頑固堅持「自然主義」風格的手法，把第三人稱敘事的人物言行全都事無巨細地描寫出來，豈非是明顯的時代錯誤。從這個角度深入思考，接下來的問題就是最新式的小說手法是什麼？若以威廉·福克納（William Faulkner）為例，福永就會寫在其作品中有哪些技法，中村則會解釋為什麼需要新的創作新技巧，並且說明這些技巧的具體內容。如此想來，中村真一郎作為文學家而為人所知之前，早就已經是這方面的專家了，而福永武彥在開始小說家生涯之前，也早就已經是一名職業小說家了。

比起同時代作家的小說，戰爭期間我更喜歡讀的是《新古今集》[3]時代歌人們的私家集。在我心目中，《山家集》[4]、《拾遺愚草》[5]和《金槐集》[6]才是首屈一指的文學，它們超越時代，傾訴於我的靈魂。我寫了定家[7]，還寫了實朝[8]。不過那也是在軍國主義滅亡、出版和言論都恢復自由之後，我才能提筆寫下詩人。我還把自己之前什麼都不能寫，如今皆可付諸筆端的事也寫下來，我歌頌戰後民主主義理想，同時，還說出了自己的心裡話：戰爭期間被灌輸各種謳歌戰爭的言論，那些說教之詞簡直愚蠢透頂，我對此無比厭惡。

我們三個人之間有什麼共通之處呢？大概是我們都有一種意志，希能將自己私下長期不斷思索的問題，帶到公眾平台討論。我認為被戰火夷為平地的焦土就是這個平台。京都學派哲學和日本浪漫派、高村光太郎[9]和武者小路實篤[10]在空襲下離去的這片焦土……留在那裡的只有寫下

3《新古今和歌集》的簡稱，約一二〇五年成書，二十卷，共收錄和歌約兩千首。這是後鳥羽院下詔，由源通具、藤原有家、藤原定家、藤原家隆等人編纂的一部敕撰和歌集，歌風被稱為新古今調。

4 平安末期的一部和歌集，三卷，共收錄西行的和歌約一千五百六十首，歌風具有濃厚的抒情性。六家集之一。

5 鎌倉時代的一部和歌集，四卷，共收錄藤原定家的和歌約三千八百餘首。六家集之一。

6 鎌倉幕府第三代將軍源實朝的私家集，一卷，共收錄和歌約七百首，帶有明顯的萬葉調風格。

7 藤原定家（1162-1241），鎌倉初期的歌人。藤原俊成之子，《新古今和歌集》編者之一。

8 源實朝（1192-1219），鎌倉幕府第三代將軍，源賴朝和北條政子的次子，但實權被北條氏掌握。官至右大臣，後被源賴家之子公曉所殺。師從藤原定家，歌風有萬葉調特色，著有家集《金槐和歌集》。

9 高村光太郎（1883-1956），日本詩人、雕刻家。雕刻方面受羅丹影響較大。很早開始了詩歌創作，代表作有詩集《智惠子抄》、美術評論《關於美》、譯著《羅丹的話》等。

10 武者小路實篤（1885-1976），日本小說家、劇作家。和志賀直哉等人創刊了文藝雜誌《白樺》。開展了基於烏托邦理念的「新村運動」。獲得文化勳章。代表作包括《天真的人》、《友情》等。

《受災日記》[11]的荷風，以及《無盡燈》[12]的石川淳[13]。我未曾想過，除了我們三人周遭，還有其他人在其他地方默默地思索著同樣的問題。然而東京的這片廢墟，絕對不是空無一人的荒野。

如前所述，我持續過著住在本鄉校區大學附屬醫院的二等病房，週末回目黑區家裡的日子。有一天，護士告知有位稀客來訪。打開病房的門一看，白天卻昏暗的走廊裡站著一位體格健壯的陌生男子，一言不發地朝向我這邊張望。我請他進了病房，房間裡除了病床之外只有一把椅子，便請他坐在椅子上，自己挪到病床上坐了下來。這位沉默的來客終於開口，語氣平靜，只說了一個詞，「KIBATI」。「KIBATI」？他是來推銷新藥的嗎？若是如此，應該會先拜訪醫局，而非指名道姓地突然來找我。「KIBATI」，會不會是一個祕密結社的名字？「KIBATI」，到底是哪種語言，什麼意思？我的客人根本就不在乎我這副疑神疑鬼的樣子，鎮定自若地說道：「我是為了『KIBATI』而來。希望能借用你的力量做點事……」這位客人就是野間宏[14]。「KIBATI」，寫作漢字是「黃蜂」，是他當時新創刊的雜誌名。他解釋緣由時的語氣，彷彿此事無足輕重。不過，文學家們站在反對戰爭、「尊重人」的立場上創辦新雜誌，這是當下最必要的事情。為了提問，我必須等待他把話說完。但是，這位《真空地帶》[15]的作者當時卻說得非常地緩慢，我左等右等終於等到他講完，卻發現自己產生了好像差不多已經被說服的錯覺。當時野間宏說：「以前那樣寫小說，完全不行！」中村真一郎也說過同樣的話，具體內容雖然各有差異，不過我感覺到「戰後文學」已經蓄勢待發，新的時代近在眼前。

當時，花田清輝[16]是雜誌《綜合文化》的負責人。雜誌編輯室裡群英薈萃，有機會便精彩激辯，氣氛非常活躍。花田在戰爭中寫下了《復興期的精神》，這本書表面上是在討論古今中外的古典文學，實際上卻巧妙地批判了軍國主義橫行的日本。我直到戰後才初次得知花田此作，驚嘆於他的才華橫溢，有機會一睹風采後遂漸生敬畏之情。他目光如炬、炯炯有神，長髮如駿馬的鬃毛，從前額髮際線一直垂到後腦勺。他隨口說出來的話——經常超過我的理解能力，但給人的印象是每句話背後都包含著無數的深思熟慮。那個時候，詩人關根弘[17]在滿腔熱情地歌頌著「民眾

11　《受災日記》為永井荷風的日記，記錄了太平洋戰爭結束前日本本土受到美軍轟炸後的淒苦生活。

12　《無盡燈》，石川淳的小說，發表於《文藝春秋》一九四五年七月號，通過描寫一個知識分子在戰爭期間的家庭生活和夫妻關係的變化，暗示了作者對戰爭的反思與批判。

13　石川淳（1899-1987），日本小說家、評論家，作品帶有獨特的幻想色彩，融合法國二十世紀文學和革命思想。以《普賢》獲得芥川文學獎，代表作包括《紫苑物語》等。

14　野間宏（1915-1991），日本小說家。憑借小說《陰暗的圖畫》一舉成名，成為日本「戰後派」的代表作家。作品風格帶有明顯的意識流特點。代表作包括《真空地帶》、《青年之環》等。

15　野間宏發表於一九五二年的長篇反戰小說，揭示了日本軍隊內部的黑暗與戰爭的殘酷本質。一經發表即引起巨大社會反響，成為戰後文學的一座豐碑。

16　花田清輝（1909-1974），日本評論家、小說家。日本戰後前衛藝術運動的領導者，代表作包括《復興期的精神》等。

17　關根弘（1920-1994），日本詩人。工人出身，通過自學成為一名詩人。積極推動左翼前衛詩歌運動，在社會派報告文學領域也頗有建樹。代表作包括詩集《畫的作業》、《阿部定》等。

的力量」，物理學家渡邊慧[18]不知疲倦般地提倡「共和制」。還有宮城音彌[19]，宣稱其專業領域的心理學只要再有些許進展，文學就會淪為無用之物。我震驚於此觀點，與他辯論，一番唇槍舌劍後還是雞同鴨講，因為我不了解心理學，而宮城對文學也幾乎一無所知。另一位心理學家南博[20]則是性格超脫，喜歡拿他自己和身邊人開玩笑。他說：「日本人很喜歡意識形態，所以這麼一直辯論下去也不會覺得煩……」

也是在那個時候，我認識了《近代文學》雜誌的評論家們。他們經常反覆討論「政治與文學」的話題，《近代文學》的評論家們主張，文學不應該從屬於政治。這應該是指不能像從前的左翼文學那樣，把文學當作革命的工具。有這種想法也很自然，畢竟一九三〇年代他們曾經親自投身到左翼文學運動當中，並為此吃盡了苦頭。但我沒有吃過這個苦頭，所以「政治」這個詞讓我首先想到的就是占領軍和保守黨政府之間的勾心鬥角，而非作為少數派在野黨的共產黨。我身上沒有他們那種思考模式，或者說是修辭上的習慣，一聽到「政治和文學」就立刻想成是「革命運動和文學」。現在想來，《近代文學》的那些評論家當時待我非常寬容友好，但這絲毫也沒有改變我們之間難以溝通的事實。

軍國主義剛下台，人們想要說出之前該說而不能說出來的話，三五成群地聚集，在東京的廢墟上現身。環顧四周，我看到的是一個「充滿期待的時代」，而非「虛脫的時代」。那是我第一次，恐怕也是最後一次，感到自己正在親歷一個時代的轉折。我找到了很多同伴，但同時也在同伴們之中發現到語言溝通的困難。我意識到與其他語言使用者間的溝通問題——並非是在日後的歐洲，而是在戰爭剛剛結束的日本。

當我們這些籍籍無名的年輕人創辦同人雜誌，暢所欲言各抒己見時，住在鎌倉的知名小說名家自掏腰包，湊錢成立出版社「鎌倉文庫」，發行文藝月刊雜誌《人間》。雜誌主編木村德三[21]看了《一九四六——文學的考察》之後，邀請我們三人投稿《人間》。木村說：「三位是第一次賜稿，稿費實在給不了太多，但稿件內容可以自由決定，想寫什麼就寫什麼。」這還是我第一次拿到稿費。多虧了木村氏的好意和《人間》雜誌，開啟了我的鬻文生涯。對「文壇」這個市場，木村氏可以說是裡裡外外都知道得一清二楚。哪位作者和哪個編輯之間是賣方市場，哪位作者和哪個編輯之間是買方市場，他全都瞭如指掌。然而撇開這個不談，看得出來，他想透過這份雜誌實

---

18 渡邊慧（1910-1993），日本物理學家，師從寺田寅彥，曾在東京帝國大學、美國的耶魯大學和夏威夷大學任教。曾任國際時間學會會長。代表作包括《時間》、《知識與推測》等。

19 宮城音彌（1908-2005），日本心理學家。曾留學法國，歸國後在慶應義塾大學、東京工業大學、日本大學任教。研究領域廣泛，涉及精神病、宗教、藝術和日本人論。代表作包括《日本人的性格》、《夢》、《精神分析入門》等。

20 南博（1914-2001），日本社會心理學家。畢業於京都帝國大學，曾在美國康奈爾大學留學，歸國後在日本女子大學、一橋大學、成城大學任教。代表作包括《社會心理學》、《日本人的心理》等。

21 木村德三（1911-2005），日本著名編輯。從東京帝國大學法文學科畢業後在改造社就職，擔任《文藝》雜誌主編。戰後受川端康成之邀，擔任鎌倉文庫的文學雜誌《人間》的主編。鎌倉文庫因經營不善破產後進入日本教育電視台工作。

現某種文學上的理想。這種理想主義的精神，在《展望》雜誌的主編臼井吉見[22]和《世界》雜誌的主編吉野源三郎[23]身上也能看到。光靠國家配給，老百姓的生活只能停留在食不果腹、衣不蔽體的水平。於是乎，黑市就發展起來，街頭巷尾到處都能看見紅色小旗迎風飛揚，上面寫著「收購大米」。如此世道之下，東京依舊保持著一種不可缺少的理想主義精神。我把戰爭期間的見聞略加修飾寫成小說〈那是一個晴天〉，在《人間》雜誌連載。

我仍然繼續醫生的工作，雖然還是沒有報酬。究其原因，主要有三點：第一，那是我長期以來形成的習慣，可謂積習難改；第二，我對醫學依然興趣濃厚；第三，我仍希望在經濟上有需要時，可以靠當醫生來糊口。但自從《人間》之後，我只要按照新聞雜誌的要求寫稿，尚足以維持生計，無需再仰賴行醫。我並非以懸壺濟世為業，愛好舞文弄墨，反而過起了以舞文弄為業，醫生成為愛好的生活。

當時，我深切地認識到，跟歐美相比日本十分落後。在我主要研究的血液學領域，日本在戰爭期間幾乎止步不前，歐美卻取得了具有劃時代意義的進步。我們在廣島跟美國學者接觸的時候，就已經意識到了這一點，但大學圖書館中僅有一九三〇年代以前的歐美文獻，無法得知其進展細節。我找中尾博士商量，最後透過在廣島認識的L中尉取得特別許可證，得以進入當時被占領軍徵用的築地聖路加醫院。醫院大門口貼著「無許可擅入者，格殺勿論」，我們向荷槍實彈的衛兵出示許可證後，便能穿越美國醫生和護士來來往往的走廊，進入圖書室。我在那裡如飢似渴地閱讀最新的美國醫學刊物。直到三〇年代末，主要在德國和奧地利發展的血液學是血液細胞以及造血組織的顯微鏡形態學，這也是我們所熟悉的領域。然而在戰爭期間以輸血研究為中心，過去仍有許多疑點的凝血機制獲得進一步的了解、血漿蛋白質的電析法也得到廣泛使用。形態學、血清學（觀察試管內的抗原和抗體的反應）、血液成分的化學分，這三項過去各自獨立進行的研究，亦開始互有關聯。對我們來說，這意味著全新的方法以及全新領域的誕生。當我在聖路加醫院圖書室閱讀美國血液學專業期刊時，我強烈地認識到這些問題：在我們不知不覺中外面的世界發生了什麼？其結果對如今的世界局勢成什麼影響？我們究竟「落後」到了什麼程度？這讓我想起《蘭學事始》[24]的那段歷史。若問我在血液學領域做了什麼有意義的事情，那可能就是我遇到

22　臼井吉見（1905-1987），編輯、文藝評論家、小說家。曾參與築摩書房的創建工作，擔任《展望》雜誌的編輯。代表作包括《安雲野》等。

23　吉野源三郎（1899-1981），兒童文學作家、著名出版人。畢業於東京帝國大學哲學系，就職於岩波書店，參加了岩波新書的編輯工作。戰後出任《世界》雜誌的首任主編，岩波書店總主編等職。代表作包括《你們想活出怎樣的人生》等。

24　蘭學指日本鎖國時期通過居住在長崎出島的荷蘭人學到的西方科技、文化、學術等的總稱。《蘭學事始》是江戶後期有關蘭學的一部回憶錄，共兩卷，杉田玄白著。該書回顧了日本蘭學的濫觴，通過講述《解體新書》的翻譯經歷，描述了蘭學的沿革。

了中尾喜久[25]和三好和夫[26]這兩位學者。為了挽回落後的現狀，他們在戰後一貧如洗的研究室裡奉獻出了自己全部的力量。寒冷的冬夜，在大學醫院走廊改造而成的研究裡，桌子底下放著一個小小的電暖爐，三好博士把凍僵的雙手放在上面取暖，一邊組裝好了日本第一台血漿蛋白透析裝置。「沒有設備，研究就只能停留在臨床階段。」三好博士說，「這天冷得可真是讓人受不了啊。」——只有聖路加醫院圖書館，在冬天也是暖和的。

然而，我感覺到日本的「落後」不僅限於血液學領域。在日本，有很多作家向軍國主義的權力獻媚，為「法西斯主義」唱讚歌，接連不斷地荒廢文學，而同時期的法國卻有很多詩人，反抗德國國家社會主義的權力，抨擊「法西斯主義」，為人類的自由和品德大聲疾呼，為文學注入新生命而努力。在日法會館的圖書展覽會上，我見識到那些戰前沉默的詩人頃刻間重煥生機，戰前無名的新人作家百舸爭流，景象空前壯觀。日本文學家在精神上的「落後」，是不可否認的事實。誠然，是法國而非日本的文學家創造出了反「法西斯主義」文學，其根本原因在於，日本文學家的周圍不存在反「法西斯主義」的國民感情，而法國文學家的周遭有。如此說來，兩國文學家之間的區別，就是「臣民」和「國民」之間的區別；是「教育敕語」和「人權宣言」之間的區別；是笛卡兒的精神和神道之間的區別。歸根結底來就是「前近代」和「近代」之間的區別。但我這個看法當中存在著缺陷：一是幾乎無視於貝當（Henri Philippe Pétain）的維琪政府（Régime de Vichy）是外國的傀儡政權，但東條政府不是；二是簡化情勢，將自己一無所知的「法國的國民感情」視為前提。

有一次，我跟中村真一郎一起去鎌倉拜訪竹山道雄[27]教授。偶然談到日本在大眾層面上的「落後」。洞察力敏銳的竹山教授立刻看出我觀點中的漏洞。海風吹過竹山家的窗外的松樹林，發出陣陣響聲。竹山教授穿著輕便的和服，悠然自得地抽著煙，聽憑年輕人發表血氣方剛的言論後，他說：「其實，哪裡的大眾都是一樣的，他們就是會蠢到聽信那些愚蠢的宣傳。我在德國的時候，已經看過太多的例子。這種現象絕不是日本才有的……」當時我還沒有去過歐洲，甚至還沒有用他們的語言說過話，雖然看過幾本書，但竹山教授閱讀過的至少有我的十倍，所了解的知識也是我的十倍。我並沒有被竹山教授說服，但也無法提出反駁。哪裡的大眾都是一樣嗎。——等後來自己也在歐洲生活，我發現自己的觀點跟竹山教授的愈來愈接近，但同時也能清楚看出竹山教授說法中的漏洞。日本是有「落後」的地方，但是，我把它過度放大了。

---

25 中尾喜久（1912-2001），內科專家。曾任東京大學教授、自治醫科大學校長，醫療審議會會長。致力於推動邊遠地區的醫師培養和改善醫療條件等工作。代表作包括《現代血液學》等。

26 三好和夫（1914-2004），醫生、血液學和神經疾患學專家。曾在東京大學醫學部研究血液學，任德島大學醫學部部長等職。獲武田醫學獎、勳二等瑞寶章。

27 竹山道雄（1903-1984），評論家、德國文學研究者。畢業於東京帝國大學德文科，從德國留學歸來後擔任一高教授。研究尼采的專家。代表作包括《昭和精神史》、《歐洲之旅》、《日本人和美》等。

與「抵抗」文學的接觸，不僅強化了我對日本「落後」的確信，還使我覺察到自己在法國文學理解方面的「落後」。比如我早已讀過莫里亞克的大部分著作，但從我的閱讀當中，卻無法想像這位天主教作家有朝一日竟會與共產主義者聯手，投身抵抗作家組織運動。還有，路易．阿拉貢[28]、拉侯謝[29]，其作品我也略知一二，卻很難從我所掌握的印象去理解作家們，理解阿拉貢為什麼在占領下的法國寫出那些優美詩作，拉侯謝「協助」德軍又在法國解放同時自殺身亡的行為動機。也就是說，我的閱讀方式以及所建構的法國文學家的形象，帶有明顯的缺陷。另外，突然出現在戰後，風靡一時的沙特（Jean-Paul Sartre）和卡繆（Albert Camus），他們的文學完全超出以往文學概念的範疇，如果不改變閱讀方式便很難掌握其主旨。我感受到日本在知性訓練方面的「落後」。小說創作技巧上的問題固然重要，但當務之急是從更為本源性的問題重新出發。但我還太年輕，總覺得自己無所不能，認為自己還有足夠的時間來打磨那件「善其事」之「器」。面對日本的「落後」，以及比它更為落後的我自己的「落後」，與其為「落後」正名，不如向著無限的未來，開拓奮發圖強的時代。「日本和日本人，真的變了嗎？」當時只有渡邊一夫老師這麼問。在我們中的幾個聚在一起討論海外新思潮和救世理想時——說起來這兩個話題大概是自明治之後，不，是從遣唐使以來，與我們國家關係最為緊密的話題——渡邊老師提議：「要不來點音樂吧。」留聲機傳來的歌聲高亢激昂，震耳欲聾。「我要勇敢地宣誓，我一定會勝利歸來！離開祖國……」[30]——「有時聽聽這種歌，不也挺好的嗎？作為回憶……」確實，戰爭結束二十多年來，這首歌仍在我的耳邊回響，但有時候我必須發出更大的怒吼去蓋住它的聲音。

28 路易．阿拉貢（Louis Aragon, 1897-1982），法國詩人，參加了達達主義和超現實主義文學運動，後與之決裂。代表作包括《巴黎的農民》、《高尚住宅區》等。

29 拉侯謝（Pierre Drieu La Rochelle, 1893-1945），法國小說家。作品主要描寫「一戰」後青年人的不安與絕望。「二戰」期間協力納粹，戰後自殺身亡。代表作包括《跳動的火焰》等。

30 《露營之歌》中的一段歌詞，由古關裕而作曲，內喜一郎作詞，創作於一九三七年，用於激勵士兵士氣的軍歌。

京都的庭園

我常去京都，只為見她。我覺得我愛她。或者，在當時的我看來，「我覺得我愛她」跟「我愛她」，說到底是一回事。「我愛她」這句話若有意義，那便是視我能為對方做些什麼、能做多少而定。她說話一口京都腔，綿言細語，似水如歌。就算講些日常瑣事，聽來亦覺甜美無比。東京長大的我，在她說話聲中彷彿神馳於異域他鄉，又似有鄉愁縈繞心頭。我不覺得「京都腔」美，但體會到「京都腔」能美到如此無可比擬。我跟她說，「我從來沒有聽過這麼溫柔的聲音」。她雙眸清朗，笑著對我說：「我說話還是有個頑固的毛病，怎麼也改不了。」在堅持女人不應該頑固這點上，她或許稱得上頑固。我沒有跟她討論過這個觀點，可以說是沒有機會去說服她。她生在京都，長在京都，很少離開這座城市。英年早逝的丈夫是名佛教學家，聽說曾致力於唯識論[1]研究，但她卻對佛教沒有什麼興趣。她跟去世的丈夫之間還有一個孩子，就在附近的小

1　印度大乘佛教的兩個派別之一。

學上學。她照顧孩子的生活起居，靜默度日。光線昏暗的房間裡，浮現出一張粉妝玉砌似的面龐。

不知何時起我又養成了獨自在京都街頭散步，有機會便去古寺走走看看的新習慣。那時候的古寺庭園，靜謐清幽。龍安寺的石頭，在初冬午後陽光照射下拖著長長的影子。西芳寺被人遺忘的角落，陽光透過樹葉的間隙灑落在春雨濡濕的青苔上，光斑點點，宛如烈焰般熠熠生輝，唯我獨賞。那個時候，京都沒有觀光客和汽車的噪音，有很多維持著室町時代的原貌，已被現代日本徹底遺忘的寺廟和庭園。當時的東京，忙著翻譯、詮釋和討論西洋人的觀點，古代東洋文化已被棄如敝屣，眾人唯恐避之不及。神田舊書店裡的漢籍論斤賣。雜誌的目錄也好，新出版書刊的題名也好，幾乎沒有涉及日本古代美術的。我雖囊中羞澀，仍能購漢籍、遍訪古寺欣賞造園遺跡，也算是從這個時代身上占了不少便宜。

一個秋日午後，某禪寺的庭園中，神跡就這樣降臨到了我的身上。庭園的結構並無特別之處，自然地借用東山的斜坡為景，前方佈置的枯山水規模不大，但庭園卻分分秒秒不斷變化。陽光斜照下份外耀眼的東山黃葉，轉瞬間又幻化成一片陰翳，枯山水在頃刻間沉入了灰色的最深處；眼看著太陽將要露臉，銀色的雨點竟又悄無聲息地落在白色砂上，綠色的點景石如獲新生，綻放出亮麗的光芒。這是一個庭園，卻又不只是一個庭園。歡喜與悲傷、絢爛與沉鬱瞬息萬變，皆成含蓄之「形」——除了「形」之外，大概也沒有更好的說法，能微妙地囊括那隨時而變的姿態。當時我才剛開始觀庭園，那應是一種近似好奇心的感覺。儘管如此，就在那一刻，我突然間有種不可思議的真實感，感覺這就是離我最近的一個世界。這種真實感包含了自己對那個世界的確實理解，以及我的一部分確實地屬於它。我在東京出生、在東京長大，卻在遠離東京的地方遇到了一種真確——外在世界和我內在世界之間的實在關聯。離開故鄉之後，我在京都發現了另一個故鄉。我是從那裡讀懂了另一名女人臉上的所有表情嗎？恐怕不是，我看到的是那個世界映照在女人心中的樣子。後來，我不光看庭園，還開始看佛像，以及一些畫。此外，我開始撰寫日本美術方面的文章，但寫得更多的是與其毫無直接關聯的事物。然而自我第一篇文章〈日本庭園〉起，十五年後我還在寫〈詩仙堂志〉。我並非見識過西洋，才領悟到日本藝術的可貴之處，而是在某個秋日的午後，看到映照在東山斜坡上的西陽，看到落在枯山水白沙上的雨點之後，我才動了去西洋看看的念頭。

參加留學生考試時考官以法語詢問，「你有哪些特別喜歡的法國作家？」當時，我還沒有養成以法語口頭表達的習慣，無法適切地回答這個問題。但讓我感到驚訝的並非語言的問題。那時我也確實讀了不少法國作家的作品，卻從來沒有問過自己這樣的問題。更主要的原因應該是，我當時閱讀法國文學的方式，讓我無法確切地在當下回答這個問題。「覺得特別喜歡」某樣東西，這應該不是能馬上思考決定的。弱水三千，而只取一瓢飲——前提必須是彼此之間有著確切的關聯，就如我跟京都的庭園一樣。若要說明這個確切的關聯，那麼，我用盡餘生也無法停止的思緒就會如泉水般噴湧而出：它跟《古今集》之後的和歌有關；它跟一名女性說話語調的抑揚頓挫有關；它跟我兒時在澀谷從二樓窗戶向外遠眺時看見的道玄坂上晚霞映照下的那片天空有關。但是在看了庭園之後，我才意識到自己對西洋文學——雖然這一面明確地存在，並非只是隔靴搔癢——從未感受到像站在庭院前所感受到的真確理解。對我而言，西洋文化和古代日本文化有何不同？如果我不給出答案，就這麼繼續下去的話，只能是自欺欺人了。遊歷西洋不一定能找到這個問題的答案，但我確實也沒有任何藉口暫緩西行的腳步。

之前我也提到過，母親的健康狀況不太好，她的心臟出了問題，有時會出現自律神經失調的複雜症狀。這種狀態持續了很長一段時間之後，母親被查出得了胃癌，在本鄉校區大學附屬醫院做了手術，儘管有心臟的問題，手術依然順利，但當時無法得知癌細胞是否發生轉移。如果沒有轉移，由於母親歲數不大，剩餘的時間難以預料。如果已經轉移，便只剩下幾個月的壽命，醫生也無力回春。那時我與父親商量後，決定跟母親說手術結果表明並非癌症。這不過是醫師的通則。母親出院後，回到目黑區的家中開始術後調養。她恢復得比預期的良好，讓我更難開口談她的病情。我對她說：「胃潰瘍的部位，以後有可能發展成胃癌，保險起見就把那塊切除了。」她說：「那樣的話，我很快就會好起來的。」我說：「當然，很快就會好起來的。」而我仍想著癌細胞轉移的可能性。只有我知道，母親的生命很有可能如煙花般短暫。母親在臥床休養時作了和歌，認真地記錄下來，她說，這就跟寫日記一樣。她在和歌裡寫道，孩子們都已經長大，就算自己死了也沒有什麼放不下的；女兒性格好，人見人愛，沒有什麼可擔心的；兒子性子烈，將來令人擔憂。母親喜歡旅遊，但這輩子也辦法去什麼地方；母親喜歡客人來訪，卻很少在家裡招待客人；母親喜歡美食，但現在只能靠吃流質食物和打點滴才能維持營養。不管是住在隔壁的小姨，還是每天都來探望的妹妹，母親跟她們聊天的時仍保持著開朗樂觀的精神，直到最後。我在病房裡開著玩笑，把所有人都逗得哈哈大笑，但腦海裡卻浮現在廣島時見到的情景。那些慶幸自己逃過一劫的人們，在幾周之後出現了原爆症的症狀。在人們為大難不死而手舞足蹈的時候，原爆症宛如第二波轟炸，出其不意地把所有人徹底打垮……在母親還活著的時候，我願意為她做任何我能做到的事。然而我能做的，只有祈禱不幸千萬不要降臨到她身上。

但是，手術後身體還沒有完全恢復，母親的病情就開始惡化。無法再做任何樂觀的推測，一旦出現癌細胞轉移的症狀，便已是束手無策。母親問：「我怎麼愈來愈難受？」我不知道該如何回答。為了減輕母親的痛苦，為了延長她的生命，我傾注了全部的精力——然而這兩個目標本來就是互相矛盾的。每次看到母親被病痛折磨的樣子，我心亂如麻，跟父親商量後才勉強決定了臨時處理辦法，除此之外，我的大腦一片空白。就這樣過了幾周，母親受盡了病痛的百般折磨，最終離開了人世時，而我則感到自己的內心一片空虛。沒有喜悅、沒有悲傷，只感到疲憊擴散到全身，暫時陷入了精神恍惚的狀態。我幾乎不記得母親的葬禮，對周圍發生的事情也提不起絲毫的興趣。我應該不久便回到本鄉的醫院繼續上班，但那段記憶也是模糊的。唯一清楚記得的是，夜晚獨處時母親的臉龐、她說過的話如走馬燈似的浮現，這一切皆已逝去，不復存在，讓我感到心如刀絞般的痛苦。給與我無限溫暖和愛的太陽消失無蹤，這個世界對我來說已經毫無意義。正午的烈日下，每天看慣的臭水河邊景色剎那間失去色彩，看起來宛如與我毫無聯繫的陌生城鎮。過去的一切在我的心中，那才是我的現實。而我的身外不過是場夢而已。

然而，隨著時間的流逝，我開始能夠冷靜地面對母親的死，強烈的悔意在這時湧上心頭。當時該這樣、該那樣的想法在揮之不去，我反覆想著，雖然其中有些事我無法達成，但也有部分是只要我有心，應該就能實現。我對自己既是憎恨，又是輕蔑。同時我還將母親的死視為分水嶺，把自己的人生分為前後兩段。在這兩段人生中，我所生活的世界其重心發生了變化——當我意識到這些想法時，著實被自己嚇了一跳，因為一直以來的人生都是母親依賴我，而非我依賴母親。但在經歷母親去世後一段時間，我清楚地認知到，自己的世界已經天翻地覆，我再也無法擁有那種無條件的信任與愛。我必須重新建立信任，必須重新尋找愛。即使有京都的那個她，也絲毫無法改變這個現實。

母親臨終前，神父在她身邊執行該做的儀式。天主教信仰——我想，她大概是有的吧。並非天主教徒的我同意請神父過來，實際上也是這個原因。但我現在將母親的宗教信仰描述為「大概有」而非「有」，也是有理由的。理由之一是，信仰這個詞的意思只要離開了真實的體驗，恐怕便難以理解。即便撇開這個不談，若母親信仰上帝，其所信仰的上帝性質，恐怕與她少女時代在天主教學校裡學到的那個上帝，已有很大的不同。「你們倆要是都信教該多好啊！」母親曾經半開玩笑地說過，「這樣就算是死了以後我們也能在天堂再見。」——「可是，誰知道我們能不能都上天堂呢？」妹妹說。「不會的，只要心地善良的人，一定都能上天堂。」母親說。這個想法差不多可以理解為，不管是否信仰上帝，心地善良、品行端正的人便能進入天堂。實際上，當我和妹妹明確表示不會信教之後，母親的想法才發生了這樣的變化。她似乎堅信自己的孩子都是善良的——至少在母親眼裡這不需要任何理由——所以她認為上帝（善）是不會懲罰善意的。母親還曾經說過，「神父說的話裡頭，有幾個地方也挺奇怪的，如果把現世一切都歸結為神意，那孩子的死不就也變成神意了……」後來她又加了一句：「神父也是各式各樣的，有的神父想得不太深入吧。」母親只在特殊事由下才上教堂，星期天也幾乎不去做禮拜。她說：「比起這些形式，我覺得內在的態度更重要。」

可以說，父親在行動方面成功地說服了母親，但在無神論思想的遊說卻以失敗告終。我一直認為自己沒有必要這麼做，而且，不幸的是我沒法跟母親擁有相同的信仰。母親去世多年後，當我思考自己的死亡時，總會無緣由地認為自己將死於癌症，我甚至認為若真有天堂，母親必定就在那裡，說不定還可能在那裡跟母親再次相見。

母親不喜歡我去京都。而我卻在考慮要不要結婚。母親去世之後，遊歷西洋的可能性愈來愈大。那陣子大學醫學部裡終於有了留學美國的機會，若當時獲選前往，我應該會在美國大學的研究室裡埋頭研究，研究之餘在網球場裡揮灑汗水，說不定直到今日仍是一名自然科學家。當時，我已經在東京拿到了學位，同時也對自己的專業領域抱有充分的興趣，足以在條件優良的研究室裡面埋頭苦幹。但我卻沒有主動尋找這樣的機會，無所追尋下機會也不會主動上門。我所尋找的是前往法國，並在那裡長期生活的機會，那是我在醫學研究之外，也持續閱讀其書籍的國家。但在占領下的日本，這樣的機會並不多。戰後第一批法國政府公費留學生，沒有公開招募，而是透過推薦選拔。其中一名獲選者是法文科副教授森有正，這次留學改變了他的後半生。第二批留學生的選拔則採公開招募，我參加了考試，但沒考上公費生，只獲得半公費生的資格。所謂的半公費生，需要自行負擔往返和生活費用，法國政府則會減免學費，協助辦理簽證和其他手續。當時的日本政府甚至沒有權限發行護照，普通市民即便能負擔全部費用，要想出國也是難於登天。取得「半公費生」資格，就解決了登天路上的一大難題。我所面對的問題是，到底能不能掙到留學所需的那筆錢。我沒日沒夜地翻譯賺取留學費用，去哪都不忘為地方報紙寫稿，用稿費做留學時的生活費。如果當時京都的她強烈反對我出國，或許我會因此留在國內。若我沒有踏出國門，後半生應該也會是另一個樣子。但她沒有表示反對。她不僅沒有挽留，對我出門遠行也沒說過一句牢騷話。這讓我覺得好像缺了點什麼似的，然而卻又產生了遠超過這點不足的感動。我對她說，這次遠行不過一年時間而已；與她約定會不斷地寫信；我告訴她，如果她需要，我隨時都能回國。我跟她說，「等我回來，我們就結婚。」她說，「好啊，等你回來……」當時，我在東京的寫作事業才剛起步，又終於在京都發現長期親近的詩歌與這個國家的風土之間，存在著某種微妙聯繫。我想實地體驗西洋，但從沒想過要拋下日本。我從沒打算要把現在的生活和工作中斷一年以上，對自己和她說過的話深信不疑。我做夢都想不到自己後來會在歐洲長期生活，更不用說這段歲月從根本上徹底改變我。

多年以後，我再次回到了京都的庭園，但曾經相信自己如此深愛的那個人，我卻再也沒有回到她的身邊。

第二次出發

一九四五年秋天，朝著戰後日本社會出發的我，在一九五一年秋天，專程遊歷西洋。這是我人生中的第二次出發。我當時立下志願，要在日本社會中的、當然還有我自己心目中「西洋」的老家，親眼探究「西洋」。結果自然是事與願違，我逐漸無法將「西洋」只視為觀察的對象。

從東京出發的航班，起飛時間特別早。我從奧利機場（Orly Airport）[1]出發的汽車窗戶第一次看到巴黎街頭燈光時，想起了前往羽田機場路時車窗外的市街燈火。我已去東京三千里，但要讓自己接受這個事實，並不容易。來機場接我的是比我早來一年的森有正，以及一個月前才抵達的三宅德嘉。其中一人對我說：「看，那就是塞納河。」但我還顧不上塞納河，腦中仍模糊地想著千里之外的事。

當然，我仍然留有當時搭乘班機，繞行南線兩天的旅途記憶。從香港市區狹窄道路兩側

1　位於法國巴黎南方郊區，在戴高樂機場啟用前是巴黎最重要的國際機場。

窗戶中傳來稀裡嘩啦的麻將聲，就像暴雨傾盆而下。東南亞無邊無際的密林和深夜的喀拉蚩（Karachi）機場；敘利亞（Syria）白色的沙漠和死海；清晨貝魯特（Beirut）機場裡戴著墨鏡南來北往，不知來歷的男女打扮；如寶石般閃閃發光的地中海湛藍海水；沐浴在夕陽下的馬特洪峰（Matterhon）玫瑰色的山頂……我腦中滿載著這些鮮明又孤立的印象，這些印象各自應該都有獨特的意義，但其同時賦予的整體印象意義我卻無法思考。我思索的是，自羽田機場坐上客機的座位到飛機降落巴黎，貫穿這趟旅程的一種體驗。這是個無法用日文進行溝通的世界。在廣島時我確實用英語與美國醫生交談過，但那不過是我在日語的世界中，偶然地將自己的想法翻譯成英文，周圍世界整體並非以英文為媒介來構建。我還沒下飛機就開始意識到，若所有想法都要以外文表達，我思考的內容必然會受到影響。我亦可根據需要，將日文思考翻譯成外文，但如此我便無從內心理解周圍世界。我置身於這個世界之中，理解這個世界也意味著改變我自己，否則便無法理解。它和我之前生活的世界截然不同。飛機朝著羽田機場的跑道開始滑行，我透過小小的窗戶注視著外面的燈光，感到窗內的世界和窗外的世界已經完全割裂。我和東京之間的距離，就在那刻達到了最大值。當飛機在巴黎降落，我辦完入關手續，坐上汽車奔馳在巴黎街頭的時候，這個距離沒有再變大……

我抵達巴黎後的第一個住處，在十四區的大學城內。很多國家都在大學城中為本國留學生蓋了宿舍，其中也有「日本館」，我就住在裡面。當時日本留學生數量還很少，日本館中有三分之二的學生並不是日本人。三餐得前往中央食堂解決，其所在建築頗有距離。由於各國留學生也從他們的宿舍來這邊吃飯，我因此認識了日本館之外的學生，但也僅停留在點頭之交。這是由於我的法語仍不流暢，之外，他們作為交流對象也存在著不盡如人意之處。三宅君也住在日本館，森有正在城裡租屋，我能和他們以日文交流。就算我法語說得再流利，也很難指望能從二十多歲的留學生身上獲得相同程度的知性啟發。當然也有例外。入住日本館後不久，我認識了一位來自布列塔尼[2]的哲學系學生。他熱愛聖路易島[3]上的古老建築和聖西門（Henri de Saint-Simon）的散文，聽德布西（Achille-Claude Debussy），讀尼采（Friedrich Wilhelm Nietzsche），年紀輕輕卻已有遺世獨立的風采。有一次，他說，「我認為法國文化的本質中，帶有貴族性的東西。」我說：「但同時也有攻占巴士底獄那樣的民眾的傳統。」我們就這樣一直討論到半夜。大學城的宿舍房間只有一張床、一張桌子和一把椅子，地上沒有鋪地毯，牆上沒有掛壁畫。桌上是堆成小山的書，一瓶葡萄酒，裝滿高盧牌（Gauloises）香煙煙頭的煙灰缸，除此以外，別無他物。我並非故意挑起爭論，而是對他的想法非常感興趣，便採取了反對立場，好更清楚地看到他的想法。但是如此一來，我就不得不為自己選擇的立場進行辯護。結果我說了整晚的法語，把對方巧妙的措辭改頭換面後，應用在自己的論點當中，同時還必須使出渾身解數去調動我拙劣的法文。起初真是費了九牛二虎之力，但是隨著我逐漸適應，就變得不那麼麻煩了。我不是因為自己會說法語才

2　布列塔尼（Bretagne），法國西部的一個地區。

3　聖路易島（Île Saint-Louis），位於巴黎塞納河上的一座小島。

和他辯論，而是在辯論之中，我那不太靈光的法語，似乎也足夠傳達意思。我親身體驗了這個過程，也知道這意味著什麼。我跟周圍世界間的距離，一下子縮短了。

在與這位布列塔尼亞青年來往過程中，我獲得的不僅是辯論的習慣。在開口說法語同時，我發現自己未曾真正閱讀法文的文章。他為我深入細讀瓦勒里以對話體寫成的《歐帕里諾斯》，告訴我為什麼作者要在這裡使用此詞彙而非其他詞彙；為何如此措辭表現而不採取其他措辭。在這裡，法日詞典幾乎派不上什麼用場。我在東京時，曾經翻著法日詞典並對照英譯本，非常仔細地閱讀過這本書。我以為自己已經理解內容，沒想到只得其梗概而已。在東京的時候，我覺得能讀懂瓦勒里，但難以開口說法語。到了巴黎大學城之後，才逐漸意識到說法語並不難，但要理解瓦勒里卻很不容易。關於日本，青年總是問我：「在日文裡，是否有也有與法語同樣指稱『文體』的詞彙？」我回答他說：「可能沒有定義上完全相同的詞彙，但有能夠對應的。」他對這個答案並不滿意，我不得不開始跟他討論這個麻煩的話題：如何界定日語中文體的概念。他有位同伴已經開始寫作小說，他說，自己還不打算用蹩腳的文章創作，必須先寫出讓自己滿意的文章。他的態度，常常讓我想起二十歲前後的自己。俄羅斯小說家、法國詩人、德國哲學家，恐怕都是我知道得更多。然而，這位法國青年在他的母語及其古典之間有著無法切割的確切聯繫，而我與日語及其古典的關聯卻沒有如此緊密。我的文學修養橫向擴展，是國際化的，但又是膚淺的。他的修養以本國歷史為軸，縱向發展，是深厚的。兩者之間形成的鮮明對照，讓我留下深刻印象。多年以後，我寫下《雜交種文化》[4]，在文中強調潛藏在日本現狀下的各種可能性。那個時候，我就想起了自己在大學城裡的這段經歷。我把橫向擴展的那種修養稱作「雜交種」，把縱深綿延的那種修養叫作「純種」。我認為，現代日本人已經沒有在兩者之間選擇的自由，只能從「雜交種」類型中去尋找積極的意義。

我在大學城還結識了一位美國的黑人畫家。她個子比我還高，體態勻稱健美，在美術學校學油畫。她讓我看她的作品，並詢問：「你覺得這畫怎麼樣？我以後有可能成為畫家嗎？你老實告訴我。」

「以後的事我怎麼知道？」我說，「單就這幅畫來看，還不能說是成熟的作品，是外行的水平……」

「這個我自己也知道。」她說得倒也坦率。

「不過我很喜歡你的畫。」

——我確實很喜歡那幅畫，但比起畫來，我更喜歡她。我們一起參觀畫展，出來後仍意猶未竟，便座在附近的咖啡廳暢聊各種話題：繪畫、畫家、美國、法國。有次她看著阿爾瑪廣場（place de l'Alma）上行色匆匆的人們，說：「我不想回美國。」還有一次她說：「巴黎都說英語，害我都學不會法語。」

---

4 日語原文為「雜種文化」，是作者根據日本文化特點而自造的一個詞。原文中的「雜種」對應「純粹種」，即生物學概念中的雜交種和純種。因現代漢語語境中「雜種」一詞的詈語色彩較為濃厚，為免歧義，此處譯為「雜交種」。

「你開玩笑的吧，世界上有幾個國家這麼熱愛自己的母語？」

「但我們現在不正說著英語嗎？」

話音剛落，我們便莫名其妙地齊聲大笑起來。她曾介紹我一位黑人青年，說是她表哥。還曾帶來一名在羅浮宮（Musée du Louvre）為外國人導遊為生的德國畫家，有天他們帶著另外一位年輕的美國人，闖到日本館來找我。

她說：「他們說有事要問你，我就把他們帶來了。」

那名美國人的問題太過出人意料，起初我還以為是開玩笑。但他的態度看上去很認真。「對人生而言，宗教，或者說信仰也可以吧，是必要的嗎？」

我回答他，「這很難一概而論。」

「對我而言……」他說。

「這是因人而異。」我只好重複這個答案。

「那你覺得，對什麼樣的人來說是必要的呢？」

「請等一下。必要不必要這個問題，原本便沒什麼意義。」我說，「就算我的回答是必要，你也不會因此產生信仰，若答案是不必要，會信教的人還是會信。」

美國人是名機械工程師，他默默地專注聽著，我決定換個話題。「信仰就好像是戀愛。不會因為必須愛誰就能愛上誰，即使沒有戀愛的必要，愛上的時候就還是愛上了……」

他說：「那戀愛是什麼呢，我現在正好在思考這個問題。」

德國畫家聽了他的問題，微微一笑，小聲地自言自語道：「戀愛是什麼？現在會問這種問題的只有美國人了吧。」

——接下來，這位美國工程師開始向我們介紹戀愛的三種類型。第一種是精神上的戀愛，第二種是肉體上的戀愛，第三種是混合型。第一種類型說起來容易做起來難，第二種類型不合適，所以，第三種類型……巴黎的美國人，尤其是這位工程師，簡直就像是從外太空來的。他們善良得出人意料，而且會在出人意料的地方開玩笑，又在出人意料的地方聽不懂玩笑。但他們都成為我的朋友。很久以後，我在美國見到他們的時候，其中一人不停詛咒美國社會的不公正；另一人在紐約找到了與巴黎的共同點而滿足；還有一人完全融入美國社會，與周圍人打成一片，不再有絲毫異類的感覺。他們每個人都精心地招待我這個遊客，讓我倍感友情的深厚。

當時旅居巴黎的日本人很少，日本大使館尚未設立，後來的萩原大使已在相當於使館前身的事務所中任職。萩原大使身材高瘦，英語和法語都說得流暢自如，喜愛觀賞戲劇，公務之餘也會聊點文藝，頗知風雅。另外，還有一位雕刻家高田博厚[5]，年輕時便離開日本長住法國，戰爭期間也沒有離開過。我實際仰仗高田良多，以後應該有機會細說。巴黎也讓我有機會見到了朝吹登

5　高田博厚（1900-1987），日本雕刻家。曾留學法國，創立巴黎日本美術家協會。「二戰」期間滯留巴黎，與羅曼·羅蘭等文學家、美術家交往甚密，並為他們製作雕像。

水子[6]女士。朝吹女士戰前便曾在巴黎生活，戰後比誰都早回到這個城市，租下詩人勒內・阿爾克斯家的房間居住。離開日本館後，我承接她的步伐，住進阿爾克斯家。

住在日本館時，我就讀於巴黎大學（Université de Paris）的醫學院。主任教授是位滿頭白髮的老人，帶領著手下醫師巡視病房——那陣仗跟東京的大學醫院毫無差別——也常在病房談話間不經意地提及天下大事。有一次他突然看著我問：「你認為駐朝美軍有沒有使用細菌武器？」當時，朝鮮戰場戰事正酣。我回答說：「我不知道。」教授非常斷定地說：「我認為他們可能會使用。」還有一次，當門診的年輕女患者脫去衣服就診時，教授說出類似「哇，這對乳房長得真漂亮」的話。這種玩笑在東京簡直難以想像。不過在醫學方面，東京和巴黎之在本質上不應存在任何差異，事實也確實如此。學會上的討論方式不同，研究室的成員構成不同，在研究課題的處理方法上大概還有點法式的癖好。但這些都不是本質性的問題。

讓我感受到東京和巴黎本質差異的，在醫院和研究室之外。道路兩邊鱗次櫛比的石造建築，厚重而堅固，整個巴黎街道給人的印象恰如一組結構複雜的雕塑。行道樹的綠在與石造建築的對比下顯得格外亮眼，就連建築和建築之間被片片分隔的灰色天空，其與東京天空一覽無遺的樣貌不同，卻更為強烈地吸引著我。住在日本館時，我喜歡漫步於巴黎街頭——這裡的空間不同於我以往生活的空間，這裡空間的秩序讓我百看不厭。我竟能如此漫無目的地在巴黎街頭逡巡良久——現在回想起來，也難以解釋其中的緣由。我對城市規劃、或是名勝古蹟都毫無興趣。不管維克多・雨果（Victor Hugo）是否曾住在孚日廣場（Place des Vosges），德拉克洛瓦[7]有沒有住過菲爾斯滕貝格廣場（Place de Furstenberg），這些廣場在我眼裡的意義並不會因此發生任何變化。

我只能說，自己大概在那裡看到了一個被外在化的，轉化為感覺對象的文化核心。這個核心大約自十二世紀起，就帶著某種確切的關聯綿延至今日。換而言之，這不僅意味著十二世紀以來的建築，和後來各時代的代表性建築一起留在了巴黎市中心，還意味著十二、十三世紀的教堂建築給我的印象，和塞納河兩岸街道的印象有著某種相關性。兩者都讓我覺察到一種強烈的意志，要將某種內在的衝動外化到感覺上的秩序裡。這是我在東京從未有過的一種體驗。我漫步街頭，時時感受到自己正在被吸入一個深不可測的世界。我身上到底發生了什麼？——我覺得比起研究室的工作，好好琢磨這個問題似乎才是我的當務之急。

我並非是為了與日本人相見才不遠萬里前往巴黎，然而實際抵達後，與在東京恐怕無緣得見的同胞相會，反而成為我的一大樂事。尤其是日本館裡的居民，很多人有著專精領域。我曾經和作曲家一同出席音樂會，聽數學家闡述數字秩序之「美」。但大家有一個共通的習慣，在思考每件事時都要比較東京與巴黎。一方面是除了法國之外沒有其他熟悉的國家，能作為與日本對比的對象，另一方面則是在關於法國上，對難以一般化的具體事例所知數量亦遠遠不足。經濟上，

6　朝吹登水子（1917-2005），法國文學研究者、隨筆家。代表作包括自傳體小說《愛的彼岸》、譯著《你好！悲傷》等。

7　德拉克洛瓦（Eugène Delacroix, 1798-1863），法國畫家，浪漫主義的代表性人物。透過強烈的色彩表現生命的律動與激情，對印象派和象徵派等現代繪畫產生了巨大的影響代表作包括《自由引導人民》等。

所有人都在某種意義上，仰賴著與日本的關係度日。生理上，大家都缺乏女性滋潤，大概吧，我想。而我也不例外。不久之後，我便感到自己必須離開日本館。

詩人的家

第一次世界大戰前後受羅曼・羅蘭影響青年中，有群人租下舊修道院，經營起只有藝術家們參與的共同生活，世人稱之為「修道院文社」[1]。此派的中心人物據說是小說家喬治・杜哈曼[2]、劇作家查爾斯・維爾德拉克和詩人勒內・阿爾克斯。後來，杜哈曼成了法蘭西院士，維爾德拉克的戲劇在國立劇院上演，阿爾克斯寫下幾本薄薄的詩集，經營起小型出版社，「二戰」結束後在巴黎十三區的阿梅代・穆謝大街（Rue de l'Amiral Mouchez）過著平靜的生活。婚後育有一子，他對兒子寄予厚望，但在其子婚後不久，美麗的——從放在桌上的照片上就能看到——阿爾克斯夫人便因癌症過世，緊接著兒子也因腦瘤去世，拋下了年邁的阿爾克斯和年紀輕輕就守寡的兒媳

1 修道院文社（Abbaye de Gréteil），一九〇六年，以喬治・杜哈曼、勒內・阿爾克斯等為代表的青年詩人、作家和藝術家們組建的文學社團，因活動中心位於巴黎郊區的克雷泰因修道院而得名。

2 喬治・杜哈曼（Georges Duhamel, 1884-1966），法國作家，曾在法國軍隊當醫生，參加過「一戰」。他的小說具有反戰主義思想，曾多次獲諾貝爾文學獎提名。代表作有《烈士傳》、《文明》、《沙拉文的生平遭遇》等。

米歇爾兩人相依為命。我就是在這個時候去了巴黎。

阿爾克斯的家是巴黎市內少見的木造二層建築，距離馬路稍微有點距離。一樓是寬敞的書房、餐廳和客廳，順著狹窄的樓梯上樓，二樓有三間臥室。書房牆上排列著古今法國作家們的皮革精裝作品集，其中還夾雜著幾本外國近代文學的法文譯本。客廳的牆上掛著烏拉曼克[3]、莫迪利亞尼[4]和瑪莉．羅蘭珊[5]年輕時的油畫作品，尚．考克多（Jean Cocteau）和麥綏萊勒（Frans Masereel）的素描和版畫。陶器、銅器和舊家具一起填滿了這個空間。在漫長的歲月中，一家人的歷史充滿了這個房間的所有角落。能與高效運轉事務所形象如此遙遠的房間應該也是少有，但阿爾克斯就坐在書房的那張大桌子前，整個身體埋進扶手椅裡，閱讀出版業務的文件。年輕敏捷的米歇爾將小桌子和打字機放在客廳，協助阿爾克斯工作，寫信或是接個電話。他們的工作內容還包括羅曼．羅蘭著作版權的業務，必須和全世界翻譯羅蘭作品的出版社聯繫。阿爾克曾隨口說道，「還沒收到過日本的出版社寄來的版稅呢。」國外寄來的信件大部分以法文或英文書寫，我也曾翻譯過偶爾出現的德文信。米歇爾親密地叫阿爾克斯「小比爾」。她一邊在廚房準備做飯，一邊嘴裡哼著不知名的曲子，每次阿爾克斯聽到了都會說：「啊，我們家的烏鶇唱歌啦。」

詩人已經過了六十五歲，也不愛好辯論，但倆人總是爭論個不停。

「白人女性與黑人相偕走在路上，看起來總是不好……」

「為什麼黑人就不行呢？」

「我也沒說不行……」

「那不就沒問題了。」

「但在街上，看起來總是不夠體面。」

「沒有這回事，小比爾，黑人很多都很好看的。」

「啊！」

「您可是羅曼．羅蘭的弟子，不能有種族歧視。」

「你這個壞姑娘！」

——即便這麼說著，阿爾克斯仍是樂在其中。能夠如此唇槍舌劍而不留芥蒂，大概是因為話題並未涉及個人利害。米歇爾用快如機槍掃射般的語速高談闊論，只要話題一變，她的口氣就立刻跟著緩和起來，一邊親切地叫著「小比爾」，一邊說著笑話——這實在叫人嘆為觀止。可以盡情地愉快辯論，而不傷害彼此情感，這是我在東京未曾體驗的風氣。除了巴黎，之後在其他海外都市裡，我再也沒見識過這麼放得開的辯論風俗。「沒這回事！你說的都是一派胡言！」若把這句法語直譯成其他語言，不用說是日文和日本人，多數人聽了都會勃然大怒。如果把它意譯為

3　烏拉曼克（Maurice de Vlaminck, 1876-1958），法國野獸派代表畫家之一，早期愛用強烈對比色，後期轉向立體主義。代表作有《紅樹》等。

4　莫迪利亞尼（Amedeo Modigliani, 1884-1920），義大利表現主義畫家。擅長人物肖像畫，代表作有《圍紅圍巾的珍妮》。

5　瑪莉．羅蘭珊（Marie Laurencin, 1885-1956），法國立體派女畫家。擅長畫女性與兒童，代表作有《母子》等。

適當的英語，就應該是：「是這樣嗎，我大概完全不能同意您的看法。」如果把它意譯為日語的話，就應該是：「您說的完全正確。正如您所言，不過……」

我從大學城的日本館裡，搬到了阿爾克斯家二樓的一間臥室中。那裡有一張床、桌椅和小型書架。打開面對中庭的窗戶，可以看到被周圍建築屋頂切割出成小塊的灰色天空，俯瞰則是紫丁香。一到五月，窗畔便能聞到那花香。我在房間裡做飯——雖然這麼說，也不是自己動手煮，而是買些現成的食物，就著紅酒和咖啡湊合一頓。一天中有一餐，我基本都會出去找個便宜的飯館解決，一九五〇年代初的廉價飯館只需兩三百法郎，就能吃到份量充足且風味道地的餐點。有日本遊客問我：「長期生活在國外，就會想念味噌湯吧？」我默默地表示同意，但並非出於對味噌湯的懷念，而是不想被對方懷疑自己身為日本人的資格。我看到勒諾特[6]的花園會想起小堀遠州[7]的泉水，卻不曾在巴黎小飯館喝著無名紅酒時，想到築地壽司店的酒，也不曾吃著咖啡歐蕾與奶油麵包的早餐卻想起味噌湯。在吃喝方面，我自始便能滿足於當時巴黎最便宜的飯菜，倒是縫補襪子上的破洞讓我大傷腦筋。由於喜歡漫步街頭，我的襪子破得很快，但我的修補方法卻會讓襪子補一個洞短一截，下次再破個洞，一補又短一截。當襪子短得不能再短的時候，我就買雙新的。為了省這筆錢也是煞費苦心。

晚餐時間我常去樓下跟阿爾克斯閒聊。這個時段米歇爾經常出門不在家，老人則基本在家不出門。當時朝鮮的停戰交涉陷入膠著狀態，「冷戰」正酣，「美國人太笨！」是阿爾克斯常掛在嘴邊的口頭禪。我說，「他們不是笨，只不過是從錯誤的前提出發。」我們展開辯論。

「什麼前提？」

「共產主義者都是魔鬼。」

「這個前提正好可以證明他們的笨。」

「錯誤的前提，不一定是因為愚笨而生。」

「那你說是因為什麼？」

「因為大部分美國人連共產主義者長什麼樣子都不知道。」

「杜勒斯[8]也是嗎？」

「他是不去研究前提的。他是接受被賦予的前提，並在此基礎上制定合理的政策。政策的合理性是他並不愚笨的最好證明。」

「西班牙有個小鎮也叫阿爾克斯。我知道西班牙，我覺得美國人跟西班牙的公牛有相似之處，一看到紅布就立馬興奮起來，失去理性……」當時法屬印度的反殖民地戰爭仍在進行中，在

---

6 勒諾特（André Le N.tre, 1613-1700），法國古典主義園林設計大師，是國王路易十三的御用園丁。代表作是凡爾賽宮花園。

7 小堀遠州（1579-1647），日本江戶初期茶道家、庭園建築家。茶道遠洲派創始人。

8 杜勒斯（John Foster Dulles, 1888-1959），美國政治家。一九五一年任國務院顧問，致力於締結對日合約。任艾森豪威爾政府的國務卿，主張反共強硬路線。

阿爾克斯眼中那是場「骯髒的戰爭」，外相喬治．畢多[9]就是讓人瞧不起的「滾刀肉」[10]。

年近七十的詩人不談過去淳風美俗，總是聊當今世界。當然話題也不限於時事政治。他曾問偶遇的婦人，「你相信上帝嗎？」、「上帝在哪裡？要是在天上——那東京人眼裡，就是在下面了吧。」、「在我看來，比起無罪的懷胎，更難得的是無懷胎的罪。」他還把一本用特殊皮革裝幀的詩集遞給我，「你摸摸看，怎麼樣？這手感，就跟女人大腿一樣柔軟……」

——毫無疑問，他身上仍留著羅曼．羅蘭影響的痕跡。若不論羅曼．羅蘭的音樂、彩繪玻璃彩和神祕主義，視其為人道主義者、國際合作主義者和進步主義者的話，那麼詩人阿爾克斯就是一名更加直接，也就是不含劇烈矛盾的人道主義者、國際合作主義者和進步主義者。這個世界十分狹隘，但也有著不折不扣、確真無疑的東西。年事已高卻依舊為遠方亞洲被殺害的民族主義者而感觸傷懷的，大概也只有真正的詩人了。詩人既能成為新聞記者，也能成為政治學者（阿爾克斯應該哪個都當不了），但是，新聞記者的知識還有政治學家的方法，都不能讓他們的心中誕生出一名詩人。

跟阿爾克斯開玩笑已經成為我日常生活中的一個習慣，但在語言上可絕非易事。晚飯前阿爾克斯會去蒙帕納斯（Montparnasse）的圓亭咖啡館（La Rotonde）喝一杯苦艾酒，晚餐時再來一杯葡萄酒，然後是一杯干邑或者蘋果白蘭地，因此他在傍晚時分說話已經含混不清。在這個早已不再寫詩的老詩人身上，我漸漸地感受到了一種強烈的親愛感情。我喜歡他的玩笑，哪怕他的觀點是錯誤的，或是太過單純的，他的動機卻常常讓我產生共鳴。

我還經常約米歇爾在傍晚時分出門，去哪裡吃飯、聽音樂、看戲。年輕的米歇爾對什麼都充滿好奇，似乎對巴黎乃至全世界發生的事情都抱有濃厚的興趣。另一方面從我來說，如果仿照維根斯坦[11]的說法，那就是我對於將先前以日語命題所建構的「我的世界」替換成法語命題來構建，持有莫大的興趣。我們總是有聊不完的話題，每個話題好像怎麼聊都聊不夠。這可能也是因為她從不向我說明法國，而我也絕不跟她解釋日本。也許可以說，我們共同努力想要翻譯成語言表達出來的，不是各自獨有的體驗，而是我們共有的那些體驗。那就是我們剛剛看過的戲劇、那天早上「小比爾」的言行舉止、報紙上刊登的杜勒斯聲明，還有在咖啡館露天座位上所見聖日耳曼德佩修道院（Abbaye de Saint-Germain-des-Prés）照明下的鐘樓。她正在廣泛地閱讀法文和義大

9　喬治・畢多（Georges Bidault, 1899-1983），法國政治家，抵抗運動領袖。第四共和國時期出任過外交部長和國防部長。

10　本處指喬治・畢多的姓氏「Bidault」和法語單詞「bidoche」諧音，而「bidoche」在法語中是劣質肉的意思，還指生性狡詐、難以對付的人。阿爾克斯稱其為「bidoche」表達諷刺之意，故此處譯為「滾刀肉」，俗指死皮賴臉、軟硬不吃的人。

11　維根斯坦（Ludwig Wittgenstein, 1889-1951），英國著名作家、哲學家、分析哲學創始人之一。出生於奧地利，師從哲學家羅素，曾在劍橋大學任教，代表作有《邏輯哲學論》等。

利文的現代文學作品，對羅卡[12]、皮托耶夫[13]導演的第二代契訶夫作品、尚維拉[14]率領的國立大眾劇院的戲劇持有濃厚的興趣。比起浪漫派的音樂，她更喜歡巴哈（Johann Sebastian Bach）與莫札特；比起文藝復興鼎盛期，她更喜歡喬托[15]和烏切洛[16]的壁畫；比起哥德式建築雕刻，她更喜歡羅馬式的教堂。

至於我當時對法國中世紀美術有何興趣，容後再敘。提起戲劇，那是我自戰時的能樂堂後首次恢復觀賞表演的習慣。也就是那段時間，我把皮蘭德婁[17]之後的西方戲劇看了個夠。當然我也會一個人去看，但大部分時間是和米歇爾，或與她的好友朝吹登水子一起去。對我來說，觀賞戲劇的記憶裡總有這兩位美女的身影相伴左右。一走出劇場，其中一人就像機關槍似的快速說話，另一人則以日語來聲嘆息。有時候，快刀斬亂麻式的分析聽起來也很有意思；有時候，聞弦歌而知雅意的境界也別有一番樂趣。巴黎的現代戲之所以能吸引我，我想有幾個理由。第一，當時我看翻譯劇（比如契訶夫）已經沒有聽力上的問題。雖然法國現代劇聽起來還很吃力，但不至於無法享受劇情樂趣。然而古典戲劇的韻文台詞，大部分的意思我都無法理解。米歇爾看完傑哈・菲利普[18]的《熙德》（*El Cid*）後興奮地喊道：「太美啦！」——而我對他的印象則只有語速快得驚人，我根本難以跟上。要想欣賞法語舞台，我目前能看的就只有現代劇。但原因還不止於此。第二，我在巴黎的舞台上，感受到與戰前的築地小劇場和戰時能樂堂的相同點。現代劇舞台是表現現代的一種表演形式，其表現訴諸於戲劇內容，同時亦透過演員說話方式展現。瀧澤修的道白會呼應舞台情況微妙變化，巧妙至極，梅若萬三郎的台詞內容很難聽懂，然其抑揚頓挫中具有難以名狀的魅力；而這巧妙和魅力分屬於完全不同的兩個世界。我在巴黎卻看到這兩個要素完美融合在同一個世界中。第三，那是一個特殊的時代：阿諾伊[19]創作了《雲雀》（*L'Alouette*）、季洛杜[20]

---

12 羅卡（Federico García Lorca, 1898-1936），西班牙詩人、劇作家。「二七年一代」的代表人物。他的詩歌與西班牙民間歌謠相結合，節奏優美，形像豐富。代表作有《情歌》等。

13 皮托耶夫（Georges Pito.ff, 1884-1939），法國戲劇演員、導演，原籍俄國，在巴黎經營馬杜蘭劇院，向法國觀眾介紹了契訶夫等外國重要劇作家。

14 尚維拉（Jean Vilar, 1912-1971），法國著名演員，曾出任國立大眾劇院總導演，代表了法國話劇的黃金時代。代表作有《拉斐爾情史》等。

15 喬托（Giotto di Bondone, 1266年-1337年），義大利佛羅倫斯畫派的創始人，文藝復興的先驅者之一。代表作包括《逃亡埃及》、《哀悼基督》等。

16 烏切洛（Paolo Uccello, 1397-1475），義大利畫家。在直線透視法方面取得較大成就，文藝復興時期的代表畫家，代表作有《基督復活》等。

17 皮蘭德婁（Luigi Pirandello, 1867-1936），義大利小說家、戲劇家，代表作有《六個尋找劇作家的角色》和《亨利四世》等。一九三四年獲諾貝爾文學獎。

18 傑拉爾・菲利普（Gérard Philipe, 1922-1959），法國著名男演員，曾獲得布魯塞爾電影節最佳男主角，代表作包括《肉體的魔鬼》、《紅與黑》等。

19 阿諾伊（Jean Anouilh, 1910-1987），法國著名劇作家，創作題材豐富，涉及神話、歷史和現實。他把自己的劇本分為「玫瑰」「黑色」等五種類型，最具代表性的有《安提戈涅》等。

20 季洛杜（Jean Giraudoux, 1882-1944），法國著名文學家、戲劇家。作品風格帶有德國浪漫派色彩，代表作包括《西格佛瑞格》等。

的遺作首次公演、沙特寫下《魔鬼與上帝》（*Le Diable et le Bon Dieu*）和《金恩》（*Kean*）、貝爾托．布萊希特[21]的流行抵達巔峰、山繆．貝克特[22]橫空出世。巴黎的劇場可謂風起雲湧。——「把現代劇看了個夠」的「夠」並非僅是修辭，在巴黎觀賞大約兩年的現代劇後，我發有趣的基本上都已看遍。更準確地說，新戲的「新」主要在於表面花樣的變換，而在戲劇衝突的結構上最終仍是大同小異。當時我初次對古典戲劇產生了比現代劇更加濃厚的興趣。之後不久我就離開了巴黎，對古典劇亦所知不多。但當我觀賞尚維拉的《唐璜》（*Don Juan*）時竟興奮得手舞足蹈，覺得從中體會到了戲劇的真諦。從開始看戲到發現莫里哀（Molière）多有趣竟要花上兩年時間，我簡直愚不可及！差不多同一個時期，我看了傑哈．菲利普主演的《理查二世》（*Richard II*）之後才發現莎士比亞真是位偉大的劇作家！（當時我已決心要去英國，實際上沒過多久便付諸行動。）我對戲劇的看法不斷變化。我感興趣的已非由季洛杜改寫，考克多[23]以才華橫溢的台詞加以修飾的現代化希臘戲劇，而是原本的古典戲劇。戲劇性原本就是索福克里斯（Sophocles）和尤瑞皮底斯（Euripides）的發明，後人不過是在其中添加了心理、闡釋和時代背景。就算沒有這些東西，想像力也能發揮它的作用，但要重新創造出能與之媲美的戲劇性卻極為困難。我在東京讀阿諾伊的《安蒂岡妮》（*Antigone*）時曾驚嘆不已。但是索福克里斯的原著——哪怕是看譯文——都要比它更加壯大、更具有人性，這讓阿諾伊筆下的那些功夫不由得顯得有些小家子氣。這也不只限於戲劇。也就是從這個時候開始，「希臘」這個詞對我來說具備了實質的意義。

每周有一天，我會跟米歇爾一起度過傍晚時分。她的社交圈遼闊，我見過好幾位她的朋友，有年輕的突尼斯（Tunis）技術員、研究法國文學的美國學者、年輕的法國共產黨員……但我跟他們都不太熟悉。或許多加認識後，那名共產黨員會是個挺有意思的人，但他說話時發音宛如含了石頭似的含混不清，說的話有一大半我都沒聽懂。米歇爾跟那位著名的社會學家喬治．弗列德曼[24]關係很好。有一次我參加她舉辦的雞尾酒會，聽到弗列德曼在聊卓別林的（Charles Chaplin）《舞台生涯》（*Limelight*）。「您覺得如何？這真是部傑作！他是現今世上最偉大的藝術家之一。」——但是弗列德曼為什麼會如此評論，就像為什麼有人贊成或反對核武器一樣，都是在雞尾酒會的規則下所無法得知的。

春秋時節若有機會，米歇爾會獨自出門旅行，她去了義大利，去了西班牙，每到一處必定會寄來明信片。明信片經過精心挑選，可以放在桌上欣賞。上面的文字則是匆忙寫就不好辨認，像

---

21 貝爾托．布萊希特（Bertolt Brecht, 1898-1956），德國著名劇作家、詩人，提出了著名的戲劇理論「疏離」（Verfremdungseffekt，又稱為陌生化效果或是間離效果）」陌生化效果」，曾獲國家獎金和列寧和平獎金。代表作包括《四川好女人》、《高加索灰闌記》等。

22 山繆．貝克特（Samuel Beckett, 1906-1989），愛爾蘭著名劇作家、小說家，荒誕派戲劇的代表人物，一九六九年獲諾貝爾文學獎。代表作包括《等待果陀》等。

23 考克多（Jean Cocteau, 1889-1963），法國先鋒派詩人、小說家、藝術家，一九五五年當選為法蘭西學院院士。代表作包括詩集《好望角》、《安魂曲》；小說《波托馬克》等。

24 喬治．弗列德曼（Georges Philippe Friedmann, 1902-1977），法國社會學家、新社會學的創始人。代表作包括《工業機械化的人的問題》、《人類勞動的未來》等。

電報般只有短短幾行，但生動地傳達了她當下的內心觸動，「哥多華（Córdoba），一座美麗的城市，無情的太陽、古老的石牆和隨處可見的中世紀之泉……」可以說，在我努力發現歐洲的時候，她也在不停地發現歐洲。在嫁給阿爾克斯的兒子之前，她不僅對歐洲一無所知，似乎連巴黎都不太了解。戰前，她父親在里耳（Lille）經營一家有數百名工人的工廠，聽說他禁止孩子們跟自家的司機說話，宣稱共和廣場（Place de la République）和巴士底廣場（Place de la Bastille）絕不是良家子女該去的地方。確實，戰爭擊潰了上流中產階級的時代錯誤。從這個意義上看，阿爾克斯的觀點不具備中產階級的特徵。我第一次見到米歇爾的時候，她對過世的父親和移民美國妹妹身上那些「中產階級式的偏見」，已能爽快地付之一笑，顯然也意識到自己的自由。她已經知道了更大的世界，並且想要知道更多。這是她人生中某個時期的特點——實際上當時她也已經明白了這一點。

開朗、光艷，美得令人目眩，表情到舉手投足都是活力四射，擁有細膩的感受能力，興趣廣泛且不囿於身邊人事——如此自由自在的年輕女子，我今生始見。一見之下，驚為天人——她不在用字遣詞上強調自己女人味的這份女性特有心思，也讓我驚嘆不已。

之後不久，米歇爾與在羅馬從事工會工作的義大利青年結婚並離開巴黎。取而代之的是她的母親，經常來阿爾克斯家——她當時剛剛失去丈夫獨自生活。每次過來她都會給綠植澆水、跟清潔女工交代清楚各種事宜、準備好她跟阿爾克斯兩人份的飯菜、在窗邊跟隔壁人家養的貓聊天。她原來是一名歌手，有時候會在廚房唱幾句歌劇的詠歎調。我依舊住在二樓的寢室，早上晚起去醫院，在外面吃過簡單的午飯，晚上有時回來有時不回來。回來的話我還是持續著老習慣，在樓下與阿爾克斯閒聊。但自從米歇爾離開後，阿爾克斯的苦艾酒量增加，晚上談話也不好展開。「晚安。我去二樓休息了。明天見。」——老人跟我說，但只有「明天見」是用義大利語，這大概是他以前去義大利時候的記憶跟現在米歇爾住在義大利的想法，兩者重疊之後觸發的結果吧。

之後又過了幾年，我離開法國，米歇爾帶著丈夫跟兩個孩子一起搬到巴黎郊區。她對孩子們的教育非常投入。（後來我也經常去巴黎，每次都會去拜訪她。）她丈夫是某義大利產品在法國的代理商，每天為工作而奔忙的同時還在學中文。他開始學中文的動機是對中國共產黨的歷史產生了強烈的共鳴。我跟他聊了聊中國革命。

「像我們這樣的父母，想法跟社會上的差距太大了。」米歇爾說，「孩子們要是在這種差距太大的環境中長大，可能會是不幸的。但我認為太隨波逐流地去迎合社會也不是條正道。你說呢？」

當時我回答說，那要看孩子的智力和體力。如果是個普通孩子，多多少少還是跟社會妥協的好。如果孩子身上有堅持少數者立場的能力，那就愈早讓他知道是非黑白愈好……幾年之後，米歇爾一家從郊區搬到了市內，在離阿米拉爾．慕徹大街不遠的地方安居下來。不僅如此，因為孩子們都長大，米歇爾又開始去出版社工作，就像我第一次見到她的時候那樣。

她結婚搬去羅馬的時候，阿爾克斯跟我說過好幾次「米歇爾馬上就會回來的」。

我問他：「為什麼？」

他說：「為什麼？因為在巴黎長大，在巴黎生活過的人，到別的地方是沒法生活的啊。」

——阿爾克斯說得一點都沒錯，但米歇爾真正回到巴黎的時候，老詩人已經仙逝了。

法國南部

年邁的詩人說自己不再喜愛獨自出門，但若我能同行，他想藉著參加國際筆會的機會暫時離開初夏時節的巴黎。會議在法國南部城市尼斯（Nice）舉行，正好我還從沒去過南部，也沒參加過國際會議。我們在里昂車站（Gare de Lyon）坐上快車出發。

「南部」太陽熾烈，地中海在盎格魯街（Promenade des Anglais）行道樹的那頭發出炫目光芒。會議上幾位來自日本的作家早已抵到，我享受著久違的日語談話。體格雄壯的田村泰次郎不停地擦汗，抱怨著他要了好幾次冰，但每次服務員端來的都是其他東西，不知到底哪裡出了問題。我為這位戰後憑借小說《肉體之門》引得洛陽紙貴的作家點了冰，解救燃眉之急。他喝起來的樣子真是如飲甘露。身穿和服的平林泰子跟我說：「來這裡一看，真是嚇一跳啊。」會議在上午，下午大多是出門觀光遊覽。本以為討論會再認真一點，沒想到自己期待落空。還有更讓人瞠目的，與平林住在相同旅館，不知道是哪國的代表還帶女人回房，沒有半點出席會議的意思。對於平林敏銳的觀察能力，我深表欽佩。

會場上，法國作家們能言善辯，尤其是遲來的學士院院士儒勒．羅曼[1]，他以精緻法語發表內容空洞的演講，展示出無與倫比的熟練與才能，那只能用嘆為觀止來形容。演講結束後，一大群男男女女將其團團圍住。偉大的小說家將略帶戲劇化的「大家」角色演得出色。同行的阿爾克斯對我說：「要為你介紹一下嗎？他是我的老朋友。」不過更準確的說法應該是「曾經的朋友」吧。我覺得若是朋友，那就不該是我們過去找他握手，而是他撥開人群過來才對。作家、努力成為作家的人、想要成為作家的人，都在同一個房間裡信口開河，煙味、香水味和人多悶熱形成的混濁空氣在沸騰、發酵。

在尼斯我還見到了法朗士．麥綏萊勒[2]。這位法蘭德斯（Flanders）藝術家正瀟灑獨行，看上去一點都不老，宛如自己版畫中的人物，超越了年齡，恐怕還超越了時代。他高高的個子穿著簡單，運動員般步伐輕快，大步走著，海風吹拂著他的銀髮——當時他的周圍就只剩下一條白色道路，筆直地通向遠方。國際會議、盎格魯街的豪華建築、想盡可能多露出身體又拚命打扮的女人們、無話可說卻盡可能賣弄多種語言的作家們，全部都像煙一樣消失了。「風真是舒服。我喜歡迎著風走。」他用低沉有力的聲音說。

麥綏萊勒的住處在一棟可以俯瞰尼斯「舊港」的建築物高層。沒有電梯，樓梯拐彎處的平台在腳下吱呀作響。狹小的房間裡每面牆都覆蓋著書架，畫架上放著幾幅繪製中的油畫。打開左右對開的窗戶探出身子，映入眼簾的是「舊港」的海水、數不清的漁船的桅桿、防波堤對面閃閃發光的地中海。「舊港」水邊是一排黃色牆壁的老房子，前方狹窄的馬路上，工人和提著菜籃子的女人們來來往往。這裡能聽到城市的呼吸。「我幾乎不去盎格魯街。」他說，「這次是因為你們來了。」

「舊港」的小酒館裡，工人和漁民穿著工作服在那裡喝酒，他們都認識麥綏萊勒，看他進來就有人用眼神跟他打招呼，有人找他說話。他和好幾個人握手，拍拍老人的肩膀，簡短地交談幾句，講個笑話逗得對方哈哈大笑。在那裡，他不是孤獨一人。我喜歡這個港口小鎮所有的風景。男人們被太陽曬得黝黑的臉龐、上了歲數的女人額頭上刀刻般的皺紋、混合了海潮氣息跟石油味的空氣、小酒館的桌子和簡陋的椅子。麥綏萊勒說：「那就明天再見吧。」當時他正在用油彩畫風景畫。「抽象畫多沒意思啊，看這世界有多美。」他也對巴黎毫無興趣。「大城市愈來愈難住下去，那裡的東西有什麼不淺薄？」他說，為了展覽有時得去德國，他並不想出門去其他地方。但這並非「隱退」，他不僅繼續工作也非常關心天下大事，也和「厭人症」距離十萬八千里。他不但熱愛這個小鎮和小鎮上的人們，言談中還散發著濃濃的人情味。

我們一起在小鎮散步的時候，他突然問我：「片山現在怎麼樣？」

他問的片山，就是二十年前曾經見過的青年片山敏彥。那時他與羅曼・羅蘭走得很近。我在

1　儒勒・羅曼（Jules Romains, 1885-1972），法國小說家、詩人、劇作家。提倡一體主義，代表作包括《善良的人們》等。

2　法朗士・麥綏萊勒（Frans Masereel, 1889-1972），比利時畫家，以版畫聞名於世，藝術風格簡潔單純又富於變化。代表作包括《城市》等。

想，不知道當時羅曼．羅蘭身邊究竟發生了什麼。在詩人片山敏彥後來的回憶裡，那是「精神的交會」，是「星星們的聚會」。用此類語言所做的說明，在我聽來是不知所云，不過，恐怕任誰聽來都是如此。但若說那只是單純的詞語修飾，那麼二十年後的麥綏萊勒，又怎麼會突然回想起那個連法語都說不清楚的日本青年。

麥綏萊勒說：「片山後來連封信都沒有……」

那是因為對於詩人片山來說，二十年前的相遇並非普通的見面，而是具有決定性意義的重大事件。不是因為遺忘了那些人，而是因為太過尊敬，而在他生活的世界裡卻找不到任何能夠與交流的話題。我回憶起戰爭期間，詩人片山一邊翻看麥綏萊勒的版畫，一邊詛咒軍國主義、批判極端國家主義，不停地讚嘆那很久以前，在遙遠的瑞士的山中和羅曼．羅蘭、聖雄甘地相遇的日子。詩人從法國結識的朋友身上汲取力量，讓他得以一個人在東京苟活二十年。所以，他不能寫信給他們，就算戰後航路重啟，也無法前往法國看望。麥綏萊勒的這位朋友為何從來不曾來信？——其中緣由，我再清楚不過。回到日本後，我也不曾寫信給他……

不過，國際筆會的活動也不完全是乏善足陳。尼斯市市長邀請我們，前往山丘上能俯瞰大海和城鎮的庭院。無數的花壇、噴泉和綠植掩映下的小徑被打上了精心設計的照明光，戶外的桌子上擺滿了美酒佳餚、山珍海味。桌上的奢華令我驚嘆，席間的對話卻十分乏味。酒酣時分，我在旁邊聽這些外國人你來我往，很多時候都聽不出他們在說什麼。即便能理解對話意思，但其內容卻是他們熟人間的流言和出版社的內幕，對於不在那個圈子裡的我而言，真是絲毫無法引起興趣。我決定把阿爾克斯和他的酒杯交給法國朋友，自己去院子散步。當時有一個人站在露台上眺望城裡的燈火，那是一名英國小說家，後來我們成為朋友。

我說：「這裡的景色真美。」

他說：「是啊，跟那些文人同行的臉比起來。」

我當時想起了摩根斯坦[3]的一句詩：「來到高山一看，只有觀光客、牛和岩石。」

「這是在說什麼？」

「說的是瑞士。」

「您喜歡瑞士？」

「瑞士是個美麗的國家。」我把阿爾克斯的原話用法語說了出來。「但不幸的是瑞士人住在那裡。」

「但那國家並非美麗，而是整潔。」他說，「我樂意用整個瑞士去換一個義大利小鎮。」他說他經常去義大利，義大利語說得也很流利，有很多義大利朋友。

「但法國南部也很漂亮。」

「除了沿海的觀光城市之外。」

3　摩根斯坦（Christian Morgenstern, 1871-1914），德國詩人、作家。創作以抒情詩和箴言詩為主。他的詩歌想像力豐富，常將純樸、幽默、怪誕、象徵融合一起，富於幻想，被認為是表現主義的前驅。

「不對，請您說，除了盎格魯街之外。」

他大笑起來，問我要不聊聊日本。

就在這個時候，一名年輕女子朝我們走過來。

「兩位在做什麼呢？」她突然用英語問道，「躲在這種地方……」

「我們可沒有躲。」

「不好意思，那你們在聊什麼呢？西方的，還是東方的？」

「都不是。」英國小說家答道，「我們正在聊旅遊觀光。」

「啊呀，真是讓人厭煩。」她小聲說。

「為什麼？」

——還沒回答這個問題，她就先大聲地笑起來，突然又停住了笑，用挑釁似的口吻開始說道：「文人，當然了，就是這個文人，簡直無聊透頂。說什麼會議，有人講出什麼像樣的話嗎？空虛！除了虛榮還有什麼？還真有這麼多文人過來，從早到晚地……」

「這些不是早就知道的嗎？不喜歡就別來嘛。」

——「是啊，就別來啊。」她重複著，語調比我想像的要沉著冷靜，好像說給自己聽似的。可她還沒有停下的意思，「這個國家正在打仗吧，在印度支那。每天都有人死掉。就這樣還能開這種會？沒有人提到一句戰爭，全是些高尚而空洞的話。如果這就是文學，那文學就是謊言和欺騙。所以盎格魯—撒克遜人才叫人無法忍受……」

——「打仗的是法國人，不是盎格魯—撒克遜人。」我說。

「不管是誰，都是同一回事！」她斷定地說，一雙大眼睛在夜色下熠熠生輝，所說的話支離破碎，但其中也有部分的事實。

正好有人從我們身邊經過，英國小說家利用那人跟我們打招呼的機會離開。我突然想起了那天下午發生的事。

那是在胡安萊藩（Juan-les-Pins）海岸的海濱賭場。我在露台上與一群衣著光鮮的中年男女觀賞滑水表演，從露台盡頭可以直接通往海中。有一名剛剛上岸的年輕女子從我身旁經過。我還隱約記得她的長相，但卻想不起來到底在哪裡見過。對，就是她。濕漉漉的泳衣緊貼著她的身軀，把她的身體曲線全都勾勒出來。緊繃的腿上，水滴在發光。

她是愛爾蘭人，住在倫敦，據說與英國筆會有些事務上的聯繫，但對我來說這些都無關緊要。至少，沒有那雙美腿來得重要。

「您是日本人吧？」她說，「日本人很奇怪啊，為什麼不反抗美國的占領呢？」然後又突然問我寫小說還是詩，到底是做什麼的。

「如果您身體健康，我就是文人；如果您生病，我就是醫生。」我答道。

「我喜歡您的回答。」她說。

「今晚來我房間嗎？」我發出了邀請。

「因為我生病了？」

「不，因為您身體健康。」

「是嗎？」她邊說著，邊又大聲地笑了起來。

我們從宴會中溜出來，下山後到城裡叫了輛車。途中她以口音濃重的法語翻來覆去地說，「這是一個可悲的國家。」

「我不知道自己在幹什麼。」——汽車停在我的住處門口，我再次發出了邀請，但她說什麼都不肯下車。

我不曾再見過這名偶然相識的愛爾蘭人。會議結束離開尼斯後，所有的一切都成為遙遠的過去，在周遭強烈而濃厚的現實之中，她只是一抹淡淡的影子，即便這抹影子縈繞在我的心頭久久不願消散。我對自己反覆著在尼斯餐廳牆上讀到過的普羅旺斯方言（Provençal）諺語：「愛情讓人忘記時間，時間讓人忘記愛情。」可那連愛情都算不上。

阿爾克斯要回巴黎，我跟他在尼斯車站道別，獨自在法國南部漫遊。出現在我周圍的不再是口若懸河的演講和奢華的宴會，而是梵谷（Vincent van Gogh）的太陽和廣闊的天空，葡萄園密布的山丘和山丘上圍繞著小鎮的白牆。出汗後在樹蔭下納涼，涼爽的清風吹透了我的身體。這個世界充滿著光線、鮮艷的色彩和輪廓鮮明的形狀。紅色的屋頂、黃色的牆、綠色的樹木、白色的石頭，原野中道路筆直延伸，山丘的輪廓在湛藍的天空中畫出清晰的分割線。那裡沒有法國北部灰色的天空，沒有呈現微妙變化的光線，沒有在流動霧氣中時隱時現的樹木，沒有我後來很晚才見識到的大和路[4]那洗練的中間色和那些形影難辨、依稀飄蕩的東西。不允許有絲毫的含糊，一切都是斬釘截鐵的清晰明瞭；不混入任何的雜色，堅定不移地選擇一種原色。我們內心深處的怨恨苦痛、不安或希望和後悔在這裡皆無可投射。我在樹蔭下的草地上舒展疲憊的雙腿，獨自一人望著古羅馬人建造的嘉德水道橋[5]。這座雙層拱橋的建築結構宏偉壯觀，橫跨深谷，屹立於天地之間。說起來，和「春夜夢沉沉」以及「白雲橫峻嶺」[6]水乳交融時的《新古今集》，不，是《古今集》之後的和歌中所見風景之間，距離如此遙遠的景色也是少見了吧。

不論觀者做何感想，羅馬人的水道橋已經在那裡屹立了兩千多年之久。它與我內心想法毫無關聯，而是在我外部的存在。恐怕也跟建造者所懷有的情緒沒有任何關係，它屬於外部世界的——外部世界說到底就是感覺性「與件」[7]——感覺性秩序。在法國南部這片清澈明亮的天空下，連藝術亦非「內心」或「心情」的表現、「個性」的發揮、「體驗」的告白，而是一個在外

4　通往大和（現在的奈良縣）的道路，特指從京都五條口出發，經木津至大和的那條路。《萬葉集》中已有和歌用「大和路」一詞象徵旅途中的風情，日本現代文藝中亦有承襲之作。

5　嘉德水道橋（Pont du Gard），位於法國尼姆，是古羅馬為供應城市生活用水而建的輸水道，一九八五年列入世界遺產名錄。

6　「春夜夢沉沉」和「白雲橫峻嶺」，兩句都出自藤原定家所作和歌，收入《新古今和歌集》，原文為「春の夜の夢の浮橋とだえして峰にわかるる横雲の空」。

7　與件：前提條件。哲學上指不經過思維而直接體驗到的意識內容。

部世界得以實現的秩序。從多層拱廊到多聲部音樂的構造、以及自嘉德水道橋到瓦洛里[8]畫家們的陶盤，無一例外。若畢加索繪製陶盤是與偶然的嬉戲，也並非是出於他自身的心血來潮，而是與陶器製作過程中難以預料的變因遊玩。從嘉德水道橋開始，心血來潮從來都不曾在這個世界上獲得過正統的地位，不是嗎？很長一段時間，我都是模模糊糊地獨自思考這些問題。後來這些思考在我身上引發了一系列的連鎖反應，衍生出許多新的思考。

在一個人的旅途中我幾乎不與人交談，這讓我感到滿足。在尼斯的那週裡我從早說到晚，比起他人話語，我更厭倦於自己開口。現在，我整天不停地走路，晚上累得筋疲力盡，睡在便宜旅館的床上。白天的我臉色看起來一定是毫無生氣。為了對抗這個感覺性的世界，這個跟自己生長環境截然相反的世界，我的精力已經被悄無聲息地消耗殆盡。

8　瓦洛里（Vallauris），法國南部小城，畢卡索晚年曾居住在此。

中世紀

一九二〇年代末到三〇年代初「留洋」的日本人，從他們在歐洲港口上岸的那一天起，不論是都市景觀、衣食住行抑或是日常生活的習慣，必然會為人我之間的巨大差異而感到震撼。當時的東京樓房很矮，幾乎都是木造，大部分道路都沒有鋪裝，只有市營電車在環狀線內側的市區緩慢運行。女人們身著「洋裝」的還很少見，而男人們從公家機關或公司下班回家之後，便換上棉質居家服，盤腿而坐，開始喝酒，他們的妻子則在一旁斟酒。暖氣不夠熱，冬天室內溫度接近零度。性別差異被制度化，體現在教育機會、選舉權、工資水平和民法上地位的不平等。國家主權，即使在表面上也不屬於國民。在這樣的社會出生成長的男人若突然被扔到巴黎市中心，就很難避免此次一切皆與東京不同的印象。大家思考問題時都由兩種文化的差異性，而非相似性出發。於是，儘管日本後來已發生巨大變化，那些回到日本的詩人，仍比較著日本社會和自己記憶中兩次大戰間的法國，不斷地重新發現兩者之間存在著根本性的、難以超越的差異。而那些直接留在法國的藝術家，則不停地將記憶中「一戰」後的東京與身邊的巴黎社會相比，持續再生產他們的第一印象：那就是一方的悲慘和另一方的偉大。

然而到了一九五〇年代前半期，在東京長大的男人要在巴黎生活，至少在日常衣食住上，不會感受到太大的不同。我並非到巴黎才初次見到地鐵，只覺得這種在東京早習以為常的交通工具，巴黎蓋得要更方便一點而已。讓我感到驚訝的不是制度上的根本差異，而是認識到同樣的制度具有不同的運作方式。咖啡並非稀奇的飲料，從本鄉醫院時代起，我就養成了在床上睡覺的習慣。我的第一印象不是彼此之間的差異性，而是相似性。而且當時我每天都在自然科學研究室工作，自然科學的方法和知識，具有超越國界的普世性。我研究的不是日本人血中是否流淌著天皇制、法國人的血液裡有無理性精神之類複雜深刻的東西，而是在某種特定的血清學環境下，人類白血球的行動會受到怎樣的影響。日常生活上的第一印象，在知性方面也受到科學性思考習慣影響的強化。我從既然形式上都是大同小異的想法出發，思考著即便如此，假使兩者間仍具有根本性差異的話，那麼差異是在何處。得出的結論是：一在於語言，另一個是在追溯到中世紀的那段歷史。

關於語言的話題，之前也曾提過。當日常生活中幾乎感覺不到語言障礙的時候，我開始敏銳地意識到兩種語言之間的差異。這種差異是根本性的，生活中使用法語就意味著將會逐漸深入到另一個精神性的秩序當中，其與日文的世界有著微妙的不同。這種深入的可能性經常令我感到戰慄。

「中世紀」令我感到驚奇，這是我在東京時未曾預料到的。猜想中的艾菲爾鐵塔（La Tour Eiffel）應是高聳入雲，果不其然。但是，若我不曾在巴黎街頭用自己的雙眼親自確認，我想像不到巴黎聖母院（Notre-Dame de Paris）和中世紀樣式會對巴黎的整體景觀產生如此決定性的影響。這還不僅限於建築方面。我終於認識到，兩國文化的相似之處在於歷史的延續性：法國文化從中世紀一直持續到現在，而日本文化則是從鎌倉時代延續至今。這並不意味著兩者的封建制度有相似性。平安時代的貴族以何為美，又以何為醜，要揣測他們的脾性，光靠想像力並不足夠，還需要借助於專業知識。《源氏物語》的主人公們用橫笛吹奏何種旋律，我們不得而知。平安時代的貴族文化跟我們之間存在著斷裂。但在鎌倉之後才曾出現過同樣的斷裂。能樂舞台上的笛子，今日的音調也曾在鎌倉時代響起。我們從笛聲中感受到的東西，室町時代的人們應也曾有所感。由於文化綿延持續至今日，使我們能想像出他們的內心情感。對於現代歐洲而言，古希臘羅馬文明是在滅亡過後，被重新挖掘出來的東西。中世紀文化卻是綿延不斷，至今依然存在於街巷與生活於其間的人群之中。我們不知道莎孚[1]用何種調子吟唱她的詩歌，但是可以在中世紀的教堂裡聆聽中世紀的音樂，從葛利果聖歌[2]到帕勒斯特利納[3]。周遭無人信仰希臘神明。他們的神殿

1　莎孚（Sappho，約前630或者612—約前592或者560），古希臘最著名的女詩人，擅長寫作抒情詩，被柏拉圖譽為「第十位繆斯」。詩歌風格獨特，被稱作「莎孚體」。但她的詩作大多散佚，目前僅發現有四首完整詩歌存世。

2　葛利果聖歌（Gregorian chant），也稱作葛利果聖詠，羅馬天主教會聖詠禮儀的統一規範和最高權威，以著名教皇葛利果一世命名，產生於六世紀，統一於八世紀。

3　帕勒斯特利納（Giovanni Pierluigi da Palestrina, 1525-1594），義大利文藝復興時期作曲家。他創作的宗教音樂以世俗牧歌為基礎，旋律流暢、採用多聲部互相配合襯托的音響。代表作包括《馬塞勒斯教宗彌撒》等。

對我們而言依然美麗，但在我們眼中的模樣，對於那些在大理石上賦予極致色彩的希臘人來說是否美好就很值得懷疑。但是，中世紀教堂建造者的信仰至今不滅，若其建築和雕像以及彩繪玻璃窗的璀璨光芒在我們眼裡是美好的，那麼，在那些建造者的眼中必然也是同樣的美好。後來人們想法發生變化，感受性恐怕也產生改變，但這種變化具有連續性，其中未曾經歷任何斷裂。溯源今日的西方文化，就必然會到達中世紀——這就是我的感想，也是我心中壓倒性的、不可動搖的印象。回想起來，我在東京的時候從來都沒聽說過與此相關的任何話題。

不過，雕刻家高田博厚每次見到我總會說一句：「我一看到十二世紀的雕刻，就感到絕望。」這位鶴髮童顏的藝術家，人生大半都在法國度過，我們經常約在蒙帕納斯或拉丁區的咖啡館見面。他有時頗具挑戰精神，有時又顯得低調謙虛，能以夾雜著許多直譯自法語的獨特日文，一口氣說上好幾個小時不休息。「那可是個好男人！但他工作就是個零。日本的知識分子啊……」他的話題糅合了豐富的知識、毫無道理的普遍性和高度敏銳的直覺，在日本與法國、政治與藝術、個人經驗的表層和深層之間自由切換。他說過的話，我現在一句都不記得。但是從這位藝術家小小身軀中滿溢出來的某種特質，卻令我想忘都忘不了。

我認為，歸根結底，高田用盡他全部的存在不斷地重複一件事：所謂文化，就是「形」；所謂「形」，就是外化的精神；精神只有通過自身的外化，也只有通過這唯一的方法，才能實現自我。——我從高田博厚那裡學到的，不是哪裡有中世紀的傑出建築或雕刻，這種事隨便一本旅遊指藍（*Guide Bleu*）之類的導遊手冊都比他的記憶來得詳細。從高田身上，我印證了自己透過某種決定性方式思考得出的結論：造型的世界跟整體文化之間存在著不可分割的關係。日本雕刻家高田博厚，在巴黎長期工作的過程中所發現的東西，與生於中部歐洲的詩人里爾克擔任雕刻家羅丹秘書期間發現的東西，可以說完全相同。里爾克發現了他的「物」（dink）。是否能說——這種東西，四處可見？就算可以也不要緊。高田熱愛法國。愛會催生出無數的誤解，但也有些東西，少了愛便無法理解。

我在法國發現了中世紀美術——更確切地說是透過中世紀美術，發現了美術對我的意義。也就是從這個時候開始，造型世界成為我所居住的世界的整體中，不可或缺的一部分。為什麼這會發生在法國，而沒有發生在日本呢？理由之一是我的西洋遊歷純屬窮游。要是我有錢，可能會和很多遊客一樣只對用錢能買到的東西的感興趣。知名酒店、高級料理、交際花、禮品、畫廊的油畫……但我的錢只夠避免風餐露宿，也只能對不花錢的東西感興趣。政治社會局勢、法文、戀愛、美術館和教堂……但也不止是這些，在法國我看到了將歷史性藝術作為重要部分，緊密地嵌入其整體文明世界的社會。

我很早就發現京都庭園的印象和《新古今集》以來的抒情詩世界間，大致存在著某種難以分割的聯繫，但我還沒有習慣在思考現代文化的某些問題時，不斷往前追溯到法隆寺、繪卷、宗達[4]和光琳[5]。所以當我聽到法國人遇事必引「蘭斯的微笑」[6]和「亞維農聖母悼子[7]的精神」的時候，還是感覺到他們的文化和造型世界之間的關係跟我們不一樣。這並非是指日本的美術品匱乏，而法國豐富，而是縱觀這兩個國家的文明社會，整體上歷史性美術占據的位置——就其重要性和作用而言，並不相同。我對美術的世界產生好奇之後，感興趣的對象便不限於法國美術。對於現在的我來說，最重要的是溯源日本美術史，思考它和日本精神史之間那種密不可分的關係。這個思考的程度已經超過了庭園的「自然」和抒情詩背景，而是涉及更加廣泛、更為本質的問題。但我開始思考這個問題時，已經是距我初次留法起將近十年的時間。

出發留洋前，在東京想起法國美術時，最先浮現在我腦海裡的是十九世紀的繪畫（假設我不是生在東京，而是芝加哥，大約也是同樣的結果）。但在巴黎生活後不久，就感到十二或十三世紀的建築、雕刻和彩繪玻璃具有無可比擬的分量。這個想法並不特別，不過就是一個常識而已。發軔於法國北部的哥德式（Gothic）風格席捲了整個歐洲、成為數世紀的主流風格。若義大利是一個文藝復興的國家，那麼法國就是一個哥德風的中世紀國家。不過，我對中世紀美術感興趣，並非出於這種美術史上的思考，而是因為中世紀建築就在眼前，而我喜歡它。我喜歡古老的石頭和它粗糙表面的顏色。那顏色有時是白的，有時是黑的，還有的時候是灰的、黃的和玫瑰色的。我喜歡沉重的石材和輕盈飛升的垂直線條之間那千變萬化的協調感。有時石材的沉重囿住了造型；有時精細絕倫的造型讓人忘記了材質；還有的時候，材質和造型完美結合，達到了毫無間隙的調和……我還喜歡高塔和飛扶壁[8]所營造的光影交錯。有時高塔就像細長的錐子出現在黃昏遙遠的地平線上；有時則聳立在漫天風雪中巋然不動；還有的時候會在群青色的天空下，讓悠揚鐘聲響徹四方。而教堂外有聖人雕像，裡面有彩繪玻璃。石雕的聖人們總是神情肅穆——除了北魏的佛頭以外，我不知道還有什麼能如此完美地以雕刻表現這種精神上的厚重。而天使的面龐，時常充滿著難以名狀的溫情。那種超越官能而如此甜美的表情，我今生從未見過。毋庸贅言，彩繪玻璃是單色教堂世界中唯一的色彩，有著直接而感官性的豪華。抬頭仰望高處的天花板，彷彿數不清的寶石閃閃發光；若走向近處的窗戶，就能看到躍動的強勁線條，生動地描繪出各種戲劇性場景裡千姿百態的人類。所有的一切，我都喜歡。即便同樣是哥德風建築，每座教堂裡也有著令人驚嘆的豐富個性，這又引起了我無窮的興趣。

4　俵屋宗達（生卒年不詳），日本桃山時代至江戶初期的畫家，日本畫史上宗達光琳派，即琳派鼻祖。畫風新穎，在傳統大和繪中加入水墨畫等元素。代表作包括《風神雷神圖》屏風等。

5　尾形光琳（1658-1716），畫家、工藝家，琳派鼻祖。受俵屋宗達的影響，確立了富有裝飾性畫風的琳派風格。代表作包括《燕子花圖屏風》、《紅白梅圖屏風》等。

6　指法國蘭斯大教堂（Notre-Dame de Reim）外的天使雕像，又被稱作微笑天使。

7　《亞維農的聖殤》（Pietà of Villeneuve-lès-Avignon）是十五世紀中葉的油畫，被認為是十五世紀南法畫派的著名代表卡爾東（Enguerrand Quarton, 1410-1466）的作品，是中世紀晚期傑出的作品之一，現藏於羅浮宮博物館。

8　飛扶壁（flying buttress），常見於哥德式建築，尤其是哥德式大教堂中多用飛扶壁。這是一種起支撐作用的建築結構部件，凌空跨越下層附屬空間，連接到頂部高牆上肋架券的起腳部位，用於平衡肋架拱頂對牆面的側向推力，同時也具有裝飾作用。

中世紀美術的影響擴及整個歐洲。除了哥德式以外，羅馬式建築和雕刻的影響範圍亦為廣大。為了滿足自己的好奇心，我在法國境內四處旅行，還盡可能地跨越到國境之外。我將遊覽對象限定在中世紀美術上，希望能形成較為完整的印象。然而當時在中世紀美術上，究竟獲得了什麼樣的整體印象，也十分令人懷疑。我只是覺得那是一個無限廣闊的領域，源源不斷地激發我的興趣，一旦迷上必定會耗費終生。我告訴自己必須見好就收。然而在對中世紀美術較為整體性的巡禮中，先不論個別作品所留下的深刻印象，從歷史發展角度追溯特定風格形成的習慣，可以說就這樣保留在我身上。在這個過程中，我注意到用以敘述雕刻樣式的語言並不準確，即使語言準確，是否能按照線性發展模式來敘述中世紀雕刻樣式的變化，我也對此存疑。此問題需要在考察所有重要中世紀雕刻後，以此為基礎進行細緻周密的探討，但當時我缺乏這樣的時間。但就同樣的問題，我後來重新探討了自飛鳥到鎌倉初期，日本佛像雕刻中幾乎所有的重要作品。若我當年沒有為四處走訪門可羅雀的教堂，而在法國鄉下等待公車，在烈日下徒步直到夜幕降臨，這項工作大概也不可能存在。

我喜歡獨自旅行，從廉價旅店走到下一個廉價旅店。我曾為了看一座距離不遠的教堂錯過每天只有一班的公車，不得不等到第二天。我也曾因迷路深夜走在人煙稀少的地方，結果受到警察盤問。而當我結束漫長的旅途回到巴黎——每當巴黎街道出現在火車窗口時，都有種熟悉的感覺在心中甦醒，那是從前夏天結束，在離開信濃追分返回東京的信越線火車上，窗外出現上野附近街道時的感覺。那是回到故鄉的感慨，是熟悉的街道帶來的放鬆，是回歸日常的感覺。那一刻最能讓我強烈地感受到，自己不是巴黎的過客，而是那裡的居民。此心安處是吾鄉……不，我覺得安居應該是經驗的持續累積和相互干涉，有時過去的經驗會增強現在的經驗，有時現在的經驗又會讓遺忘已久的過去重新浮現，在這整體過程中具體且連續的感受。現實不就存在於這種連續的感覺之中嗎？當我思考「去年」的時候，那個「去年」內容早已不是發生在日本的事情了。不久「去年」成為「前年」，又變成「大前年」，時光流逝。我的往事裡面，發生在巴黎的愈來愈多，而發生在東京的則漸行漸遠。我帶著簡單的行囊，輕快地下了火車，在站前的店裡買了包煙，喝了杯咖啡，要了份報紙讀著內閣更替的情況，或者打電話給熟人。興致到了，便坐公共汽車回到住處，而要換乘哪幾路車，我早就已經熟諳於心。

故國飛鴻

故國飛來的鴻雁不只有書信，巴黎的日本遊客絡繹不絕。遠房親戚、中學同學、熟人的熟人們出現，請我為他們「導遊」。在大公司擔任副社長的表姨丈問：「哪裡有好玩的地方？」儘管當時國內外幣管制十分嚴格，來訪者們卻似有著花不完的錢。就連對東京一流餐廳毫無認識的我，也因此對巴黎這類場所有些熟悉。

在這樣的「導遊」之外，我曾偶然地接下大約長達一週的會議口譯工作。當時法國工會為了接待來自日本的總評[1]幹部，在巴黎尋找日文翻譯。每小時報酬並不理想，然而我對法國的工會組織很感興趣，而工作本身也充滿樂趣。法國總工會的幹部按順序說明其組織結構及觀點。

「在上班時間受傷，醫療等費用全部皆由公司方面承擔……」

1 為「日本勞動組合總評議會」的簡稱，即日本總工會。一九五〇年成立，是當時日本最大的全國性組織，為「二戰」後日本工會運動的中心。

日方有人提問：「勞動者自身失誤造成的事故，也包括在內嗎？」

「當然。」

「比方說，若是鐵路從業者因瞌睡導致受傷，這種狀況又如何？」

「這當然也是公司方面的責任。」

日方人員一片嘩然。

「這行不通啊，要是連他自己打瞌睡摔跤都要負責的話……」

日本人開始內部討論，法國人催促般地向我望來，我不得不翻譯幾句：「日本人正在討論，瞌睡造成的事故為什麼必須由公司方面來負責。」

我話剛說到一半，法國方面的回答就如箭雨般射過來。

「誰會喜歡在工作時間打瞌睡？還不是因為公司的勞動條件讓人無法充分休息。所以瞌睡造成的事故公司方面必須負擔全責……」

「話雖如此，但是……」日方囁嚅著說道，「要是這個理由能說得通就沒問題了。」

「所以說啊……」

「這太奇怪了。」

——他們的心情我並非無法理解，但要把這些心情轉換成法語表達，早已超出口譯的能力範圍。

法方工會裡有位額頭上帶著傷痕的中年幹部，我尋問傷痕由來，他若無其事地回答那是黨衛軍拷問時留下的。他在占領下的法國被捕，「打破了兩個衛兵的腦袋」才逃出來。他還說「不喜歡莫斯科，跟巴黎差太多」，「到維也納之後便鬆了口氣，那裡和巴黎很像」。他是一個共產主義者，但我想他更是一個法國人。

我亦曾擔任國際議員會議的日方代表翻譯。會議在瑞士舉行，國會議員代表團一行十二人，他們要求與國會議長和總統見面，搭乘登山電車上山遊玩，一個人購買幾十隻手錶當收藏，或是買下店裡全部明信片，把女店員嚇了一跳。亦有為出席會議而來者，但人數並不固定，少的時候只有兩名，其中一位還在睡覺。我看到一名出席者睜開眼睛把同步口譯的接收耳機放到耳邊時，對他說：「我來為您翻譯吧。」耳機裡只有英法文口譯。「不用了。」他說，「大家說的盡是些自由啊、民主之類的，這我早就知道了。」但即使在這種社交性會議上，舊殖民地各國代表對帝國主義的批判也是相當激烈，經常帶著追責的口氣，而西歐方面只有招架之力，聽起來像是在自我辯解。這種鮮明的對照清晰地反映出戰後一段時間的國際氣氛和潮流。這樣的事情，也不是全部都「早就知道了」的吧。

第四共和的上議院議員H先生，向兩位社會黨代表提出會面要求，並陸續提出與日本外交政策相關的問題，諸如對華政策、與台灣的關係、朝鮮的分割、核武、安保條約。

「社會黨當然是反對安保條約的。我們還參加了反對駐日美軍基地的鬥爭。你就這麼說吧。」

「反對的理由是什麼呢？」

「日本國憲法禁止武裝。這是違反憲法的。」

「這是法律上的依據。」H先生說，「政治上的依據是什麼呢？」

「因為我們不想再次捲入戰爭，希望和平……」

「這是指一般意義上的軍事同盟有危險，還是特指美日安保條約有危險？」

「哎，這種追根究底的問法很難回答。」

「總之這是社會黨已經決定的原則。」日方的兩個人互相看了眼對方，說道，「像這樣每個問題都要刨根問底，我們也答不上來。反對核武還要追問原因，你跟他說，那是廣島的悲願。這樣就能明白了吧？」

「這位先生究竟反不反對核武呢？」

——「要不要詢問一下呢？」我說。

H先生的回答條理清晰。他說，法國自主發展核武器這件事，就經濟而言代價太過高昂，就社會而言是加劇其他領域高級技術人員的缺口，就軍事而言又很難成為有效的報復手段，就政治而言推動了冷戰進而造成軍備和緊張局勢之間的惡性循環……H先生回答的全部內容，我已經記不太清楚。但我記得當時在法國的「討論」和日本的「悲願」之間橫亙著一條無垠的鴻溝。這條鴻溝不僅讓我這個翻譯感到束手無措，也讓我這個日本人思考良多。

透過翻譯工作我在巴黎認識了不少人，也逐漸了解在東京時未能理解的日本人的另一面。這種了解不僅是透過翻譯工作。我在巴黎從事醫學研究而非行醫，但偶爾有病倒在異鄉旅館的同胞，透過熟人表達希望能和日本醫生諮詢時，只要狀況允許，我都會答應他們的要求。

有次我接到高田博厚的電話，說志賀直哉[2]和梅原龍三郎[3]兩位大師出了車禍。他們在旅行義大利後抵達巴黎的翌日，在郊外發生這起交通事故，所幸傷勢都不太嚴重。梅原先生只是額頭有一點擦傷，精神很好。志賀先生看上去確實有點疲憊，但從醫生角度來看，應該沒什麼需要擔心的地方。我跟著高田先生一起去住宿處探望，說明情況並建議他們好好養傷，並說若有什麼需要幫忙的皆會盡力，留下電話號碼就回去了。這是我第一次見到梅原先生。與志賀直哉雖是初次交談，但戰爭期間我在水道橋的能樂堂已見過他好幾次，領略過他身上高雅超脫的風采。那面龐、那銀髮、那沉著，跟我初見他時沒有絲毫變化。車禍後沒幾天，我們很快就一起漫步在香榭麗舍大道上，在午後的強烈陽光下邊走邊聊。「曼帖那[4]挺有意思啊。」志賀先生說，「他的基督像，我正考慮把它寫成小說……」離開日本後首先抵達希臘和埃及，接下來的義大利之旅則是從北向南（曼帖那的基督像就在北部米蘭的美術館裡），到達羅馬的時候已經非常疲憊。據說沿途看

2 志賀直哉（1883-1971），日本小說家，「白樺派」代表作家之一。作品風格清新、行文自然，被奉為「小說之神」。代表作包括《大津順吉》、《在城崎》、《暗夜行路》等。

3 梅原龍三郎（1888-1986），日本西洋畫畫家。在關西美術院師從淺井忠，留學法國時成為雷諾瓦（Pierre-Auguste Renoir）的入室弟子。回國後創立了二科會、陽春會、國畫會。曾多次訪問中國，一九四二年所畫的《北京的秋天》奠定其「國民畫家」的地位。代表作包括《戴軟帽的夫人》、《頸飾》等。

4 曼帖那（Andrea Mantegna, 1431-1506），義大利畫家，從小受人文主義思想影響，一四四八年開始在聖索非亞大教堂畫祭壇畫。畫風典雅，代表作包括《聖母榮耀像》等。

到太多「睜著濕潤的大眼睛仰望天空」的畫，所以「連拉斐爾都不想再正眼看一下了」。這些地方完全符合我長期以來根據他的風采和作品所想像出來的志賀直哉像。敏銳的感受能力、準確的語言、徹底的自我中心主義，還有文學上的唯我論（solipsism）……沉著而不驕矜張揚的莊重氣質，與香榭麗舍大道相得益彰。連義大利的文藝復興都無法令他心旌搖曳，香榭麗舍大道這樣的地方，自然也不會入他的法眼了。對周圍的視若無睹，志賀先生悠然地說道：「之前就是疲勞而已，我已經復原了。最有意思的就是曼帖那的那個基督像……」

還有一次，我受日本廣播協會巴黎分局局長的委託，去協和廣場（Place de la Concorde）附近一家旅館探望在旅途中病倒的播報員。他前往赫爾辛基為奧運進行實況轉播，結果病倒在那裡。他的身體狀況從出發前就不太好，但還是勉強出國工作。奧運結束後，在與新聞報導相關的同伴們來到巴黎時他已經無法動彈。我前去拜訪時，他看起來比預期的有精神，聽說來了日本醫生顯得特別高興。我想就算只是為此，跑這一趟也是值得的。「這個人，」躺在床上的病人想要起身，邊用眼光看向一位年輕護士，「對我十分親切，但就是語言不通。能像現在這樣以日語請日本人幫忙，真是高興……」他說離開日本之後，滿腦子就只有要盡快回去的想法。「真是好笑，要是我能在榻榻米上再睡上一覺，死了也願意呢！」

——我聽他說完，測量血壓之後發現，把他送回日本已經算不上什麼問題了，即使在設施完備的醫院裡立刻接受最好的治療，也不知能否挽救他的性命。

「要是能在榻榻米上再睡上一覺，死了也願意啊……」我重複著他的話，卻難過地不知該怎麼接下去。

我跟他約好第二天再來，起身離開時把護士叫到屋外。她看上去有點擔心，小聲地問我病人的情況，她的詢問中充滿了誠意。我跟她簡短地敘述病情，「他必須盡快送醫，這方面的處理我會和分局局長商量。不過，不知道他什麼時候會因為尿毒症昏迷，有可能是今天晚上，希望你能多留意一下……」

「因為語言不通，可能有很多地方無法顧及。」她說，「我的經驗並不豐富，但會按您的指示盡最大的努力。」

又過了三天，病人轉移到醫院後不久，這位不幸的播報員陷入昏迷，在昏睡中離開了人世。轉移到醫院之前，在旅館房間裡我能做的事情並不多。有時候，我會邀請那位照顧病人很親切的護士，到附近的咖啡廳去喘口氣。就在這忙亂之中，我跟她之間的距離突然縮短——我自己這麼覺得。或許因為我們都是外國人，雖然時間很短，但因照顧同一位病人而產生了彼此相關的感覺。她是丹麥人，還不習慣說法語，但英語說得很流利。

「照顧完這名病人之後，你有什麼打算呢？」我問她。

「再去照顧別的病人吧。」

「去哪裡呢？」

「應該是巴黎，不過還不是很確定。」

我心中存著她能留在巴黎工作的期望。所以，當有一天她突然問我「你覺得史懷哲[5]博士怎麼樣」的時候，不禁感到衝擊。

「我認為他是現代的聖人。」她說。

「我覺得誰都不是聖人。」我回答她。

「像您這樣的人會說這種話，真是奇怪。」

「『像您這樣的人』？但你並不了解我。」

「不，我了解的。」她說著，還笑了起來。

「這該怎麼說呢？」我開玩笑似的說道，心裡卻在思考別的事情。

「我覺得自己必須幫助博士的工作。」她說。

非洲叢林裡的那所醫院正在招募護士，她已經報名。史懷哲博士會親自前來巴黎帶她前往醫院。她與醫院已簽訂兩年的合同，能在博士的醫院裡工作是最令她感激的了。她告訴我事情經過的時候，雙眸熠熠生輝，整個人充滿了生氣，美得炫目。這種美又讓我感到困惑。對我來說，非洲的醫院也好「聖人」也好，都沒有眼前這位女性來得重要。我覺得她很美，感到留戀，不論出自何種理由，唯有對她的遠行感到遺憾。「你這傢伙真是運氣不好，偏偏對手還是這個史懷哲博士，只能認了。」——毋庸置疑的是，當時不管誰再說什麼都無濟於事，她已經不得不去了。

不過，前往非洲幾個月之後，她寄來一封長信。為什麼抵達後沒有馬上寫信？之後的幾個月裡發生了什麼事？這段時間她有哪些心境上的變化？為什麼要寄給我這麼長的一封信？——這封信足以讓我展開以上所有的想像。信的開頭是這樣寫的：「我想起在巴黎的時候曾與你長談而寫下這封信，我相信你應該能夠理解。」她說在巴黎見到的史懷哲博士，是宛如和藹祖父般的老人。但回到叢林裡的醫院後，就幾乎沒有機會見到博士。博士頗為忙碌，很少出現在病房，不斷有客人來訪，現在就有從美國來的客人，要拍電影，博士一直在忙這件事情。由於博士反對購買，醫院裡還沒有X光機，在這裡工作的醫生也有人對此表示不滿。不過，現在已經適應了熱帶的氣候和醫院裡的工作，日子也變得還過得去……信裡面哪兒都沒寫「失望」二字，但是，她是懷著熱情為了幫助「聖人」成就偉業，並非是為「適應每天的工作」而出發。而後不幸的事件終於發生。「那真是名好青年，你如果見到他，一定也會喜歡他的。」她在信中寫道。那名青年充滿了理想主義，不取分文為醫院的擴建付出，但工作過程裡不知道為了什麼，他被史懷哲博士趕了出來，無處可去。「我試圖安慰絕望的他，但不管做什麼都無能為力，不幸地他自殺身亡了。還有比這更令人悲傷的事情嗎……」

我之前說過，自己從來不相信任何「聖人」。這位年輕的女性相信「聖人」，而我相信她，對她內心的美好深懷敬意。很久以後，我把這件事情寫成名為〈人道的英雄〉的短篇小說。或許

---

5 史懷哲（Albert Schweitzer, 1875-1965），德國神學家、哲學家、醫生、音樂家、基督教傳教士。生於阿爾薩斯，在非洲加蓬的蘭巴雷內建立醫院，為當地居民貢獻了後半生。一九五二年獲諾貝爾和平獎。著作有《文化哲學》、《在水與原生林之間》等。

是由於詞不足以達意，小說很快地在我意想不到的地方得到批評意見。有人告訴我，以前的老師看了這篇小說後勃然大怒。告知我的也是值得信賴的老朋友。但我不會回應這種透過傳話而來的指責。老師去世後，我永遠地失去了回應的機會。

如果我有機會回應的話，我會如何辯解呢？我應該不會辯解。反而會說，若要討論非洲的醫院，必須先詢問非洲黑人自己的意見，而我實際上也和已好幾名黑人見面，聊過這個話題。還有，殖民地帝國的國民，在殖民地開醫院的時候，與其當「聖人」，不如先搞清楚自己對殖民地帝國主義這件事情的看法。我可能還要加上一句，殖民地帝國主義就是一個偽善的體系，要將個人的善意從體系剝離，而不對於體系本身造成挑戰，是否可能成立。我在巴黎時就知道這些爭論，但我沒有告訴這位將要前往非洲的女性，因為我覺得沒有這個必要。我絕不會把我可能愛上的這位姑娘的心傷，與傳說中那位大人物的名聲和權威進行交換。

兩個女人

當時，法國的報紙上幾乎沒有任何跟日本相關的報導。法國人跟我聊天的時候也很少會談到日本。我每天生活中的話題不是歌舞伎和吉田內閣[1]，而是國立人民劇場（Théâtre national populaire，簡稱TNP）和孟戴斯·弗朗斯[2]——更確切地說，是不得不這樣每天生活。唯一例外大概是從戰前起，便以遠東特派員身分往返於東京和巴黎的《世界報》[3]記者羅伯特·吉蘭[4]。他是這麼說的：「關於日本，法國大眾都知道些什麼？我跟你說，去日本前我媽總問我一個問

1　吉田內閣，指日本當時的吉田茂內閣。吉田茂（1878-1967），日本政治家、外交家，「二戰」結束後曾五次組閣，推行一系列經濟政策和民主化措施。

2　孟戴斯·弗朗斯（Pierre Mendes-France, 1907-1982），法國政治家。

3　《世界報》（*Le Monde*），法國代表性報刊之一。一九四四年在以戴高樂為首的法國臨時政府授意下創刊，報導內容側重政治和外交，讀者多為政府官員和知識分子，是法國在海外發行量最大的報紙。

4　羅伯特·吉蘭（Robert Guillain, 1908-1998），法國記者。

題，日本也能吃到魚嗎？這不開玩笑嗎！我向她解釋，日本有著法國十倍而且種類不同的魚產。過了兩三年我再次去日本時，她又來問我，日本也能吃到魚嗎……這簡直說不通啊。」

當時法軍仍在印度支那作戰、板門店朝韓停戰談判陷入膠著、離日本經濟復甦引起舉世矚目還有好幾年。我認識的人裡面，即便缺乏具體認識，仍對戰後日本稍有關注的，除了吉蘭這位專家以外，大概就只有那些左翼人士了。站在左翼的立場，杜勒斯領導的反共十字軍會在世界的哪個角落遭遇哪些抵抗，都是他們關注的對象，日本的狀況也因此值得注意。尤其是一九五二年五月一日之後更是如此。那天，日本大眾在皇居宮城前的廣場上燒掉了美國人的汽車，這是日本戰後首次亮相國際舞台。

「日本國民下次會以何種形式表達其意志？日本的民族資本家會抓住什麼機會，著手恢復中國市場？」

——日本國民反對美國提出重新武裝的政策、日本資本主義應該不會滿足於對台貿易。左翼人士似乎對這些前提毫無懷疑。

我曾試圖向認識的共產主義者解釋，日本國內的情況沒這麼簡單。但她沒有輕易讓步，她說，日本武裝解除還不到十年就要被迫再次武裝，這是在愚弄日本國民。

「他們應該不會就此滿足的。」

「但實際上朝鮮戰爭的特殊需求也帶動了經濟景氣。」

「發戰爭財的都是資本家，不是國民。」

「但若瀕臨倒閉的企業得以重整，工人也會因此獲救。」

「這不過是衍生效應而已。事情的本質不會因此產生變化。」

「但是，大眾不會針對本質，而是依據直觀現象心生滿足或是不滿，哪怕那只是衍生效應。」

「心理層面的反應都是不穩定的東西。」她說，「只有事情的本質，才是大眾內心潛在不滿的決定性因素。至於它是否會顯現出來，這是要根據當時的情況而定。」

「所以我想表達的就是，那個情況沒有你想的那麼簡單。」

「也許吧。但是美國帝國主義的利益跟日本人民的利益是不可能一致的……」

別說日本人民，就連日本民族資本的利益也不可能與其一致，總有一天日本政府也得反抗美國壓力，考慮擴大對華貿易。

「日本原料仰賴進口，因此產品必須向外出口。作為日本產品的出口市場，中國比那些歐美發達國家來得重要。要是沒有中國，日本經濟是走不了多遠的……」

——從長遠來看，我認為這個可能性很大。我們也談到，若是從短期來看，又有許多無法輕易做出這樣的判斷的層面。

她是羅馬尼亞裔猶太人，身材瘦小，皮膚微微發黑，一雙眼睛總是充滿活力而閃耀。她看似漫不經心，衣服不論是顏色還是布料的粗糙手感，乃至剪裁方式，都跟她的嬌小身材，黑髮和靈活的舉止搭配得恰到好處，給人一種近乎成熟俐落的印象。我知道她已婚，但不知道丈夫從事什麼工作。

「這跟你有什麼關係呢？」

——「竟然能在星期天丟下家裡出門。」我說。

「能出門就出門了，這不用你操心……」

她是學校老師，而且狂熱地崇拜史達林（Joseph Stalin）。

「你怎麼看畢卡索（Pablo Ruiz Picasso）的肖像畫？」

當時，法國共產黨嚴厲批判那幅肖像畫，認為它褻瀆了史達林的權威。我想起畢加索自己說過的話，「不管是資本主義社會，還是社會主義社會，鞋匠釘釘子的方法都一樣」。

「如果說畫誰的肖像畫都一樣，那又何必要畫史達林像呢？史達林對我們具有特殊意義，他故意褻瀆這種特殊意義……」

但是，關於史達林，或者至少關於蘇維埃權力，我跟她的看法差距，倒沒有像對畢卡索來得大。根據當時西歐方面「蘇聯問題專家」的說法，史達林每年都會病危一次，如今也在瀕死邊緣，獨裁者一死，蘇維埃體制就會陷入混亂、崩潰的境地。可是每年史達林最後都是好好的，而蘇維埃體制——在史達林死後當然也還是好好的。我不太相信西方報紙上出現的那些「蘇聯問題專家」的意見。他們寫了強制收容所和秘密警察。她則斷定地說：「這不過是反動報紙的宣傳而已。」我覺得，有可能是，也有可能不是。因為我還未親眼見過蘇聯，手上也沒有任何直接資料。

「《蘇德條約》（Molotov–Ribbentrop Pact）不過就是社會主義權力針對慕尼黑會議的背信棄

義，所採取的一種自衛手段而已。若不採用《蘇德條約》，你認為該怎麼辦呢？」

——該怎麼辦？我不可能有答案。

「芬蘭？若按兵不動，就會遭到德軍搶先占領。戰爭已經開始，這場不是史達林發起的戰爭。」

從一九一七年開始，都是西歐帝國主義朝蘇聯境內派遣軍隊，而蘇聯方面應該沒有主動發動過戰爭，我必須同意她指出的這一點。

「蘇聯對日宣戰，也是在日本的同盟國對蘇聯宣戰之後，而非之前。」她又補充道。

我和她之間的差距可能就是她態度堅定，旗幟鮮明，而我則抱持懷疑態度，若無附加條件便不輕易點頭。

大概是我看上去顯年輕的緣故吧，雖然實際年齡跟她相差無幾，但她似乎覺得我小她十歲。不光是我，日本男人在西方人眼裡大抵都是如此。至於在電影院門口被當成未成年人而謝絕入內，我還沒有碰到過。倒是十年之後，我在國外大學講課時，還經常被人誤以為是學生。

我還逐漸發現自己的外貌具有很強的通用性，既可以當中國人，也可以當印度支那人，還可以當中亞的「黃色人種」。不光在西洋人眼裡如此，好像連東洋人看我也亦是如此。這麼說可能有點語無倫次，後來有一次我去中亞城市塔什干（Tashkent）的時候，還有人用烏茲別克斯坦（Uzbekistan）的地方方言跟我問路。當時我會用俄語說「我不會說俄語」，但不會用烏茲別克斯坦話說這句話。更何況在西方，大部分時候都是由中國人來代表所有的東洋人。羅馬的小巷裡孩子們圍著我喊「中國人，中國人」，我參觀他們的城市，他們參觀我。在巴黎，我則是印度支那人。因為當時巴黎有很多來自法屬印度支那的留學生。

有一次，一名中年男子在地鐵站跟我搭話：「你在巴黎做什麼？」

「我學醫。」我簡單地回答他。

那個男人身上帶著酒氣，又問：「你打算什麼時候回國啊？」我沒有理會這個問題。「不想回去了嗎，你的同胞都在國內受苦，他們才是真正的愛國者！你卻在法國生活，不覺得可恥嗎……」男人愈說愈起勁，「你的同胞們都在戰鬥！保大[5]卻在法國南部遊玩，那是殖民主義的道具！大家都在為國家的獨立而戰鬥，你卻在法國待著……」

——不過當我提醒對方我是日本人的時候，他的長篇大論自然便宣告結束。

至少在我自己的日常生活中，未曾經歷由於種族歧視而造成的不愉快。但那位羅馬尼亞裔的猶太人卻經常談到種族歧視的話題。

「你認為他們為什麼要在廣島扔原子彈？那是因為住在廣島的都是東洋人！」

「或許跟東洋人有點關係吧。」我糾正她的用詞。

「巴黎的種族歧視不明顯？你怎麼能這麼說？還有哪裡比巴黎的人種歧視更嚴重？」她說道。

這種偏見的表現形式不是拒絕租房給東洋人。而是當男女關係稍微變得親密的時候，才會很清晰展現。她這番話給我的印象幾乎就等於在說：因為是我才願意跟你交往，要換作別的女人，才不願意。這個印象讓我感到很不愉快。我從來不會卑躬屈膝地請求誰與我來往——不，至少我主觀上不想這麼做。

我跟她的交往並沒有持續很久。有一天她說想找個安靜的地方，比如在我房間裡聊天。當時我住在市區裡的一家小旅館，領她進房間後，我把門半開著，幫她脫掉雨衣。外面下著濛濛細雨。她在沙發椅上坐下，環視四周，小聲地說了一句沒有意義的話：「真乾淨啊。」然後又起身，把半開的門關上，還上了鎖。我沉默著。「你是醫生吧。」她說，還沒等我回答，她就接著說覺得自己身體不舒服，要我為她診斷。我解釋自己並非執業醫師，手邊也沒有必要的工具，無法進行診斷；又加了一句，但可以聽她說明病情並提供諮詢。

「沒有工具，也能診察吧。」她說，臉色看起來確實不佳，模樣疲憊。

「要先聽過具體情況才知道怎麼判斷，這由我來做決定。你先說說看是哪裡不舒服。」

可是她說得毫無要領。含糊地說著腸不舒服，胃不舒服，但又沒有任何能判斷病情的具體症狀。我要求她說得再詳細點，她卻吞吞吐吐地重複著「你能幫我看看嗎」，然後突然坐起身，脫下上衣躺在床上。她上半身的骨架纖細，黑色內衣下胸部平靜地上下起伏。為了診察必須彎腰趴在上面，「看診」大概無法就到此結束吧。狹小的房間裡面，床和我坐的椅子之間，只有三步之

5　保大是越南歷史上最後一個王朝阮朝的皇帝阮福晪（1913-1997）的年號。一九四五年，日本戰敗，越南民主共和國成立，保大帝退位，亡命香港。一九四九年，法國為了對抗越南民主共和國，任命其為「阮朝臨時政府」的傀儡皇帝。一九五五年，南越成立越南共和國，廢除了他的帝位。

遙。我應該保持這個距離，還是跨過去呢。我猶豫了一瞬間，隨後說道：「不用，沒有診察的必要。」

「你真是個怪人。」她說話的聲音意外地平穩，「你倒是說明一下，這該採取什麼措施呢？」可是，就算對她自己而言，這樣的話題已經沒有任何意義。她豎起雨衣領子，走向煙雨濛濛的街道時，好像什麼都沒發生似地對我說「再見！」但我們都很清楚，今生不會再見了。

在北美的芝加哥有條街叫作「黑帶」，住的都是黑人。在巴黎北部則有「赤帶」，那裡的居民大都投票給共產黨。這條「赤帶」上有一座小城聖丹尼（Saint-Denis），某個星期天的上午，我和一位在巴黎經營畫廊的中產階級婦女，而非那名史達林主義的女性，相偕來訪。我們開著她的別克往返香堤伊[6]，打算在去程參觀聖丹尼的羅馬式教堂，回來時去桑利斯[7]看那裡的哥德式建築。對於她的那輛別克車，我早已無言置評——這麼說可能有點誇張，但我真覺得那輛車又大又蠢。而且，當時的美國車都帶著翅膀[8]。（「恨不似鳥生雙翼，一飛沖天際。」[9]）那輛車駛入聖丹尼小城，牆上和馬路上到處都是白色顏料塗寫的英文字「U. S. GO HOME」（美國佬，滾回老家去）。

「你覺得這是共產黨幹的嗎？」我看著她美麗端正的側臉，故意誘導。

她一邊用眼神搜索停車位，一邊回答我的問題：「寫的沒錯吧？不只是共產黨員才有感情。」這回答出乎我的意料。然而畫廊的生意對象裡，應該也有不少美國人。

「聽說香榭麗舍大道的一家酒吧大門上也……」我說。

這件事情是我不久前才從某處讀到的。她先一步大笑起來，說：「……上面寫著『U.S. DON'T GO HOME』？——確實也有人這樣想。不過，也有金錢買不到的東西。」

幾名工人站在教堂旁邊的馬路上聊天，曬太陽，才剛下車，我就感受他們的視線同時掃了過來。什麼樣的傢伙會從這輛大得離譜的車裡出來？居然不是美國遊客，而是法國女人和其貌不揚的東洋人，而且還看不太出來他們的關係……她若無其事地看著工人們不感興趣的教堂，工人們看著她，而我看著工人們。我跟他們之間隔著遙遠的距離。這段距離讓我想起以前埼玉縣農村裡的那些孩子，他們在田埂上忽隱忽現地跟在我們後面。年幼的我當時已經感覺到彼此之間隔著難以跨越的距離。我似乎從那時起便不曾改變。我在無論何時何地，都是第三方，都是旁觀者嗎。

不過，巴黎女子身邊和我之間的鴻溝也不小。和那群有禮貌而傲慢，話題豐富但態度冷漠，無知又淺薄的男女待上幾個小時，我就會因為無聊，覺得自己浪費時間而感到焦躁。她跟這群人在一起的時候，對我也沒什麼興趣。她如魚得水般地充滿生機，說個不停，笑個不停。和這個人

6　香堤伊（Chantilly），法國城市名，距離巴黎市中心約五十公里，以城堡、森林和賽馬場出名。

7　桑利斯（Senlis），法國城市名，位於北部皮卡第大區瓦茲省，因哥德式桑利斯大教堂和眾多歷史古蹟而聞名於世。

8　指當時汽車流行的高尾翼設計。

9　選自《萬葉集》所收山上憶良的一首短歌，原文為「世の中を憂しとやさしと思へども飛び立ちかねつ鳥にしあらねば」，譯作「世間悲喜莫思量，思量便生恨，恨不似鳥生雙翼，一飛沖天際」。

的話才說到一半，就開始尋找接下來的說話對象，對誰都是笑容可掬的，但不管誰說了什麼，她都聽得心不在焉。

「啊，累死我了。這也是做生意必需的啊……」

——開什麼玩笑。如果這是做生意必需的，那又何必把我也牽扯進去。不過，一個人的時候她完全不同，安靜、敏感，也很體貼。年紀很輕便結了婚，跟丈夫分手後幾乎從不曾想起他。和她兩個人獨處時我從未覺得無趣。但她與我見面的理由模糊不清，這常常使我心神不寧。她在帕西[10]的家中收藏有保羅．克利[11]的傑作。我是透過某人的介紹前往欣賞保羅．克利的作品時才跟她認識。但隨著後來頻繁地去她家，我漸漸地感到無法自處。房間太大，裡面有太多東西紀念著跟我無關的生活。

「難道因為你是日本人嗎？我跟你怎麼聊都不覺得厭倦。」她說。

「你想說，巴黎大部分的犯罪都是阿爾及利亞人（Algerian）做的吧？」我說。

「但根據統計……」

「不，你們跟我們的作法並無區別。」我接著說道，「日本人也會統計在日朝鮮人的犯罪數據。並非由於他們犯罪才進行統計，而是這類統計顯示他們犯罪。」

「你今天好嚴厲啊。」她溫和地說。

「嚴厲的不是我，是這個現狀。」我答道。

對她而言，印度支那「骯髒的戰爭」除了助長本國的腐敗以外，沒有任何其他意義，但她

「討厭孟戴斯．弗朗斯」。她對「傑哈．菲利普這麼優秀的演員竟然是共產主義者」感到意外，但是，並非不認可共產主義者在「抵抗運動」中發揮的作用。

「不過，最好別忘記『抵抗』真正開始，是在諾曼第登陸（D-Day）之後。」她說，「在這之前佩服德國人的還是很多。說是『抵抗』，也有人跑到農家搶東西的，並非所有人都是英雄……」

這時的她顯示出一種超然物外的客觀主義。然而這種客觀主義，大概是只有特權階級偶爾才會購買的奢侈。

那天，香堤伊的森林已經染上了秋色，在午後的陽光下閃爍著金色的光芒。我們在森林裡漫步林中，我看到她眼中映著秋日晴朗的天空和靜靜流動的白雲，在那瞬間我心中一陣恍惚，將其他事都拋在腦後，只剩下唯一的念頭：這一切不會長久——事實上不僅是不會長久，她絕對不會重複同樣一件事。在帕西她家度過的那一夜，那天晚上蘋果白蘭地的味道，都和香堤伊的森林一起，長久地留在了我的心間，栩栩如同昨日，卻杳杳難得再遇。她之所以用這樣的態度，是為了滿足她的好奇心嗎？是其他的樂子玩膩了嗎？抑或，是為了保證長久交往而自己把握的某種分

10　帕西（Passy），巴黎地名，靠近艾菲爾鐵塔。

11　保羅．克利（Paul Klee, 1879-1940），瑞士畫家，年輕時受到象徵主義影響，創作有蝕刻版畫。後來又受到印象派、立體主義、野獸派和未來派的影響，畫風逐漸傾向於分解平面幾何、色塊面分割。曾在包浩斯學院任教，與康丁斯基等人一同被稱為「四青騎士」（The Blue Four）。代表作包括《魚的循環》、《玩具娃娃劇場》等。

寸？我滿腹疑慮終不得消解。只有琢磨累了的時候，才會給自己找一個合理的解釋。從香堤伊回來之後，她曾說：「我真羡慕醫生的工作，不管怎麼說，總有個活下去的目標。」……

我們是好朋友。我們怎麼可能不是好朋友呢？我們都那麼喜歡保羅．克利的機智和諧謔、微妙躍動的線條和甜美的色調變化，還有那畫面的觸感。可是，要成為真正的戀人，我們都還不夠盲目，都還不夠對未來滿懷憧憬。

冬之旅

我從「東方快車」（Orient Express）靠窗座位向外眺望，看到瑞士連綿的雪山在清晨的陽光下開始閃爍光芒。車廂裡的暖氣開得太強，前一天下午從巴黎出發，在我晚上沒睡好的腦中，過去未來無止境地交錯反覆。「有朋自遠方來乎。」我對自己重覆打著謠曲的拍子。火車將駛向歐洲中部，把我送到四國占領下的維也納。有位姑娘在那裡等我。我和這位姑娘在佛羅倫斯相識。

義大利的文藝復興將我徹底征服。那是「觀光」一詞所無力展現的。我完全無法想像它是以如此的色彩和大理石，那麼豐富地、徹底地，匯聚無盡的力量和才華，實現人類作為「感覺動物」的全部可能性。「近代歐洲始於義大利的文藝復興。」——如果沒有看過威尼斯（Venice）和佛羅倫斯，這不過是句空談。就連羅浮宮收藏的義大利繪畫，亦無法充分賦予「文藝復興」一詞以名副其實的分量和經驗上的內涵。義大利並沒有改變我的看法，但它給與了這個和歐洲文化有關的所有思考中，不管直接或間接，都必須囊括其中的詞彙，具有決定性意義的內容。我所愛的並未因此生變，比起十六世紀的鼎盛期，我更愛十五世紀的藝術特質（Quattrocento），而比起十五世紀的藝術特質，我更愛喬托。可是我在義大利的體驗，卻是那種讓我個人偏好變得毫無意義的經驗。美國人貝倫森[1]在來到佛羅倫斯後便成為俘虜，最終在此度過餘生。從美術館到教堂，從教堂再到下一個美術館，從滿屋的弗拉·安傑利科[2]再到一屋子的洛倫佐·洛托[3]——深深地吸引著我不停地往下走。然後我邂逅了那位姑娘，她跟我同樣快速地走在同一條路上。在無數大理石雕成的女人當中，只有她是活著的，是呼吸著的。在那一刻，想要從美術館的過去中逃到太陽、咖啡和街上人群裡的當下，這個念頭緊緊地抓住了我。我邀她一起爬上波波里花園（Giardino di Boboli）的那座小丘。從山丘上可以看到佛羅倫斯的全景。維奇奧宮（Palazzo Vecchio）茶褐色的鐘塔和聖母百花大教堂（Cattedrale di Santa Maria del Fiore）藍色的穹頂高高地聳立在層層疊疊的屋頂上，阿諾河（Arno）的水在下方流淌。

「你會在佛羅倫斯待到哪天？」

「明天。」她說。

「你接下來要去哪裡？」

「去威尼斯。」

「要不要一起去羅馬？」我說。

「我剛剛才去過羅馬。」

「你能不能再多待一天，我們去看西恩納[4]？」

「可是我的旅行計畫裡沒有西恩納。」

「但那裡一定很有趣。我覺得看看也無妨……」

她個子小巧，看上去像是學生，帶著小型相機，跟日本遊客驕傲地帶著的那種相機比起來，那相機應該便宜許多。山丘上的風吹動她額前栗色的頭髮。

「你喜歡史特勞斯嗎？」她突然說道。

當時我們用蹩腳的英語交談，因為她不會說法語，我不會說德語。

「我聽過圓舞曲……」。

她笑了起來，「我說的是理查．史特勞斯（Richard Georg Strauss）……」

我記得小時候外祖父哼著義大利歌劇的旋律，後來在巴黎的喜劇歌劇院聽過永井荷風所謂的「卡門的名曲」。但在這兩者相隔的漫長期間裡，我和歌劇沒有任何接觸。她說藝術上的所有感

---

1 貝倫森（Bernard Berenson, 1865-1959）：美國著名美術史學家、美術評論家，畢業於哈佛大學，專攻義大利文藝復興期美術。他的實證研究為美國的藝術品鑑賞奠定了基礎。美國各地美術館的藏品大部分由他推薦。代表作包括《文藝復興期的義大利畫家》、《美學與歷史》等。

2 弗拉．安傑利科（Fra Angelico, 1387-1455），義大利畫家，佛羅倫斯派代表畫家之一，曾在聖多米尼克教堂畫祭壇畫，在聖馬可教堂畫壁畫。代表作包括《受胎告知》、《聖母加冠》等。

3 洛倫佐．洛托（Lorenzo Lotto, 1480-1556），義大利文藝復興時期威尼斯畫派的著名畫家。最擅長畫人物肖像畫，代表作包括《安德里亞．奧多尼肖像》、《勞拉．迪．波拉肖像》等。

4 西恩納（Siena），義大利著名的中世紀古城，位於南托斯卡尼地區，距離佛羅倫斯大約五十公里。城裡保留了大量中世紀哥德式建築，如著名的田園廣場、大教堂等。一九九五年被列入世界遺產名錄。

動，都讓她想起史特勞斯歌劇留給她的印象……

火車一跨過奧地利的國境線，英國占領軍的士兵就上來檢查護照和行李。手續相當就簡單。窗外風景開始出現和瑞士群山的壯觀不同的微妙變化。陡峭的山壁向鐵路貼了過來，白雪覆蓋下的針葉林、小河、橋，還有四處可見的農家房子，躍入眼簾又迅速地向後飛去。山上既沒有登山客，也沒有觀光者，似乎只有偏僻的遠山村落。這片風景令我迷醉，我把臉緊緊貼在玻璃窗上，目不轉睛地看著。幾名乘客在瑞士下車，八人車廂只剩下我和一對年輕的男女，他們坐在我的對面，不停地彼此擁抱。

西恩納是個好地方。我們在露台上共進遲來的晚餐，從那兒可以看見田野廣場（Piazza del Campo）的石板地、噴泉和周圍的中世紀建築。（我們點了菜單上最便宜的東西，但「座位費」很貴，再加上稅和「小費」，最後支付的金額是標價的兩倍，而且菜量少得可憐。不過她帶了硬香腸，可以用小刀削成片來吃。）我們徘徊在古老的街巷，遺忘時間的流逝。郊區教堂肅穆地矗立在暮色之中，在那空闊幽暗的教堂裡，只有一名帶孩子的黑衣婦人跪著。神父從我們身邊經過時說了幾句義大利語，我們猜他說的是「這裡是禱告的地方，不是談情說愛的地方。」（她可以用流利的義大利語說：「不好意思，請問車站在哪裡？」但未必能聽懂對方的回答。我聽人說義大利語的時候，總覺得自己能全部理解，但等對方說完，就發現自己一句也沒聽懂。）秋日晝短，當我們坐上返回佛羅倫斯的火車時，托斯卡尼（Toscana）的山丘和平原已經籠罩在暮色之中。其他車廂傳來義大利人的合唱聲，跟車輪聲交織在一起。我心裡想，火車到達目的地之後，我們就再也不會見面了。她細軟的頭髮從我的指縫間滑過。我們共同擁有過的曾經——佛羅倫斯山丘上的午後和西恩納的一日——足以讓我不願就此分離。可是這段曾經卻還不夠長，沒有長到足以讓我改變行程，放棄羅馬或威尼斯。那時的我沒有思考未來，只是純粹地跟隨當下的感覺。指尖傳來的微妙感觸像電流般震撼全身，我清楚地感覺到了我們之間的「以心傳心」。

列車長度非同一般的「東方快車」在平原上飛馳起來，細雪打在玻璃窗上，划出了一道道的斜線。對面座位上的男子用法語向女子解釋：「接下來要進入的是俄國人的占領區。英國人那邊很簡單，但這邊很麻煩。不知道要花多少時間才能越過邊境……」聽他說話能感覺得出他很熟悉這一帶的情況，言談之間沒有絲毫顧忌，看來是占領國的國民。女子則默默聽著。「蘇聯這邊辦事的人，只會說俄語。」他又說道。

回到巴黎後，我寄了一張明信片給那位在義大利邂逅的姑娘。她在回覆中問我要不要去維也納看看，勾起了我對她，也對那座城的好奇心。我想起那些一九三〇年代東和商事代理的電影。電影裡那些跳圓舞曲的女人裙擺旋成圓圈，城裡的姑娘一邊哼著「那只有一次，那不會重來」——這首歌在東京很流行——坐著馬車獨自奔馳在深夜的街頭。我想親眼看看那座城。還有，比起柏林，我對維也納的占領方式更感興趣。當時柏林的局勢非常緊張，而維也納由蘇聯方面和西方軍隊同時占領，卻幾乎沒有傳出紛爭。但要去那裡，卻非易事。整個國家被四個國家分割占領，首都維也納則是共同管制。我可以在巴黎申請簽證，但須經由英美法俄各占領軍當局個別發行，不僅手續繁瑣，而且還不知道何時才能辦好。當相關文件終於備齊時，這一年也快過完了。

幸虧我向來簡便，訂好「東方快車」的車票，帶上隨身行李，在聖誕節來臨前來到巴黎北站。十二月的巴黎街頭人頭攢動，充滿了某種活力。我在心裡對巴黎說了聲「再見」，當火車開動，我的思緒就已經飄向了遠方……

當我以為在英國占領區裡還要再開一陣子時，火車卻停了下來。那裡沒有車站，也沒城鎮。列車長來回巡視，放下窗戶上的窗簾。「兩邊站著帶槍的士兵。」對面的男子說，一半說給他的女伴聽，一半大概是在向我解釋。過了一會兒，兩名紅軍士兵走進車廂。這是我第一次見到紅軍士兵。兩個人都很年輕，長相宛如樸素的農民，但臉上沒有任何表情。對面的男女拿出護照，他們默默地接了過去，一頁頁地翻看之後，又默默地還了回來，態度並不粗魯。但要說像是例行公事——雖說是如此沒錯——又覺得有什麼不對，帶著異常的生硬感。我遞出護照，他們同樣一頁頁地翻看，但卻不像剛才那樣馬上還給我。漫長的時間在大家沉默不語中過去，接著，又過了很長的一段時間。護照應該是沒有問題，我不停地對自己說，突然，士兵抬起頭，開始用俄語說話。「他在問你的國籍。」對面的男子用法語告訴我。「日本。」我用法語回答，但他沒聽懂。我想起當地語言是德文，就接著以德語重複了一遍，可這名拿著護照的士兵，連同那名默不作聲地站在旁邊的士兵，他們的臉上都沒有出現一點反應。法國人用俄語說了「日本」，士兵又開始一頁頁地翻看護照。我感到有些不安，但更強烈的是難以遏制的憤怒，這件事也太過可笑。護照又不是百科全書，難道還能寫滿了字？要是三分鐘看不懂，再花三個小時也還是看不懂吧。過了五分鐘，又過了十分鐘，那名士兵終於默默地把護照還給我，逕自離開了車廂。我鬆了口氣，身上全是汗。火車再一次停車的時候，對面的兩名法國人下了車。然後，一位上了年紀的紅軍將校進入車廂，坐在對面靠窗的位子上。我突然感到一陣飢腸轆轆，就在那個車站買了熱香腸抹上芥末醬吃了起來，然後，抽出一根高盧煙，悠閒地抽了起來，打開在巴黎買的德文文法書。這讓我又憶起在駒場高中第一次學德文時的情景，還有那時候的宿舍生活，腦海裡響起了住宿生們都愛唱的「舍歌」中的幾段旋律。但歌詞我已幾乎都忘光。對面的軍官文風不動，宛如埃及的雕像般，視線始終投向那除了不斷落下的雪花外，什麼也看不見的窗外。火車離維也納愈來愈近。除了那位姑娘，那裡我誰都不認識。我聽不太懂那個國家的語言，沒有任何線索可以用來預測當地的風俗習慣。我甚至不敢相信在一片白雪覆蓋的荒原上，最終會出現一座大城市。異鄉、dépaysement（因環境、習慣等改變而覺得不自在）、山河幾重、au bout du monde（在世界的盡頭）……我混合著日文和法文，以那些詞彙整體所暗示的心理狀態來自我形容。當我被拋到日常生活習慣體系之外，我將會重新發現自我。在我感情生活的最深處到底有些什麼？我是否擁有渴望什麼，犧牲些什麼，做些什麼的可能性？

我在車站見到了她，在住慣的城市裡，看上去要比在義大利時更加自信（selbst-sicher）。我的旅館在舊城區，位置便利，從西站去旅館的路上，她向我簡單地介紹了城市的地理。但她的說明裡包含了無數個我沒聽慣的慣有名詞，我基本上沒有聽懂，除了諸如「史達林廣場」（Stalin Square）、「紅軍橋」（Brücke der Roten Armee）之類的名稱外，也沒留在記憶裡。後來我發現這些名稱只是印在市營電車的標示和地圖上，市民們根本不這麼叫，生活中還是使用原來的名字「施瓦岑貝格宮」（Palais Schwarzenberg）和「帝國橋」（Reichsbrücke）。（再後來當占領結束，外國軍隊撤出維也納後的第二天，果不其然，所有被迫使用的名字全部消失，原有名稱重新復活。）轟炸造成的建築物損害程度比我預想的要輕一些。以國家歌劇院（Wiener Staatsoper）為首的許多建築已經無法使用，但廢墟較少。商店裡陳列著貨物，街道看上去正逐漸從戰爭的荒蕪中恢復。全副武裝的紅軍士兵兩人一組站立，就像影子一樣，在暴風雪中現身，又在暴風雪中消失。

由於原本的劇場已經無法使用，國家歌劇團就在維也納河畔劇院（Theater an der Wien）公演。我們在那裡聽了華格納（Wilhelm Richard Wagner）和貝爾格[5]。臨時借用的劇場並不豪華，但維持著音樂的水準和聽眾的狂熱。甚至可以說，對生活在這座城市裡的人而言，這大概就是他們活著的意義。生活自是苦澀，但即便如此，或應該說正因如此，充滿戲劇性的音樂不單是一種愉悅，而成為與其感情生活中心相關聯的某種東西。那天晚上，我們帶著還沒消散的興奮走出劇場，黑漆漆的馬路上，只有「蘇維埃情報總局」的紅字在幽暗的夜空中發出鮮艷的光芒。

我們在街頭四處走著，去美術館看了布勒哲爾，走進一家老式咖啡館，溫暖凍僵的手腳。咖啡館裡靜悄悄的，寬敞的咖啡館內幾乎沒有客人，安靜無聲，只有一位上了歲數的侍者百無聊賴地坐在角落看著我們。我們還搭著市營電車，經過勞動階層的廉租房——卡爾·馬克思大院（Karl Marx-Hof），這個名字當初是為了紀念「一戰」後所謂的奧地利馬克思主義，在經歷了德奧合併（Anschluss Österreichs）和戰爭後殘存下來——前往格林津[6]的葡萄酒之鄉。那裡的建築物屋簷都很低，厚厚的牆上挖出來一個窗，打開之後跟路上的積雪差不多高。霧氣濛濛的雙層窗玻璃、從窗戶透出來的昏黃燈光、屋內隱約傳來的喧囂聲和提琴聲……街燈照出的明亮錐型中，紛紛落下的粉雪閃耀，隨風飄散，漫天飛舞。我從沒見過那麼美的雪城，之前沒有，之後也沒有。一杯白葡萄酒和一位姑娘，讓我的世界變得無限美好。

每天深夜我都送她到家門口。她家的門又大又沉，轉動著鑰匙用力一推，門開的時候會發出輕微的吱扭聲。我們約好明天再見，親吻道別。

我在維也納停留了一周，之後改變計畫又留下一周。但我無法一直留在這裡。於是我再次來到西站，搭上開往巴黎的「東方快車」。她來車站送我，一句話都沒說，睜著淚汪汪的大眼睛站在車窗下。火車安靜地駛出車站，她轉過身去，朝相反的方向走去，一次都沒有停下，一次都沒有回頭。我從車窗探出頭目送她遠去的背影，這一刻我才意識到，自己已經愛上了她。

這是一種全新的體驗。我對她朝思暮想，無時無刻。她眼裡的光芒、她頭髮的觸感、她說話時語調的微妙變化、托斯卡尼的太陽和多瑙河（Donau）邊的暴風雪……皆已是回憶中的無盡往事。這個過去中斷在維也納西站，但絕不會在那裡結束，而是和我所能想像的未來緊緊相連。我自己也驚訝不已，竟有一位姑娘，也就是一名「他人」進入我的世界中心裡。世界的秩序因此不

5　貝爾格（Alban Berg, 1885-1935），奧地利作曲家。師從勳伯格，與勳伯格、韋伯恩開創了「新維也納派」，表現主義音樂的代表人物。他在作曲技法上的探索為整個二十世紀音樂帶來了一場革命。代表作包括《伍采克》、《璐璐》、《抒情組曲》等。

6　格林津（Grinzing），位於奧地利，靠近維也納森林，以林立的小酒館和新釀的美酒而聞名，而且小酒館裝飾風格相似，大都是綠色門窗、黃色牆壁、原木桌椅，體現了奧地利鄉村風情。

得不發生改變。迄今為止，我的人生當中還不曾有過這樣的事情。我清晰的領悟到，自己不是愛著京都那位女子，而是覺得自己愛她，或者說大概只是想要愛她而已。這全新的體驗將把我引向何方？而我唯一的念頭是要找機會再去一趟維也納。

這個機會跟春天一起降臨。某個國際會議即將在維也納召開，日本來的代表正在巴黎尋找隨行翻譯。會議語言是英語和法語，行程還包括西德的各大城市。當時我已經能聽懂不少德語，就接下了這個工作，這次是從柏林坐飛機去維也納。五月，城市公園（Wiener Stadtpark）的草叢花團錦簇，「維也納的森林」（Wienerwald）新綠裊裊。傍晚的天空下，巴洛克風格的美泉宮（Schloss Schönbrunn）前，莫札特的曲子和管弦樂散播著優雅的樂觀主義。我們是幸福的。我下了決心，絕不讓這幸福就此結束，但卻沒有具體的計畫。未來的確存在，但仍有些朦朧，因此我也還不必為具體的困難和即將到來的阻礙而煩惱。

當時我住在市內的薩赫酒店（Hotel Sacher），那裡還保留著沒落帝國往日的奢華。厚實的地毯、古董家具，牆上掛著古老的油畫，天花板、窗框和門上全是金色的裝飾。樓下的餐廳裡，一位上了歲數的婦人在獨自品嚐咖啡；來觀光的美國夫婦打開了地圖；人品不俗的老先生拿著放大鏡在看報。有天早上，我在那裡點了早餐，翻開準備好的報紙，才知道柏林發生了暴動。柏林牆兩邊的市民把東邊的紅旗扯了下來，撕成了碎片。參加這次「反共」暴動的市民人數，根據美國《國際先驅論壇報》（*International Herald Tribune*）歐洲版的報導，是倫敦《泰晤士報》（*The Times*）報導中的好幾倍……

音樂

暴風雪之夜，當我在維也納劇院聽到《崔斯坦與伊索德》[1]的時候，恍惚之間，彷彿進入渾然忘我之境。對我來說，這是一次全新的體驗。

在我的想像中，歌劇這種娛樂形式主要由沉悶無聊的通俗人情劇，和優美動聽的詠嘆調兩大要素構成，這兩大要素的關係不如歌舞伎的舞台跟三弦琴的音樂之間來得那麼緊密。直到那一刻，我才知道自己從前對歌劇可謂一無所知。我發現了華格納。那裡有無可名狀的激情的表達，那不只有音樂，還充滿了扣人心弦的力量，其他藝術領域皆難以匹敵。我認為，用聲音來表現的不合理性、破壞性、強迫性——這無可辯駁地定義了華格納，同時，也定義了音樂中所總括的德

1 《崔斯坦與伊索德》（*Tristan und Isolde*），華格納歌劇，源於西方家喻戶曉的一個悲劇愛情故事，由法國中世紀游吟詩人在傳唱過程中形成文字。在各種流行形式中，以華格納的同名歌劇最為著名。

國浪漫主義整體。那裡有展現在史特林堡[2]的舞台和孟克[3]畫面上那陰森恐怖的熱情（還有執念）的凝聚，還有顯得栩栩如生的直接性以及內心的波瀾起伏。

一直以來，德國文化吸引我的是其系統化思考的準確性及合理性，而非微妙的感受能力和實際主義的觀點。在我從事內科學的專門工作時，作為這個領域的知識集大成之作——莫爾[4]的《藥學手冊》是最為系統化、最包羅萬象的，放眼全球，無出其右者。而作為戰場之外的大屠殺，奧斯維辛集中營的系統性和組織性，應該也是歷史少見。然而，強調組織性、系統性、合理性的德國文化，在另一方面卻是非同一般地鮮活，充滿了荒誕的激情，註定將引人進入德文所謂「Rausch」的陶醉狀態。我聽了華格納之後才明白這種陶醉為何如此難以抗拒。如果德國文化具有如此的兩面性，那麼這兩者之間又是什麼關係呢？這個宏大的問題後來引發我諸多思考。

不過，《崔斯坦與伊索德》不僅引發了我對北歐文化半幻想式的思考，更重要的是，它還帶給我「陶醉」這個新的體驗，由此改變了我的世界的內部秩序。我以前沒有喝醉過，至少沒有醉到陶然忘我、心醉神迷的地步。而且，我也不希望醉到這種程度。酒入愁腸，化作兩行清淚或一聲嘆息，都是不必去強求的心理和生理狀態而已。還有，在人群之中，搭著肩膀，踩著一致的步伐齊聲合唱或咆哮，這也比較容易產生一種陶醉感。我不喜歡這種來得輕易的陶醉感。看到一九三〇年代希特勒及其同黨組織的群眾集會照片時，我覺得自己若是穿上制服成為其中一份子，大概也會陷入陶醉狀態，想到這裡，不由得陣陣反胃。一九五〇年代在德國南部酒吧裡，看到喝著啤酒手挽著手的男女一邊晃動身體一邊唱歌，試想自己加入其行列的情景，我不由得渾身哆嗦。

但不加入其中，就只有離開酒吧。酒吧外面小鎮就在阿爾卑斯山近旁。在這個散發著幽微花香的夜晚，我唯一需要的就是能思我所思的自由。

現在我會以「陶醉」來概括的心理狀態，當然不只有「忘我」。若只是「忘了我自己」，尚毋需借助特殊狀況，如開車時想要超車這個例子便足以說明。超車時在我意識中的是前車和我車的速度及距離，是超車所需的必要條件，絕非超車的主體，也就是我自己。再比如，我絞盡腦汁想要解開初等幾何考題的時候，存在意識當中的是三角形而不是「我」。「忘我」的境界並非例外狀態，不過是日常生活中最為普遍的現象。而在偶然陷入的陶醉狀態中，我不僅只是忘記了我自己，而是在某種影響下忘記我自己（以及造成影響的因素外所有的一切），並盼望能持續沉浸在該狀態中。這種狀態下，我既是被動的（感性上），同時又是主動的（價值取向上）。與此相較，超車也好考題也好，都只是把注意力主動地集中到對象身上。若非如此，超車就會發生危

---

2 史特林堡（Johan August Strindberg, 1849-1912），瑞典著名作家、瑞典現代文學的奠基人。一生創作了六十多個劇本，大量的小說、詩歌和語言研究方面的著作，對瑞典文學和語言的發展做出了巨大貢獻。代表作包括《父親》、《死亡之墓》等。

3 孟克（Edvard Munch, 1863-1944），挪威著名畫家，擅長用強烈的色彩和變形的曲線表現存在的不安與恐怖，對象徵主義和表現主義等藝術思潮產生巨大影響。代表作包括《吶喊》、《嫉妒》等。

4 莫爾（Karl Friedrich Mohr, 1806-1879），德國藥劑師、分析化學家。曾修訂《普魯士藥典》並編寫《藥學手冊》、《化學分析滴定法教程》等。他還發明鹼式滴定管、冷凝管等實驗室儀器，對定量分析化學做出了重大貢獻。

險，考題也無法在規定時間內完成作答。而在陶醉狀態之下，所有實際的行為和正確的思考都無法成立。但唯有在此狀態之下，價值才能被絕對化，才能被百分百地內化。我從未主動尋求過這種狀態，但曾深陷外物影響，被吸引進入陶醉狀態。那究竟為何？不是天下國家的理想。不是宗教，甚至不是文學。在此定義下，我想能擄獲我的只有我愛的女人和音樂。她們幾乎是同時地，可以說是強制地、突襲式地，介入了我的人生。對於當時的我而言，除此二者，世上再無珍寶。我不僅忘記了我自己，連世界都被我拋諸腦後。華格納的管弦樂曾經如此激昂地在我耳邊奏響。

這大概是有生以來，音樂第一次以這種方式影響我。小時候我聽過母親彈奏憂傷又單調的六段調[5]琴曲。在澀谷金王町昏暗的大房子裡，母親的琴聲就宛如香水般芬芳四溢。但我並沒有因此而忘記一切，反倒是回憶起一切，空想著一切。山田耕筰的《枸橘花》和《這條路幾時曾來過》也曾經感動我，還有世間所謂的「歌謠曲」，《赤城搖籃曲》和《枯芒》也曾令我著迷。當時父親一邊擦拭他的尺八，一邊說「竟然人喜歡這種無聊的歌，真不知道在想什麼。」母親則說「蘿蔔青菜各有所好，聽個歌嘛，還有什麼想不想的。」當時我還不太懂「歌謠曲」歌詞的意義，但在旋律中感受到難以言表的感動。然而這種幸福的狀態並沒有持續太久，在我理解意思之後，頓時覺得那歌詞無聊透頂。那感傷的旋律不再帶來感動，反而讓我惱火。曾經那麼喜歡的歌曲，如今讓我厭惡到渾身起雞皮疙瘩的原因之一，可能是當我想一個人靜靜的時候，有很大的機率會被迫聽這類歌曲——不幸的是這種狀況還經常發生。我在歐洲生活很長一段時間，在回國的船上聽到了久違的「歌謠曲」。那是一艘日本貨船，船上的日本料理、日語對話，所有跟日本有關的東西都令我懷念不已。只有那「歌謠曲」令我厭煩。船艙裝了擴音器，總開關一打開，所有的房間都傳出「歌謠曲」帶著鼻音的歌聲。我要求切斷房間裡的擴音器的電源，但他們回答沒有這樣的功能。我又懇求說，那至少把音量調小點。可是後來音量始終沒有變小，房間裡整天充斥著那音樂，卻還有兩個星期才能到達日本的港口。我決定砸壞擴音器，看龍薩的詩集。這本詩集也很無聊，但不像「歌謠曲」那麼令人生厭。如今我每次在東京的馬路上聽到「歌謠曲」，總會想起被我砸壞擴音器的船艙、圓形窗戶外面起伏的南中國海海平面，還有十六世紀外國詩人的幾行詩句。

某一個旋律、某一段音樂，常常會讓我想起聽到它們時那個特定的時間和地點。比如，能舞台上的笛聲讓我想起戰爭期間水道橋的能樂堂；法朗克的《D小調交響曲》（*Symphony in D Minor*）讓我想起東大附屬醫院的二等病房；巴哈的《平均律鋼琴曲集》（*Wohltemperierte Klavier*）讓我想起本鄉西片町；蕭邦的敘事曲（Ballade）讓我想起夏日的信濃追分。同樣是史特拉汶斯基（Igor Stravinsky），他的《士兵的故事》（*L'Histoire du soldat*）讓我想起維也納的歌劇大廳[6]，而《伊底帕斯王》（*Oedipus Rex*）跟巴黎的夏祐宮（Palais de Chaillot）、特羅卡德羅廣場

---

5 箏曲曲名，傳說由江戶時代樂師、近代箏曲創始者八橋檢校（1614-1685）所作，是箏曲中最廣為人知的一支名曲。

6 指連結新舊霍夫堡皇宮三座大廳之一的歌劇大廳（Redoutensaal）。

（Place du Trocadéro）以及作曲家別宮貞雄[7]的記憶不可分割。《費加洛婚禮》（*Le nozze di Figaro*）和維也納、《女人皆如此》[8]和薩爾斯堡……所有的一切不過是偶然的關聯而已。但我總覺得地域文化和音樂之間存在著某種聯繫。我在維也納看過好幾次美到無法形容的《玫瑰騎士》（*Der Rosenkavalier*），每次都覺得要是沒有理查·史特勞斯，那女聲的優美就無從談起。在倫敦看的時候，就感覺稍微有些不同。柯芬園（Covent Garden）中場休息時間，有一位品貌不俗的中年男子過來跟我搭話：「您覺得這個怎麼樣？」、「這個」是指曲子本身？還是指演奏？您覺得曲子本身怎麼樣？作為歌劇的中場休息話題，我覺得有點咄咄逼人。不過，那天的演奏也沒有精彩到想跟所有人討論的程度。我一時語塞。「還是非常不錯的，就是……」沒等我說完，男子就滿肚子火氣的說道：「沒見過這麼猥褻的東西，簡直荒唐！」後來我聽說《玫瑰騎士》要在東京上演，似乎還是由文部省贊助推薦，我驚訝萬分。是沒到「猥褻」的程度，但對帝國青年兒女的道德教育也不能說有所裨益。文部省思想如此開通，我想用《查泰萊夫人的情人》（*Lady Chatterley's Lover*）當英文教科書的日子也不遠了。不過我到劇場一看，那個舞台設計得就跟開運動會似的，健康、歡樂、天真、洋溢著青春氣息，絲毫不會讓人聯想到擁有年輕戀人的中年女性那充滿荊棘的愛情，或是為了把年輕姑娘搞到手而滿腦子齷齪幻想的悲慘老男人。當然，這已經不是理查·史特勞斯的戲了，大概也沒什麼能稱得上音樂的東西。早已滅亡的歐洲中部帝國最後的榮光，充滿了諷刺和犬儒主義的顛倒世界，就連這樣的《玫瑰騎士》到了東京也不得不改編成活潑、健康的戲劇，東京這座城市的年輕與活力確實稱得上是蔚為壯觀。當時在劇場外面，無數的年輕人邊走邊說：「嘿，哥們兒我……」汽車瘋狂地奔馳，廢氣形成的污濁空氣中浮現出「神武景氣」[9]四個字。我不喜歡事事比較日本和歐洲，無論就實際還是理論出發，都沒有多大意義。但只要《玫瑰騎士》在東京上演，我便不由自主地回想起遙遠的巴洛克風格城市。辭典上說，「巴洛克」這個詞源自葡萄牙語，指形狀奇怪的珍珠。據說很久以前這座古城繁榮昌盛，人們不喜愛圓滿周正，反倒是從那些多少帶有扭曲缺陷的形式裡感受到巧奪天工的審美愉悅。《崔斯坦與伊索德》是一曲戀歌。《玫瑰騎士》是回憶逝去戀情的歌（以及戀歌的諷刺劇）。它正適合一個小國家的大都市，一個充滿對昔日帝國的回憶，以及對自身現狀的諷刺和懷疑的都市……

我是聽義太夫長大的——這麼說大概有些誇張，但從學生時代開始我就喜歡它的唱詞和三弦琴的完美配合。西洋的義太夫，就是法國人口中的香頌。若無歌詞光聽曲調沒什麼特別有趣的地

7 別宮貞雄（1922-2012），日本作曲家。畢業於東京大學物理學科，在學期間除了學習物理，還師從池內友次郎學習作曲。曾赴巴黎國立音樂學院留學，任中央大學教授。創作形式豐富多彩，代表作包括《維奧拉協奏曲》、歌劇《葵上》、歌曲《櫻花衚衕》等。

8 《女人皆如此》（*Così fan tutte*），莫札特後期創作的義大利喜歌劇（Opera Buffa），被認為是一部極具有人情味的喜劇。

9 一九五五年到一九五七年，日本出現了戰後經濟復甦跡象，工農業產值高出戰前水平，國民生產總值持續高速增長。這段經濟繁榮期被稱作「神武景氣」，意為神武天皇開國以來出現的最好的經濟形勢。

方，但香頌常常有著巧妙的歌詞，與曲調的搭配自然流暢，幾乎就是一種說唱故事[10]。《冬之旅》就算沒有歌詞——雖然知道歌詞在說什麼會更有意思，但就算不知道也能欣賞。但是茱麗葉・葛芮柯[11]的說唱故事，沒有歌詞就沒有任何意義。西洋的義太夫比偶戲更加抽象，主題更具普遍性。「我恨星期天！」——她這裡說的「星期天」應該是全世界的城市都共有的。

我喜歡音樂——但更喜歡偶然聽到的音樂的片段。不單是喜歡，音樂在我的經驗體系中占據了其他類型的體驗難以取代的特殊位置。這個位置的重要性，跟我在音樂方面的訓練和知識的欠缺，形成了鮮明的對比。不過我認識好幾位作曲家，聽他們各自聊起對音樂的看法時，至少大多時候會覺得那些看法並非無法理解。小倉朗[12]這個人，沒有經過深思熟慮的事情絕對不會說出口，一旦開口便極為簡潔明快。能把藝術創作過程中出現的複雜問題，用如此自我的方式——若非如此，便無法從事這個工作——如此明晰地、準確地、抓住要點地講述出來的人，據我所知全世界沒有幾位。「說什麼要追求效果，這沒意思啊，你不覺得嗎？」——很久以前，世阿彌也說過同樣的話。小倉朗不是因為讀過世阿彌才這麼說，就像世阿彌思考自己的藝術一樣，小倉也在思考自己的藝術。若要充分敘述這個話題，寫上一百頁都說不完。還有寬厚的吉田秀和[13]也是我的多年好友。他在音樂方面具備既豐富又準確知識，每次我不知深淺地亂放厥詞時，他都會耐心地糾正我的錯誤，補充不足，並將語焉不詳的語句整理成意思通順的內容。他還願意擔任我的聽眾，儘管我說的都是他已經完全理解，不知聽過多少次的內容。吉田亦精通音樂之外的藝術領域，針對任何問題，他都可以用日語、德語或是英語，在不同的抽象性水平上自由自在地討論。

在我的談話對象中，沒有人比吉田更會享受某種詼諧了。還有一位法國國立音樂學院教授，在東京教授小提琴的I女士也非常健談。無論政治、社會、風俗、人事，什麼話題都能侃侃而談，語速快如機關槍掃射一般。她觀點明晰，富有個性，立場堅定，堪稱快刀斬亂麻的典型風格，令我非常享受。不過一旦話題涉及音樂，哪怕是非常細碎的內容，I女士就跟換了一個人似的，聲調一下子就低了下來，邊思考邊尋找合適的詞，說得又慢又謹慎。我非常尊敬她的這個態度。這個時候，藝術家已經不是在陳述自己的意見，而是使出渾身解數把事實和真理講得連路人都能聽懂……

我不喜歡感傷的音樂。近松筆下的私奔並不感傷，充滿了男女相愛之情。與心愛的女人相擁在一起——這是我人生中唯一能夠與某種音樂喚起的陶醉恍惚之境相媲美的體驗。那是剎那，還是永恆，不過僅是相對而言；無論早晚必有所終，則只是人生常態。音樂有始終。人的一生、社會體制、歷史本身，都有始終。若問它意義何在，那意義就必須在當下呈現。當我愛上一位女

10 原文為「語り物」，指源自日本中世紀的一種音樂、表演類型，類似於中國的彈詞、評書等。

11 茱麗葉．葛芮柯（Juliette Gréco, 1927-2020），法國著名香頌歌手、演員。「二戰」後作為存在主義代表性人物受到關注，被稱作「存在主義的繆斯」。代表作包括《我討厭星期天》等。

12 小倉朗（1916-1990），日本作曲家。代表作包括歌劇《寢太》、《大提琴協奏曲》等。

13 吉田秀和（1913-2012），日本音樂評論家、隨筆家。致力於音樂教育，培養了小澤徵爾等音樂家。代表作有《吉田秀和全集》，曾獲大佛次郎獎，二〇〇六年獲文化勳章。

性，那一刻，世上所有的一切，對我來說都變得不再重要。春宵一刻值千金。如果說在藝術性世界中也存在著同等價值的東西，那我就是在音樂中發現了它。這些東西都是音樂體驗教給我的嗎？抑或是，這些東西讓我有了這樣的音樂體驗？我現在還無力說明。

海峽對岸

那天傍晚風很大。大海上白浪滔天，當我第一眼看見對岸那座被染成玫瑰色的「白色懸崖」[1]的瞬間，至今仍難以忘懷。輪船劇烈地搖晃著，有乘客已經臉色煞白地蹲在地上。我則目不轉睛地盯著逐漸靠近的「白色懸崖」，為自己終於能看到這個島國而興奮不已。關於這個國家的歷史和文化，我已經聆聽、閱讀和想像了二十多年，實在不敢相信自己能踏上這片土地……

英國讓我回憶起小時候的東京。巴黎的街道，不，歐洲大陸所有的城市皆與東京沒有相像之處。但在倫敦一角，磚砌建築物就宛如丸之內三菱某號館排排站在那裡。每個地方的大眾食堂門口，都在賣我從小就愛吃的點心甜甜圈。帕丁頓車站（Paddington Station）一帶的垃圾、煤煙、娼婦、流浪漢和生氣勃勃的人群，都讓人聯想到上野車站及其周邊。查令十字街（Charing Cross

1　又稱作多佛白崖（Dover White Cliff），位於英國英吉利海峽比奇角，高達幾十米的白色懸崖綿延五公里。從歐洲大陸遠眺英倫，這片白色懸崖最為顯眼，被認為是英格蘭的象徵。

Road）上鱗次櫛比的舊書店，從書店老闆的表情到站著看書的習慣，所有一切都讓人想起神田大街。走進事務所，裡頭的巨大皮椅跟外祖父家「洋室」的椅子很像。拜訪熟人的家，那裡擺著每人一個的「暖水袋」，跟我們在澀谷家裡用的是同款。我在習慣了巴黎的生活之後，幾乎忘記冬天沒有暖氣的寢室是什麼滋味。還有也許不一定跟英國有關，我從小就已經習慣了的「下午茶」和「橋牌」——「下午茶」一定是母親在女校上學時從英國修女身上學來的，「橋牌」則是我從任海軍將校的舅公，自英國留學歸來後在親戚們中間推廣的。日比谷中學校長每次把學生集中到講堂訓話的時候，都要引用「英國首相格萊斯頓」。雖然那內容都是些不限於英國宰相，誰都會說的老生常談，但絕不會出現日本的首相、法國的詩人或是德國的哲學家。

我年歲漸長，能看懂法、德的文學和醫學書籍之後，透過閱讀，開始接觸到歐洲大陸的文化，岩波文庫、丸善書店[2]、南江堂[3]、帝國大學的法文研究室和醫學部附屬圖書館。我記下人體的各個部位和所有病名的德文，卻不知道日常餐具的德語該怎麼說。我閱讀馬拉美及其周邊詩人，卻不曾想像「咖啡廳」作為社會制度的實際情況。然而「英國」——即便那是維多利亞王朝已經褪色的影子——在我的記憶所及，它遠早於書籍和學問，飄散在我生長環境的空氣中。那些所謂英國式的東西的片段——從外祖父的早餐、家具，到母親的「下午茶」，從大伯父的「橋牌」到中學校長的「格萊斯頓」——散落在我的周圍，互不相關，而當時的我亦不曾將它們串連起來。但從踏上英國土地的那一刻開始，我清楚地意識到這一切是緊密相連的整體。現在我逐漸明白，過去不曾察覺到和英國有關聯的種種習慣，實際上都是從這個國度進口而來。在中學裡學的英語大概算是個例外。以前把它當成英國人說的語言，但實際上，那在很大的程度上算是日本製造。我說的英語英國人能聽懂，但他們說的英語，我卻常不得其意。這恐怕不完全是學校的問題，我自己也要負起不少的責任，但跟能把英語教科書以驚人的技術，編得跟實際生活和文學精華都毫不沾邊，也多少有些關係。

真正教會我領略英國文學樂趣的，不是東京的中學，而是一位蘇伊士運河危機後在開羅自殺身亡的加拿大外交官——赫伯特·諾曼[4]。這位以專著《日本維新史：日本明治時期的政治與經濟》和《被遺忘的思想家安藤昌益》而聞名於世的歷史學家，在日本出生，讀日文，在英國受教育，閱讀拉丁文，熟悉羅馬史，對英國文學瞭如指掌。他曾說過：「我認為拉丁語的詩文最好是翻譯成漢文，言簡意賅……」

聯合國教科文組織（UNESCO）在巴黎召開會議時，諾曼是加拿大代表。那段時間我們經常見面，正好是在他作為大使去開羅赴任前。聯合國教科文組織的工作可能較為清閒，或者更確切

2 日本大型書店，專營各類海內外圖書、文具，歷史悠久，在日本各地均有分店。

3 日本著名出版社，主要從事醫學、藥學、護理學、生物學等專業類圖書的出版業務，同時也從事醫學類書籍的進口銷售業務。

4 赫伯特·諾曼（E. Herbert Norman, 1909-1957），加拿大歷史學家、外交官。在日本出生並生活到十五歲。曾經在多倫多大學、劍橋大學、哈佛大學學習日本史、中國史。一九三九年進入加拿大外交部，被派往駐日公使館工作。後被任命為加拿大駐埃及大使，在任期間自殺身亡。

地說，較能找出空閒來。在我的印象裡，一般來說外交官的工作，或者說關注點，大部分都是在「雞尾酒會」上。但諾曼卻若無其事地說：「今天有雞尾酒會，所以我不用在巴黎待著。」於是在某個秋日，我們前往英國大使館書記官的私宅。房子位於巴黎郊外的某處，那日還另有一位外交官，是諾曼在英國大學的同窗好友。我現在已經完全不記得他是從紐西蘭還是從澳大利亞過來的了。但是，這三位外交官當中，有一位是日本史專家，另一位翻譯過波斯十三世紀的詩歌，最後一位校訂了俄羅斯十九世紀劇作家的全集，正要在牛津大學出版社出版。聽完這些，我只覺得目瞪口呆。這實在讓人印象太過深刻。我想即使是在大英國協（Commonwealth of Nations）的外交官中，他們應該也是特例。但後來當我跟友人社會學家多爾[5]一起去香港旅行的時候，又再次回想起巴黎郊外這三位外交官的事。H氏是一位年輕的英國外交官，我跟他在倫敦相識，現在他獨自住在香港。我去拜訪時，發現他住的地方很小，桌上是正在閱讀的《老子》，鋼琴上有打開的巴爾托克[6]樂譜。我們在房間裡聊了一陣子，他帶我們去中國人的餐廳吃飯，那裡沒有一個外國人，H氏跟迎過來的中國人用粵語談笑風生，就像用自己的母語一樣。我在倫敦時，已知道他日語和法語說得毫無口音，現在這一口流利的粵語，著實又讓我吃了一驚。

「我的粵語說得不太好。」H氏笑著說，「還是說馬來語最輕鬆。」聽說是因為他曾經去過馬來西亞的腹地，訪問當地老人蒐集地方傳說。「我在那裡待了滿長的一段時間。」

道爾說，「你應該還會阿拉伯語吧。」

這個神奇的英國人回答說：「也就只能應付日常生活而已。」

當時我就想，老牌帝國的特點大概就在於此，其所培養出的人物光是業餘愛好就已令人嘆為觀止，卻往往還突破愛好的範疇，其廣泛和深度不可估量。

諾曼的法語和日語都不太流暢，我的英語也很幼稚，不過這三種語言，不管是哪種都足以幫我們傳情達意。「你讀一讀《在阿賓格村的收穫》[7]吧，一定會喜歡的。」——我確實喜歡，還把所有能找到的E·M·佛斯特[8]的作品都讀了一遍。不僅如此，我還從諾曼那裡了解到布魯姆斯伯里文化圈[9]，領略了約翰·奧布里[10]散文的妙趣。那裡有著不同於法文文學的一番天地。我很難為其定義，至今依舊困難。若說我心中對英國文化懷有一種親近感，那一定與他們散文的某種

---

5 羅納德·菲利普·多爾（Ronald Philip Dore, 1925-2018），英國比較社會學家。曾在倫敦大學等擔任教職，善於從比較社會學立場研究日本的各個領域。代表作包括《都市的日本人》、《江戶時代的教育》等。

6 巴爾托克（Béla Viktor János Bartók, 1881-1945），匈牙利著名作曲家、鋼琴家，現代音樂的領袖人物。他的音樂融合了民間音樂的古樸，又包含了現代音樂的變幻，具有鮮明的個性。代表作包括歌劇《藍鬍子公爵的城堡》等。

7 《在阿賓格村的收穫》（*Abinger Harvest*），英國著名作家E·M·佛斯特的隨筆集。

8 E·M·佛斯特（Edward Morgan Forster, 1879-1970），英國著名作家、評論家，代表作包括《窗外有藍天》、《此情可問天》、《印度之旅》等。

9 布魯姆斯伯里文化圈（Bloomsbury），位於倫敦市中心的一個區域，包括大英博物館、倫敦大學在內的很多文化學術機構都位於此。聚居在此的藝術家、文人、學者經常交流，形成了一個文化圈。成員包括著名作家維吉尼亞·吳爾芙等。

10 約翰·奧布里（John Aubrey, 1626-1697），英國傳記作家。代表作包括《雜錄》等。

特質有關。這種特質叫什麼好呢——我想稱它為「知性的簡素」。而「簡素」的真髓正如《南坊錄》[11]所言，在於它不從瓊樓玉宇的奢華，而是在海邊草屋的樸素之中去發現美的極致。現在，某些英國人在取書名時不裝腔作勢，不是《在阿賓格村的收穫》，就是《普通讀者》[12]，我喜歡這樣的意趣。諾曼與這類人亦有相似之處，有著知性洗練的幽微深度，再加上對談話對象情緒變化的驚人敏感。最後一次見到諾曼是在巴黎，純屬偶然。我們站在深夜街頭聊了很久。談話內容涉及當時在美國猖獗一時的參議員麥卡錫（Joseph McCarthy）的「非美活動調查委員會」（The House Un-American Activities Committee）。不知道出於什麼理由，諾曼那天向我提起外交部他自己身邊的一些微妙關係，甚至直接說出人名。不僅如此，他甚至半開玩笑地跟我說，一旦有了合適的機會，他想離開外交部，到加拿大西岸的大學專心研究日本史。當時我們已經有一段時間沒見，又是半夜三更在大街上站著說話，這些話在我心中留下格外唐突的印象。之後很長一段時間，這個充滿謎團的印象在我心中揮之不去。然而，諾曼沒有到大學隱居，而是繼續從事外交官工作，最後死在開羅。而當時的我無論如何也不會想到，有一天自己會隱居到太平洋沿岸的大學，閒暇度日。

　來到英國後由於囊中羞澀，我只能費力地尋找便宜住處，最後終於在伯爵宮（Earls Court）附近找到一間。包含早晚兩餐的房租每週繳交，但開飯時間固定，遲到一分鐘都只能吃閉門羹。房間很小，裡面擺著一把椅子、一張桌子、一張鐵床架，再無多餘空間。床架造型獨特，我在巴黎住過的那些便宜旅店裡都沒這種款式，離地很高，又窄得連翻身都有困難，而它的細緻周到之處在於正中間是高高隆起的，宛如一塊魚板。要躺在上面睡覺不掉下來，才是奇怪。屋裡還有小型瓦斯暖爐，投入一先令後便提供一定時間的瓦斯，時間一到自動停止供氣。要是大半夜斷了氣，手邊又沒有一先令硬幣，就只能忍受嚴寒的煎熬。而且也不能用六便士買半個時段。就是這個時候，我發現英國的一先令和法國的一法郎雖然重量不同，但是大小和厚薄幾乎完全一樣。（一先令相當於五日元，一法郎相當於八十錢，所以這也是個經濟實惠的辦法。）我的錢包裡還剩下好多法郎硬幣。

在這間寄宿屋的房客來自各國，看上去就像世界人種展覽會。房東來自中歐，打理房間的是名愛爾蘭女人。房客中有來自印度的年輕職員、遊手好閒的斯里蘭卡男子、非洲某國的黑人、德國男女、法國女學生、還在工作的英國中年婦女，以及由於完全不懂英語，誰都不知道他是做什麼的，貌似來自印度的高雅青年。那名斯里蘭卡男子手裡有很多不同尺寸的象牙雕象，逢人便推銷為生。有一次他抓住我，一臉認真地說有件好玩的事情要告訴我。

「如果是要賣象的話，我不買。」

他解釋不是要我買他的象，而是聽說只要一個小象的價錢，就可以和劇院裡的舞者共度一夜。他激動得聲音都有點發顫，小聲地說。

11　《南坊錄》，江戶時期有關千利休的茶道傳書，記錄了茶道大師千利休的言行和茶會等內容。

12　《普通讀者》（*The Common Reader*），英國作家維吉尼亞．吳爾芙的隨筆集。

「是嗎，真是太好了。但我不會為了你的舞者買象的。」

「沒關係，象房東會買。但還真是便宜啊……」他說，仍是興奮異常的樣子。

那名法國女學生並不是來留學，而是來找工作——至少本人如此宣稱。她常常在上午接到電話找，然後整天都在外面。

只要交了房租，就算晚上帶客人來過夜，房東也絕不會多說一句。每個週末都有位美女來找那名有工作的印度男人。我在食堂吃飯的時候跟那個印度人聊過，對那位美女的事情也略知一二。說到底，我來英國的理由也不單是為了實現願望，親自看一眼這個從小就聽過許多傳聞的國家，實際上還因為我對維也納的那名姑娘難以忘懷。她在倫敦找了份工作，在倫敦市[13]的一家事務所上班。來找印度男子的那位金髮美女跟她是同鄉，兩人關係很親近。不久之後，我又知道了一些事情：印度男子不但沒錢，在國內還有老婆孩子；美女離開家鄉後，住在富裕的英國人家裡當家事女傭，但工作繁重，很少有機會外出，而她英語還不太靈光，要想換個工作相當困難。她住在外國大城市，身邊沒幾個熟人，總覺得很難跟那個印度男子斷絕關係。

有一天晚飯後，印度男子來找我商量。他說，女孩問他到底結不結婚，要他好好說清楚，該怎麼辦才好。

我說，「這婚沒辦法結吧。」

他一聽臉上的表情變得很釋然，說：「互相都還不太了解，不能做出這種承諾。」

「這樣的話，你就直說比較好。」我說，「就算會因此結束，你趁現在收手可能更好。要是有了小孩什麼的可就晚了。」

大概是最後這句話起了作用，印度男子很快從寄宿處消失，不知所蹤。

維也納姑娘在一家小型投資公司上班，月薪不高。我們約在街上見面，一起找地方吃飯，但這裡不如當時的巴黎和維也納那麼方便。好吃的地方總是太貴，便宜的大眾食堂，先別提味道，光是喧嘩的氣氛就很難讓人放鬆交談。她租的房間也很小，但我的房間比她的還要小。不過，她有個遠房親戚——她叫她「伯母」——在切爾西（Chelsea）的一戶富豪家裡當了很久廚師兼幫傭。當單身的主人不在家時，她時常找來自己的熟人，包括我在內，從後門請進家中招待。這家的主人可說是她崇拜的偶像，她一邊以混合了英語和德語的奇妙語言，細致地描述、讚美和感嘆主人日常的言行，同時又把主人不在家時多出來的晚飯拿來招待我們。宅子不算大，不過家具都有些年代，還有銀餐具和燭台、文藝復興時期的大理石像和中世紀的木雕。書房裡陳列著舊版的古典文學、英國的詩文、歷史和遊記類書籍。從客廳的法式窗戶望出去，透過河岸樹木的間隙，可以看到行駛於泰晤士河的船隻桅桿。聽說主人每年都為了獵羚羊，前往遙遠的比利牛斯山脈或土耳其的山間。

我跟這家主人素未謀面，卻在他家中享用奢華美食、悠閒地泡澡，有時還會借宿一夜，第

13　倫敦市（City of London），亦譯為「西堤區」，位於大倫敦的中心，是英國金融、商業、海運中心。

二天一早打道回府。在清晨的切爾西河岸邊等待公車時，我常哼著《三文錢歌劇》[14]裡的小偷之歌。當然了，自己不在家的時候，家裡廚師都做了些什麼，主人肯定一清二楚。這大概就像日本公司不肯輕易為員工加薪，卻會支付好幾個月的「獎金」，他心知肚明，把這個習慣當成方便好用的安全裝置。

我對伯爵宮附近的這間寄宿屋也不是很滿意，與其住在這個有早晚餐但狹小的房間，我開始考慮要是否該換成不供餐但寬敞點的地方，費用上大概也差不多。我的租屋行動以失敗告終。但我也因此了解到英國社會的另一面。我首先從貼在商店前的租屋廣告去尋找，若有租金和地段較為合適的，便打附近的公用電話去詢問。但這些廣告四分之一都加上「僅限白人」或「謝絕有色人種」的附加條件。就算沒寫的，聽到打電話來的人英語帶有外國口音就會問國籍。我一回答「日本人」，電話就立刻掛斷，或是說現在沒有空房。住在巴黎時，我總是會意識到自己是個外國人，但很少意識到自己是個「有色人種」。而法國人也幾乎不曾讓我意識到，自己是他們前敵對國公民的「日本人」。但在倫敦找房子的經歷讓我記起了「有色人種」，英國的醉漢讓我想起了作為敵對國公民的「日本人」。

醉漢說，「你是日本人？」

「是的。」

「我在馬來的遭遇可慘了。」

「那真是令人遺憾。」

——除此之外，我再找不到其他的寒暄話。對我來說，這種事情自然令人不快。但在「有色人種」的問題上，我未曾因為對方的偏見而感到憤怒，大概是對方的迂腐過於滑稽而不至於讓我動怒。在我看來，強調白人和有色人種之間的區別，甚至強調對立，這樣的做法比起不利於有色人種，對白人更是形成了巨大的不利。世界人口的大多數都是有色人種，既然有色人種已在世界歷史的進程中登場，那麼，少數派的一方煽動對立的做法就是愚蠢至極的。

不過「人種偏見」未必都能用以上觀點解決。我從歐洲回到日本，初次看到百貨公司假人做成洋人模樣時感受到衝擊。不光是西服，就連和服的假人模特兒，頭髮和眼睛都不是日本女性的黑色！這不就等於說百貨公司的客人，也就是絕大部分的日本女性，認為西方女性要比自己漂亮嗎？西方人確實在男性體格上更勝一籌。但我本身對此沒有特別大的興趣。早在幼年時我就已經認識到，多數男性同胞的體格和外貌都比我來得優秀，與其關注無法改善的體格外貌進而心生劣等感，不如放下這方面的注意力，從精神衛生層面來看是更為有利的做法。長期之下這個觀點成為我的習慣，別人的腿是長是短，絲毫不會影響到我的情感，白人也好，有色人種也好，至少就我個人角度來說都無關緊要。假如我關心外貌，相信自己的外表在日本人裡出類拔萃，但與西方

14 《三文錢歌劇》（*Die Dreigroschenoper*），德國劇作家布萊希特一九二八年創作的作品，是二十世紀上演率極高的一部音樂喜劇。作者在這裡哼的小偷之歌，應是主角「暗刀麥奇」主題曲，亦為歌劇序曲的'Die Moritat von Mackie Messer'。

人比較就失去這份自信的話，或許我也只能去抗拒西方人制定的審美觀（或者美的標準），或是以西方人為偶像改變頭髮顏色。但是我在這一方面卻只是個旁觀者，原本就無暇去熱烈關注。至於其他方面——幾乎所有人種優劣的相關言論，歸根結底，都只反映出言論者知識上的欠缺。然而不幸的是，知識上的欠缺往往會推動歷史的進程。

偽善

美術史學家S氏把牛津郊外的農舍改建成住家，開著車齡不詳的私家車，每天去大學附屬美術館上班。那輛車看上去好像已經無法動彈，發動後全車上下發出複雜又怪異的聲響，還能在森林田間的小道上跑得有模有樣。S氏那棟兩層樓的住家，不光是在改建中，還由他親自砌磚加瓦地加蓋中。他每兩年寫一本與中國或者日本美術相關的專著，每四或五年自己動手蓋一棟房子。很多年以後，當我在北美再見到他時，他說第四棟房子即將完工。那間在牛津郊外改建的農舍，大概是他的第二棟。加蓋的房間牆面尚未油漆，窗戶釘上原木板避免寒氣入侵。壁爐很大，木柴燒得很旺，跳躍的火苗昏暗的房間裡把影子們推來擠去。屋外一片寧靜，夜色漸深，寒意隨之漸濃。面對著壁爐坐著的時候，火光照在臉上，後背卻感到涼意。

「看來英國人更看重壁爐的心理效應，而不是物理上的功效啊。」我說。

「你覺得冷嗎？」

「不冷。這個火，我是看不厭啊。我們日本人的房子是用木頭和紙造的，通風效果特別好。

就算寒冬臘月，我們也是坐在屋裡注視著紅通通的炭火，品味那種心理上的詩意效果。從《枕草子》到芭蕉的七部集都是如此。」

於是我們又聊起了羅切斯特伯爵[1]的情色詩、巴爾托克和中歐的音樂傳統。S氏的夫人以前是一名室內樂團的弦樂演奏者，現在要平衡有幼兒的「家庭」和音樂家的生活，她說這幾乎是不可能的事。S氏談到日本議會民主主義。「一方是過激的左派，另一方是恐怕是與戰前相差無幾的右派。議會民主主義是否會在兩方的壓力下被徹底壓垮？」就算會被壓垮，也不是被這兩方給壓倒。我想自己當時是這麼回答他的。朝鮮戰爭開戰後，日本國內興起的各種「倒行逆施」究竟會發展到何種程度？左翼的力量已比戰前日本強大，但和威瑪共和（Weimarer Republik）時期的德國相比，仍有許多弱點。壓垮德國民主主義的不是左右兩邊的力量，而是希特勒組織的右翼勢力。

我還到鄉下拜訪了參加法國南部作家會議時認識的那位小說家。他家房子很大，二樓有好幾間臥室，樓下是客廳、餐廳和書房。他還在果園裡蓋了一間小屋，當作自己的工作室。「這樣家人做什麼都不會打擾到我了……」但他說的家人只有三位，包括他自己。他妻子身高比他高，年齡相仿都是四十前後，在倫敦的一所大學裡教義大利文，說起話來有條不紊、思路清晰。在她面前，小說家看上去就像個稚氣未脫的學生。年齡尚幼的兒子正在學習古典語言，「家教」方面無可挑剔，待人接物有板有眼。

「明年就要上公立學校了。」母親說。就讀該校的全是有錢人家的孩子。

「表面上誰都能就讀。」小說家說，「實際上工人階級的孩子根本讀不起，費用太高昂了。」

「不光是錢的問題，還要看父母希望給孩子哪種教育。」妻子說，「不管怎麼說，要接受古典語言的教育，沒有其他更好的辦法。」

客廳的寬闊的窗外，是中著白樺樹的牧場的斜坡。霧氣籠罩著牧場，放牧的馬匹如影子般從霧氣中浮現，接近窗邊。

「我們是好朋友。其他的馬是絕對不會靠近窗戶的。」小說家說。

那是一匹年輕的白馬。我突然想起在第一次世界大戰時去澳洲採買軍馬的外祖父，還有他家壁爐上擺著的馬的肖像。從那以後，我和馬之間就沒有任何關係了，但說著「我們是好朋友」的小說家，聲音中飽含柔情，為此我心裡有種莫名的感動。

在英國生活的那段時間，以及後來每次訪問英國，我都會交上幾位好朋友。不光是美術史學家和小說家，還有精神病學者、歷史學家、社會學者，以及演員。我發現他們很多人喜歡「鄉村生活」。這個偏好，與江戶時期把辭官還鄉、閑居山野作為理想的詩人和學者們的偏好頗有相通之處。所謂晴耕雨讀。只不過跟江戶儒者不同，英國人看的是報紙。我認識的所有英國人，不分職業和專業，個個都是關心國內外政治，並持有獨立意見。東京在這方面是難以企及的，至少在程度上差距極大。江戶時代以來，文人已然忘卻天下政事，而愛好風雅的清談。清談與俗事，恰如水

1 羅切斯特伯爵（Earl of Rochester, 1647-1680），英國詩人，出身名門，畢業於牛津大學，深受國王查理二世的寵愛。詩歌風格多樣，其中諷刺詩最為出色。

火難以相融。如果話題偶爾涉及俗事，「女人心海底針」之類尚可談論，至於國際政治的分析則是俗不可耐、令人難以忍受之流。風雅對俗事——在傳統意義的二元論上，政治應屬於後者。但若將這種觀點勉強翻譯成西方語言，不如說更接近於德國人所謂的精神文化對物質文明的二元論。也就是說，政治屬於「文明」，而不屬於「文化」。「現實政治」（Real Political）一詞，說的是「精神」和「理想」都難以滲透的領域。但是，按照英國人的看法，「政治」和「精神」、「現實」和「理想」之間的關係，固然沒有直接的連結，但即便如此，亦非可以完全割裂開來的。

我在東京時確實經常聽到「左翼」的政治觀，「政治與文學」。然而其脈絡下所稱的政治，並非英國人口中的「政治」，更像是「政治的意識形態」，具體點而言就是指馬克思主義。在東京，我們並非出自於關心政治而討論「政治與文學」的關係，而是由於很少關心政治，所以才會去討論「政治的意識形態和文學」的關係，以此來代替「政治與文學」。用「政治」這個詞來代稱「政治的意識形態」，不過是修辭上的惡習。——我在英國生活期間經常思考這些事。在英國生活意味著以英文思考，而英文思考就意味著必然得將習慣以日文表達的概念翻譯成英文。在明確日文單詞的意義上，翻譯當然仍是很有用的。

巴黎的話題跟東京的話題沒有絲毫差別。「共產主義者」、「反抗者」、「組織與個人」、「革命與改良主義」、「群眾運動與意識形態」……說到底，究竟什麼是對的？因此，我們要求的是什麼？但是，英國人的習慣並不是根據具體情況來要求什麼，而是思考能做什麼。

「日本政府能做的，也就是推遲再次軍事化而已了。」他說，「吉田內閣一直以來做的不就是這個嗎？」

但是，在我看來，曾經侵略過中國大陸的這個國家，在戰敗之後，卻不跟代表中國人民的政府締結和平條約，而是聯合軍事同盟對抗那個政府，這些在道義上完全是不可理喻的。

在英國我學會了一件事，那就是不以各別角度分別處理道義和政治問題，而是思考其間應有何關聯。當時我已對從道義觀點出發看待政治問題的處理方法產生了質疑。在我眼中日本軍國主義即非正義。但是，在我觀察了「冷戰」的演變過程之後，把太平洋戰爭片面地理解為一場民主主義對法西斯主義戰爭的看法，顯然已經無法成立。但若將所有戰爭都視為權力政治的一種形式，那麼，日本帝國主義的非正義也就變成不過是程度上的問題而已。我的這個疑問，與卡繆在《反抗者》（*L'Homme Révolté*）中要談論的問題有相通性。卡繆認為，自由的人必然會反抗權力，由於權力即為組織，為實現有效的反抗，反抗本身也會被組織化，然而一旦組織化之後，反抗的組織本身就會壓制個人的自由。卡繆闡述了從藝術家的自由，到共產黨組織和社會正義關係之間的複雜論證。其論證的要點，就是道義上的價值和政治上的力量，彼此之間如何產生關聯。這個問題，我一直都把它當作個人的問題來思考，所以當我在某份週刊雜誌上看到英國工黨成員克羅斯曼[2]撰寫的書評時，內心受到了一種強烈的衝擊。克羅斯曼寫道，《反抗者》中關於政治

2 克羅斯曼（Richard Howard Stafford Crossman, 1907-1974），英國記者、政治家，畢業於牛津大學，並在該校哲學系當研究員。後出任勞動黨下院議員，晚年在《泰晤士報》開設專欄。

的討論，不知出於何等考量，竟具有如此的悲劇性，真是莫名其妙。卡繆的論證思路：對社會正義的要求——共產黨的組織——對個人自由的壓迫——這就是非正義。這樣的論證過程，唯一能說明的就是作者對歐洲政治史的一無所知。去看一看費邊社[3]和工黨的歷史。去看一看斯堪的納維亞各國的社會政策。要回應社會正義的要求，除了共產黨與其革命外，不是還有其他無數的可能性嗎？……看到這類評論時，我不由想起在東大醫學部研究室中三好和夫博士跟我說過的一段話。他說：「如果問題設定得不好，就無法獲得良好工作成果。怎麼都找不到答案的時候，就必須對問題本身重新進行探討……」我對政治的看法有了變化，比起卡繆，克羅斯曼的問題更有可能是一個好問題。絕對的道義價值和現實中難以動搖的權力政治之間，應該如何互相妥協？在不完全取決於力量關係的政治現實中，有何種具體措施可以實現相對價值？這兩個問題，後者比前者更值得思考。「你是贊成還是反對共產主義？」對此我的答案是，如果我是英國人便反對；如果是中國人則會贊成。「你是贊成還是反對社會民主主義？」對於這樣的問題，我會回答，若我是瑞典人便會贊成，若是古巴人則反對。尋找不帶條件的答案是無用之舉，有意義的答案都有附帶條件。此觀點對我日後看待政治問題的態度，產生了決定性的影響。後來我跟政治之間相涉甚少，頂多就是跟在各位專家後面，主張為何政策甲比政策乙更有希望。雖然其中很多主張皆未曾實現，但我卻沒有因此而改變自己的意見，亦沒有產生過「對政治的幻滅」。

我在英國學到的大概不是某套具體的政治觀念，而更像是一種對待政治的態度。思考政治問題時，不將其與道義感情直接連結的態度——正因從根本上而言，人無法不以道義上的感情角度出發思考政治問題，所以無論如何都必須持有這種態度。英國人的看法，當然是因人而異。但是他們都有種獨特的說話方式，那就是在與對象的知性距離上，以及在所偏好的價值上自我克制的意向間，保持著一種微妙的平衡。相較於其他國家，英國的外交政策是否更加「偽善」，這個問題本身就很值得懷疑。即便答案是肯定的，我認為那也是一個國家最有希望的一種外交政策。若非認可「善」的價值，大概也無須「偽善」的存在。希特勒的政治，實際上就不是一種「偽善」。另外，如果堅信自己是「善」，認定對方是「惡」的話，那麼，也就失去「偽善」的容身之處。提倡反共十字軍的杜勒斯，他雖然盲目，但實際上也不是一名「偽善者」。

在英國待了幾個月之後，我的生活變得愈來愈艱難。但在倫敦我暫時還籌措不到所需的費用。我也考慮過回巴黎，在那裡獨自生活沒問題，但兩個人過日子卻是做不到。在佛羅倫斯分別的時候，我以為我們從此不會再見面。從維也納西站火車車窗目送她遠去時，我以為那大概是最後的訣別。不能一直這樣重複下去了。在離開英國這件事上，無論如何都必須下定決心。該思考將來如何兩個人一起生活的方法，或者，若是無望達成，便讓最後的機會變成真正意義上的最後的機會。我出發前往歐洲的時候，在京都等我的那名女子沒有一句反對的話。如果她強烈地反對，我大概也不會到歐洲來了。我也不願利用他人的好意，讓對方造成損害，尤其是當那人遠隔

3 費邊社（Fabian Society），英國的一個社會主義團體，主張漸進式社會改革，成立於一八八四年，以古羅馬執政官費邊命名。

萬里，無法維護自己的立場時，我就更不該這麼做。我決定在離開英國之前參觀中世紀的教堂，一邊前往愛丁堡，並把這趟旅程當作是我和心愛姑娘之間最後的一次機會。

這是我們第一次在英國長途旅行。每間旅館的主人看見我們都是一副懷疑的表情，宣稱：「未婚男女不能住一間房。」我生氣地說：「我們沒說要住一間，我問的是有沒有兩個房間。」我小聲地說，「這習慣也太偽善了。」她又加了注釋：「這可不限於英國。」但在日本就不會這樣，在登記入住的時候寫上「另加一位」即足矣。不，不僅如此，比如流產手術也是，在日本不需要冒著支付重金還可能碰到江湖郎中的風險，需要的話可以在設備齊全的醫院，以便宜的費用進行。還有離婚，只要夫妻雙方意願一致，隨時都可以離。但在很多歐洲國家，這些都很難做到，其原因就在於教會對男女私生活的干涉範圍太過廣泛。「我好想去日本啊。」她對我說。

如此一想，我的基督教觀，在很長一段時間裡，都是跟「亞里斯多德（Aristotle）神學」[4]和「資本主義精神」有關的遙遠國度歷史。杜勒斯提出討伐「無神論國家」的學說，讓我想起十字軍和火燒異教徒的歷史，但這跟我的日常生活沒有直接的關係。在日本的時候，教會未曾帶給我什麼麻煩。日本的基督教信徒勢單力薄，不干涉選舉、不滲透到權力內部，完全不介入國民的風俗習慣和私生活。自江戶時代起，在軍國日本整肅風氣的不是教會，甚至不是佛教寺院，而往往是國家權力本身。與其從亞里斯多德的遺產，或是與資本主義精神之間的關係評價基督教及其教會，不如觀察其與入住手續、懷孕和離婚之間的關係，如此一來自然會得出完全不同的結論。西方的教會，過去不只殺死過伽利略。如今，在其巨大影響力下，不知道逼迫多少不幸的女孩走上絕路，將多少對互相憎恨的夫妻綁在地獄中……我想起有一次在巴黎跟鄰居家的小孩聊天，小孩剛開始學說話，走路跟跟蹌蹌的，腳下還不太穩。

我說：「不可以調皮哦。」

小孩瞪大了眼睛，怯生生地看著我，點了點頭。

我說：「媽媽不在的時候，也不可以做壞事。」

小孩說：「嗯，不在的時候，不做壞事。」

「為什麼呢？」

「上帝看著呢。」

「家外面也看著嗎？」

「家裡面、外面，一直看著。」

我問：「上帝在哪裡看著呢？」

小孩毫不猶豫地抬起小胳膊舉過頭頂，認真地說：「在很高的地方。」

我露出微笑，然後，小孩也跟著笑了，小臉上洋溢著難以形容的快樂……

她問我：「你相信上帝嗎？」

4　亞里斯多德提出的神學目的論對西方思想發展產生了多方面的影響，它的基本內容是以目的為依據去解釋事物的特性和行為。

我說：「不，我不信。但我也不反對其他人信仰上帝。」

「如果其他人要求你信呢？」

「我會叫他別理我。」

「還真是你的風格。」她說。

愛丁堡正在舉辦音樂節，熱鬧非凡。在燈光照明之下，山丘上古堡的輪廓鮮明地浮現在夜空之中，遠遠就能聽見蘇格蘭軍樂隊的笛聲。我沒有弄到歌劇的門票，但我們穿過街頭、聽音樂會、看表演，還去看了選自英美收藏的塞尚（Paul Cézanne）畫展。無論是在展出作品的品質和數量、按年代排列的方式和照明上，各方面都是精彩絕倫。我第一次體會到塞尚這個現象的意義，並為此感到興奮。也就是說，我理解到在西方近代繪畫史上，先有喬托，後有塞尚。「想到這次旅行馬上就要結束，我心裡就很難過。」她說。倫敦、地下鐵、倫敦城灰色的牆壁、老城區裡抑揚頓挫的口音、一大早去事務所搞衛生的上了歲數的女人們、切爾西河邊的星期天、「伯母」的神經痛、「你知道，我在這裡……（I bin alt, you know.）」

——她說：「回到巴黎，你要寫信給我。」

我說：「那是當然。」

「每個禮拜都要寫一封哦。」

我又說了一遍：「那是當然。」

我心裡想，跨過一水相隔的海峽，就是另一個世界。有沒有可能存在一個完全獨立於周圍世界的「我」呢？這個所謂的「我」究竟是什麼呢？還有什麼比想像一個「永遠不變的我自己」更大的「偽善」呢？事實上，自從離開日本之後，我心中自認為最不會改變的部分，不都已經變了嗎？為了堅定我們不再相見的決心，我不可能寫信給她。

從蘇格蘭回來後不久，我便離開了英國。在火車上聽到久違的法語，從車窗看到外面的風景已經換成了諾曼第。空氣清澈，每一片樹葉都在初秋的陽光下閃耀著光芒，鮮明得宛如一個個分開發音的音節。法蘭西容顏不改，一如往昔。我依然思念著那位說過再見的姑娘。但寄往倫敦的信，卻已許久未曾提筆。

別離

從英國回來之後，我在法國取得了外國人勞動許可證。申請大約在一年前提交，我幾乎要忘記這件事，但這樣一來，我在經濟上的困難應該可以獲得解決。提出申請的時候，我已經得到某國立研究所的職位。如果回到那家研究所，應該就能養家糊口了。

一直以來，我生活費的主要來源是為日本報紙寫文章，有需要的時候會接點口譯工作救急。但在歐洲待久了之後，把日常見聞寫成短文投稿給報紙的工作，已經不再吸引我。對於口譯工作，一開始我也抱持著好奇心，但最後發現仍是在重複同樣的事——也就是在日本人和洋人之間進行極度艱難的語義溝通——之後也就漸漸地失去了興趣。不僅如此，報紙也好來客也好，只要自己的客戶都來自於日本。我認為自己就只能了解西方生活一半。把經濟的下層建築建立在日本社會的同時，再從內部去理解外國社會的上層建築，這並非不可能，但實行起來也非常困難。只要在法國生活，我便期望能在這片土地上，得到我的專業領域方面的工作。我的專業領域是內科學，尤其是血液學的臨床和研究。這種專業化的工作只有在大型醫院或研究室才有，但是巴黎的大醫院和研究所全部都是國立的。若是私人單位，也許還能根據時機和具體情況，在固定月薪外有其他通融。國立單位就不行。我之所以在得到工作的同時向外國人勞動局申請正式許可，也是出自於此。

但在當時的法國，日本人要以學生資格申請一年的滯留許可，需要辦理的手續相當麻煩。而要申請勞動許可，麻煩程度更是不可同日而語。我跑了無數趟辦事處，花費大量時間準備研究所的證明書和警察方面的文件。辦事的男性警察讓我等了一段時間後，拿出一疊厚厚的文件在我面前打開，詢問著，「哦，你去年還去過法國南部啊。」

「是的，我確實去過。」

「你在某月某日，」他說出我已經完全忘光的詳細日期，並說出「住在亞維農」時，我嚇了一大跳。「然後搭乘普羅旺斯特快車……」

「這有什麼問題嗎？」

「沒有，只要你沒做什麼壞事，就沒什麼問題。」他說話時的態度極為蠻橫。

我想起以前曾在街頭被便衣警察叫住的事。當時，我獨自拿著兩三份在地鐵站出口買來的報紙，正走在凱旋門旁的大路上。「先生！」突然背後有聲音叫住了我。回頭一看，一名陌生男人迅速靠過來，我以為對方大概是要出示警察證件，沒想到他又退了回去，只說一句：「身分證！」他態度傲慢，搶奪般地抓過居住證和護照，檢查好一陣子後丟還給我，連聲招呼都沒有。這樣的公務員們，在家裡和孩子玩耍時應該也是名好父親的吧。每次我去警察局的時候都會想，自己是否長得像個壞人？

然而，手續上的麻煩，遠不止於跟警察打交道上那愚蠢而漫長的時間。本來規章上明確規定，外國人從事勞務只限於法國人難以替代的工作場所，但實際上，除了勞動力逐漸不足的體力勞動者工作、道路工程和家務勞動之類外，幾乎沒有什麼工作符合這個規定。傳聞中當時取得外國人工作許可證，並正式任職於法國公司和機構的日本人，確實都是具備「法國人難以替代的」特殊能力，在旅居法國的數百名日本僑胞中也是例外中的例外。其中一位是柔道高段高手，教導警察柔道；還有一位是歌手石井好子[1]，她在蒙馬特高地（Montmartre）的小劇場演唱日本歌曲；另外還有一個人在養雞場工作，他把剛生下來的雞蛋放在掌心，便能馬上判斷孵出來的小雞性別。可惜我體質虛弱、不好格鬥、不曾習武，更沒有任何段位。而我並沒有優美的嗓音，不論是哪國歌曲皆未曾想過要一展歌喉，請君為我側耳聽。至於雞蛋的性別，別說能一眼判斷出雌雄，就算在手心轉上一天我也看不出任何端倪。要說像樣點的技術，就只有通過油浸顯微鏡細緻觀察人類的血液細胞，判斷其類型。當然這點技術，法國專家也都會，就是專家人數不多，有時會出現暫時性的「法國人難以替代」，因此即使辦理完複雜的申請手續，也十分難以確定會有什麼結果。

1 石井好子（1922-2010），日本著名香頌歌手、散文家。畢業於東京藝術大學聲樂系，一生致力於推動香頌的普及和新人歌手的培養工作。代表作包括散文集《巴黎的天空下飄來蛋包飯的香味》等。

但在許可尚未通過，也就是無法判斷自己是否能在法國謀生的那段時間，我在生活中卻把這一切都拋之腦後。該辦的手續既然都已完成，反覆思考只是浪費時間。再說我還未下定決心要在法國長期生活。我想留在法國，希望能夠維持生活，至於其時間長短，完全是另外一個問題。

我第一次看到巴黎的街道時，以為世界上的大都會皆大同小異，打算一年後返回東京。過了一段時間，我感到這個國家的文化有種深刻的底蘊，要探測其底蘊深度，一年左右的時間只能算預備期，我毫不猶豫地又延長了滯留時間。從第二年起我開始意識到，對方的底蘊簡直是深不可測，一旦進入便宛如踏入深淵，恐終致不得其門而出。這個想法讓我眩暈，或該說是接近戰慄。當一種文化已經浸透入到我體內、遍布全身，再去接觸其他種類的文化時，只要後者依然是我的觀察對象，我隨時都可以回到原先的據點，體質也不會發生任何改變，就像馬林諾夫斯基[2]去初布蘭群島[3]那樣。但如果第二文化不僅是觀察對象，而是對觀察者本人造成影響，改變其體質的話，此過程一旦開始就不可逆轉，而後亦無退路。比如，在松江住下之後的小泉八雲[4]。拉夫卡迪奧·赫恩不僅沒有把日本社會當作觀察對象，還讓日本文化浸透到自己體內，變成了小泉八雲。不過，第二文化至少要在一個方面驅逐第一文化，否則就無法實現浸透。這個過程是否也讓小泉八雲感到過某種戰慄呢？我不斷地意識到，自己延長了停留法國的時間，也就延長了不在日本的時間，既然原本便計畫要回國，那最好是趁著還沒有陷入太深的時候盡快抽身。

這個過程已經開始了。這個國家的語言、我和這個國家的人們之間的關係、它的風俗習慣和季節都已經浸透到我的身體，累積重疊，相互作用，一寸寸地變成我的骨、我的肉，變成我身體的一部分。「今年冬天可真冷啊。」說這句話的時候，我想的早就不是去年或前年的東京，而是巴黎的冬天。這跟遊客們所感覺的「巴黎冬天很冷」，完全不是一回事。過去的經驗決定了現在經驗的意義。灰色的天空在石頭牆壁之間舒展身姿；冰雨下個不停，潤濕了馬路；天黑得早，咖啡廳霧氣濛濛的玻璃窗裡，溫暖的燈光招引著路人。經過了幾個月幾乎不見天日的生活之後，突然間降臨的春天、青空和行道樹的嫩葉是那麼地明亮、炫目，充滿了生機。要品味「今日立春春風起」的意蘊，便就要先有「夏日掬水水濕袖，濕袖河水冬成冰」[5]的鮮明記憶。必須在經歷嚴冬的土地上迎接春天到來。還不只是這些。原本我的法文詞彙量明顯不及日文，但現在我在以日文記憶前先用法文記住的東西名字，數量也逐漸增加。在日本沒吃過的蔬菜、沒見過的制度、沒用過的哲學概念……每一項都和日常生活（以及日常思考）密切相關。當然，我也可以借助詞典把它們翻譯成日文，可以說在種了「某種栗子樹」的「行道樹的大路」上散步，吃著「某種

---

2 馬林諾夫斯基（Bronisław Kasper Malinowski, 1884-1942），英國人類學家，在新幾內亞東部群島進行田野調查，其研究方法對人類學產生較大影響。代表作包括《南海舡人》等。

3 初布蘭群島（Trobriand Islands），西太平洋上的島嶼。

4 小泉八雲（1850-1904），著名作家、英國文學家，出生於希臘的英國人，本名拉夫卡迪奧・赫恩（Lafcadio Hearn），後歸化日本。曾在松江中學、東京大學等學校任教。代表作包括《神國日本》、《怪談》等。

5 引自《古今和歌集》中紀貫之的一首和歌，原文為「袖ひぢてむすびし水のこほれるを春立つけふの風やとくらむ」，譯作「夏日掬水水濕袖，濕袖河水冬成冰。今日立春春風起，春風起兮解冰瑩」。

小蝦」及「西洋梨」，在「獲得政府補助的劇場」看表演，思考「貫穿整部戲的主要觀念」。但我卻無法這樣在腦中思考，若話題從栗子和梨轉換成民主主義和存在，難道還要用「某種民主主義」「西洋存在」這樣的說法嗎？這顯然是行不通的。翻譯解決不了真正的問題。透過完全不同的兩個詞彙進行思考，多少仍意味著思考不同的兩件事情。但是，同一個人思考完全不同的兩件事情，在精神上恐怕是一種致命的行為。我慢慢地開始用法文思考。但我感覺一旦走上這條路，就是前途路漫漫，愈是深入法語，就會愈發遠離日語思維。這需要相當大的決心。再說去者日日疏。我跟日本友人之間也需要重溫友情，但離開的時間愈長便愈不容易。不管是我的朋友們，還是三十年來讓我感到有所聯繫的日本社會的一部分，我們之間之所以能建立紐帶關係，並不是因為人種，也不是因為國籍，而是因為經歷了同樣的時代。不論是在巴黎，還是在東京，生活在同一個時代這個說法，只有在極其抽象的意義上才能成立。具體的歷史性時間，是無論如何都無法與特定的文化性空間分割開來。巴黎的研究所、東京郊外的臭水河邊、倫敦投資公司的事務所、敘利亞沙漠的天幕……各自有其固有的時間之河流淌著。真正能把這兩種經驗區分開來的，具體來說，應該是時間和空間上的距離，而絕非超越空間的歲月，抑或超越時間的里程。生活在特定場所之中，就是選擇了特定的時間。所有具體經驗都只發生在其特定的時間之中。我愈來愈痛切地感受到了這一點。我不想離開歐洲，但我更想生活在日本。這跟傷感的鄉愁沒有任何關係。回，還是不回？我反覆考慮的結果就是，如果要回的話，那就必須盡快。

但我不喜歡半途而廢。既然來了，那就把想看的都看過才行，這個想法也很強烈。冬天來過巴黎的人，不管如何覺得「巴黎冬天很冷」，這個感想也無法成為正確理解事物的出發點。能夠成為出發點的只有兩個前提：第一，過去幾十年冬季氣溫的統計數據。這在東京也可以查到；第二，刻畫在本人身體中的冬季經驗，這只能在當地生活之後才能獲得。但兩者之間如何建立關係呢？當時我認為，若不能將第二種前提的經驗窮根究底，便很難說。兩條平行線，有可能永遠平行，也有可能最終相交。如果相交的話，那麼，對我而言不管住在哪裡，在本質上的區別或許會逐漸消失，但我沒有預期到這一點，甚至連預感都沒有。然而，想要通過經驗的積累，到達它最為根基的部分，則需要難以預料的多年的歲月。若抱持著歸國的想法，便無法達成。巴黎的我只能帶著埋骨他鄉的覺悟，在這片土地上活到終老。

然而我自己難以決定的離開時刻，無論我的答案是什麼，都因為跟他人的關係而決定了。我想徹底結束和倫敦那位姑娘的關係，好一陣子沒有寫信。她覺得不太對勁，向公司請假，突然出現在我的巴黎住所。當時我正躺在床上看書，穿著睡衣起身把門打開一條縫，就看見拎著小手提袋，豎起外套的領子的她靜靜地站在走廊上。「我覺得你不可能不寫信給我，還以為你已經離開巴黎了。」她說。一聽到她的聲音，觸摸到她柔軟的秀髮，我在英國時所下的決心立刻就改變了——更確切地說，我發現自己從一開始就沒有真正地下定過決心。所有的顧慮，比起跟她在一起的時間，都輕若鴻毛。「你已經無法跟那位日本女士一起生活了吧。」她說。確實，那已經是無法想像的事情了。「如果是這樣的話，那與其我們都死心不在一起，最後三人都得不到幸福，還不如我們幸福地生活在一起，這樣不是更好嗎？」——她的這番理論並沒有完全說服我，但我已經決定要和她一起生活。接下來我甚至開始考慮，遙遠的京都還有一位女子在等我，讓她繼續等下去太過不公平。寫信告訴她我已經變心的消息，這做法不夠尊重對方，必須當面向她解釋清楚再分手。為此，我就必須回日本。外國人勞動許可證，對我來說，來得有些太晚了。我愈早出發愈好。

一旦下定決心，我就想要在離開熟悉的法國之前，兩人一起去曾經遊歷過南法旅行。前往蘇格蘭時，我以為那是我們的最後一次旅行。這次從某種意義上說，可以算是我們的第一次旅行。有一天，她也會來到日本，我們會在日本各地旅行。然後，我們還會去中國香港、印度，也有可能重回歐洲……我的腦中充滿了各種各樣的想法，然後不停地把它們都說了出來。開往馬賽（Marseille）的特快列車非常擁擠，但這絲毫不影響我昂揚的情緒。據說一年只下三天雨的蔚藍海岸卻是秋雨綿綿，灰色的大海波濤翻滾。即便如此，我們也保持著開朗的心情。也許對於年輕的情侶和年邁的老人來說，每一天都是那麼寶貴，不管天氣和環境如何都沒有影響。對前者來說，未來太過遙遠，而對後者而言，未來又太過短暫。我們來到了聖拉斐爾（Saint-Raphael）海岸，發現除了我們之外就只有老人。趁著雨停的間隙，我們就去游泳、划小船。擺著古典風格家具的海濱房間，玻璃窗一扇朝著大海，另一扇外面是義大利風格的小庭院。我們在房間裡傾聽海浪的聲音直到深夜。「我從小就想去日本，不知道為什麼……」她說。她似乎對日本一無所知。我被她的勇氣——不，更確切地說是她下定決心的方式、對自己人生負責任的方式所感動。既不是父母之命，也沒有跟朋友商量，反而是不顧雙親反對、不顧友人擔憂的一意孤行。要去日本的話，那一定是一個人獨自前往。

這次旅行結束後，我們更加確定了會再次相見並在一起生活的信心，沒有半點的懷疑。她回倫敦，在那裡等我的信。我留在巴黎，開始準備回國。因為旅費早已用盡，準備進行得頗為艱難。但我內心更加混亂，想像著京都的會面，對於自己的任性而自私沒有任何辯護的餘地。但即便有如此憂慮，我的決心還是沒有改變。當時，我並不打算永遠離開歐洲，只不過有急事需要回日本暫住一段，並沒有打算結束在歐洲的生活。這位姑娘後來成了我的妻子，之後我也經常在歐洲生活。

外部所見的日本

我已經有三年沒有踏上日本的土地。輪船通過關門海峽，我站在甲板上眺望北九州的海岸，這大概是我第一次，恐怕也是最後一次從外部看日本。這個國家在我眼裡會是什麼樣子？當時的我還很好奇。當北九州的海岸出現的那一瞬間，好奇變成了確信，至於確信的內容是什麼，三言兩語很難分析清楚。（後來我時常離開日本，又時常回到日本，日本的內部和外部的區別，對我來說，已經不具有任何決定性的意義。）

貨輪從馬賽出發到關門海峽大約需要六個星期以上。這是逐漸離開歐式的事物，其語言以及建築風格、風俗習慣的過程，同時也是另一個，大概只能用「亞洲」這個詞來稱呼的世界，其所具備的自然以及文化上的多樣性愈來愈強烈地、鮮明地呈現出來的過程。在開羅（Cairo）還能英語和法語通行，街頭的看板，不，就連報紙都能以這兩種語言閱讀。空氣很乾燥，不管是法國南部還是北非，地中海閃耀著同樣的群青色。輪船橫渡印度洋，進入麻六甲海峽（Strait of Malacca）後，所有的一切都開始發生變化。空氣變得濕潤，就連大海顏色也不再相同。岸邊的熱帶林木茂密地生長到海浪拍打的邊界。輪船在港口裝卸貨的時候，我上了岸，去看密林和華僑聚居地以及原住民的「部落」。我看到了新加坡的碼頭、起重機和高樓大廈，這副光景跟西方的港口別無二致，但也只有這裡與周圍截然不同，和當地的氣候和人沒有任何關係。英語早就淪落為一種生意工具。在香港，我看到無數的中國人在港口當裝卸工，在街邊的書店站著看從中國來的中文書。在馬尼拉，當局讓日本貨船進港，但不允許日本乘客上岸。在釜山，不僅當局不允許日本乘客上岸，還有碼頭工人在罷工，輪船進港後一個星期都無法動彈。

「多等一天就是百萬日元左右的損失啊！」船長嘆著氣。

「是反日運動嗎？」

「也不是，美國船卸貨進度也一樣，完全停滯不前。」

我看到那艘滿載貨物的美國船駛入港口，紅色的船體露出了海面，然後又駛離了港口。船行至此，已經完全看不到歐洲的影子。取而代之的是美國——更確切地說就是美軍，帶著吉普車、妓女和黑市香煙一起，君臨此地。

「您看，這裡的街道有一半是黑的。」船長說，「現在實行輪流供電，都是由側停在碼頭的美國船上發電機提供……」

冬天的南中國海波滔洶湧，玄海灘的白浪掀天。但關門海峽風平浪靜，淺白色的晨霧在遠處海面輕輕地飄蕩。就在晨霧的縫隙之間，宛如一道淡淡的墨痕似的，北九州的海岸線出現在了我的眼前。不一會兒，岸邊的工廠冒出了黑煙，儲油罐等設備沐浴在朝陽之中，反射出銀色的光芒。輪船經過小島附近時，可以看到歪歪扭扭的松樹和屋頂鋪瓦的人家。這就是我暌違三年的日本。在這裡，水墨畫的濃淡和霧靄透視法取代了油畫色彩和幾何學透視法。和辻哲郎[1]一定也看到了相同的風景，但他從中提取出來的「風土」[2]卻是個錯誤的結論。如果沒有霧靄繚繞的山川海洋，也許就不會有水墨畫。但絕對不是如他所說的「風土」和霧靄創造了水墨畫。我思考著在這個列島上居住了數百年的人們，他們透過漫長歷史所逐漸建立起來的秩序體系。屋頂覆瓦的房子形狀、水墨畫的濃淡和線條的和諧、微妙又複雜的整體生活形態及其內部整合性……不管那是什麼，呈現在我面前的日本，首先並非是自然環境，而是作為生活在其中的人類歷史，不是沙漠、叢林和岩山，而更是一個社會實體。這些才是我所看到的日本風景——那恐怕也是日本一個不可動搖的姿態。（我從此觀點出發，後來又寫了好幾篇文章。）

六個星期的海上生活足以讓我看清楚「亞洲中的日本」。與北九州的海岸或神戶港相似的景色，不存在於亞洲。那些在我離開馬賽後，首次在日本重新出現的「現代化」設施，不管是工場、起重機，還是醫院，都不是外國人為外國人製造，而是當地人為自用而製造的。在此意義上神戶酷似馬賽，與新加坡或香港毫無相似之處。這也是為什麼在表面上，從甲板眺望所見新加坡

1 和辻哲郎（1889-1960），日本倫理學家，京都大學和東京大學教授。代表作包括《古寺巡禮》、《風土》、《倫理學》等。

2 和辻哲郎在其名著《風土》中提出了有名的風土論，將研究視角從歷史轉向空間，指出風土並非簡單的自然現象，同時也是人發現自己的對象，是人了解自己的方法。這一理論對之後的比較文化論產生較大的影響。

和香港的夜景，會比神戶要更像馬賽。我們必須重新探討「亞洲」這個意義模糊的概念。當我在神戶上岸辦理入關手續的時候，這些想法不停出現在我腦海裡。

但是，我把行李留在神戶，直接就前往京都。一直等著我的那位女子，由於孩子生病而無法到神戶來接我。我向她解釋這次回來的原因，反覆表示我們之間只剩下分手。但她根本就聽不進去。

「這怎麼可能？我等你等了這麼久。」

當時我真恨反覆說著同樣話語的自己，覺得自己正在從精神上摧毀她的生活。

「你可真傻啊。到後來還不是一樣嗎……」

她說得很對，但將來會不會「是一樣的」，對我而言並不是問題。

「你有什麼不滿的，跟我說啊。」她說。

不是這麼回事。一直以來我都覺得自己愛著她，直到我真正迷戀上了另外一名女子，才意識到我對她的感情並不是愛。

「我對你沒有任何的不滿，如果說有缺點的話，那都在我身上，我的缺點多到數不清。」我說，心裡也確實是這麼想的。

我明知道為對方的生活造成不幸，且責任又不在她，卻還要採取行動——不得不行動的時候，我在她面前基本就是無話可說。我跟她說著話，又覺得說什麼都沒有意義而精疲力竭。我心神恍惚地跟她道別，心想此生應該不會再相見，已經沒有絲毫力氣再去想她。我已經徹底陷入了自我中心的狀態。但在此狀態成立的同時，我也得以從第三者的角度注視著這樣的自己。這個「自己」是什麼。從一名女子身邊離開，走向另外一名女子的人其內在會是什麼？除去與這兩名女子之間的關係，我覺得自己心裡空空如也，只剩下無盡的空虛在蔓延。

當時我沒有馬上回東京，暫時留在京都走訪古寺和庭園。一旦在東京開始醫生的工作，便會忙得團團轉，忙到忘我。但我覺得不能忘了自己，而該重新發現自己，為此必須暫時獨處一段時間。我也想跟別人說話，但應該沒什麼好說的。我一個人走在傍晚的鬧區。身邊全是黑髮的日本人，不知要去哪裡，熙熙攘攘地走在路上，在我眼裡這真是奇特的、不可思議的光景。大家的穿著打扮比三年前要好上很多，年輕人居多，都有一張健康開朗的臉龐。我在想，這些人跟剛結束的朝鮮戰爭和印度支那戰爭有什麼樣的關係？這一想，我又想起了釜山和巴黎。這些年輕人對戰爭有無反應？這是我所不知道的日本。但是，古老的京都，一直都在那裡。詩仙堂的房間冷得徹骨，驚鹿的竹筒擊打岩石的聲音清脆又響亮。大德寺山門的飛檐、八坂神社清晨凝結的霜柱、仁和寺白色的圍牆和夕陽……所有的地方都見不到遊客的蹤跡。六波羅蜜寺裡聚集了一群男女，那是信眾，不是遊客。古都的一切，和冬天的嚴寒一起，悄無聲息地浸透了我的全身。以前，每當我獨自一人遍走京都內外之後，總有個地可以去喝杯熱茶，聊聊家常。那裡有名生於斯長於斯的女子，我會把這天所經歷的一切全都納入、統一、聚焦到她那不經意的一舉手一投足、她的眼波流轉和嬌小玲瓏的身段之中。當我獨自站在佛像面前的時候，就已經事先預感到了這一切。可如今，這種預感已蕩然無存。已經沒有人能幫我總結京都的一切，我的京都，再也不是從前那個京都了。我再次踏上不知走過多少遍的小徑，踩著不知道踩過多少次的飛石，我看到了過去從未見過的一個城市。心心念念的故鄉……只存在於我的腦海裡。在我眼前的只是一個文化與其形式。就像某天佛羅倫斯在我面前所展現那般，現在京都就這樣地出現在了我的面前。

寬敞的神護寺境內看不到一個人影。刺骨的北風吹過，耳朵和指尖被凍得發痛，我和五大虛空藏菩薩對視。貼著金箔的木雕菩薩一動不動地端坐在昏暗之中，雙目炯炯，那不僅是出世或是慈悲，更具有肉感的魄力，讓人無法移開目光的力量。天平時期的佛像並非如此。日本在九世紀時確實發生了一些變化，就像法國北部在十一世紀末到十二世紀初發生了重大變化那樣。這不是指平安初期佛像與哥德式初期雕刻有什麼相似之處。兩者之間確實也沒有相似之處。但變化的性質——這種變化一旦發生，其所建構的樣式將對該文化的將來，產生長久且具有支配性的影響力——使兩者之間的比較變得無比有趣。我當時恰如字面所示，手心出汗地注視著佛像時。以為看慣了西方藝術的雙眼，若再次見到日本古代美術時，便會覺得它們又渺小又寒酸，這種想法是多麼的愚蠢可笑。顯得渺小的是東照宮，而非桂離宮。佛像不光看上去不小，它們在精神和肉體上的平衡、在造型和材料上的和諧、重感和動感的解決之道上，足以與哥德式雕刻相抗衡。這不是樣式的問題，而是質的問題，它吸引人走向取之不盡的思想之泉。後來，我開始寫日本藝術相關的文章，這跟愛國心沒有任何關係。為什麼我到現在還無比熱愛藥師寺裡的三尊佛像？因為我無比熱愛北魏的佛頭和蘭斯的天使。

返回東京後，我很快回到本鄉的醫院開始工作。我跟同醫局的三好博士一起去牛肉火鍋店喝酒，喝醉的三好博士唱起了《阿富》。我不在日本的時候，這首歌風靡全日本。三好說，「沒有一個男人不知道這首歌。」我還見到了兩位老朋友，中村真一郎和原田義人，並從他們那裡得知《你的名字》[3]這部廣播劇十分流行。「總之就是講男女之間彼此錯過的故事，以全日本為舞台一直不停地放下去。也算不上什麼戲劇之類的。」中村說，「要是不知道這個廣播劇，人家就會說你留洋留傻了。」原田曾經在德國漢堡的大學擔任日文講師，我們曾在那裡見過，在巴黎也見過。他比我先回東京，現在在駒場的大學教德文。「各個方面都出現了反對戰後改革、開倒車的傾向。」他說。這個話題我們在歐洲的時候也曾經談到過。

我暫住在妹妹家，每天從世田谷的上野毛到本鄉的醫院上班。醫院裡的工作似有若無。後來，我又找到一份某礦山公司日本橋總部的工作，每兩天下午前往那裡的醫務室上班。這份工作並沒有什麼醫學上的興趣，但每月工資足夠養活我自己。另外，我還每週一次在一所私立大學的文學部教課，在法國文學課程的名義下教授法文，但學生們重名不重實。教課的收入勉強夠支付旅費。日本社會跟法國社會，看上去很像，但我覺得兩者之間也有很大的不同。「那是當然了。」渡邊一夫老師說，「大家都莫名其妙地吃這麼多苦。這樣的國家，也是難得……」

礦山公司在九州開採煤礦。業內的經濟很不景氣。人事部長——總公司醫務室隸屬於人事部

3 《你的名字》（君の名は），一九五二年由日本放送協會（NHK）以廣播劇形式播出後大受歡迎，後被改編成電影、電視劇和舞台劇。

——在公司的「俱樂部」充滿自豪地說，全世界的酒，這裡都有。

「能不能在哪裡給我打個仗呢？」他說，「經濟景氣最好的就是朝鮮發生戰爭那陣子了。那時經濟真是好啊……」

「不打仗就賺不到錢嗎？」

「是啊！」

「這是左翼教條主義。」我說。可惜人事部長他沒聽懂我的笑話。

「都怪工會！那是美國強加給我們的東西，根本不符合日本的實際情況。就是有那種東西經濟才不好。來，再喝一杯？」

我去參觀九州的礦山。相關事宜都由公司幫忙安排，不過勞務科的年輕職員跟工會幹部很熟，所以我拿到了給工會的介紹信。為了從自己的角度看清楚那裡到底發生了什麼，我想我必須要聽取雙方的陳述，站在雙方各自的立場上去看問題。但實際上我一到那兒，公司方面就像是要阻止我跟工會接觸似的，白天帶我參觀礦山，晚上帶我參加宴會，一直喝到很晚。

「那幫人你跟他們講不通的。」現場的人事科長摟著藝伎的肩膀說道，「我也跟他們交涉過好幾次了，說實話我都想殺人了，哪怕是殺錯人……」

這樣子講話自然是講不通的了。我的話講得通還是講不通，還輪不到他來指揮。我拒絕了第二次的宴會。

「大夫，您的風流真是深藏不露型啊？」

我說我到九州不是為了來找藝伎。工會的態度則非常誠懇。雙方的矛盾遍及各個方面。按照公司方面的說法，輸送帶可以大幅減輕勞動負擔，但在工會看來，這個設備則會迫使勞動者不斷勞動，是強化勞動的工具。用鐵架代替坑木，公司方面說，這是可以排除坍方危險，快速提升安全性的措施；但在工會看來，礦井裡面最主要的危險來自瓦斯爆炸，這個措施對安全性影響不大。對於工人生活貧窮的原因，公司方面說，是因為他們成天喝酒弄垮自己的身體、鋪張浪費靠借高利貸過日子才會這樣。工會則認為公司不為工人的安全考慮，以至於他們每天都生活在恐慌中，才不得不藉酒澆愁……雙方的證人愈多，爭論的內容也變得愈來愈細，愈是這樣，雙方的理由也愈具有決定性意義。究竟誰對誰錯？不管傾向哪一方的立場，都必須親自到現場體驗之後，才能得出第三方的客觀結論。得不出結論的原因，並不是因為資訊不充分。比如，要判斷飛機到底有沒有越過柏林航路，而手上的資訊只有相關政府之間互相對立的意見，這樣的話，第三方是無法做出判斷的。然而，對法國革命是讚美還是詛咒，這就跟大量資訊之間沒有什麼關係了，說到底，這個問題取決於個人立場，並無第三方客觀判斷的存在。在兩個極端之間採取中間路線，這樣的做法當然也沒有什麼意義。法國革命不可能是說不上好、也說不上壞，無益無害的事件。輸送帶明顯地改善了礦坑內勞動的性質。但這對工人而言，恐怕也不能說是一件說不上好也說不上壞的事。我在太平洋戰爭期間的經驗是，透過跟戰爭之間保持理性的距離，才有可能做出正確的客觀判斷。但在九州的煤礦，我卻碰上幾乎無法做出客觀判斷的情況。在這種情況下，也可以放棄判斷。我在九州既非調停者，亦非法官。但如果碰到無法放棄判斷的情況，又該怎麼辦呢？如果不能做出客觀的，也就是科學的判斷，但又必須決定看法時，我會怎麼辦？我在九州思考這些問題，覺得只能回到進入礦井——儘管非常短暫——的那段經驗上。從又黑又危險的礦井上來，每次都會看見出口那片藍天。而每天都以全身的喜悅去感受那片藍天——應該說是不得不懷抱如此感受而生活的人們，他們爛醉如泥也好，胡攪蠻纏也罷，我們這些每天生活在藍天底下的人，怎麼能否定他們呢？只要無法客觀地說明他們的錯誤，那麼，他們就是正確的，這就是我當時的想法。旁觀者並非總能做出判斷。因此，有時候必須拋開旁觀者的身分……

格物致知

我把自己在西方的體驗加以若干虛構，寫下《命運》，又把在煤礦的見聞稍加修飾，創作了《神幸祭》。「神幸祭」讀作「JINKOUSAI」，是北九州煤礦工人的一個節日。我在寫這篇小說時對方言產生了興趣。熟人裡面有位當地人，我向他學習方言，小說對話部分用方言寫完後，再由他協助潤飾。以前我覺得東京的口語已經非常生動，就是缺乏穩定的形式，若以方言來寫對話，或許就能賦予穩定的形式。但結果很可能只是讓小說讀起來更費力。

當時我為報紙雜誌寫了很多文章，主要內容多是關於如何解讀日本文化。我在西方的生活改變了我對西方文化的看法，這同時也意味著我對日本文化的看法必然發生變化。與從前長期思考的幾個不同想法浮現腦海，徘徊良久，揮之不去。其中一個想法就是，現代日本的文化是自古以來的良風美俗和源自西方的學問、藝術、技術的混合體，已經無法純化為其中的任何一種，亦無此必要。從這個意義上講，現代日本文化就是一種「雜交種文化」，這個想法並無新意。但是，雜交種在可能性上未必較純種差，而以雜交種之身充滿活力迎接各種挑戰，這樣的決心，至少對我來說是充滿新意。而要把決心發展為完整的想法，必須也在其他時代和其他地區中，尋找與異質文化相融合和發達的文化創造力密切相關的例子，並嘗試將其化為普遍概念。我雖然想得到相關例子，但沒時間調查國外事例，深入探討。我趕緊寫了篇短文，把這個想法的概要發表在雜誌上。還有一個想法，則與日本近代史有關。有一種觀點流傳甚廣，認為明治維新之後的文化和之前的傳統之間出現了「斷裂」，我也曾不假思索地接受過這個觀點。但自從我去西方遊歷之後，在文化個領域上，已經無法再將明治前後的關係視為「斷裂」。除了油畫，還有其他所謂的日本畫、除了西洋管弦樂，還有傳統樂器、音階以及發聲法仍被廣泛使用。而在明治以來的抒情詩世界中，和歌傳統仍扮演著重要角色，現代小說和隨筆，也未完全與江戶讀本、黃表紙[1]和俳文等文類產生「斷裂」。我把這些內容都寫了下來，但還未能針對具體作家和作品仔細討論，支撐起自己的理論。我的看法應該沒有錯，但寫下的文章徒具骨架，尚無血肉。按照雜誌要求寫稿的情況愈多，我就愈沒有足夠時間調查事實，什麼都還沒準備好，就只能發表一些自己的感想和意見。我的本職是醫生，白天要去醫院上班，家裡沒人，於是編輯們就在晚上打電話到家中，我不得不放下手裡的碗筷，或是從浴室裡跳出來，飛奔過去接電話。有時編輯會在週末來訪，坐在客廳等待我完成約定的稿件。我會熬夜寫急件，在往返醫院的國營鐵路的車廂裡寫較短的文章。我未曾因為寫稿放下醫生的工作，但想要拋開眼前的急務去看書，這我早就已經不敢奢望了。在巴黎的時候，我不僅可以看書、看戲、看畫，甚至還可以看照耀著河畔樹木和房子的夕陽。

不過，繁忙的文字工作倒是為我創造了很多與同行交流的機會。文字工作者的口頭表達跟我之前聽慣的普通市民對話間存在著明顯的差別。那就是以心傳心吧，只用片言只語就可以做到有呼必應，瞬間實現微妙的「心意」上的溝通，還有獨特的詞彙及其特殊的背景。因此，在我還沒有完全領會到這一點的時候，要去揣度別人的心思，那簡直就是無從下手。

「沒人那麼蠢啦！的確是很出色的！」不知道誰說了一句，大家紛紛點頭表示贊同，還大笑起來。

我不由得想起在巴黎小劇場看喜劇時的事。當時，我意識到自己是個與現場格格不入的外國人。

文藝雜誌的編輯說：「從實際的問題意識角度來提出漱石作為道德主義者的一面……」我非常認真地應對他的問題，但實際上並沒有完全理解其中的意思。每當這種時候，我多少都會感覺到焦慮和被排斥在外的孤立。話不投機最容易傷害到社會學家所謂的同伴歸屬感。不過，這也激起了我的好奇心。

「你們的話題好難懂啊……」酒場的女子說，我完全同意她的感受，但同時也很享受跟小說家、文藝批評家以及編輯之間的交流。

「科學是不懂文學的！」他們中的某個人說。這句話的意思就是，「你是名醫生，醫生就是醫

1　草雙紙的一種，江戶後期繼黑本、青本之後開始流行的黃色封面的繪本。內容上不同於之前草雙紙，不再是面向兒童的啟蒙讀物，而是面向成年讀者。代表作有戀川春町的《鸚鵡返文武二道》等。

學這種科學工作的從業者，因此，你是不懂文學的。」但這樣的人，對於科學是什麼也幾乎一無所知。

也有人很尊重「科學」，開朗地說：「根據量子理論，基本粒子既是波動，同時也是粒子。這樣一來，辯證法已經得到了科學上的驗證。」

為什麼要去破壞別人開朗的心情呢？如此一來，「科學」也好，「文學」也好，所有的話題進行得無比順暢。

我的交際範圍非常小，但其中卻有很多具有人格魅力者。比起其他任何一個社會，我在東京所謂的「文壇」上遇見更多感受敏銳、細膩、練達的人。已經去世的高見順[2]就是其中一位。而且，他的人格之中還浸透了某種特質，大概只能稱之為「內心的溫暖」。我絕非出自好奇而喜歡與他交往，而是由於對他那種罕見人格的尊敬。我稱呼他高見，有一次我們跟遠方的客人同時受到邀請，來到新宿的一家小酒館。在座的還有時任日本筆會事務長的松岡洋子[3]和以翻譯法國閨秀作家作品而聞名的朝吹登水子。松岡介紹高見的時候，說他是當今最著名的小說家之一。有位法國客人仔細地聽完介紹，還沒等她說完就轉向高見，問他：「您的小說是什麼樣的小說？主要涉及什麼主題？」在那種場合下，對法國人而言，提出這樣的問題再自然不過，但從日本文人的習慣來說，則是相當突兀。「您這問題真是不好回答啊，要說明自己的小說不太容易……」因此，我越俎代庖地回答了。我當時的即席解說，在高見看來，大概，不應該是頗有出入的。沒想到我說完之後，他心情大好地說：「我們來喝一杯吧，你這麼一講，我好像也明白自己的小說是怎麼回事了。」這番話引得大家開懷大笑。但他的話裡沒有半點嘲諷。

我交往的這些人，他們不但有人格魅力，還具備準確的知識，令我驚嘆不已。老朋友裡面已經有法文專家三宅德嘉，還有音樂家吉田秀和。只要問到法語及其相關知識，或是古今中外的音樂及其背景，不管什麼問題，這兩位專家幾乎無所不知。另外，當時在三越劇場隔月就有野村家的狂言表演，我經常過去看演出。在那裡我總能碰到老友窪田開造[4]和小山弘志[5]，演出結束後，我們就去附近找個地方一邊吃晚飯，一邊聊狂言。——更準確地說，是我們提問，小山弘志來回答。只要是跟狂言有關，就沒有小山弘志當場答不上來的，要是他答不上來，那肯定就是當今學界沒人知道的。這樣的朋友足以讓我痛切地認識到，不管是在文藝情趣方面，還是在人文學科的各個領域，自己所掌握的知識是多麼淺薄。後來認識的那些小說家和文學評論家，也再次讓感

2　高見順（1907-1965），日本著名詩人、小說家、評論家。曾參加全世界無產者藝術聯盟，加入過無產階級作家同盟，戰爭期間被徵入伍，作為陸軍報導員到過緬甸和中國。代表作包括《應能忘記故舊》等。

3　松岡洋子（1916-1979），日本記者、評論家。積極投身於婦女解放運動，曾擔任第一屆婦女民主俱樂部委員長、日本筆會事務局局長、日本婦女大會議長等職。代表作包括《越南．美國．安保》、譯著《紅星照耀中國》。

4　窪田開造（1920-），日本詩人、翻譯家窪田啟作的本名。東京帝國大學在學期間加入「瑪蒂涅詩人俱樂部」，代表作包括小說集《掌》、譯著《異邦人》等。

5　小山弘志（1921-2011），日本國文學家、東京大學教授，曾擔任國文學研究資料館館長。專業領域為能、狂言，曾校注《日本古典文學大系》中的《狂言集》和《日本古典文學全集》中的《謠曲集》。

受到同樣的領悟。他們都通過長時間的積累，具備堅實的知識。比如，小林秀雄要不是常聽莫札特，就不會談論他的音樂；要不是常看鐵齋[6]，就沒法討論他的畫。石川淳看遍了所有的南畫[7]，讀江戶文學並將其化為自己的文字。一杯酒下肚，就能高談闊論，語驚四座，是因為有著不同尋常的見識。我曾聽到寺田透[8]在座談會上提到光琳的《紅梅白梅圖》時說了一句「怎麼看那根都是漂浮著的」。座談會由雜誌主辦，主題是討論「日本文化傳統」。可要是不能像寺田透那樣去看光琳的屏風，「文化傳統」說到底不就是個空泛的詞語嗎？我聽寺田透講話的時候，就想起附屬醫院的三好博士。

「白血球數上升，我覺得是感染了……」

「是誰做的測試？」三好博士立刻問道，「你自己重新檢驗一下再做結論比較好。」

他從來不會根據可疑的資料去推導結論，哪怕是醫生工作中最基本的白血球數亦是如此。但若是沒有好好看過原物，就能煞有介事地對琳派和水墨畫發表議論嗎？若沒看完道元[9]和白石[10]的全集，就能隨便寫感想嗎？去除琳派和水墨畫，排斥道元和白石之後，「傳統文化」這個詞還能有什麼實質性涵義呢？「格物致知」多少已經成為我在醫學研究室的一個工作習慣。若要在文藝情趣方面徹底貫徹這個習慣，唯一的辦法就是花大量的時間去看畫和讀書。如果繼續在醫院上班，熬夜寫稿，我就無法擁有這樣的時間。我並非是由於即使能仰賴醫學研究室的工作維生，而是正因為如此，才開始考慮離開研究室。

但我棄醫從文的原因，不是忍受不了繁忙的工作。醫學方面的研究，也朝向極度專業化方向發展。我在埋頭工作一年後，卻常常覺察不到這一年的存在。這一年間的季節更替，發生在我周圍有一切，都沒有留下任何記憶。這段時間我就活在研究室裡面。在研究室外面的生活記憶是一片空白，唯一留下的就是一篇論文。這樣的交換算是等價嗎？然而，一年光陰，它屬於我人生的一部分；一篇論文，它屬於普遍性知識體系的全體。分屬於完全不同的秩序的兩種價值，無法進行比較。但我對這樣的交換並不滿意。這未必是因為我所從事的工作屬於自然科學研究。在極度專業化的領域當中，我個人的人生和研究內容之間是無法搭建起橋梁。專注於寫詩和專注於學術研究，大概不同；而李杜詩的內容除了李杜的人生之外，應該別無他物。對我而言，詩大概是不可或缺之物。

不僅如此，我還想知道社會上正在發生的事情。太平洋戰爭期間，儘管我生活在日本卻沒有

6　富岡鐵齋（1836-1924），日本文人畫的代表畫家，精通詩文、擅長書法，專攻風景畫、花鳥畫和人物畫。畫風獨具風格，被認為是日本現代唯一能載入美術史的畫家。

7　也稱作文人畫，指受到中國南宗畫影響在江戶中期逐漸流行起來的帶有濃厚中國風格的畫，在池大雅、與謝蕪村等人的創意下形成了日本特有的風格，為區別於南宗畫而使用簡稱「南畫」。

8　寺田透（1915-1995），日本文藝評論家、法國文學家。代表作包括《巴爾札克——來自人間喜劇的池座》、《我的中世》等。

9　道元（1200-1253），日本曹洞宗開山鼻祖。建造大佛寺，提倡修正一如、只管打坐的禪風。代表作包括《正眼法藏》等。

10　新井白石（1657-1725），日本哲學家、政治家。代表作有《讀史餘論》、《西洋紀聞》等。

被政府的宣傳所迷惑，這並不是因為我了解實際發生的事情，而是由於宣傳內容充滿即使不了解實情，也能輕易識破的自相矛盾。我對戰爭走向的判斷大致準確，這並不是因為我掌握實際的局勢發展，而是從現代歷史發展的趨勢來看，我相信任何倒行逆施者最終都將滅亡。天網恢恢，疏而不漏。追根究底，這些都是價值判斷，而非事實判斷。基於價值判斷所做出的假定，與我所知範圍內的事實之間，確實不存在矛盾之處，但我所知的事實卻是極為有限的。如今回過頭再看，總免不了有種占卜問卦般感覺。我不想再重複一遍這樣的事。對於一個普通市民而言，有關天下大事，能得知的相關資訊經常是極為有限的。即便如此，為了能從整體上把握眼當下情勢變化和將來的趨勢走向，大致上仍須建立起與價值判斷有關的假說。但我希望能以較戰爭期間更細密的心思，以及比戰爭期間更多的事實依據，來驗證這個假說。為此，即便我離開了文藝情趣，也近乎絕望地需要時間。

幸運的是，我在太平洋戰爭中活了下來。但我眼見自己生長的城市在一夜之間化為灰燼，人心渙散，昨日的同僚今日卻已無言，民有飢色，怨聲載道。每天都有很多青年死去，其中兩名是我的至親好友。這一切影響了我的人生。而所有這一切，既不是天災，也不是宿命，而是一連串政治決策所導致的結果。戰爭期間跟我交談甚多的一位老友，去了中國戰場，因病回國。戰爭結束後我在東京見到他時，他對我說，「別聊政治了。」他還說，「我想一個人靜靜地待在角落過日子。」

我說：「但是把你從角落裡拽出來的就是戰爭。戰爭是一種政治現象。」

「戰爭不是已經結束了嗎？」

「政治現象不會結束。」

「但這不也是無能為力的事嗎？」

「就算是無能為力，」當時我說，「我也想知道，想要搞清楚，這些對我人生造成決定性影響，而且還會繼續影響的現象。跟就算是無能為力，也想知道自己老婆跟誰偷情，是同樣的道理。」

他說：「我並不想知道。」

我說：「這不是因為你無能為力吧。是因為你不想知道，然後才有了無能為力這個理由。」

他說：「也許吧。就當作是這樣吧。」

我說：「但這個理由站不住腳啊。你說你想平靜地生活，但作為這種生活的前提條件，比起你老婆的行為，更有決定性影響的，是我們國家政府採取什麼樣的政策。你不想知道這些……」

「一無知地生活著，這是最幸福的。」他囁嚅道，我明白他的意思。

戰爭所造成的傷痛之深已超越了我的想像。他所經歷的一切非我所能想像。顯然，我對他已經沒有更多可說的了。但對我而言，只要在物理法則允許的範圍內，我就必須知道對自己產生決定性影響的條件。歷史、文化、政治……這些詞彙對我而言到底意味著什麼？只有主動認識和熟悉這些詞彙及其產生的背景，我才能賦予它們意義。

我不是從血液學專家變成了文學方面的專家。我沒有改變自己的專業領域，而是廢除了專業化。而且，我還暗下決心，要成為一個非專業化的專家。到目前為止，我寫了竹內好[11]、安保條約和源氏物語繪卷，還寫了日本現代思想史和歐洲當代思潮有關的文章，另外，我還在大學課堂上講《正法眼藏》和《狂雲集》[12]。我寫這些題目，並不是外部的要求，而是我自己抓住了每個不同的機會。對我而言，這些內容之間帶有關聯。這種關聯性起初並不清晰，而是逐漸地顯現在我眼前……當然，這是後話。

我沒有輕易地放棄醫務工作。不過，當我決定參加中亞作家會議的時候，這個機會終於來了。礦山公司說，我可以休假一個月，讓別的醫生來代班。但我需要三個月。我辭去工作出發，從此再也沒從事醫務工作。

11　竹內好（1910-1977），日本的中國文學研究者、評論家。專攻魯迅研究和翻譯，代表作包括《魯迅》、《現代中國論》等。

12　室町時代後期的漢詩集，共兩卷，作者為一休宗純。

亞非作家會議

一九五八年十月，在中亞城市塔什干召開了第二屆亞非作家會議。第一屆大會在新德里（New Delhi）召開，我國作家堀田善衛[1]參加了大會。由伊藤整[2]任團長，數位作家「代表」為團員的日本作家代表團參加了第二屆大會。大會召開前一個月左右，我參加了此次大會的國際籌備委員會。

就算沒有這次大會，我也希望能親自去中亞和蘇聯看一看。為了這個目的，與其跟著大隊人馬出席國際會議，還不如獨自在塔什干住上一段時間更為合適。帶上隨身行李和兩三本書，我坐上印度航空的客機，從羽田機場出發。我要在加爾各答（Calcutta）轉機前往新德里，在新德里再轉一次機才能到達塔什干。東京的旅行社跟我說，我在印度只是過境，不需要簽證。但飛機到

1　堀田善衛（1918-1998），日本小說家。代表作包括《廣場的孤獨》、《漢奸》等。

2　伊藤整（1905-1969），日本詩人、小說家、評論家。代表作包括小說《鳴海仙吉》、研究專著《日本文壇史》等。

達加爾各答後，機場的工作人員拿著我的護照，用口音濃重的英語宣稱：「你不能進入印度。」

「我不是要入境，我只是過境。」

「過境的意思就是要進入印度。」

——從這段對話開始，我感到我的「亞洲」之旅即將拉開帷幕。一身正裝的工作人員、周圍或站或坐打著赤膊的男人們、好奇地四處張望的美國遊客、令人絕望的熱浪和天花板上鬱鬱寡歡的吊扇、已經持續了一個多小時，時斷時續的問話……總而言之，工作人員想說的大概就是這個意思。東京到加爾各答、新德里到塔什干，這是國際航線。加爾各答到新德里，則是國內航線。從國際航線換乘國內航線，需要辦理入境手續，沒有簽證便無法辨理入境手續。最後的結果是「在您離開印度之前，護照暫時由我們保管。您不能離開機場……」總之，我換到了國內航線，可以在傍晚之前到達新德里。但經過機場幾個小時的問答，我拿到了許可證，可以在翌日塔什干的航班出發前，到街上找地方住宿。當我到達旅館櫃台的時候，已經是半夜時分。

然後，櫃台對我說：「你不能住在這裡。」那口氣聽起來頗為得意。

房間費用必須先付清，若沒有護照，旅館便無法接受旅行支票。

「有地方能換錢嗎？」

「這個時間都已經關門了。」

「能否讓我到明天開門之後，換了錢再付費用呢？」

「我們這裡必須先付清費用，不然就不能入住。」

我一籌莫展，身心俱疲，開始詛咒「亞非」和我自己。淒慘的心情大概也表現在臉色上。就在那時，一群血氣方剛的印尼軍官進們，其中一人走到我身邊，用充滿同情的聲音問我：「發生什麼事了嗎？」

我簡短地說了一下自己的情況，他用印度的貨幣幫我墊付了當晚的住宿費。「有困難的時候，就需要互相幫助。」一名蘇卡諾（Soekarno）的軍隊軍官把我從孤立無援的困境中拯救了出來。

我走進房間一看，裡面有台大型空調設備，指針對著「ON」，但機器卻沒有運轉。熱得實在難受，我打開窗戶，半夜室外溫度比屋內更高，熱浪滾滾而入。我胡亂地扭著空調的按鈕，最後放棄地轉到了「OFF」，結果，意想不到的事情發生了，空調竟然啟動，房間立刻涼快下來。真是一個神奇的國家！真是一台充滿悖論的機器！

第二天早上，我坐在飛往塔什干的飛機上，看著旁遮普（Punjab）綠色的田野在我腳下愈來愈遠，體會到一股解放感。天空晴朗，乘客不多的大型客機裡十分舒適。不久，巴基斯坦北部的山嶽地帶映入眼簾，綿延不斷直達阿富汗的岩山。飛過山頂之後，愈往前就愈看不到水和樹木，人跡也變得愈來愈稀少，最後只剩下堆疊在一起的無邊無際的岩石。中亞地區蕭索的大自然、遊牧民的古代，就在這片土地的盡頭，或者說是在歷史的盡頭，塔什干的「現代」宛如從天而降，突然出現在我的眼前。噴射客機在機場排成一排。（在一九五八年秋天，以噴射機飛行固定航班的國家，全世界只有蘇聯。）城裡有義務教育、醫院、電話、新聞報導——總之，只要東京有的，這裡都有。在印度之後，我對社會主義國家最初的印象就是，一切基本上都跟歐洲沒什麼兩樣。

但沒過多久我便明白，塔什干當然不是莫斯科，中亞也不過是蘇聯的邊境。我很快放棄去見識蘇聯的偉大理想，開始考慮探訪共產主義國家的周邊地帶〔烏茲別克斯坦共和國（Republic of Uzbekistan）〕，將其視為同類型國家，盡可能細緻地考察，日後再拜訪共產主義陣營國家周邊的南斯拉夫〔克羅埃西亞（Croatia）〕，如果可能的話，再去考察非共產主義國家中地方共產黨政權的實際情況〔印度的喀拉拉邦（Kerala）〕。我不喜歡偶然。如果我以旅行見聞為基礎來考察「蘇聯」的話，我沒有在莫斯科，而主要在塔什干停留，不過是個偶然。但若旅行目的是對「共產主義周邊」進行比較性考察的話，那麼，待在塔什干便成為必然。總之，我把這些想法都付諸行動，回國之後寫了一本書，叫作《烏茲別克斯坦、克羅埃西亞、喀拉拉邦紀行》。這本書的讀者不多，但我把較多的資訊和想法上的線索，在壓縮之後寫進這本小冊子中。之後，每當我思考共產主義社會相關問題的時候，這本書中的見聞便是我思考的出發點。

大會籌委會的宿舍位於塔什干郊外，是在果園和農田之間一棟獨門戶復古的建築，籌委會的「代表」和大會事務局的人們就住在那裡。我的房間在二樓，一打開窗戶，就能聽到停在院子樹上的小鳥叫聲湧入。高挑寬敞的房間一角安裝著大型暖氣設備，屋裡還有床和桌椅。每天早上，我在樓下洗臉台刮鬍子的時候，總會碰到其他住客。「您好，昨晚睡得好嗎？」這句俄語就是我在那裡學會的。這棟建築原本是大地主或貴族的別墅。革命後不知從何時起，作家同盟就把這裡當成了作家們的工作室，有時候還用來招待外賓，叫做「農村之家」。院內相當寬敞，還有其他幾棟建築，其中一棟就是我們的食堂。我到的時候，印度和中國各兩名，蒙古、泰國和緬甸等國的各一名的籌委會「代表」已經抵達。之後又來了一位年輕的喀麥隆作家和阿爾及利亞代表。大會事務局的成員，是來自莫斯科作家同盟的一名書記和三名翻譯。三名翻譯中有一位上了歲數的女士說英語，另外兩個年輕女士裡，小個子M氏說英語，另一位外號「青蛙」的女性說法語。擔任中國代表團翻譯的，是就讀莫斯科大學的中國留學生，他頭腦聰明，性格活潑，很快就成了「農村之家」裡的萬人迷。每天早晨分組搭乘專車從「農村之家」出發，前往塔什干市內的會場開會，就是我們每天的工作。會議大概三個小時。午飯時間回到「農村之家」，有時候下午會再回到會場，繼續上午的會議內容，有時候下午休息，去附近的集體農場和城市小工廠參觀。我在「農村之家」待了將近一個月，這段不慌不忙的日子，是我度過的最為閒適的田園牧歌般的一段生活。

籌委會的工作都是事務性的。分配宿舍，食物方面的各種注意事項……「日本代表團在飲食方面有沒有需要特別注意的地方？」（先用俄語，然後是英語，再就是法語）我回答「沒有」。這種問題，不論翻譯成幾種語言，都可以速戰速決。「印度方面如何？」但是到印度這裡，事情就變得複雜起來，就連提到作家，有些得看是誰會出席，有些則得考慮每位出席者的時間和情況，外國人可能會覺得這很奇怪。確實，要理解背後的原因，必須要追溯歷史的淵源，還得結合氣候和風土才行。印度代表不停地講述體驗，分析文明，翻來覆去說個沒完，總之就是問他們要吃什麼。這段英語演講，先是被翻譯成俄語，然後是法語，之後，我們還必須等著它的下文。坐在我旁邊的喀麥隆（Cameroon）青年忍不住說了一句：「亞洲人就是這麼讓人無話可說。沒有一點理性（笛卡兒的合理精神）！」

大會議事日程和議題的詳細內容，在各國「代表」到達之後，由代表團團長們討論決定。給哪個國家的哪個人發邀請函？這個問題也有點棘手。以色列明顯屬於亞非地區，沒有道理不寄邀請函。但只要有以色列作家出席的會議，阿拉伯各國的代表絕對不會參加。這該如何處理……對於大部分這類問題，我也不可能有什麼好見解。

在跟大會籌備沒什麼關係的地方也出了問題。當時，阿爾及利亞在開羅成立臨時政府，有人提議，以亞非作家會議籌委會的名義發表聲明，表示全面支持臨時政府。贊成反對意見分歧，我表示反對。籌委會的工作是在準備階段為大會提供技術性支持。是否支持阿爾及利亞臨時政府，如有必要，應由大會決議，這就是我反對的理由。最後這份聲明沒有發表。

另外，當時中國在台灣海峽臨近大陸沿岸的金門進行砲戰[3]。參加籌委會的兩位中國代表，他們的態度看上去非常超脫，但實際上人品相當穩重。通過英語翻譯，我在食堂跟兩位中國作家聊了聊台灣。

他們問我：「你認為台灣是哪個國家的領土？」

「當然是中國的一部分。」

「你的想法很正確。現在它被美國占領了。」

「我認為從原則上講，美國應該從台灣撤軍。」

「沒錯，我完全贊同。」

我說：「但我覺得美國不會撤軍。」

他們說：「你這麼想，就錯了。」

我對著翻譯問道：「為什麼錯了？您能讓他講講理由嗎？」

翻譯用中文跟兩位作家聊了很長時間之後，對著我說：「那是因為你還沒有站在人民當中。」

「但我談論的是國際形勢的發展趨勢。」

「你有沒有在工人農民中勞動過的經驗？」

「沒有。」

「所以說，有些事情無法理解……」

我無法判斷翻譯的英語在多大程度上傳達了原話的意思。但是，從翻譯的英語來看，基本上都不使用類似「我的意見是……」，「我的看法是……」的表達，而是非常斷定的，簡明的詞語。中國代表團提議由籌委會發表聲明，要求美國立刻從台灣撤軍。我表示反對。理由則是第一，跟支持阿爾及利亞臨時政府時的情況一樣，這並非籌委會該做的事情。不僅如此，還有第二點，不管「代表」這個頭銜具備什麼意義，在明知道東京絕大多數作家都不會在這份聲明上簽字

3　八二三砲戰，又稱第二次台海危機，指一九五八年八月二十三日至十月五日之間發生在金門以及周邊地區的一場戰役。

的情況下，而我要「代表」他們署名，不管我個人意見如何，我都做不到。第三，我個人的意見，從原則（或極端）上講，我希望美國從台灣撤軍，但不是在一九五八年現在馬上撤軍（這要求提了也沒用）。亦有其他有力人士支持我的反對意見，最後這份聲明也沒有發表。

我希望盡可能多加了解有關烏茲別克斯坦共和國的事情。他們在中亞荒原上建起農場，發展工業，還克服了文盲、傳染病和飢餓等難題，創下一番堪稱奇跡的偉大事業。我想知道這番偉業是如何創建的，尤其是所謂的「批判史達林」之後的新政策是如何出現。但這並非一蹴可幾。集體農場舉辦了大型宴會來招待我們。宴會可不是提出尖銳問題、引導對方做出正確回答的合適場所。經濟統計是俄文，為了理解那些統計項目，我必須花很長時間翻查字典。待的時間愈長，我就愈想深入了解世界上發生的各種事情。我和喀麥隆青年看不了俄文報紙，便提出希望訂閱英文、法文報紙，比如《世界報》和《新政治家》[4]的要求。「我們聯繫一下莫斯科看看。」得到這個答覆後，我們又等了很長一段時間，但實際寄達的只有英、法文版的共產黨機關報，最終仍然無法知曉世界大事，比如，中國還在砲擊沿岸島嶼嗎？砲擊進展到哪個程度了？

但我並沒有厭倦農村的生活。上午開會，下午參觀，有資料可看，有人可交談，有時還有當地記者和莫斯科廣播電台的特派員申請跟我們會面。有一次，劇作家西莫諾夫[5]到塔什干小住，有時還會到「農村之家」來。夜晚樓下客廳會放映電影，我在那裡看了《白痴》（*Idiot*）和《靜靜的頓河》（*Quiet Flows the Don*）。M坐在我旁邊，把台詞重點翻譯成英文，小聲地說給我聽。

「你覺得怎麼樣？」

「我覺得很棒。」

「我也覺得這個很棒。你可知道我花了多少時間，才有這樣的程度！」她輕聲地說。

我也打算學俄語，但忙得實在擠不出那時間，不，應該說是農村生活的樂趣太多了。

「農村之家」門前道路旁是一長的排白楊樹，筆直地通向田野，樹梢高聳入雲，指向傍晚青瓷色天空的深處。我很喜歡晚飯後跟M和「青蛙」她們一起沿著那排白楊樹散步。

M說：「啊，一天又結束了。」

「這不是還沒結束嘛！」「青蛙」說，她是個大個子姑娘，打扮入時又陽光開朗。

M用法語說：「你這個傻瓜。」之後，接著用英語說：「天下沒有不散的筵席。閒適美好的日子……我們在這鄉下的生活總有一天也會結束，回到莫斯科。你有沒有一種感覺？一旦看到了太過美好的東西，它就會立刻結束。雖然也可能是我的感覺有問題。」

我們走到白楊樹下拐進了田野裡的一條小徑。那裡有一條小河，在意想不到的地方還有座小橋，茂密的灌木林、草地和果園那堵半塌的圍牆。抬起頭，廣闊的天空，澄淨透明。

M說：「我喜歡這個地方。」

---

4 《新政治家》（*New Statesman*），創刊於一九一三年的英國高級週刊雜誌，刊載署名文章，所涉議題廣泛，包括政治、經濟和文化等各個領域。

5 西蒙諾夫（Konstantin Mikhaylovich Simonov, 1915-1979），蘇聯作家，畢業於高爾基大學。代表作包括《日日夜夜》、《生者與死者》等。

吹過田野的微風，讓我想起信州淺間山麓夏日的黃昏。我也無比喜歡M所喜歡的這個地方。我也說不清為什麼特別喜歡這個地方。也許就是近似於「以心傳心」的那種感覺。她不但敏感還很聰明，因此我用不著撒謊，就算我騙她，也會立刻被識破。「青蛙」開心地哼著某首歌的一段。我們聊戰爭、古埃及雕刻、日本人的內心、沒完沒了的會議、官員、社會主義等，無所不談。就算每天都聊，這些話題也是一個月都聊不完。她說的每一個單詞，我都能理解。當然我也從她那裡得知許多蘇聯的社會概況。除此之外，在地球上的任何地方，在一生中的任何時刻，能夠遇見一個心有靈犀的對象，感其所感，想其所想，這樣的機會應是極為罕見。我已經清楚地感覺到了這一點。我也十分清楚，當作家會議開幕的同時——不是靈魂接觸之所，是聲明接觸之所——「農村之家」的生活結束，大概再也不會有機會跟她們一起在夕陽下散步。我從來沒有聽過她唱歌，但她為了教我學俄語，經常重複一句話：「這個怎麼說呢？」她的聲音聽起來無比柔和、溫馨，有一種難以言喻的甜美。

大會就這樣開始了。新蓋的宿舍大樓聚集了很多的人，充滿了很多的語言，舉行了很多的演講，後台還有與議程相關的漫長協商。然後會議結束，人們紛紛離開，我跟著M的丈夫以及大會中途過來的S氏一起——更準確的說法應該是，由S氏擔任嚮導，前往高加索山中的提比里西（Tbilisi）古城，又從那裡飛到莫斯科和列寧格勒（Leningrad）。十一月初的列寧格勒和涅瓦河（Neva River）畔已經是風雪交加。

塔什干的藍天和白楊樹，彷彿是一個遙遠的夢。我在「農村之家」住了幾年？還是只住了幾天？已經沒有什麼標準能去測量在那裡流逝的歲月。

那年年底，我沒有直接回東京，而是去維也納過聖誕節。然後，又到南斯拉夫（Yugoslavia）轉了轉，經過希臘，去了印度。前往塔什干的途中我曾經過印度，當時只跟工作人員打過交道。這次回來的路上，我去拜訪了亞非作家會議上認識的印度人，也就是說，這次是從內部來看看這個國家。這次訪問讓我留下極為強烈的印象，在我之前由歐洲和日本所形成的世界之上，增加了性質完全不同的第三種要素（這也是由於我在更晚之後才實地考察了北美的現狀）。所謂低度開發地區的問題，在印度幾乎都相當嚴重；印度存在的問題，在低度開發地區也幾乎都普遍存在。爆發性的人口增長、農業生產的停滯、大眾的貧困和文盲、受過教育的少數人與大眾的脫節、經濟上對已開發國家的依賴、對本國過去文化的依賴、地方割據主義、缺乏通用語言、有名無實的議會民主主義……但讓我印象最深的是威脅大眾生存的「飢餓」，和在鬧區路邊、政府機關門口以及偏遠山村，無處不在，無所不在的巨大「貧困」。後來我每次聽到「低度開發國家」或是「第三世界」和「亞非拉」等詞，就會想起印度的「飢餓」和「貧困」。瘦得只剩皮包骨頭的印度人，都有張高貴的面龐。對著飢餓的人大講抽象的「自由」，這種行為很愚蠢。對著飢餓的人，以為只要給與「麵包」就能讓他們滿足，則更加愚不可及。

永別

一位朋友死了。關於他的死亡，周圍的人有什麼想法，我無從判斷。人們聚集在一起，流下了眼淚，有的在商量葬禮，有的說了些玩笑話，有的一直沉默不語。

死者的母親說：「自從那孩子結婚之後，對我來說，就跟沒了一樣……」

他的岳母說：「他這人完全不考慮賺錢的事，要是能多為家人想想的話……」

他的一名好朋友，自言自語地說：「我對他特別生氣。他把所有的苦都扛在自己身上，什麼事情都不跟我們說……」

當時需要有人擔任治喪委員會的主任委員，其他朋友正在熱烈地討論此事，某個男人不適合，另一個人的話，應該能俐落處理。我感覺自己彷彿半途誤入了不知劇情梗概的舞台，在一群不知秉性的人中間，徒勞地尋找著自己的角色……但是，當時在我身邊的全是多年的朋友、朋友的熟人，應該沒有其他我更熟悉的同伴了。

死去的那個男人——我真的認識他嗎？我聽說他「身體不太舒服」的時候，我便想打個電話確認他的情況。我們有段時間沒見面，但多年來我也沒斷過去他家拜訪。當時雜誌與約稿眾多，我被工作追得團團轉，每天的日子就好像是為了忙錄而活。

我在電話裡詢問他的病情，他輕鬆地說：「我沒事。」然後又用略帶神經質的聲音加了一句：「不過你聽誰說的？」

「誰說的有什麼關係，問題不在這裡。」我說，「你不如先告訴我身體怎麼樣。到底是哪裡不舒服？」

「就只是胃有點不舒服，老毛病了，以前就也有過好幾次……」

「我明天去你家一趟，好嗎？」

「沒有那麼嚴重，沒事的。」

「我們還是見面再說吧。」

「真的沒事。」

「我就去確認一下，真的沒事，不是更好嗎？」

「我知道你很忙……」

「我不忙。」我說，「我還沒忙到那種程度，好久沒去找你了，見面好好聊聊吧。」

我說要在隔天下午去他家，沒等回覆就直接掛斷電話。

每當我隔一段時間去中央線車站前廣場，都能發現新變化：新商店設立，大樓工程的進展，公車站從右搬到左。我停下腳步，憑著模糊的記憶，穿過行人密集的狹窄的商店街，朝著住宅區走去。住宅區裡成排的平房外觀相似，其中一間就是他的家。

他的妻子在玄關迎接我，說：「謝謝您，一直這麼關照我家先生。」

我想了想，他關照我恐怕也有十次，我卻一次都沒有關照過他，但我沒說話。他穿著居家棉袍，臉色看起來有點蒼白。但他的長髮和特有的微笑，依舊如常。他不想聊他的病情，但又拗不過我，只好開口，神情淡然，彷彿在說別人的事情。光是聽他的描述，我就意識到情況已經不樂觀。

「不管我怎麼說，他都不肯去醫院看看。」他妻子看向我說。

他對妻子說：「你去泡點茶。」

他妻子一邊說著「真是頑固……」一邊起身去了別的房間。

我努力裝出若無其事的樣子提議：「讓我來幫你看看，如何？」

可是他並非容易說動的人，眉毛都沒抬一下地直接說：「沒那麼嚴重。」又說：「我們聊點別的吧，都這麼久沒見了。」

我堅持跟他講道理，說聽了他的病情後，覺得還是去醫院看看比較好，看完之後再決定以後該怎麼辦；光是聽他描述還是不能準確地判斷病情。……我這麼說著，我擔憂他的病情是否已經耽誤，在當面診察之後更是加深了我的疑慮。

「沒什麼好擔心的。」我說，「但去設備完善的醫院做個檢查，確定診斷的結果是必要的。這不需要太長的時間，最好是住院，門診檢查是不夠的……」

大概是被我的頑固勁磨得不行，他答應去住院。但眼下工作堆積如山，學校那邊也不能說走就走，要把這些事都安排好，「下週末吧，到時候全聽你的。」他說。

「不行，這件事愈快愈好。」

「我又不是小孩子。」他語氣堅決，似乎不想再討論下去，氣得我大聲說，「看病的事你得聽我的。我是醫生！」

「但身體是我的……」

「我不是要你抛下工作和責任馬上住院，而是考慮到你的工作跟責任，盡快住院比較好，最好是明天。」

第二天，他就住院了。

我在醫院走廊碰到好幾位來探望他的朋友，其中有一位是天主教徒跟我提起，說如果是絕症，最好不要讓本人知道。當場其他朋友皆表示反對，但在這件事情上，我其實沒有明確的意見。如果不能無條件地相信朋友說的話，那所謂的朋友到底算什麼呢？在這個毫不懷疑地信任我的男人面前，我很難撒謊欺騙他。哪怕是給他鼓勵，哪怕是為了救他。而他現在已經沒有任何得救的希望。診斷的結果已經確定，只要結果是正確的，那就沒有一點希望。他在病房裡說：「我都瘦成這樣了。」聲音虛弱無力。如同往常，他總是先想著別人而非自己，「這回給大家添麻煩了，你們都這麼忙。等我能下床，我得好好工作……」我說不出口「你再也不可能下床了」。

他去世後不久，我的腦海裡就不時地出現一個念頭，覺得他其實對死亡懷抱希冀。這不是指他想自殺。我跟醫院的主治醫師商量病情時，醫師說對他隱瞞了病名，他本人也表示出想要重新開始工作的強烈欲望。但他會這樣說，也許是對希望他活下去的我們的一份心。我懷疑他早就覺察到自己是絕症，心裡悄悄地等待病情發展到難以挽回，這樣的猜疑在我心中揮之不去。他並不是偶然得病，卻早就做好赴死的心理準備。他也許是懷著對死亡的恐懼，同時又希冀著它的到來。很早以前我就聽他說過：「像我這種人，想死的時候，總還有死的權利吧，就算其他事情上什麼權利都沒有……」他說這話時的聲音，聽上去與其說是沉著冷靜，不如說是情緒激動，像是豁出去了似的。他說的「其他事情」，到底是什麼事情？我沒敢問他。要是能說，我不問他也會告訴我。但他沒再多說一句。彼此相識二十年，到這時我才發現自己對他最重要的部分所知甚少。

可是，所謂兩人之間的相互理解又是什麼呢？我們有「心情」相通的時候。但「心情」卻是連本人都難以預料的變化莫測。說到底，除了在工作和工作之間出現的那個人之外，究竟還能理解什麼呢？

從某種意義上來說，這二十年來我們走過同樣的道路。我們不斷地成為自己之外的東西，去理解世界（和他人），在各自擴大視野的同時，努力尋找事物之間的關聯。一路走來時的所思所想，我隨時付諸筆端，他則全都埋藏在了內心深處，但彼此之間沒有太大區別。真正配得上工作二字的事情，他未曾著手，我尚未完成。但當時的我感覺我們的路已經走到了轉折點，我開始察覺許多事物間存在的某種關聯，且與我對自身立場的自覺相連，無論我身處何地所為何事，我之為我這一點上已經不會改變。我覺得接下來就可以做點像樣的工作，不單是我，他也應該是一樣的。病魔卻偏偏在此時來襲，還有比這更殘酷的嗎？我不知道他將來可能著手什麼工作，但不管是什麼，我對他的工作品質深信不疑。這個男人死的時候，他並非沒有做任何工作上的準備，亦非完成了所有的工作，他是在完成工作上的準備，要開始著手工作之前，離開了。

我有位女性朋友，曾經說他是個非常有意思的怪人，她沒再多說些什麼，後來也沒聽她談起過他。因為機緣巧合，我在他面前提到過她的名字。當時，我剛從歐洲回來，他應該也才回國不久。某天下午，我們坐在日本橋的咖啡廳裡，周圍都是上班族，男男女女在一起聊天說笑。我們有好多話要說。話題當然涉及了歐洲，我大概是想起來他在歐洲見過她，便談及她的近況。他的反應把我嚇了一大跳。「不要再說了……」我從未見過他如此那樣激動，幾乎接近怒吼。從此以後，我就再沒跟他提起過她的事情……而我的內心，卻已經展開了想像的翅膀，衍生出這樣的想像。

他在歐洲見到她，便不可自拔（若不是曾經愛過，他不可能一聽到她的名字就瞬間變得那麼激動）。但是他不打算拋棄東京的家人（我也不知道他為什麼這麼想，但背後的動機恐怕是他那份強烈的「責任感」）。在困境中他苦苦思考（要不是被逼到那份兒上，他怎麼可能「特別有意思」呢）最後決定，他自己照顧東京的家人。她獨自生活。一對相愛的男女，主動放棄共同生活的念頭，經受相思之苦的折磨，這反倒讓他們更加心心相印，逐漸形成了堅不可摧的精神連結，最終昇華為至高無上的友情。這份友情本應該讓他們在事業上互相扶持，在人格上互相豐富——

這是他曾有過的美好理想，但最終沒能成為現實。

我的想像也許並不可靠的。但在他死後，我卻幾乎開始相信，他曾經熱烈地愛過，而這份愛令他痛苦，讓他做夢，而這夢與現實之間的陰差陽錯最終深深地傷害了他。他短暫的一生並非乏善足陳。他一定是用自己的方式，竭盡全力地度過了一生。

我去醫院看完他出來，又去本鄉辦了點事。死亡，這個觀念壓得我喘不過氣來。卑微的無力感充斥內心，使我對周圍的事物都喪失了興趣，機械性的獨自走在冷清的本鄉通上。當我走到大學正門的時候，在門口突然碰到了一群扛著「反對安保」標語牌的學生。他們慢慢地排成隊伍，靜靜地走出正門，朝著三丁目方向走去。我知道他們接下來要去哪裡。看著他們的身影，我不由得回憶起戰爭末期扛著槍、走出正門的「學徒出陣」[1]情景。那些青年死在遠離故鄉、遠離戀人、遠離家人的大海和密林之中……我看著他們怎麼都挪不開腳步。他們中的某幾個——不知道會是誰——可能會被岸政府[2]的警察殺害，再也不會回來。可是我既不能加入他們的隊伍，也不能阻止他們的犧牲。這是何等無奈，又是何等悲哀。我能做的只有小聲地發聲。就像我面對癌症感的無能為力，我面對過去把學生推進戰爭的火坑，如今把學生當作毆打的對象的權力，仍然只有無能為力……我把自己培養成了一名旁觀者，但就在那個時候，我黯淡的內心已經產生了

1 指「二戰」期間由於前方戰局趨緊，從一九四三年十二月開始，日本軍部決定徵召在學期間的文科生入伍參軍。

2 指當時的岸信介內閣。

一種懷疑：我始終都會是一名旁觀者嗎？

實際上，他做了很多工作。他在國立大學教書，又去私立大學講課；為報紙雜誌寫文藝評論，同時翻譯各種艱澀難懂的著作。而且，他還廣泛而準確地閱讀國內外的文學專著。要憑一己之力完成這些工作，就得不分晝夜地進行。這種迫切感一方面來自於他的內心，另一方面，大多還是由於他難以拒絕他人請求的性格。很多時候他都在為別人工作。我實在不希望他還沒等到為自己工作就離開了人世。每次我撰寫文章敘述感想時，總是期待他能讀出我字裡行間的意義。不管別人怎麼誤解我，我堅信，至少有一個讀者，他絕不會誤解我的意思。比如，我介紹了詩人戈特弗里德．貝恩[3]，並闡述他的知性戲劇對於我們的意義。一年後，就有了他精心翻譯的《雙重生活》（*Doppelleben*）。翻譯這本書究竟要做多少準備工作，又得耗費多少心力。這樣一名男人的離世，對我來說，那意味又是多麼的沉重。

有次我去醫院探望他後，和正好來也來探病的老友和女性舊識，三人一起搭車。

「還有希望嗎？」

「沒有。」當時我這麼回答。

「還有多長時間？也得開始考慮後事了。」我的老友說。

「我也不清楚，大概還有一個多月吧。」我這麼說著，但怎麼都不想談論「後事」。

許久未見的那位女士，她一點沒變，話不多地回應著友人。我默默地聽著，心中充滿無限感慨，就在這簡短的問答之間，一個男人就要從我們當中消失，這竟是如此無法替代，又是如此不可挽回。她在一群夥伴當中所認識的，是那個更加年輕的他，是那個眼前充滿各種可能性，每種都等待著他投入熱情時刻的他。她的眼裡沒有淚水，但因為想起了往事——我想——而閃爍著美麗的光芒。

從歐洲回來後，他把心思都放在妻子和孩子們身上，並為此付出所有的努力。但他愛憎的對象卻在他處。對象離得愈遠，心中的那齣戲就愈成為他的獨享，只不過要獨自從痛苦中尋找意義，將會變得愈來愈困難。「不論付出多大的犧牲，只要能活下去就好。你認為這是對的嗎？」我記得他曾這樣問過我。「不，這不是在說我，就是一般而言的問題。」我當然知道，這不是個一般而言的問題。但我也找不到答案。

我並不理解他，也許到現在還是一樣。我能理解的，只有我跟他之間有過的關係。在他死後，這種關係變得愈來愈清晰。就好比那裡有一塊石頭，這就是一種明確的關係。除此之外，人生還能是什麼呢？如今，我在一個他所不知的國家寫下這篇文章。這個安靜的小房間溫暖又明亮，他寫的書就放在桌上。窗外是蕭瑟的秋天和鉛灰色的天空。他會不會突然叩門而入呢？「好久不見，看樣子你是安頓下來了。」可是，他再也不可能進來，我也無法再見他一面。一想到此，我就耐不住跺腳嘆息。我不奢望跟他說話。我只想再看一眼他的長髮和蒼白的容顏。連這都做不到，連打電話給他都做不到，還有比這更愚蠢的事情嗎？但是，不論多麼愚蠢的事情都有可

3 戈特弗里德・貝恩（Gottfried Benn, 1886-1956），德國詩人，《雙重生活》為其自傳。

能發生，而且不光是可能，還會變成事實，變成一個不能挽回、難以預測、完全無法理解的事實。

他死後不久，我再一次離開了東京。那年夏天，群眾奮起「反對安保」，這著實鼓舞了我。但他的死，又改變了我心裡的某些東西。在那之前，我很在乎在哪裡居住，或在哪裡工作，但從那以後，便覺得這些都不過是次要條件，無論在哪裡，能做的事還是一樣能做。新工作在太平洋彼岸，我接下這份工作，獨自從羽田機場啟程。眺望著機窗向的東京街頭燈火一下子變得遙不可及，很快消失在深夜大海的黑暗之中，我的心中沒有任何的感傷，也沒有絲毫的留戀……

審議未了

美日安保條約修訂的談判，早在一九五九年就已經開始。在很長一段時間內，談判內容不對國民公開，但在同年秋天，對此有所察覺的民間出現了反對運動。一九六〇年一月，日本政府代表赴美簽署新的安保條約。隨著新安保條約內容的公開，日本國內有關條約對錯的討論活躍起來，反對運動也愈演愈烈。同年春，報社的輿論調查結果一致顯示，國民中反對通過新條約的人數已經超過了贊成者。

新舊條約之間最主要的差異在於以下三點。第一，簽署時的情況不同。簽署舊條約的時候，它跟和平條約捆綁在一起，由美方準備，被占領的日本代表簽署。當時，日方根本沒有任何選擇的餘地，再加上朝鮮戰爭剛剛結束，美蘇之間的緊張關係正逐步升級。而新安保條約，則是選在一九五九年秋高峰會議後美蘇的緊張關係逐漸緩和，出現「融雪」徵兆的時機，由獨立後的日本政府主動提出，要求締結的軍事同盟。第二，條約的條文內容不同。新條約對舊條約做了修改，把期限由無限期改為十年，明文寫入美軍對日本的防衛義務，並增加一條如果美國要動用駐日美軍，需要與日本政府「事前協議」。為此日方答應進一步增強「防衛能力」。第三，有關美軍基地《日美行政協定》的內容不同。跟舊條約相比，新的《行政協定》承認了日方的權限，已經非常接近《北大西洋公約》(North Atlantic Treaty)的慣例。

政府主要強調了前述的第二點和第三點，並以此論證新條約比舊條約更有利於日方。反對者認為第一點才是最根本的問題，不希望日方在此時主動並過分介入軍事同盟。大體來說，我想這裡有四個理由。第一，軍事同盟違反憲法（至少違反了憲法第九條[1]的精神）。第二，這會加劇遠東的緊張局勢（緊張——增強軍備——緊張加劇——擴大軍備的惡性循環）。第三，有可能被捲入美國的戰爭。第四，擴大軍備有可能會威脅到將來國內的民主主義。

就個人而言，比起修改安保條約，我更希望能廢除。於是，我追隨志同道合的師長和同僚，和幾位專家一起參加了一次批判政府政策的共同研討會。這次會議的結果以「關於再次修改安保」為題，刊登在《世界》雜誌上。後來，我也見到了那些贊成修改條約的人，並和他們交換了意見。我跟外相藤山愛一郎[2]的對談，刊登在《中央公論》上，和文化自由大會[3]林健太郎[4]的對談刊登在了《朝日新聞》上。我還曾參加電視台的座談會，發表自己的意見。但持贊成意見的人們早已仔細研讀過我之前發表的〈關於再次修改安保〉，他們並沒有對裡面的主要觀點提出反駁意見。因此，在公開討論中，反對方也只能以較為粗糙的方式，重複說相同的內容。如果要嚴密論證政治上的觀點，那不僅是文章會愈寫愈長，而且往往也無法像那些粗簡的舉例般詼諧有趣。這類文章的讀者很少。可是過於長話短說，又很難避免出現論證紕漏。為了向社會有效地提出政治觀點，就必須讓持有相同意見者適當地分工合作。當時我就想，我必須找到一個適合自己的角色。

一九六〇年，從春天到初夏，有關安保條約本身的對錯，國內輿論出現分歧，並非一致地傾向於反對。大多數國民之所以反對政府，並非針對條約的內容，而是針對條約通過的程序。條約的內容關係到日本的對外關係，條約的通過程序關係到國內的民主主義。所謂「安保鬥爭」這個前所未有的群眾運動，它是一個國內問題。當時的群眾和反對黨對岸內閣提出明確要求：既然在新安保條約通過的問題上國內輿論出現了分歧，那就應該解散議會，徵求民意——眾所周知，當時的執政黨在眾議院占有絕對多數的席位。但由於「安保」問題成為爭論焦點，導致決定議席

1 指《日本國憲法》第二章第九條關於放棄戰爭、戰爭力量及否認交戰權的條款：「①日本國民衷心謀求基於正義與秩序的國際和平，永遠放棄以國權發動的戰爭、武力威脅或武力行使作為解決國際爭端的手段。②為達到前項目的，不保持陸海空軍及其他戰爭力量，不承認國家的交戰權。」

2 藤山愛一郎（1897-1985），日本實業家、政治家。曾擔任大日本製糖、日東化學工業等企業的社長。戰後擔任第一、二次岸信介內閣的外相，參與美日安保條約修訂。擔任第二次池田內閣經濟企業廳長官等職，一九七五年退出政界。

3 文化自由大會（The Congress for Cultural Freedom），簡稱ＣＣＦ，成立於一九五〇年冷戰時期的一個反共文化組織，一九六七年改名為國際文化自由協會，The International Association for Cultural Freedom，簡稱ＩＡＣＦ，活躍於世界各國，受福特財團等資助。

4 林健太郎（1913-2004），日本西洋史學者，曾任東京大學校長、國際交流基金理事長等職。代表作包括《德意志近世史研究》、《威瑪共和國》等。

比例的總選舉沒能舉行。而且，隨著新安保條約內容的逐漸公開，議會席次的比例無法反映民意贊成與否的比例，這點也愈發清晰。條約一旦批准，至少會在之後十年裡對國民產生約束效力，而且還無法輕易變更。這樣重要的決定，卻沒有尊重大多數國民的意志，這違背了民主主義的原則。提出解散議會的要求，大概是基於這樣的理由。但是，政府和執政黨卻在一九六〇年五月十九日派警察闖入眾議院，驅逐靜坐的反對黨議員，延長會期，並在深夜的國會中、在野黨退席的情況下，強行通過了新安保條約。由此引發的群眾抗議活動最終發展成為近代日本歷史上最大規模的一次群眾運動。

當時正在亞洲的衛星國進行訪問的美國總統[5]不得不終止了訪日計畫。岸內閣只得倒台，取而代之的是池田內閣[6]。但新安保條約已經通過，在單獨表決中贊成通過新條約的保守黨，在秋季總選舉中再次獲得了絕對多數的席位。

美國在總統終止訪日之後，至少有一部分人必定知道，在日本政府的說辭和日本國民的感情之間，可能存在著很大的分歧。但美國報紙還是沒有停止將東京的衝突寫成是「部分共產主義者的煽動」所導致的結果。美國人似乎還懷有一種對全知全能、無所不在的共產主義者的熱烈信仰，總認為有一小撮「共產主義者」，無論在世界的哪個角落，都能迅速動員幾百萬的群眾走上街頭。

歐洲，尤其是英法報紙的報導，沒有像美國報紙那樣充滿神學味道。從趕走美國總統的日本群眾運動之中，他們讀取到被占領之後「不甘於充當衛星國的日本國民的意志」。這其中大概也包含了由其自身對美國感情所推己及人的觀點。

當時，《每日圖像》請我跟丸山真男[7]一起回顧並討論「安保鬥爭」。丸山大概說了以下幾點：第一，不論站在市民、勞工還是學生的任一立場來看，這次鬥爭與其說是相關組織的指揮部發動了群眾，不如說是群眾奮起抗議，指揮部才追隨其後所發起的一次運動。第二，群眾奮起抗議的原因，並非「反美」，甚至不是「反安保體制」，主要是反對強行表決的程序。第三，這件事情反映出民主主義從戰後制度向政治行動的過渡，它是民主主義實質化轉變的一個階段。——我贊成丸山的觀點。

在如此強烈的反對運動之下，條約還是通過了——儘管我也是持反對意見的一員，但當時卻沒有什麼「挫折感」。事後吐露「挫折感」的人們，大部分都是當時在組織內活動的人士。而我不過是公開表示自己的反對意見，除此之外沒有採取任何行動，沒有什麼「挫折感」也是理所當然的。但也並非僅是如此，從一開始對於群眾運動「阻止」條約通過的可能性，我認為充其量也只能說有一半的勝算。就算「阻止」失敗，我認為這也會帶來不小的雙重效果。在國際上，反對

---

5 當時美國總統為艾森豪（Dwight David Eisenhower）。

6 指池田勇人內閣。池田勇人曾於一九六〇年七月至一九六四年十二月連續三次組閣，實施「國民收入倍增計畫」等政策，促進了日本經濟的高速發展。

7 丸山真男（1914-1996），日本著名思想家，東京大學教授。主要研究領域為日本的超國家主義思想、日本法西斯主義和天皇制國家等。代表作包括《日本政治思想史研究》、《現代政治的思想和行動》等。

運動傳達了多數日本國民不歡迎占領軍長期駐的明確訊息；而在國內，則向政府和執政黨發出警告，如果他們不尊重民主主義的原則，群眾將會做出何種反應。

但從後續的事態發展來看，從一九六〇年初夏經驗中吸取了更多教訓的是權力方，而非反對黨和群眾組織這邊。他們打出了池田內閣「低姿態」和「收入翻倍」的組合牌。所謂池田內閣的「低姿態」，指政府避免挑釁式言行，在小心觀察輿論反應的同時，漸進式地執行特定政策。所謂「收入翻倍」，則是指在不考慮物價上漲的情況下，十年之內實現統計學意義上的人均國民收入翻倍的目標。還有，擴充有效警力，用以鎮壓學生的街頭遊行和靜坐示威；不讓左派知識分子上廣播電視，以免反對日美軍事同盟政策的言論過於沸騰。所有基於此次寶貴經驗而制定的對策，在一九六〇年秋天尚未完全清晰地呈現。不過，當保守黨議席在秋季總選舉中沒有出現太大變化的時候，基本上就可以清楚地預見到，在之後的幾年時間裡會發生什麼，不會發生什麼。

「安保修訂」為我帶來了好幾位朋友。也從我身邊，或許還說不上是奪走，但至少在我和好幾位朋友之間造成了裂痕。我跟某些人群的對話比以前更加容易，但與另一群人的對話卻變得較為困難。這不單是由贊成或反對的立場所導致。

我經常回憶起太平洋戰爭期間的對話。當時我還是名學生，沒有在公開場合發表過意見。不過，即使是私下的談話，那些戰爭擁護者背後有權力的支撐，能自由地說出想說的話，無需忌憚周遭。相對於此，反對戰爭的討論卻要顧忌權力，避開很多禁句，想要支撐自己的觀點，卻只能用上一半的論據。這是在不平等的條件下展開的論爭。當然在一九六〇年時，言論自由已經獲得了戰爭期間無法相比得廣泛保障。但是在公開場合的討論中，政府政策的贊成者和反對者，很難說是站在平等的立場上。想要通過條約的是日本國的政治權力，其背後甚至還有世界上最大的政治權力。在東京宣稱「贊成安保」，就跟在北京呼籲反對安保一樣，都是容易、安全，有利於當事人今後出人頭地的做法。當然，並非所有東京的贊成者都是出於對將來的考量。不過一般認為論戰時，在利害關係上與權力方一致，很容易導致論者的墮落。有壓倒性權力撐腰所做的辯論，和別無其他援助，只能仰賴理路的辯論，兩者的條件不同。若不理解這個條件上的差異，那就是知識上的墮落；若能理解卻對此不敏感的話，那就是道義上的墮落。「學生不對，那些打人的警察也不對。暴力就是不對。」、「社會黨的靜坐不對，自民黨派警察進入也不對。政治就是不好。」當特定條件下特定的暴力、政治、戰爭與和平成為問題時，將問題置換成一般性暴力或政治，戰爭或和平的話題，這種做法，就是論爭墮落最為典型的一種表現。

不知是何因緣，我雖然身為日本國民，卻從知曉事理起便持續反對日本政府的各項政策。早在一九四一年，我就不贊成東條內閣發動戰爭。當時的一名內閣成員[8]在二十年後東山再起，企圖締結新的軍事同盟，我亦無法贊成該政策。但這並非因我生性嚴苛、獨具叛逆精神，才會提出反對意見。我在羊年出生，自認性情溫和如羊，連說話時都不喜咄嗟叱吒。我甘受因循姑息之誹，卻難擔狷介孤傲之責。我也不是站在道義的立場上難抑憂國之情。有關道義上的問題，我原

8 指岸信介。

本就沒有絕對的答案。至於政治上的問題，就更是如此。我只是認為，比起制定新的安保條約，努力去廢除它才是更好的政策。但我並不認為那便是絕對正確，或新安保條約一旦通過就會帶來世界末日。在沒有言論自由的時候，我沉默不語。有了言論自由，便說出自己的意見。對於政治上的道義，我無法相信到能付出生命，投身政治運動的程度。而我更加不相信出人頭地、個人的榮華富貴所代表的價值觀。我的書再多賣點，我的名聲再大點，我的錢再多點，這些又能帶給我多大的滿足。哪怕是道義上相對性的滿足，哪怕是知識上不完全的滿足，恐怕都是難以匹敵的。追根究底，我是基於一種道義感，才會不斷地對政府當時的政策提出反對意見。這種道義感在我心裡還不能說非常確定，但對我而言，很難找到較其更為確實的價值判斷依據。這或許和我曾因戰爭失去好友有關。他們的生命都有不可估量的價值，他們的離世都是無法逆轉的傷害。然而，戰爭是一種政治性行動，所有政治性行動的價值都不過是相對的。為了一個相對性目的，強制他人採用無法逆轉的（絕對性）方式做出無法計量的犧牲，我認為這是不對的。這個想法在我的腦海裡始終揮之不去。為了避免戰爭，不論採用何種手段都不為過。因此，何種手段最為有效，是與道義無關的局勢判斷和理由的問題。而這個問題恐怕也沒有決定性的答案。然而我在當時的局面下，必須以有限的資訊，在有限的能力範圍裡，為自己得出暫定的答案……

新安保條約的確立，讓我想起了「一戰」之前的日英同盟。背靠大樹好乘涼。（締結日英同盟時，英國是海上霸主。）日本偷偷地積蓄力量，終於自立，後來卻走上了一條錯誤的道路。依靠美國的軍事力量，在經濟上不斷發展壯大的日本，又將會走向何方呢？無論如何，透過新安保條約，政府已經選擇了一條路。戰後的一個階段，就此終結。我對此深有感觸，且又強烈感受到，對身為生活在戰後社會中的自己而言，人生的一個階段就此畫上了句號。回想起來，我從幼年時代起就喜歡沉浸在自己的世界，更甚於了解周圍。這種傾向到了戰爭期間變得愈發明顯。但是，戰後十五年間，我反而將視線轉向周遭，積累了一點經驗，做了很多的觀察。然而，這些經驗和觀察，在我心中互相獨立，彼此之間的關係未必明確。當其間關係逐漸顯現時，我必須認真加以辨別，尋找經驗與經驗之間的關聯，然後將個別觀察納入我的整體世界之中。思考勝於觀察，閱讀勝於書寫，至少在某種程度上，我要與自己相處。我在回顧往事的同時，思考未來。我想暫時離開東京，隱居山林生活——可惜家無資財，難以實現如此期望，只能在偏遠之地覓職。當時我不是非要去國外生活，只是碰巧遇上海外的工作。

對我來說，一九六〇年是總結戰後東京生活的一年，同時，也是朝日後生活啟程的一年。當然，這個總結只是暫時性的。從工作方面看，我做好了某種準備，開始著手進行；從生活方面看，我的想法也發生了變化，已經不再去其他的生活中探尋，而想是探求當下生活中所能得到的。一九六〇年後的歲月，就這樣一直延續到了現在。也許有一天，我會去回想那段歲月，但現在還不是時候。我對自己的審議還沒有結束。

HITSUJI NO UTA: WAGA KAISO
ZOKU, HITSUJI NO UTA: WAGA KAISO
by Shuichi Kato © 1968, 2011 by Yuichiro Motomura
Originally published in 1968 by Iwanami Shoten, Publishers, Tokyo.
This complex Chinese edition published 2021
by Rye Field Publications, a division of Cité Publishing Ltd., Taipei City
by arrangement with Iwanami Shoten, Publishers, Tokyo
through AMANN CO., LTD., Taipei

國家圖書館出版品預行編目資料

羊之歌：加藤周一自傳／加藤周一著；翁家慧譯. -- 初版. -- 臺北市：麥田出版：英屬蓋曼群島商家庭傳媒股份有限公司城邦分公司發行，2021.3
面； 公分
譯自：羊の歌—わが回想
續 羊の歌—わが回想
ISBN 978-986-344-869-3（平裝）
1.加藤周一 2.傳記 3.日本史
783.18 109020907

羊之歌：加藤周一自傳

羊の歌—わが回想
続 羊の歌—わが回想

作　　者／加藤周一
譯　　者／翁家慧
特約編輯／蔡傳宜
主　　編／林怡君

國際版權／吳玲緯
行　　銷／巫維珍　蘇莞婷　何維民　吳宇軒
業　　務／李再星　陳玫潾　陳美燕　葉晉源
編輯總監／劉麗真
總 經 理／陳逸瑛
發 行 人／涂玉雲
出　　版／麥田出版
10483臺北市民生東路二段141號5樓
電話：(886)2-2500-7696　傳真：(886)2-2500-1967
發　　行／英屬蓋曼群島商家庭傳媒股份有限公司城邦分公司
10483臺北市民生東路二段141號11樓
客服服務專線：(886) 2-2500-7718、2500-7719
24小時傳真服務：(886) 2-2500-1990、2500-1991
服務時間：週一至週五09:30-12:00・13:30-17:00
郵撥帳號：19863813　戶名：書虫股份有限公司
讀者服務信箱E-mail：service@readingclub.com.tw
麥田網址／https://www.facebook.com/RyeField.Cite/
香港發行所／城邦（香港）出版集團有限公司
香港灣仔駱克道193號東超商業中心1/F
電話：(852)2508-6231　傳真：(852)2578-9337
馬新發行所／城邦（馬新）出版集團Cite (M) Sdn Bhd.
41-3, Jalan Radin Anum, Bandar Baru Sri Petaling, 57000 Kuala Lumpur, Malaysia.
電話：(603)9056-3833　傳真：(603)9057-6622
讀者服務信箱：services@cite.my

封面設計／倪旻鋒
印　　刷／前進彩藝有限公司

■2021年3月2日　初版一刷　　Printed in Taiwan.

定價：499元

ISBN 978-986-344-869-3

城邦讀書花園
www.cite.com.tw
書店網址：www.cite.com.tw

讀者回函卡

cite城邦媒體

※為提供訂購、行銷、客戶管理或其他合於營業登記項目或章程所定業務需要之目的，家庭傳媒集團（即英屬蓋曼群島商家庭傳媒股份有限公司城邦分公司、城邦文化事業股份有限公司、書虫股份有限公司、墨刻出版股份有限公司、城邦原創股份有限公司），於本集團之營運期間及地區內，將以e-mail、傳真、電話、簡訊、郵寄或其他公告方式利用您提供之資料（資料類別：C001、C002、C003、C011等）。利用對象除本集團外，亦可能包括相關服務的協力機構。如您有依個資法第三條或其他需服務之處，得致電本公司客服中心電話請求協助。相關資料如為非必填項目，不提供亦不影響您的權益。

□ 請勾選：本人已詳閱上述注意事項，並同意麥田出版使用所填資料於限定用途。

姓名：____________________ 聯絡電話：____________________

聯絡地址：□□□□□____________________

電子信箱：____________________

身分證字號：____________________（此即您的讀者編號）

生日：____年____月____日 性別：□男 □女 □其他____________

職業：□軍警 □公教 □學生 □傳播業 □製造業 □金融業 □資訊業 □銷售業

□其他____________________

教育程度：□碩士及以上 □大學 □專科 □高中 □國中及以下

購買方式：□書店 □郵購 □其他____________________

喜歡閱讀的種類：（可複選）

□文學 □商業 □軍事 □歷史 □旅遊 □藝術 □科學 □推理 □傳記 □生活、勵志

□教育、心理 □其他____________________

您從何處得知本書的消息？（可複選）

□書店 □報章雜誌 □網路 □廣播 □電視 □書訊 □親友 □其他____________

本書優點：（可複選）

□內容符合期待 □文筆流暢 □具實用性 □版面、圖片、字體安排適當

□其他____________________

本書缺點：（可複選）

□內容不符合期待 □文筆欠佳 □內容保守 □版面、圖片、字體安排不易閱讀 □價格偏高

□其他____________________

您對我們的建議：____________________

____